KB214416

파트와를 통해 본 이슬람 사회의 규범과 현실

제1권 가족 문화 관련 파트와

이훈동 · 계경문 · 곽순례 · 박재원 · 이명원 · 이인섭 저

세창출판사

아랍이슬람총서 10

파트와를 통해 본 이슬람 사회의 규범과 현실

제1권 가족 문화 관련 파트와

초판 1쇄 인쇄 2016년 9월 1일
초판 1쇄 발행 2016년 9월 9일

저 자 | 이훈동 · 계경문 · 곽순례 · 박재원 · 이명원 · 이인섭
발행인 | 이방원
발행처 | 세창출판사
신고번호 | 제300-1990-63호
주소 | 서울 서대문구 경기대로 88 냉천빌딩 4층
전화 | (02) 723-8660 팩스 | (02) 720-4579
http://www.sechangpub.co.kr
e-mail: sc1992@empal.com
ISBN 978-89-8411-630-6 94210
978-89-8411-272-8 (세트)

값 25,000원

잘못 만들어진 책은 바꾸어 드립니다.

이 도서의 국립중앙도서관 출판시도서목록(CIP)은 e-CIP홈페이지(http://www.nl.go.kr/ecip)와 국가자료공동목록시스템(http://www.nl.go.kr/kolisnet)에서 이용하실 수 있습니다.
(CIP제어번호: CIP2016021110)

بسم الله الرحمن الرحيم

فضيلة الشيخ محمد بن صالح العثيمين حفظه الله

السلام عليكم ورحمة الله وبركاته وبعد ،،،

فقد انتشر في الآونة الأخيرة الإحتفال بعيد الحب – خاصة بين الطالبات – وهو عيد من أعياد النصارى ، ويكون الزي كاملا باللون الأحمر الملبس والحذاء ويتبادلن الزهور الحمراء .. نأمل من فضيلتكم بيان حكم الإحتفال بمثل هذا العيد ، وما توجيهكم للمسلمين في مثل هذه الأمور .

والله يحفظكم ويرعاكم .

بسم الله الرحمن الرحيم – وعليكم السلام ورحمة الله وبركاته

الإحتفال بعيد الحب لا يجوزلوجوه .

الأول : أنه عيد بدعي لاأساس له في الشريعة .

الثاني: أنه يدعو إلى إشتغال القلب بمثل هذه الأمور التافهة المخالفة لهدي السلف الصالح رضي الله عنهم .

فلا يحل أن يحدث في هذا اليوم شئ من شعائرالعيد سواء كان في المآكل أو المشارب أو الملابس أو التهادي أو غير ذلك .

وعلى المسلم أن يكون عزيزا بدينة وأن لايكون إمّعة يتبع كل ناعق – أسأل الله تعالى أن يعيذ المسلمين من كل الفتن ماظهر منها وما بطن وأن يتولانا بتوليه وتوفيقه .

كتبه محمد الصالح العثيمين في ٥ /١١/١٤٢٠هـ

بسم الله الرحمن الرحيم - ج - وعليكم السلام ورحمة الله وبركاته

الاحتفال بعيد الحب لا يجوز لوجوه :

الأول : أنه عيد بدعي لا أساس له في الشريعة .

الثاني : أنه يدعو إلى العشق والغرام .

الثالث : أنه يدعو إلى اشتغال القلب بمثل هذه الأمور التافهة المخالفة لهدي السلف الصالح رضي الله عنهم

فلا يحل أن يحدث في هذا اليوم شيء من شعائر العيد سواء كان في المآكل أو المشارب أو الملابس أو التهادي أو غير ذلك

وعلى المسلم أن يكون عزيزا بدينه وأن لا يكون إمعة يتبع كل ناعق . أسأل الله تعالى أن يعيذ المسلمين من كل الفتن ما ظهر منها وما بطن وأن يتولانا بتوليه وتوفيقه .

كتبه محمد الصالح العثيمين في ١٤٢٠/١١/٥ هـ

محمد العثيمين

파트와의 예[1]

1_ http://www.saaid.net/fatwa/f13.htm.(2015.1.5)

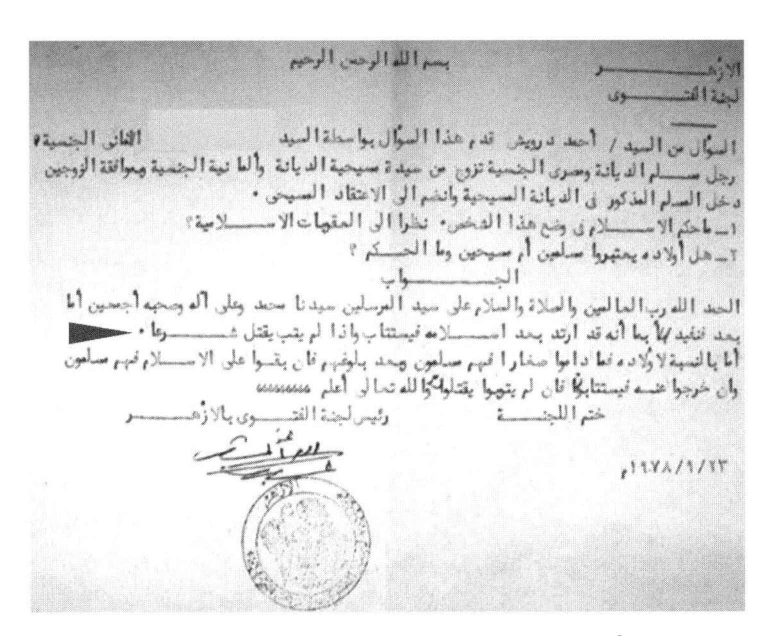

الأزهر
لجنة الفتوى

بسم الله الرحمن الرحيم

السؤال من السيد / أحمد درويش قدم هذا السؤال بواسطة السيد الألماني الجنسية؟
رجل مسلم الديانة ومصري الجنسية تزوج من سيدة مسيحية الديانة وألمانية الجنسية وبموافقة الزوجين
دخل المسلم المذكور في الديانة المسيحية وانضم إلى الاعتقاد المسيحي.
١ـ ما حكم الإسلام في وضع هذا الشخص. نظرا إلى المفاهيم الإسلامية؟
٢ـ هل أولاده يعتبروا مسلمين أم مسيحيين وما الحكم؟

الجواب

الحمد لله رب العالمين والصلاة والسلام على سيد المرسلين سيدنا محمد وعلى آله وصحبه أجمعين أما بعد فنفيد بأنه بما أنه قد ارتد بعد إسلامه فيستتاب وإذا لم يتب يقتل شرعا.
أما بالنسبة لأولاده فما داموا صغارا فهم مسلمون وبعد بلوغهم فإن بقوا على الإسلام فهم مسلمون وإن خرجوا عنه فيستتابوا فإن لم يتوبوا يقتلوا والله تعالى أعلم

رئيس لجنة الفتوى بالأزهر　　　ختم اللجنة

١٩٧٨/٩/٢٣م

이집트 아즈하르의 파트와 위원회가 발표한 파트와의 예[2]

너희들이 알지 못한다면 학자들에게 물어라[3](이집트 이프타 기관 입구의 코란 문구)

2_ http://www.blog.sami-aldeeb.com.(2013.7.24)
3_ 코란 나흘(16)장 43절.

فتاوى المرأة

تصفح موضوعي > معاملات > أحوال شخصية > النكاح > أركان النكاح > من أركان النكاح العاقدان > شروط العاقدين في النكاح > من شروط العاقدين في النكاح عدم المحرمية > الحرمة المؤقتة في النكاح > الحرمة المؤقتة في النكاح بسبب الكفر > نكاح المشركات والمجوسيات

س1: تفسير قوله تعالى: وَلَا تَنْكِحُوا الْمُشْرِكَاتِ حَتَّى يُؤْمِنَّ الآية .

س 40: شاب مسلم يريد الزواج من فتاة لا يعلم هل هي تصلي أم لا، هل يجوز ذلك الزواج؟ وما حكم ذلك أفيدونا بارك الله فيكم؟

س 3: يوجد نساء في هذا البلد، يتزوجن بمسلمين وهؤلاء النساء أصلهن نصارى ، وبعد ذلك أصبحن مُلحِدَات، لا يؤمنّ بالله، ولا بالأديان فهل يجوز الزواج بهن ؟

من عبد العزيز بن عبد الله بن باز إلى حضرة الأخ المكرم ي. م. ج. سلمه الله. سلام عليكم ورحمة الله وبركاته، وبعد: فأشير إلى استفتائك المقيد بإدارة البحوث العلمية والإفتاء برقم 931 وتاريخ...

الزواج من المشركة

س: رجل مسلم تزوج أو بمعنى أدق أخذ أفريقية كجارية، وهذه الأفريقية ملحدة ولكن تنصرت، ومع ذلك لا هي متنصرة ولا هي ملحدة، بين البين، أي: لا قيمة بمبادئ وحدود الدين المسيحي، ولا هي ملحدة...

س1: ما تفسير قوله تعالى: وَلَا تَنْكِحُوا الْمُشْرِكَاتِ حَتَّى يُؤْمِنَّ الآية؟

س: اختلفنا أنا وإخواني من أنصار السنة المحمدية بالسودان في (كسلا) وخصوصًا الشيخ محمد الحسن عبد القادر، هؤلاء الإخوان يقرءون آية البقرة: وَلَا تَنْكِحُوا الْمُشْرِكَاتِ إلى آخرها ويطبقوها...

س1: إذا قلت للمشركة: (أريد أن أتزوجك) ورضيت، هل يكون لها توبة؟ وهل يجوز لي أن أنكحها على هذا الحال، أو إذا قلت لها: (أنا مسلم أريد أن أتزوجك) ورضيت بنكاحها؟

فتاوى نور على الدرب
أبحاث هيئة كبار العلماء
فتاوى ابن باز
مجلة البحوث الإسلامية
فتاوى اللجنة الدائمة

사우디아라비아 이프타 기관 공식 홈페이지[4]에서 파트와를 내는 예

요르단 이프타 기관 공식 홈페이지[5]에서 파트와를 내는 예

4_ http://www.alifta.net/.

5_ http://aliftaa.jo/Question.aspx?QuestionId=2880#.VP1HIBv9mUk.

جمهورية مصر العربية
وزارة العدل
دار الإفتاء المصرية
أمانة الفتوى

﴿فَاسْأَلُوا أَهْلَ الذِّكْرِ إِن كُنتُمْ لَا تَعْلَمُونَ﴾ [النحل: ٤٣]

الحمد لله وحده والصلاة والسلام على من لا نبي بعده سيدنا محمد رسول الله وعلى آله وصحبه ومن تبعهم بإحسان إلى يوم الدين

اطلعنا على الطلب المقدَّم من/ حسام فوزي السيد علي بتاريخ: ١٢/ ١٢/ ٢٠١٠م

المقيد برقم ٦٠٠ لسنة ٢٠١٠م المتضمن:

أعمل في شركة نرويجية تسمى (Gold Mine International) بدأت سنة ٢٠٠٠م وتعمل بنظام التجارة الإلكترونية، حيث يمكن العمل بها من أي مكان بالعالم، ويقوم بحماية موقعها شركة Verisign القائمة على حماية العديد من المواقع التي تتعامل بالأموال.

هدف هذه الشركة هو بيع منتجاتها، حيث إنها تنتج الساعات اليدوية المطلاة بالذهب وأقلام من الفضة الخالصة مطعمة بالذهب، ولديها مصنع للمسكوكات الذهبية عيار ٢٤ بنقاء عال، وتبيع أيضًا المصوغات عيار ١٨ والتي تشتريها خصيصًا من إيطاليا؛ نظرًا لجودة المصوغات الإيطالية في هذا العيار.

الشركة لا تعمل بنظام التسويق العادي، وإنما تعمل بنظام التسويق الشبكي الشجري وليس الهرمي الذي يعتمد على الدعاية الشفهية وقوة كلمة المستهلك.

ولتوضيح معنى التسويق الشبكي الشجري يجب أولا توضيح معنى التسويق العادي.

في التسويق العادي تمر السلعة بعدة مراحل تسويقية بدءًا من المصنع، ثم الوكيل، ثم تاجر الجملة، ثم الجملة الأصغر، ثم تاجر التجزئة وأخيرا المستهلك، بالإضافة إلى أن الشركة تحتاج لدعاية وإعلان؛ لترويج المنتج، وبالتالي إذا اشترى المستهلك المنتج بسعر ١٥٠ دولارا يكون

Web Site : http://www.dar-alifta.org , .com , .net
Email : fatawa@dar-alifta.org

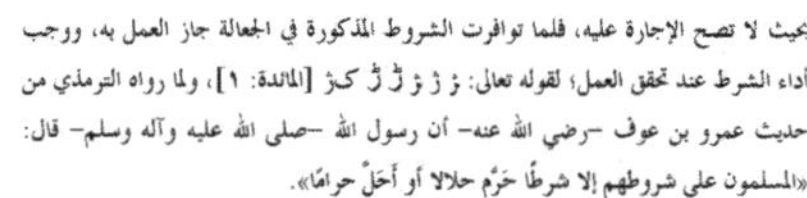

بحيث لا تصح الإجارة عليه، فلما توافرت الشروط المذكورة في الجعالة جاز العمل به، ووجب أداء الشرط عند تحقق العمل؛ لقوله تعالى: ﴿...﴾ [المائدة: ١]، ولما رواه الترمذي من حديث عمرو بن عوف –رضي الله عنه– أن رسول الله –صلى الله عليه وآله وسلم– قال: «المسلمون على شروطهم إلا شرطًا حَرَّم حلالا أو أَحَلَّ حرامًا».

ثالثًا: بخصوص تكوين فريق عمل لصالح الشركة، على أن يكون هناك تعاون بين أعضاء الفريق؛ لأن الفوائد ستعود على الفريق كله، فهذا تعاون على مباح، فهو جائز، وهو مما يدخل في عموم قوله تعالى: ﴿وَتَعَاوَنُوا عَلَى الْبِرِّ وَالتَّقْوَى﴾ [المائدة: ٢]؛ لأن التعاون من أجل الحصول على مال بعمل مباح لا شك في جوازه؛ لأن ظاهر الأمر أن الفريق سيعمل في صالح الشركة بالدعاية ونحوها، وكون توزيع المكافأة بحسب ما تنص عليه الشركة في لوائحها والتي يعلمها الفريق كله، فلا بأس به، وهم قد عملوا على هذا الشرط، والمسلمون على شروطهم، كما تقدم.

والخلاصة مما تقدم: أننا لا نرى ما يفيد تحريم مثل هذه المعاملة، فهي جائزة ما لم يكن هناك مانع قانوني، وللحاكم أن يَسُنَّ من القوانين ما يراه محققًا للمصلحة دافعًا للمفسدة، فلو كانت المصلحة تقتضي أن يتدخل بالتسعير فله هذا، وكذا لو ارتأى أن شيوع مثل هذا النمط من التسويق قد يُخِلّ بمنظومة العمل التقليدية التي تعتمد على الوسائط المتعددة وأنه قد يضيق فرص العمل، أو وجد أن هذا الضَّرب من التسويق يحقق ثراءً سريعًا للأفراد قد يدفعهم إلى ممارسات غير أخلاقية من كذب الموزع أو استخدامه لألوان من الجذب يمكن أن تمثل عيبًا في إرادة المشتري، كالتركيز على قضية العمولة وإهدار الكلام عن العقد الأساس وهو شراء السلعة، ففي كل هذا وأمثاله للحاكم أن يضع من الضوابط ما يحقق المصلحة العامة، لكن ما ذكرناه من محاذير تصلح للتحريم إذا انتهض منها على مستوى المجموع ضرر محقق أو مظنون، أما على المستوى الفردي: فالذي نفيده هو جواز هذه المعاملة إذا كان الحال كما ذكر.

والله سبحانه وتعالى أعلم

أمانة الفتوى

١٩/ ١٢/ ٢٠١٠م

Web Site : http://www.dar-alifta.org , .com , .net
Email : fatawa@dar-alifta.org

٦

노르웨이 회사에 다니는 무슬림에게 이집트 이프타 기관이 발행한
파트와 1면(왼쪽)과 마지막 6면(오른쪽)[6]

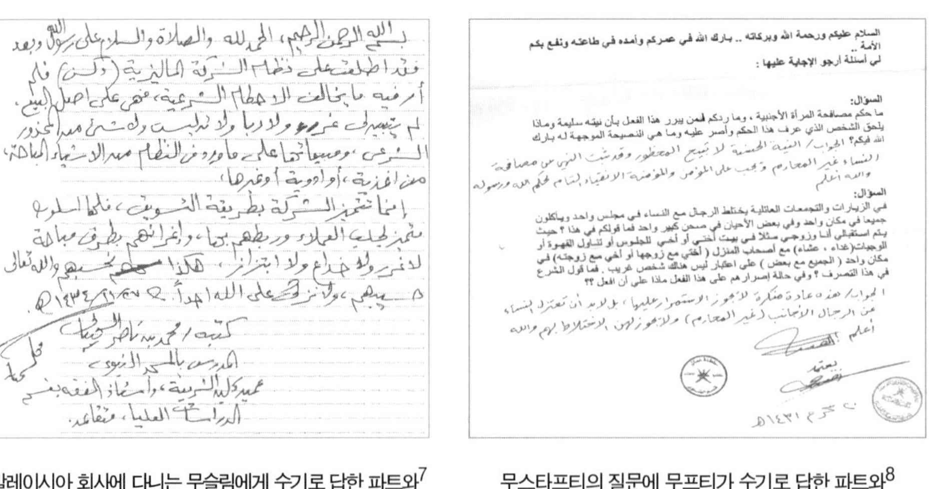

بسم الله الرحمن الرحيم، الحمد لله والصلاة والسلام على رسول الله وبعد
فقد اطلعت على نظام الشركة الماليزية (دكسن) فلم أر فيه ما يخالف الأحكام الشرعية، فهو على أصل البيع.
لم يتبين لي غرر ولا ربا ولا تدليس ولا شيء من المحذور الشرعي، وخصوصا تماما على ما ورد في النظام من الأشياء المباحة من أغذية، أو أدوية أو غيرها.
إنما تتميز الشركة بطريقة التسويق، فلها أسلوب متميز لجلب العملاء وربطهم بها، وإغرائهم بطرق مباحة لا غرر ولا خداع ولا ابتزاز، هكذا ... والله تعالى ...
كتبه / محمد بن ناصر السحيباني
المدرس بالمسجد النبوي
عميد كلية الشريعة، وأستاذ الفقه بقسم الدراسات العليا، متقاعد.

السلام عليكم ورحمة الله وبركاته .. بارك الله في عمركم وأمده في طاعته ونفع بكم الأمة ..
لي أسئلة أرجو الإجابة عليها :

السؤال:
ما حكم مصافحة المرأة الأجنبية ، وما ردكم فمن يبرر هذا الفعل بأن نيته سليمة وماذا يلحق الشخص الذي عرف هذا الحكم وأصر عليه وما هي النصيحة الموجهة له بارك الله فيكم؟

السؤال:
في الزيارات والتجمعات العائلية يختلط الرجال مع النساء في مجلس واحد ويأكلون جميعها في مكان واحد وفي بعض الأحيان في صحن كبير واحد فما قولكم في هذا ؟ حيث يتم استقبالي أنا وزوجتي مثلاً في بيت أختي أو أخي للجلوس أو تناول القهوة أو الوجبات(غداء ، عشاء) مع أصحاب المنزل (أختي مع زوجها أو أخي مع زوجته) في مكان واحد (الجميع مع بعض) على اعتبار ليس هنالك شخص غريب . فما قول الشرع في هذا التصرف ؟ وفي حالة إصرارهم على هذا الفعل ماذا علي أن أفعل ؟؟

말레이시아 회사에 다니는 무슬림에게 수기로 답한 파트와[7]

무스타프티의 질문에 무프티가 수기로 답한 파트와[8]

6_ http://goldmineinternational-eg.blogspot.kr/p/blog-page.html.

7_ http://dxnbook.blogspot.kr/2013/10/dxn_7.html.

8_ http://avb.s-oman.net/showthread.php.

이집트 이프타 기관

요르단 이프타 기관

요르단 최고법원

요르단 스웨일레흐 지역 샤리아 법정

마슈야카트 알아즈하르

머리말

Fatwā

최근 세계종교자료World Religion Database에 따르면 1910년 무슬림 인구는 2억 2천만 명(당시 세계 인구의 12.6%)이었는데 백 년이 지난 2010년 현재 15억 5천만 명으로 일곱 배 증가해 세계 인구의 22.5%를 차지했다.[9] 이처럼 빠르게 팽창하는 무슬림 세계에 관한 연구는 현대를 살아가는 모든 이들이 관심을 갖는 주제가 되었다.

우리나라의 이슬람학이 발전하려면 이슬람 법인 샤리아를 토대로 체계적인 연구가 행해져야 하겠지만, 현재 국내의 여건으로는 이 같은 소임을 다하기가 어려운 게 사실이다. 이슬람을 전공한 학자가 많지 않고 연구 기반 또한 충분하지 않다. 그런 가운데에서 한국연구재단의 지원 하에 한국외국어대학교 법학연구소와 아랍어 전문가들이 공동의 노력으로 아랍어 파트와를 연구한 첫 결실을 내놓게 되었다. 이 연구에서는 파트와가 무슬림이 생을 영위하는 과정에서 발생하는 여러 가지 문제를 어떻게 다루고 있는지, 무슬림 사회의 규범과 현실 사이에 어떠한 차이가 있는지를 조명하고자 한다.

무슬림 세계에서 법을 해석하는 영역으로는 구속력이 있는 법원의 판결과 구속력이 없는 파트와의 양대 분야가 있다. 법원의 판결은 판사가 증거를 근거로 법적 구속력이 있는 판결을 내리며 법률 집행 등의 법적 절차가 따르는 영역이다. 이에 반해 파트와는 개인이나 집단이 무프티나 파트와 위원회에게 질문하여 이슬람 법의 구체적인 해석을 구하는 과정이다.[10] 파트와는 오랜 세월 동안 이어져 온 역사 속

9_ Todd M. Johnson과 Brian J. Grim eds., Leiden/Boston: Brill, 2012. http://books.google.co.kr/, 재인용(2015.01.23).

에서 그때그때 제기되는 문제들을 재조명하면서 새로운 이슬람의 지침을 보여 주는 실용적인 자료이기 때문에 무슬림 사회의 철학, 사상, 윤리 등과 밀접한 관계를 갖는다. 이처럼 파트와가 중요하지만 법적 구속력이 없다는 이유로 무슬림 세계 밖에서는 뛰어난 학술 연구 결과를 찾기가 쉽지 않다. 국내에서는 파트와를 단일 주제로 다룬 연구서가 아직 나오지 않았다. 기존의 연구서로는 손주영의 『이슬람: 교리, 사상, 역사』, 이원삼의 『이슬람법 사상』, 공일주의 『아랍의 종교』, 최영길의 번역서인 『예언자 무함마드의 언행록』과 『이슬람의 허용과 금기』(유스프 까르다위 著) 등과 같은 파트와 인접 분야의 서적이 있고, 부산외국어대학교 법학연구소 논총 등에 발표된 논문 두 편이 있다.[11]

무슬림 세계에서 파트와는 다양한 방법으로 묻고 답하는 형식을 취한다. 예전에는 구두로 전하거나 서면으로 질의 응답이 이루어졌고, 오늘날에는 대중 매체나 인터넷이 중요한 도구로 떠올랐다. 특히 최근에는 SNS로 파트와를 주고받기도 하여 파트와가 수를 헤아리기 어려울 정도로 많아졌다.

파트와는 아랍어를 비롯해 영어, 우르드어, 말레이 · 인도네시아어 등과 같이 다양한 언어로 발행된다. 이슬람 시아파나 순니 4대 법학파의 법적 판단에 근거하여 발행된, 공공성이 담보된 파트와는 아랍 세계의 이프타 기관이나 종교성에서 발행되는 파트와뿐이다. 본 연구에서는 공식적인 이슬람의 정책이나 판단을 볼 수 있는 아랍어 파트와만을 다루기로 한다. 이는 파트와라도 개인적으로 발표되는 경우에 사회 문제를 야기하거나 만인의 웃음거리가 되는 경우가 종종

10_ Muhammad Khalid Masud, Brinkley Messick & David S.Powers(1996), *Islamic Legal Interpretation*(Cambridge & London: Harvard University Press), p.3.

11_ 김용운, 2011, "인도네시아의 이슬람법에 대한 연구," 『이화여자대학교 법학논집』, 제16권 1호, pp.357-395; 김용운, 2012, "말레이시아 이슬람법의 파트와에 관한 고찰," 『법학연구』, 제53권 2호, pp.371-394.

있기 때문이다. 그러므로 본 연구에서는 이름 있는 무프티나 법학자의 파트와라 할지라도 개인의 이름으로 발표된 파트와는 특별한 이유가 없는 한 사용하지 않기로 한다.

본 연구의 가장 중요한 목적은 아랍어로 발행된 파트와를 원문 훼손을 최소화하여 충실하게 번역, 소개함으로써 향후 이슬람 연구의 토대를 구축하는 데 있다. 또한 파트와 내용 중에서 의례적으로 삽입되는 어구를 제외한 파트와 전문을 제시하는 것을 원칙으로 한다.

파트와는 코란을 통해 계시된 추상적인 이슬람 교리부터 먹고 마시는 소소한 일상의 문제에 이르기까지 무슬림의 생활에 관련된 모든 분야를 포괄한다. 유수프 알까르다위의 파트와에서 어떤 무슬림이 과학에서는 대기 중의 수증기가 물방울로 맺혀 땅으로 내리는 것이 비라고 정의하는데 코란에서는 "우리가 하늘에서 물을 내렸으니"라고 말한다면서, 둘 중에 하나는 틀린 것 아니냐는 의문을 갖고 이슬람 전문가에게 질문하고 있다.[12] 이런 일이 비무슬림이 보기에 사소할지 모르나 코란의 낱말 하나하나가 신성한 계시이자 진리라고 믿는 무슬림에게는 심각한 문제로 간주되기도 한다. 위와 같은 사례가 축적되면 무슬림의 사고방식과 세계관을 이해하는 데 참고자료가 되겠지만, 날마다 새로이 추가되는 방대한 분량의 파트와를 단일 연구과제가 모두 포괄하기란 불가능하다.

3년간 진행되는 본 연구의 1차 연도에는 가족 관련 파트와를 다루고, 2차 연도에는 사회생활과 공동체 문화 관련 파트와를, 3차 연도에는 이슬람 경제 관련 파트와를 다룬다. 코란과 무함마드의 언행록인 하디스의 의미, 예배와 금식, 순례, 자카트 등 신앙적 근행에 관한 분야도 이슬람을 이해하는 데 중요하지만 우리가 무슬림 세계와 이슬람을 이해하는 데 더 긴요하다고 생각되는 분야에 국한하여

12_ http://www.qaradawi.net/fatawaahkam/30/5793-2012-04-17-09-32-12.html(2013.2.17).

연구한다.

본 연구에서는 방대한 파트와를 번역 · 연구하기 위하여 다음과 같은 연구 방법을 따른다.

첫째, 무슬림이 생활하는 과정에서 끊임없이 제기되는 모든 의문이 파트와의 소재가 될 수 있는 만큼 파트와는 주제가 다양하고 분량이 많아서 자료를 선별하고 주제별로 분류하는 것이 중요하다. 종교적, 학술적, 역사적 가치를 지닌 파트와를 수집하고 주제별로 분류한 후 이슬람 가치관의 기저를 이루는 핵심 파트와와 국내 독자들이 무슬림 사회와 소통하는 데 도움이 될 만한 실용성 높은 내용을 선별한다.

둘째, 파트와는 일반 무슬림의 질문과 전문가의 답변으로 이루어진다. 그러므로 객관적 학술 연구에 기반한 실용적 길잡이라는 요구를 충족시키려면 질문과 답변의 정확한 의미 파악이 선행되어야 한다. 본 연구는 현실 상황을 전달하기 위해 아랍어 원문을 번역한 전문을 충실하게 제시하기로 한다.

셋째, 이슬람 법 전문가의 답변은 공식적이지만 받는 사람이 일반인이므로 파트와는 평이한 문체로 제시되는 경우가 많다. 그러나 역사적, 문화적 맥락에 기초한 사안들은 국가마다 다른 순니 4대 법학파의 정책이나 견해에 따라서 복합적이고 다면적인 경향이 있다. 또한 종교적으로 민감한 사안에 대하여는 전문가가 코란과 하디스 등 법원法源에 기초하여 고도로 전문적인 내용으로 견해를 내기도 한다. 이러한 경우 법원의 확인과 축어역에 가까운 세밀한 번역이 불가피하다. 동일한 사안에 관하여 전문가들의 견해가 엇갈릴 경우에는 유사점과 상이점을 비교할 수 있도록 함께 제시한다.

넷째, 본 연구에서 다루는 주제는 가족 문화, 공동체 문화, 이슬람 경제 등 세 개의 대주제로 나뉜다. 각 주제는 다시 하위 주제로 나뉘는데, 이 하위 주제에는 관련 파트와를 배열하고 유기적으로 구성함으로써 인접한 파트와 간의 상호관계 파악을 가능하게 한다. 단, 상속 관련 파트와는 이슬람 법원에 이미 정해진 몫을 배당하면서도 집안 사정과 사안별 복잡한 상황을 설명하고 답하는 만큼 한 가지 주제만을 묻고 답하는 경우가 많지 않다. 그러므로 대부분의 상속 관련 파트와는 상속에 관한 일반적인 설명을 마친 후 적용 분야와 상황을 고려하여 해당 파트와만을 따로 엮어서 제시하기로 한다. 또 상속 관련 파트와에는 해설을 추가하여 독자의 이해를 돕고자 한다.

다섯째, 파트와는 일상생활 속에서 질문이 만들어지고 이슬람 법 전문가가 코란과 하디스 등의 법원에 비추어 견해를 제시하는 과정에서 구축된다. 코란과 하디스가 위에서 아래로 내려오는 하향식top-down의 가르침이라면 파트와는 일반 무슬림이 맞닥뜨리는 구체적인 사례에서 시작하여 추상적인 규범에 도달하는 과정에서 생겨나는 것이다. 본 연구는 파트와의 이러한 특성을 중시하여 무슬림 생활 현장의 고민이 어떠한 과정을 통해 새로운 규범을 형성해 가는가를 보여준다. 그러므로 이러한 연구 결과는 코란이나 하디스에서 찾기 힘든 무슬림 사회의 생생한 축도가 될 것으로 기대된다.

여섯째, 파트와 연구를 이해하기 위해서는 이슬람 전문 용어와 아랍 · 이슬람 세계의 법 체계를 이해해야 한다. 그러므로 4대 법학파 중에서 가장 넓은 분포를 보이며 온건한 하나피 학파를 채택한 국가 중 하나인 요르단의 개인신상에 관한 2010년도 임시법의 번역을 부록에 첨부하였다.[13] 독자는 동일한 주제에 관해 이 법과 파트와를 비교함으로써 실정법과 이슬람 규범 간의 차이를 보게 될 것이다.

제2장 혼인과 제3장 이혼은 파트와를 주제별로 분류하고, 관련된 일반적인 상황과 법적인 해설 등을 기술하며, 이어서 개별 파트와를 소개하였다. 그러나 제4장의 상속은 복합적인 내용이 하나의 파트와에 섞여 있기 때문에 파트와를 사안별로 구분할 수 없다. 따라서 상속

13_ 요르단의 개인신상법은 개정 중에 있어 임시법으로 발행된 것을 번역하였다.

과 관련된 설명과 해설을 제4장 도입부에 종합적으로 기술하고 파트와 사례를 최대한 유사한 내용과 주제를 중심으로 소개하였다. 부록의 요르단 신상법은 본 연구와 관련된 조항을 우선적으로 번역한 결과물이다.

본 연구는 대부분 아랍어 전공자들에 의해서 진행되었다. 이슬람법 전문가가 아니기 때문에 파트와를 연구하면서 시행착오를 거듭하였다. 국내의 파트와 연구 기반이 절대적으로 미비한 상황에서 3년간 자료 수집과 자문, 각국의 상황 파악을 위해 1차 연도에 요르단과 이집트, 2차 연도에 모로코와 아랍에미리트연방, 3차 연도에 바레인, 오만, 카타르 등 모두 7개 아랍국을 방문하였다.

2012년 1월 요르단을 방문하였을 때 압둘카림 알카사우네'Abd al-Karīm Salīm al-Khaṣāwnah 요르단 대 무프티와 무함마드 아흐마드 알칼라일레Moḥammad Aḥmad al-Khalayleh가 파트와에 관한 자문 및 요르단 파트와 발행 현황에 대해서 설명해 주었다. 또 요르단 최고법관부Supreme Judge Department를 방문하였을 때 이삼 압둘랏자끄 아라비야트Issam Abdel-Razzaq Arabiat 샤리아 법원장Director General of Shari'a Courts이 요르단의 민법과 개인신상법, 그리고 재판 제도에 관하여 자세히 설명해 주었다. 이집트에서는 도서전에서 방대한 양의 파트와 연구 관련 서적을 수집하였고, 이집트의 법률과 이슬람 법 간의 경계와 관계에 관해서 후세인 무함마드Ḥusayn Muḥamed 변호사의 특강을 들었다. 이집트에서는 다르 알이프타의 파트와 부서장이 파트와 발행 절차와 과정을 설명해 주었다.

요르단 대 무프티와의 면담을 주선한 서울대학교의 마나르 사라흐네Manar Sarahneh에게 심심한 감사를 전한다. 또 파트와 번역을 맡아 준 한국외국어대학교 통번역대학원의 이혜정, 정훈철, 강난새, 김수진, 백혜원 연구 보조원들과 법학전문대학원의 김현수 박사에게도 고마운 마음을 전한다.

모쪼록 이 연구가 향후 국내 이슬람 연구에 조금이라도 기여할 수 있기를 기대한다. 그러나 이슬람 법 전문가가 아닌 연구진에 의한 작업이기에 잘못된 지식이 눈에 띄는 경우에는 바로잡을 수 있도록 독자들의 질정을 기다린다.

2016년 8월

저 자

차 례

Fatwā

제1장 파트와, 이프타, 무프티

제2장 혼인 관련 파트와

제3장 이혼 관련 파트와

제4장 상속 관련 파트와

일러두기

Fatwā

❶ 파트와에 나오는 알라에 관한 경구나 형식상 반복되는 관용 표현은 번역에서 제외한다.

❷ 아랍어 발음을 위한 로마자 표기는 원음에 가깝도록 일러두기에서 제시한 로마자 표기를 따른다. 단, 이미 국내에서 널리 사용되는 명사(예를 들어 코란, 메카 등)는 알려진 표기법을 따른다. 아랍인 고유명사의 표기는 명함에 적힌 아랍어를 기준으로 하되 영어 발음을 병기한다.

아랍어	로마자 표기	아랍어	로마자 표기	아랍어	로마자 표기
أ	’	س	s	ل	l
ب	b	ش	sh	م	m
ت	t	ص	ṣ	ن	n
ث	th	ض	ḍ	ه	h
ج	j	ط	ṭ	و	w
ح	ḥ	ظ	ẓ	ي	y
خ	kh	ع	‘	ـَا	ā
د	d	غ	gh	ـُو	ū
ذ	dh	ف	f	ـِي	ī
ر	r	ق	q		
ز	z	ك	k		

❸ 코란의 출처는 다음과 같이 표기한다.

예) 파티하(1)장, 바까라(2)장 45절

❹ 하디스의 출처는 ‘~의 전승’과 같은 표현을 사용하여 명시한다.

예) ‘부카리 전승’은 부카리가 전승한 하디스를 의미한다.

❺ ‘샤리아’는 이슬람 법을 의미한다.

❻ 본저에 언급된 하디스의 출처는 sunnah.com이다. 출처가 sunnah.com이 아닌 경우에만 출처를 밝힌다.

❼ 인명 표기는 아랍어 전사를 원칙으로 하나 명함에 쓰인 표기를 우선으로 한다.

❽ 아랍어를 원음에 가깝게 표기하기 위하여 부득이 국립국어원의 외래어 표기법과 상이한 경우도 있다.

❾ 파트와의 출처와 인용 시기는 각 파트와 하단에 표기한다.

❿ 국가나 이슬람 법학파에 따라 동일한 질문에 대한 파트와가 일치하지 않는 경우도 있다. 이때 무슬림 사회의 실상을 여실히 전달한다는 본 연구의 의도를 살려 해당 파트와를 제외하지 않고 모두 제시한다.

_파트와의 정의

_이프타 기관

_무프티

_이슬람 4대 법학파

제 1 장

파트와, 이프타, 무프티

1. 파트와의 정의

파트와Fatwā는 구체적인 사안에 대한 샤리아 상 견해를 지칭한다. 구체적 사안이라 할 때 일반적으로 적용되는 가르침이나 원칙은 제외된다. 현실 생활에서 맞닥뜨리는 구체적인 사안이 있어 그에 대한 설명이 필요할 때 일정한 자격을 갖춘 이슬람 전문가가 코란과 하디스, 이즈마으('Ijmā', 합의), 끼야스(Qiyās, 유추) 등 샤리아 법원法源의 근거에 입각해 내리는 판단이 파트와이다. 파트와에서 필수적인 구성요건은 질문과 답변이다. 질문자의 질문이 없다면 파트와가 성립하지 않는다. 질문자의 질의에 대해 전문가가 답변하고 설명할 때 '파트와를 낸다'고 한다.

파트와는 아랍어 어근 'FTW'에서 파생된다. 사전적으로 'FTW'는 '젊음', '새로움', '명백히 밝힘' 등의 의미를 포괄한다. 이 어근에서 파생된 동사 'fatiya'는 '젊어지다', '청년이 되다'의 뜻이고 'fatā'는 '강인한 젊은이'이다. 파생동사 "aftā'는 '법적 견해를 내다', "istaftā"는 '법적 견해를 구하다' 라는 뜻을 각각 지닌다.

'푸트야'futyā는 동사 'fatiya'의 동명사인 'fatā'에서 나온 명사이다. '파트와'의 본래 형태가 바로 이 '푸트야'인데, 이는 발음 편의를 위해 'w'가 'y'로 바뀐 것이다. '푸트야'와 '파트와'는 공통적으로 동명사 '이프타'iftā'에서 비롯된 명사이지만 '푸트야'가 '파트와'보다 더 많이 사용되었다. 알무히뜨 사전의 설명에 의하면 '파트와'는 아라비아 반도의 메디나 주민들이 사용하던 단어이다. 법적 견해라는 뜻의 명사로 '푸트와'futwā가 더 올바른 표현이라고 보는 사전학자도 있으나 현재는 '파트와'fatwā가 널리 사용된다.

동명사 "iftā"는 '법적 견해를 냄'이며, 샤리아뿐 아니라 다양한 인생사에서 생겨나는 질문에 대해 청년fatā의 강인함으로 판단을 설명하다, 또는 신선하고 새로운 답변을 내놓는다는 것을 의미한다. 즉 파트와는 복잡한 규정을 명백하게 밝히고 견해 차이를 풀어내는 것이다. '두 사람이 판관에게 서로 파트와를 했다'tafātā는 말은 견해차가 생겨 판사의 판결을 구했다는 뜻이 된다. 동명사 "istiftā"는 '법적 견해를 구함'이다.

파트와의 복수 형태는 파타위fatāwī 또는 파타와fatāwā이며, 파트와를 구하는 질문자는 무스타프티mustaftī, 파트와를 내는 사람은 무프티muftī이다.

코란에 파트와와 관련한 구절들이 있다. "그들에게 질문하라: 그들이 지은 것과 알라가 진흙으로 지은 백성 중 어느 것이 강한가"〈코란 사파트(37)장 11절〉에서 '질문하라'는 아랍어 동사 'istaftā'의 명령형 동사로서 '질문하다'와 '파트와를 구하다'가 같은 의미로 사용된다는 것을 알 수 있다. 또한 "왕이 말하길 꿈에서 야윈 소 일곱 마리가 살찐 소 일곱 마리를 먹는 것과 녹색 이삭 일곱 개와 메마른 이삭 일곱 개를 보았는데, 나의 꿈에 대해 해석을 해주시오"〈코란 요셉(12)장 43절〉에서 '해석을 해 주시오'의 아랍어 "aftūnī'는 '의견을 내다', 즉 '파트와를 내다'는 의미의 동사 "aftā'의 명령형으로 쓰였다.

"그들이 그대에게 묻거든 알라께서 너희들에게 말씀하셨다고 대답하라"〈코란 니싸아(4)장 176절〉라는 구절에서 '그대에게 묻다'yastaftūnaka는 '파트와를 구하다'라는 뜻의 "istaftā'의 현재형이고 '너희들에게 말씀하다'yuftīkum는 '파트와를 내리다'를 의미하는 아랍어 동사 "aftā'의 현재형이 쓰였다.

코란 니싸아(4)장 127절 "사람들이 여성들 문제에 관하여 당신에게 법에 대한 결정을 구하나니, 말하건대 알라께서는 여성들 문제에 관한 결정을 너희에게 주시노라"에서 사람들이 당신에게 법에 대한 결정을 구하다yastaftūnaka는 '파트와를 구하다'라는 "istaftā'의 현재형이고, 결정을 너희에게 주시노라yuftīkum는 '파트와를 내리다'를 의미하는 아랍어 동사 "aftā'의 현재형이 쓰였다.

역사적으로 파트와는 이슬람에 관한 지식의 관리, 법정에 내는 참고 의견, 이슬람 법의 해석 등의 세 가지 개념 위에서 변화 발전되어 왔다. 이 셋 가운데 이슬람에 관한 지식의 관리가 가장 중요한 비중을 차지했다. 19세기에 설립된 인도의 다르 알울룸 데오반드Dar al-Ulum Deoband의 무프티는 파트와를 '법과 종교의 영역에서 제기된 질문에 대한 답변'이라고 정의하였다.[1]

이슬람 초기에 파트와는 질의와 답변이라는 형식을 고수하면서 이슬람 교리에 대해 더 활발한 의견 교환이 이루어지도록 발전되어 왔다. 초기 파트와는 단편적인 '지식''Ilm을 주로 다루었으나, 이후 식자들이 하디스의 본문Matn과 전승고리'Isnād를 연구하는 데 치중하면서 파트와는 견해Ra'y과 피끄흐Fiqh에 의거하여 설명하는 방향으로 변하였다. 특히 피끄흐가 명확한 결론에 도달하지 못하는 사안에 대하여 파트와는 법학파에 따라 조금씩 다른 해석으로 나타나기도 하였다.

파트와는 법 이론이나 신학, 철학, 신조 등에서 피끄흐보다 더 넓은 영역을 다룬다. 즉 파트와는 샤리아에 기술된 내용에 비해 더 포괄적이다. 또한 파트와는 도덕적, 종교적 관점에서 타끄와Taqwā와 대비된다. 파트와가 특정 사안에 관한 질문에 대해 때로는 너그럽고 융통성 있게, 때로는 엄격하게 의견을 낼 수 있는 것과 달리 타끄와에서는 이러한 선택이 허용되지 않는다.

한편, 적용되는 영역과 강제성 면에서 파트와는 법원의 판결Qaḍā' 과 구별된다. 파트와는 법원이 관할하지 않는 영역을 폭넓게 다룬다.

1_ John L. Esposito(2009), *The Oxford Encyclopedia of the Islamic World*, Vol.2 (London: Oxford University Press), p.233.

파트와와 피끄흐는 샤리아의 핵심 가운데 하나인 종교적 근행과 관련한 이바다트'Ibādāt를 중요하게 취급하지만 법원은 이에 관여하지 않는다. 파트와와 법원의 판결을 가르는 근본적인 차이는 강제성 여부에 있다. 판결은 법적 구속력을 지니고 강제성이 있지만 파트와의 판단에는 강제성이 없으며, 실행은 개인의 의사에 달려 있다. 따라서 파트와 개념은 법원에서 적용되는 법의 공식적인 개념을 규정하는 데 있어 간접적인 도구라고 간주할 수 있다. 파트와가 독자적인 법 해석인 반면 판사는 판결할 때 특정 법학파의 교리에 입각하더라도 널리 받아들여지는 다양한 파트와를 참고할 수 있다.

파트와와 법원의 판결은 영역이 다른 만큼 그 지위도 동등하지 않다. 판결은 구속력이 있는 반면 파트와는 자문의 성격이 강하다. 판결의 효력은 특정한 사건에 한정되지만 파트와는 샤리아에 근거하여 답변하기 때문에 대중들의 접근이 용이하고 사회와 문화의 경계를 넘어 유사한 사안에 거듭 적용될 수 있다. 법원의 판결은 기록으로 보존되지만 보고서로 작성되거나 출판되지 않는다. 반면에 파트와는 무프티에 의해 내려져 수집, 유포되며 무프티 자신이나 무스타프티Mustaftī가 쉽게 인용할 수 있다.

파트와는 개인적인 파트와와 공식적 파트와로 나뉜다. 개인적인 파트와는 공적인 자격이 아니라 개인으로 활동하는 무프티가 낸다. 개인적 파트와는 복잡한 사안에 대한 샤리아적 해석을 제시하거나, 규정을 직접 접할 수 없는 사람에게 해석을 제시하거나, 사회적 행동과 종교적 신조, 실천에 대해 올바른 지침을 알려 주거나, 법원에 가지 않고도 분쟁을 해결할 수 있는 방법 등을 제공한다. 이러한 사적 파트와는 공공기관과 비공식 단체에게 전달되어 사회 규범의 연속성을 유지하는 데 기여해 왔다.

이와 달리 공식적 파트와는 공개적인 질문에 대한 답변으로 이프타 기관 소속의 무프티에 의해 발표된다. 공적 파트와는 여러 가지 제안을 할 수 있고, 다양한 매체를 통할 수 있으며, 재판 절차에 참고할 만한 의견을 제시하기도 한다. 이러한 공적 파트와는 논문이나 강의 형식으로 발표될 수도 있다.

법원은 공공정책이나 민감한 사안에 대한 판결을 내릴 때 무프티에게 독자적 법해석'Ijtihād 성격의 공적 파트와를 요청할 수 있다. 이 경우 파트와는 법전의 확대, 발전에 기여하기도 한다.

파트와는 민법에서 다루지 않는 특이하고 미묘한 부분을 샤리아에 입각하여 명확하게 판단하는 역할을 담당한다. 파트와는 기존의 법규에 배치되는 의견을 내놓기도 하는데, 특히 특정한 해석에서는 이전부터 내려온 관행을 뒤집는 견해를 제시하는 사례가 종종 있다.

파트와는 '예' 또는 '아니오' 또는 '허용됨'과 같이 한마디로 제시될 수도 있고, 단행본 한 권 분량에 이를 정도로 긴 답변이 되는 경우도 있다. 무스타프티는 간결하게 자신의 성별과 직책을 밝히는 것이 통례이다. 일반인으로부터 고위 관리, 학자, 판사, 심지어 국가 원수에 이르기까지 누구나 무스타프티가 될 수 있다. 무프티 또한 지방에서 그때그때 격식 없이 답변해 주는 소박한 무프티도 있고, 한 시대를 풍미하는 법학의 태두나 국가 파트와 기관의 고위직일 수도 있다. 파트와는 질문자의 지위나 무프티의 능력에 따라 내용이 달라지기도 한다. 평범한 질문자에게는 간명한 답변이 주어지지만, 질문자가 학자인 경우라면 인용 근거와 추론 과정까지 상세히 명시하는 것이 일반적이다.

파트와는 공통적으로 질문에 대한 답변이라는 형식을 유지하며, 경우에 따라 지역적 특색이 들어가기도 한다. 파트와는 다양한 언어와 문체, 수사 형식으로 내려진다. 일반적으로 서두와 결말에 상투적인 어구와 인사말이 사용되며, 특히 답변의 결말 부분은 '알라후 아을라무'('Allāhu a'lamu., 알라께서 가장 잘 알고 계시다)와 같은 문장이 오는 것이 상례이다. 파트와는 지면의 아래 부분에 여백을 남기거나 한 장을 넘기지 않는 것이 바람직하다. 이는 사후에 파트와에 수정을 가하거나 덧붙이는 등의 조작을 방지하기 위한 관행이다.

질 문:
- 안녕하십니까.
- 안녕하세요, 존경하는 셰이크님.
…
…
…
- 감사합니다.

답 변:
[서두]
- 알라께 찬미를.
- 알라의 사도를 위한 기도와 평화가 있기를.
- 온 세상의 주이신 알라께 찬미를. 최후의 사도이자 사도이신 무함마드와 그의 가문과 그의 모든 교우와 추종자들, 그리고 그들의 올바른 길을 최후의 심판일까지 선행으로 따르는 사람들에게 최고의 기도와 완전한 평화를 기원하며.

…
…
…
[본문]
- 파트와와 실정법에 따르면,
- 샤리아에 따르면,
- 예,
- 아니오,
- 가능합니다.

- 안 됩니다.
- 괜찮습니다.
- 문제가 되지 않습니다.

[결말]
- 알라께서 가장 잘 아십니다.
- 지고하신 알라께서 가장 잘 알고 계십니다.

질문은 질문자에 따라 문체가 달라질 수 있지만 일반적으로 무프티의 답변은 정중하고 권위 있는 문체로 작성된다. 무프티는 자신의 권위를 확인시켜 주어야 할 필요가 있을 때에 질문지 원본에 자필로 답변을 써서 질문자에게 보내기도 한다. 질문자가 답변을 이해하지 못하면 무프티나 사무원에게 물을 수 있다. 질문자는 무프티의 답변에 만족하지 않을 경우 다른 무프티를 찾아가 상담할 수 있다.

질문은 실제로 발생한 사실이어야 하며, 가정에 기초하거나 상상력으로 지어낸 질문은 지양한다. 질문에 구체적 장소와 같은 특징적인 사항은 명시하지 않으며 포괄적인 표현과 문체를 사용한다. 질문에 언급되는 인명은 자이드나 아므르와 같이 흔히 쓰이는 가명으로 대체하거나 '한 남자' 또는 '어느 여자'처럼 불특정한 신상을 넣는다. 이렇게 질문을 작성하는 이유는 무프티로 하여금 질의의 핵심에 집중하도록 하기 위한 것이다. 무프티의 임무는 문맥을 통해 상황을 파악하고 샤리아의 관점에서 평가, 판단하는 것이다.[2]

사적 파트와는 무료 제공이 원칙이지만 선물이나 다양한 형태로 정중한 답례를 하는 것이 관례처럼 되었다. 반면에 공적 무프티는 질문자로부터 비용을 받거나 소속된 이프타 기관에서 보수를 받는다.

2_ John L. Esposito, p.237.

이론적으로 파트와는 구두로도 가능하다. 우스만 시대에는 파트와 기관 산하에 구두 파트와를 관장하는 부서가 존재했다. 실제로 구두 파트와가 얼마나 행해졌는 지는 알 길이 없다. 서면 파트와의 경우에도 대다수의 파트와는 자주 반복되는 평범한 내용이었으며, 따라서 질문자에게 전달되고 난 후의 자취를 찾기가 어렵다. 그런 가운데에도 우스만 제국과 인도의 일부 지역에 이런 평범한 파트와가 문서보관소에 대량으로 보존되어 있다. 19세기 초 예멘의 법학자 무함마드 븐 알하산 알샤우카니Muḥammad bn al-Ḥasan al-Shawkānīy의 경우 기록되지 않은 수 많은 파트와와 별개로 그가 내린 중요한 파트와가 단행본으로 수집, 보관되어 있다. 20세기 초 이집트의 대 무프티 무함마드 압두흐Muḥammad 'Abduh는 국가적 현안에 관한 공식 견해 외에 수많은 통상적 파트와를 질문자들에게 내렸다. 이처럼 무슬림 세계 전역에서 수십 년간 발행된 수천 건의 파트와는 보관되지 않고 사라졌다. 무프티들이 질문지에 답변을 적어 주면 관례대로 질문자가 그것을 가져갔기 때문이다.[3]

파트와는 무슬림 세계의 법 문화 가운데 가장 역동적인 분야이다. 기도나 금식처럼 일상적으로 반복되는 행위의 규칙을 간단하게 설명하는 파트와도 있지만 특정한 무슬림 사회의 정치적, 사회적, 경제적 상황을 긴밀하게 반영하는 경우가 많다. 무슬림은 새로운 현실에 직면할 때 무프티에게 조언을 구한다. 이에 무프티는 파트와를 냄으로써 그 사회 특유의 관심사나 상황을 다루는 동시에 이슬람 법을 유지하는 역할을 한다.[4]

주요 파트와들은 정책에 관한 중요한 진술을 담고 있다. 또는 전례가 없는 복합적인 사안이 대두되는 경우 무프티는 이즈티하드(독자적 법 해석)를 낼 의무를 진다. 이러한 유형의 파트와가 법전의 확대 발

3_ John L. Esposito, p.241.
4_ John L. Esposito, pp.238-239.

전을 초래하는 경우가 종종 있다. 공공 정책을 결정하거나 전례 없는 어려운 사안에 대해 법적 판결을 내리기 위해 정부는 종종 무프티에게 이즈티하드를 내도록 요청한다. 우스만 제국에서 선전포고나 종전 선언을 비롯한 국가의 중대사, 중요한 행정 개편, 재정 개혁 등의 조치는 셰이크 알이슬람의 파트와를 통해 승인받았다. 세법이나 형법 등 세속적인 법률뿐 아니라 술탄의 권한 또한 이러한 파트와에 의해 인정되기도 하고 거부되기도 하였다. 술탄 무라드 5세가 광증狂症이라는 이유로 1876년 파트와에 의해 폐위된 것이 좋은 예이다.

파트와는 또한 새로운 사회적, 경제적 활동을 합법화하는 데에도 사용되었다. 1727년 우스만 제국 시대에 발표된 파트와는 비 종교 서적의 인쇄를 정식으로 인가했고 1845년에 발표된 파트와는 예방접종을 허용하였다. 저금리, 외상거래 등의 적법성을 판단하는 데에도 파트와가 동원되었다. 또한 파트와는 까디Qāḍī[5]를 비롯한 세속 관료의 권력을 제어하는 데에도 큰 역할을 하였다. 파트와는 백성들의 불평에 힘을 실어 주거나 정당한 권리에 정당성을 부여함으로써 법정에서 정의를 세우는 데 일조하였다.

19세기 이후 우스만 제국의 중앙 권력이 약화되고 유럽 열강이 무슬림 세계를 지배하게 되면서 공식 파트와의 정치·사회적 의미가 축소되었다. 동시에 파트와는 반 제국주의 운동이나 독립투쟁에 인력을 동원하는 도구가 되었다.[6]

현대의 파트와 중 세간의 이목을 끌었던 것으로 『악마의 시』The Satanic Verses의 작가 살만 루시디Salman Rushdie에 대해 1989년에 이란 호메이니가 예언자를 모독하고 이슬람을 적대시했다는 의견을 낸 파트와가 있다. 아마도 호메이니는 이 파트와를 내림으로써 이슬람의 신성한 믿음을 욕보이는 행위를 막으려 했을 것이다.

5_ 판사, 재판관.

6_ John L. Esposito, p.240.

셰이크 유수프 압둘라 알까르다위Yūsuf ‘Abd Allāh al-Qarḍāwīy[7]가 2004년에 낸 파트와는 미국과 이스라엘 상품 불매운동에 관한 것이었다. 알까르다위는 이 파트와에서 이스라엘 물건을 사는 것은 팔레스타인 분쟁에서 적 이스라엘을 더 강력하게 하는 것이라고 언급했다. 그는 파트와에서 미국 제품, 특히 이스라엘 제품 구매가 금지된다고 밝혔으며, 이에 따라 일부 무슬림들은 이스라엘 상품을 거부했다. 아마도 최근 발표된 파트와 중에서 가장 널리 알려진 것은 오사마 빈 라덴Osama bin Laden의 파트와일 것이다. 빈 라덴은 파트와에서 미국을 맹비난하고 자신을 지지하는 무슬림들에게 자발적으로 단체를 조직하여 서방의 이익을 공격하라라고 요구했다. 하지만 대부분의 법학자들은 오사마 빈 라덴이 파트와를 낼 자격이 없다고 판단한다.

가. 가장 높은 가치와 우수성을 지닌 파트와는 이즈티하드 혹은 논리정연한 정식 해석을 담은 파트와였다. 또한 단순한 문제와 관련하여 법을 기술하는 형식을 띠는 가장 간단한 의견이 바로 해석 작업이다. 또 특정 사안에 대한 답으로서 다양한 근거에 의한 답변을 볼 수 있다. 이것은 근거와 이유를 분석하는 것이 아니라 원본에 기초하여 끼야스(유추)를 통해 이루어지는 작업이다. 말리키 학파는 다양한 가능성을 추론하는 방법을 이용하는데 이는 이맘'Imām[8]의 의견을 근간으로 이루어진다. 그러므로 다양한 의견이 전해 내려오면서 이것이 일부 무슬림 사회에 혼란을 초래한 것이 분명하다.

나. 19세기 들어 활자와 전자 매체가 발달하면서 파트와의 역할

7_ 유수프 압둘라 알까르다위(1926~). 이집트 출생, 국제무슬림학자연합(International Union of Muslim Scholars, IUMS) 회장. 현대 아랍 세계 순니파의 대표적인 학자이다.

8_ 이슬람에서 이맘은 예배를 주도하지만 성직자는 아니다.

과 영향력이 증대되었다. 무프티는 하루도 빼놓지 않고 경제, 정치, 과학, 기술 분야의 질문에 답변하느라 어려움을 겪는다. 파트와가 다루는 분야가 방대하기도 하고, 그 언어나 설명 방식 등이 변화하는 가운데 파트와는 많은 대중들에게 즉시 퍼져 나가는 특수성을 가지고 있기 때문이다.

다. 법적 이견 해결을 위한 국제 이슬람 위원회가 부재한 상태에서 이슬람 피끄흐 아카데미Islamic Fiqh Academy, IFA가 이슬람회의기구The Organization of Islamic Countries, OIC에 의해 1981년 1월에 설립되었다. 그러나 이 아카데미의 제안은 구속력이 없다.

라. 기본적으로 추천되는 것은 질문자가 다른 사람의 조언을 따르는 것, 또는 무프티가 가지고 있는 경건함과 독실함을 인지하여 그의 조언을 믿고 따르는 것이다. 때때로 질문자가 무프티의 대답에 만족하지 못하고 다른 파트와를 기대하며 두 번째 무프티를 찾아가기도 했다. 또한 논쟁을 벌일 때 다른 의견을 가진 집단은 각자의 입장에 힘을 실어 주기 위하여 상충되는 파트와를 얻고자 했고, 이를 위해 저마다 다른 무프티를 찾아가는 경우도 있었다. 무프티나 판사가 자신이 속한 특정 학파의 의견을 따를 때 이즈티하드를 선택하고 이행할 수 있고, 또는 학파의 의견에 의존할 수 있음에도 불구하고 그들은 판결의 일관성을 유지하기 위해 어쩔 수 없이 비종교 당국에 의해 만들어진 절차를 따를 수밖에 없었다. 그러므로 까디와 무프티 모두 판결을 바꿈으로써 소송 당사자에게 이득을 줄 수 있음에도 불구하고 판결을 바꿀 수 없었다.

마. 무프티는 자신이 이해하는 바에 따라 질문에 답변한다. 따라서 무프티가 해당 지역의 관습과 구어 표현을 얼마나 숙지하느냐에 따라 질문에 대한 이해 정도가 달라지고는 했다. 대부분의 파트와 모음집에서 제대로 구성되지 않았거나, 의미가

모호하거나, 또는 완전하지 않은 질문은 편집되거나 생략되었다. 질문이 명확하지 못할 때 무프티는 답변의 가치가 질문에 명시된 정보에 달렸다고 언급하며, 정해진 절차를 따르라는 통고를 포함시킬 수 있었다.

바. 초기 이론가들이 무프티는 코란 해석이나 신학 같은 특정 분야에 대한 질문에는 답을 하지 말아야 한다는 주장을 했음에도 불구하고 역사 속에서 무프티는 엄격한 법적 주제들을 뛰어넘는 쟁점을 거론하기도 했다. 우스만 제국 시대에 무프티는 샤리아가 다루어지는 문제뿐 아니라 일반적으로 세속법의 규제를 받는 문제에 대하여도 파트와를 발행했다. 무슬림들이 직면한 법적, 사회적, 정치적인 다양한 주제에 대한 파트와가 제시됨에 따라 정계와 학계에서 상반된 세력 간, 또는 경쟁 관계에 있는 교육기관 간의 교리 논쟁이 파트와 전쟁으로 비화하기도 한다.

사. 파트와를 내는 무프티의 특성, 질문의 종류, 무프티가 답변하는 방법 등에 있어서 최근 많은 변화가 생겼다. 전통적 이슬람 법학 원칙에 따르면 무프티는 파트와를 발표하기 전에 매우 높은 수준의 전문 지식을 가져야 한다. 그러나 많은 투쟁가들이나 개혁운동가들이 비 전문가가 내놓은 파트와를 퍼뜨리고 있으며 실제로 많은 사람들이 이러한 파트와를 따랐다. 예를 들어 1998년 오사마 빈 라덴은 세계이슬람전선The World Islamic Front for Jihad on Jews and Crusaders이라 칭한 조직에서 네 명의 동료와 함께 유태인과 십자군에 저항하는 성전을 촉구하는 파트와를 발표했다. 이 파트와는 민간인을 포함하여 미국인을 가능한 한 많이 살상하는 것이 모든 무슬림들의 의무라고 말했다. 이 파트와의 내용이 비난받았을 뿐 아니라 많은 무슬림 법학자들은 빈 라덴이 파트와를 발표하거나 지하드를 선

언할 자격이 없다고 말했다. 2005년 7월, 저명한 학자 약 200명이 판결을 내리기 위해 요르단에 모였다. 그들은 8대 이슬람 법학파의 정통성을 확인한 후 각 학파가 지정한 교육을 받은 학자만이 파트와를 내릴 수 있다고 결의했다. 암만 메시지로도 알려진 이 선언의 주요 목적은 오사마 빈 라덴과 같은 과격 이슬람 단체의 수장이 낸 파트와를 무력화하기 위한 것이었다.

아. 2001년 9월 11일 테러에 이어 발표된 파트와는 미국을 비난하는 이프타의 최신 경향을 보여 준다. 테러가 발생하고 며칠 후 미군부대의 무슬림 예배 인도자가 이슬람 법학자들에게 무슬림 병사들이 무슬림 국가를 상대로 하는 전쟁에 참여하는 것이 허용되는지를 질문했다. 이에 대한 대답으로 다섯 명의 중동 학자들은 미군에 소속된 무슬림 군인이 무슬림 국가에 적대적인 행위에 참여하는 것을 허용하는 공동 파트와를 발표했다. 이 파트와를 내린 학자들은 다른 주요 이슬람 법 학파의 조언을 구하는 대신 코란과 하디스에서 직접 근거를 찾았다. 특정 법학파를 따르지 않는 서양인 무슬림이 무슬림 국가의 무프티에게 직접 질문할 수 있을 정도로 허용 범위가 넓었던 이러한 많은 파트와들은 모두 이프타의 일반적인 특징이 되었다.

자. 세계 무슬림 인구의 3분의 1이 비 무슬림 국가에 살고 있다. 이러한 상황에서 기독교 교회의 결혼식에 참석하는 문제, 프랑스의 공립학교가 내린 히잡 착용 금지령에 대한 대응, 담보를 통한 주택 구입과 같은 문제에 대해 파트와를 요청하는 것은 피크흐 알아깔리야트Fiqh al-'Aqallīyāt, 즉 소수 무슬림의 법학으로 불리며 1994년 이후 논란을 일으키며 변천해 왔다. 1986년 설립된 북미 피끄흐평의회Fiqh Council of North America, FCNA나 1997년 설립된 유럽 파트와연구평의회European Council for Fatwa and Research, ECFR 등의 기관은 소수 무슬림의 고충을 해결하고 그들의 이슬람 법 준수를 장려하며 다면적인 현대 사회에서 이슬람이 조화롭게 양립할 수 있도록 하는 판단을 내리기 위해 노력했다. 유럽 파트와연구평의회의 국제 회원은 유럽의 상황에 적합한 종합적인 파트와를 만들어 내기 위해 4대 법학파의 명시적인 방법론뿐 아니라 기타 법적 개념의 범위를 규정했다. 예를 들어 2001년 발표된 유럽 파트와연구평의회의 판단에 따르면 여성이 비 무슬림 남성과의 혼인을 유지하기 위해 개종하는 것이 허용된다. 무프티는 이 상황을 판단할 때 유럽의 법과 함께 여성에게 종교의 자유를 보장하는 관습을 일부 근거로 삼았다. 이러한 판단이 대중들의 환영을 받았음에도 해당 파트와는 분란을 일으킨다는 이유로 비난의 대상이 되었다.

차. '사이버 무프티'에서 온라인으로 발표된 파트와들은 유럽 파트와연구평의회에서 발표한 것보다 훨씬 더 비공식적이다. 이슬람 온라인(http://www.islamonline.net)이나 파트와 온라인(http://www.fatwa-online.com) 등의 웹사이트 외에도 전세계 독자들에게 일회성 즉석 파트와를 제공하는 사이트가 무수히 많다. 이슬람 온라인은 검색 가능한 자료실인 라이브 파트와를 만들었다. 2007년 중반 약 1천 개의 파트와가 게시돼 있을 정도였고 모든 무프티의 이력이 함께 올려졌다. 이들 사이트는 라디오 쇼나 위성 TV의 시청자 전화 참여 파트와 프로그램과 더불어 현대 이프타의 변화와 발전에 일익을 담당하고 있다. 무슬림들은 이제 전세계의 무프티들에게 익명으로 간편하게, 그리고 가정이나 인터넷 카페에서 편안하게 조언을 구할 수 있게 되었다.

2. 이프타('Iftā', 파트와를 공표하는 행위) 기관

무함마드 사후 파트와는 무프티들이 정부에 소속되지 않은 상태에서 개별적으로 내렸다. 그러나 우스만 제국 시대에 술탄 술라이만(1520-1566)은 파트와에 대한 수요가 점점 증가하자 셰이크 알이슬람 사무소를 공식 기관으로 제도화하였다. 술탄은 파트와 발행을 담당하는 공식 부서를 설립하고 전문 직원을 파트와 담당자로 임명하였다. 셰이크 알이슬람에 의해 발행된 파트와는 체계적으로 기록, 보관되었으며 일부 명망 있는 셰이크들에 의해 발행된 파트와는 책으로 집대성되었다.[9]

19세기 이후 우스만 제국의 중앙집중적 권력이 약화하고 유럽 열강이 무슬림 영토를 지배하게 되면서 공식 파트와를 발표하는 이프타 기관의 정치 · 사회적 의미가 축소되었다. 제국주의 세력이 통치하면서 공식 파트와의 실효성이 줄어들었고 파트와는 반 제국주의 운동이나 독립투쟁에 인력을 동원하는 도구가 되었다. 따라서 이프타 기관보다는 명망 있는 무프티들이 지하드, 식민지로부터 이주, 반 이슬람 제품의 불매운동 등에 관한 파트와를 발표하였다.[10]

그러나 무슬림 국가들이 독립하면서 대부분의 국가는 파트와를 전담하는 국가 기관 또는 위원회를 설립하기 시작했다. 이집트는 1895년 다르 알이프타(Dār al-'Iftā', 이프타 기관)를 설립하고 이 기관에서 발표되는 파트와를 통해 국가의 공식 입장을 표명했다. 이프타 기

9_ Muḥammad Khalid Masud, Brinkley Messick & David S. Powers, p.11.
10_ John L. Esposito, p.241.

관은 국가 정책에 대한 정부의 질의는 물론이고 개인적인 관심사에 대한 질문에 대하여 파트와를 발표하였다.

근대에 들어와 정부는 국가적 현안에 대한 자문을 받거나 파트와 발행을 목적으로 이프타 기관을 설립하여 파트와를 통제하려는 시도를 시작했다. 이에 따라 이집트의 다르 알이프타와 유사한 기관들이 여러 국가에 생겨났다. 이 중에는 사우디아라비아의 최고법학자기구Hay'ah Kibār al-'Ulamā'[11]와 요르단의 이프타 총사무국Dā'irah al-'Iftā' al-'Amm 등이 있다. 이 기관들은 법무성이 아니라 종교성에 소속되어 순수하게 조언자의 역할을 한다. 현대에 와서 파트와를 내는 전담 위원회가 등장하였다. 이러한 기관으로 이집트의 알아즈하르 대학교 학장협의회와 사우디아라비아 메카에 있는 세계무슬림연맹World Muslim League, 이슬람협력기구의 파트와 위원회, 파키스탄에 있는 이슬람이념평의회Council of Islamic Ideology 등이 있다.[12]

비 무슬림 지역에서도 이프타 기관이 속속 설립되었다. 대표적인 것이 전술한 북미 피끄흐평의회와 유럽 파트와연구평의회이다.[13]

대부분의 아랍 무슬림 국가들에는 공식 이프타 기관이나 위원회가 설치되어 있고 정부에서 무프티를 임명한다. 이프타 기관에 소속된 무프티 한 명이 각 지역 이프타 관할 지구에 파견되어 파트와를 내는 임무를 수행한다. 예를 들어 요르단의 이프타 기관을 보면 이프타 총 사무국 내에 요르단 국가 무프티, 사무국 사무총장, 각 지구의 무프티 한 명, 가정 담당 상담사와 연구자가 각 한 명씩 배치되어 있다.[14]

11_ John L. Esposito, p.234.

12_ Maḥmūd Shaltūt(1988), *al-Fatāwā: Dirāsah li-Mushkilāt al-Muslim al-Mu'āṣir fī al-Ḥayāh al-Yawmīyah*(Cairo: Dār al-Shurūq), pp.5-14.

13_ John L. Esposito, p.240.

14_ http://aliftaa.jo/ShowContent.aspx?Id=46, 2014.2.15.

3. 무프티(Muftī)

(1) 무프티의 기원과 발전

무프티는 파트와를 내는 사람이다. 무프티는 예언자들의 계승자로서 신과 인간 사이에 있는 존경받는 인물이며,[15] 예언자의 대리인이자 샤리아를 세우는 사람이라는 생각이 오늘날까지 변함없이 이어지고 있다.[16] 코란의 일부 절이 문답 형식으로 계시되었으며, 하디스도 문답 형식으로 이루어졌고, 무함마드 사후 알라의 말씀을 무슬림들에게 전달하는 중개자가 사라졌기 때문에 권위 있는 무프티의 등장이 필요하게 되었다.

무슬림에게 코란은 예언자 무함마드를 통하여 인류에 내려진 알라의 말씀이다. 코란은 무함마드에게 610년부터 632년 사망 직전까지 약 23년 동안 계시되었다. 무함마드는 계시의 내용들을 바탕으로 종교 의례, 도덕적 순결함, 사람들 간의 상호관계, 경제, 관습 등과 관련된 일련의 규칙을 정하였다.

이슬람 초기에 아라비아 반도에 거주하고 있던 주민들 중 일부는 전통적인 문화와 관습을 선호하면서 새로운 규칙과 관행에 저항하였다. 공동체 구성원 중 여럿이 무함마드에게 찾아가 자신들의 문화와 관습이 유효한지의 여부를 명확히 구분해 줄 것을 요청하였다. 그러면 무함마드는 알라의 계시를 받아 전달하는 형식으로 질문자에게 대

15_ Muḥammad Jamāl al-Dīn al-Qāsimīy(1986), *al-Fatāwā fī al-'Islām*(Beirut: Dār al-Kutub al-'Ilmīyah), p.44.

16_ John L. Esposito, p.234.

답해 주었다. 이후 무함마드의 대답은 코란의 절이 되었고 이러한 문답을 통해 알라와 무함마드, 무슬림 간의 삼각 관계가 형성되었다. 무함마드는 알라와 무슬림들 간의 중개자 역할을 수행하여 알라의 법과 규정을 무슬림들이 알 수 있도록 도와주었다.[17]

무함마드의 언행록인 하디스를 보면 무함마드는 특정 관행에 관한 질문에 대하여 알라의 대답을 기다리지 않고 즉석에서 대답해 주곤 했다. 하디스에서 알라가 언급되지 않은 상태에서 무함마드와 무슬림들이 질문하고 응답하는 것을 볼 수 있다. 물론 이때 무함마드는 알라를 대리하여 말하는 것이며, 무함마드의 언행에 오류가 없다는 믿음이 널리 퍼져 있었다.[18]

무함마드가 사망한 632년은 무슬림 세계의 중요한 전환점이었다. "무함마드는 알라의 사도이며 예언자들의 봉인이니라"라는 코란 아흐잡(33)장 40절에 의거하여 무슬림들은 알라가 무함마드를 제외한 다른 사람들과는 소통하지 않으며 오로지 예언자 무함마드를 통해서만 직접적으로나 간접적으로 계시를 내린다고 믿었다. 따라서 알라의 사도인 무함마드의 사후 무슬림들은 알라의 말을 전해 줄 사람이 사라졌다고 생각하였다. 그러나 훗날 공동체의 규모가 커지고 광대한 지역으로 확대되면서 무슬림들은 무함마드의 교우들이 이슬람에 적절한 행동 규율을 판단할 적임자라고 믿었다. 무함마드 사후 130여 명의 남녀 교우들이 무프티 역할을 하였다. 그중 가장 많은 파트와를 내린 사람은 우마르 븐 알캇땁'Umar bn al-Khaṭṭāb,[19] 알리 븐 아부 딸

17_ Maḥmūd Shaltūt, pp.5-14.

18_ Muhammad Khalid Masud, Brinkley Messick & David S.Powers, p.6.

19_ 우마르 븐 알캇땁: 584년~644년(헤지라 이전 40년~헤지라 23년), 무함마드의 교우이자 순니파 정통 칼리파 시대의 제2대 칼리파이다. 서기 634년~644년간 칼리파에 재위하였다. 믿는 자들의 통치자라는 별칭을 처음으로 사용하였고, 헤지라 역을 처음 공표하여 사용하였으며, 그의 시대에 최초로 예루살렘 지역이 무슬림의 영역에 포함되었다.

립'Alīy bn 'Abī Ṭālib,[20] 압둘라 븐 마스우드'Abd Allāh bn Mas'ūd,[21] 아이샤'Ā'ishah,[22] 자이드 븐 싸비트Zayd bn Thābit,[23] 압둘라 븐 압바스'Abd Allāh bn 'Abbās,[24] 압둘라 븐 우마르'Abd Allāh bn 'Umar[25] 등이다.[26]

예언자의 교우라고 해서 누구나 파트와를 낼 수 있었던 것은 아니다. 파트와를 낼 수 있는 사람은 코란을 아는 자들, 그리고 코란에서 대체된 구절과 폐기된 구절, 코란의 모호성과 정확성, 코란에서 제시하는 근거들을 익히 아는 자들로 한정되었는데, 특히 증거는 예언자로부터 직접 듣거나 예언자의 전언을 직접 받은 자로부터 들은 것

20_ 알리 븐 아부 딸립: 599년~661년(헤지라 이전 23년~헤지라 40년), 무함마드의 사촌이자 사위이며 교우이다. 순니파 정통 칼리파 시대의 제4대 칼리파이며 시아파의 첫 번째 이맘이다. 헤지라 2년에 무함마드의 딸인 파티마와 혼인하였으며 쿤야(Kunyah, 결혼을 한 연배 있는 사람의 이름을 직접 부르지 않고 자녀 이름 앞에 아버지나 어머니를 붙여 '~의 아버지', '~의 어머니'로 부르는 것)는 아부 하산이다. 대표적인 저서로는 *Nahj al-Balāghah*가 있다.

21 압둘라 븐 마스우드: ?~653년(?~헤지라 32년), 무함마드의 교우로 이슬람 초기에 귀의하여 처음으로 메카에서 코란을 큰 소리로 낭독한 사람이다. 압둘라 븐 마스우드가 전한 하디스는 848개이다. 훗날 자히즈(al-Jāḥiẓ)는 이븐 마스우드의 연설과 말을 간추려 저서 *al-Bayān wa-l-Tabyīn*을 출간하였다.

22_ 아이샤: 613년~678년(헤지라 이전 9년~헤지라 58년). 꾸라이시 부족 출신이다. 헤지라 2년 무함마드와 혼인. 무함마드의 가장 사랑받은 아내이자 하디스를 가장 많이 기록한 사람이다. 아이샤가 전한 하디스는 2,210개이다.

23_ 자이드 븐 싸비트: 611년~660년(헤지라 이전 11년~헤지라 45년). 무함마드의 교우이자 코란 전문가이다. 11세에 무함마드와 함께 메카에서 메디나로 이주했다. 법, 파트와, 읽기, 이슬람의 의무에 대해 가장 잘 알고 있는 사람이며. 자이드가 전한 하디스는 92개이다.

24_ 압둘라 븐 압바스: 619년~678년(헤지라 이전 3년~헤지라 69년). 메카에서 출생하였으며 무함마드의 교우이자 이슬람 공동체의 학자이다. 압둘라 븐 압바스는 무함마드와 늘 같이 지냈으며 같은 시대를 보냈다. 이븐 압바스는 많은 올바른 하디스를 전승하였으며. 그가 전한 하디스는 1,660개이다.

25_ 압둘라 븐 우마르: 613년 ~692년(헤지라 이전 10년~헤지라 73년). 제2대 정통 칼리파 우마르의 아들이며 무함마드의 교우이다. 메카에서 출생하여 아버지 우마르와 함께 메디나로 이주하였고, 메카를 정복하는 것을 지켜보았으며 메카에서 사망하였다. 압둘라 븐 우마르는 60년간 사람들에게 파트와를 내려 주었고, 그가 전한 하디스는 2,630개이다.

26_ Muḥammad Jamāl al-Dīn al-Qāsimīy, p.35.

이어야만 했다.[27]

무함마드의 교우들이 사망하면서 교우들의 시대가 지나자 무슬림들은 무함마드와 직접 만난 적이 있거나 간접적으로 전해 들었던 사람들로부터 차단되었다. 8세기 초반 이슬람 지식을 분석하고 보존하려는 울라마('Ulamā', 이슬람 학자들)가 등장하였다. 특정한 계층의 이슬람 학자들은 예언자 무함마드에 버금가는 종교적 권위를 가졌다.[28] "너희들이 알지 못한다면 학자들에게 물어라"라는 코란 나흘(16)장 43절에 따르면 무슬림들은 지식이 풍부하고 도덕적으로 공정한 사람에게 묻고 조언을 구할 의무가 있다.

무프티는 개별적으로 무슬림들에게 신뢰할 만한 조언을 하였다. 이는 이슬람 법의 구체적인 내용을 잘 알지 못하고 자신의 행동이 이슬람 법에 위배되지 않는 행동인지 판단하기 어려운 무슬림들에게 유용한 조언, 즉 파트와였다. 이와 동시에 일부 무프티는 법원法院의 구성원이 되기도 하였는데 이때 무프티의 파트와는 공식적으로 인정되었다.[29]

무프티는 이미 우마이야 조(661-750)에서 까디(판사)에게 법률 자문을 제공하는 역할을 수행하였으며, 우마이야 조 후기에는 파트와를 제공하는 일이 정책 수립에 중요한 비중을 차지하게 되었다. 이와 같이 정치적 활동에 종교적인 정당성을 부여하는 데 파트와가 중요해지자 중앙정부는 파트와를 내는 일을 통제하기 시작하였고 통치자들은 자격을 갖춘 법학자들을 지명하여 공식적인 또는 준 공식적인 직위를 주어 파트와를 전담하도록 하였다. 무프티가 샤리아 법정에 배석한 예로는 안달루스에서 무프티가 법률자문가로서 법정에 참석하던 관

27_ 이븐 칼둔(2012), 김정아 역, 『무깟디마1』(서울: 소명), p.182.

28_ Muhammad Khalid Masud, Brinkley Messick & David S.Powers, p.8에서 재인용.

29_ Ibn Khaldun, p.452; Muḥammad Khalid Masud, Brinkley Messick & David S. Powers, pp.18-19에서 재인용.

례를 들 수 있다.[30]

교우 시대가 지나고 이슬람 학자들 간에 합의가 이루어지지 않고 유추로도 해결하기 어려운 사안에서 상이한 견해들이 나타나면서 법학파가 생겨나게 되었다. 법학파의 등장으로 무프티는 특정 학파의 견해에 따라 파트와를 내렸다. 순니의 4대 법학파인 하나피 학파, 말리키 학파, 샤피이 학파, 한발리 학파가 등장하였고, 시아의 자으파리 학파(12 이맘파)가 765년에 등장하였다. 법학파는 각각의 이맘의 이름을 따서 명명되었다. 법학파가 정착된 후 무프티의 활동은 그가 내린 파트와를 통해 잘 드러났다.[31]

10세기에서 12세기까지 발행된 파트와 모음집은 재판 절차에서 무프티가 담당한 중요한 역할을 보여 준다. 이슬람 법에서는 일반적으로 까디가 판결을 내리기 전에 이슬람 법 전문가에게 자문을 구할 것을 권장한다. 이는 특히 사형 선고와 같이 어렵거나 민감한 사안에서 더욱 그러하다.[32] 이슬람 법 자문가들은 까디의 자문위원회인 슈라Shūrā의 구성원이었으며 까디의 요청에 따라 파트와를 제공하였다. 법 자문가들은 공식적으로는 통치자에 의해 임명되었지만 때로는 까디가 임명하기도 하였다. 법 자문위원들은 이슬람 법의 기준이 법정에서 제대로 적용되고 있는지를 확인하고 이슬람 법을 검토하는 일을 하였다. 또한 이들은 통치자의 요청에 따라 정책 관련 파트와를 발행하기도 하였다.

맘루크 시대(1250-1516년)에 이집트와 시리아의 무프티들은 정부에 소속되지 않은 채 개별적으로 활동하면서 개인이나 까디에 요청에 따라 파트와를 발행하였다. 따라서 무프티가 샤리아 법정에 출석하는 일은 흔히 볼 수 있는 광경이 되었다. 까디는 판결을 내리기 전에 무

30_ John L. Esposito, p.230.
31_ John L. Esposito, p.233.
32_ Muḥammad Jamāl al-Dīn al-Qāsimīy, p.105.

프티에게 조언을 구했는데 특히 어렵고 민감한 사안인 경우에 그러하였다. 맘루크 시대에는 무프티가 일반 법원에 공식적으로 임명되지 않았으며 술탄이 설립한 행정법원Maḥkamah al-Maẓālim에만 무프티 약간명을 임명하였다. 또한 술탄은 무프티를 정책 자문가로 임명하고 공식 임무를 부여하여 무프티의 정치적 권위가 강화되었다. 맘루크 시대에 순니 4대 법학파를 대표하는 무프티들은 지방 도시의 항소 법원에 임명되었다.[33]

우스만 제국(1516-1918) 초기에 무프티는 정부에 소속되지 않은 채 독립적이고 개별적으로 활동하였다. 이후 우스만 제국의 영토 확장에 따라 하나피 학파가 채택되었고 무프티는 중앙 사법부의 일원이 되었다. 우스만 제국에서는 관료 제도가 정착된 도시에 무프티가 임명되었고 파트와를 내리는 것이 정례화되었다.[34] 우스만 제국 술탄 무라드 2세(1404-1451년) 때 명예직이던 셰이크 알이슬람이 제국의 최고 무프티라는 공식적인 직책으로 변경되었다. 수도 이스탄불에서만 상당한 영향력을 행사하였던 셰이크 알이슬람은 향후 우스만 제국 전역으로 영향력을 확대했다. 셰이크 알이슬람은 우스만 제국 외의 다른 지역에서도 다른 명칭으로 존재했다.

인도 무굴제국 시대에 셰이크 알이슬람은 수피 관련 업무를 관장했기 때문에 사드르 알수드르Ṣadr al-Ṣudūr가 종교기관의 수장이었다. 이란의 사파비 조 시대에는 셰이크 알이슬람이 최고 무프티가 아니었고 최상위 종교인 계층에 속하지도 않았다. 사드르가 이러한 역할들을 수행하였다. 국가에서 직접 사드르를 임명하였고 사드르에게 판사 임명권과 와끄프Waqf, 종교 재산의 관리감독권이 부여되었으며 사드르는 울라마의 공식적인 수장 역할을 하였다.[35] 이 외에도 아나톨리

33_ John L. Esposito, p.239.
34_ John L. Esposito, p.239.
35_ John L. Esposito, p.239.

아와 유럽 지역에서 무프티는 울라마 계층이 아니었고 공식적인 지위도 가지고 있지 않았다. 하지만 아랍 지역에서는 셰이크 알이슬람이 이슬람 학자 중에서 무프티를 임명하였고 무프티는 종교적, 사법적으로 최고 권위를 가지고 있었다.[36]

종교 법원에서와 마찬가지로 때때로 행정법원에서도 중요한 송사의 요점을 권위 있는 이슬람 법 학자에게 제출하여 견해를 구하는 것이 통상적인 절차였다. 그러한 종교적 권위자를 무프티라 불렀고 그의 답변은 파트와로 구체화되었다. 대개 무프티는 세속적 통치로부터 독립된 존재였지만 우스만 제국 시대에 그들은 하위의 까디에서 최상위의 이스탄불 대 무프티에 이르기까지 공식적인 성직자 서열로 등급이 매겨졌다. 대 무프티는 셰이크 알이슬람이라는 칭호로 제국 내에서 최고의 종교적 권위를 가졌다.[37]

19세기 이후 제국주의 시대에는 고위 이슬람 학자들이 반 식민주의 항쟁과 독립 투쟁 등 정치적 문제를 해결하기 위한 파트와를 비공식적이고 개별적으로 발표하였다. 예를 들어 1804년 우스만 븐 푸디'Uthmān bn Fūdīy는 서아프리카(오늘날의 나이지리아 북부)에서 지하드를 수행하라는 파트와를 내렸다. 1870년에 인도 북부 지역의 이슬람 학자들은 "인도 무슬림들은 영국에 대한 대항을 의무로 여기지 말며 자신들의 터전을 떠나지 말라"는 파트와를 발표했다. 압둘 까디르 알 자자이리('Abd al-Qādir al-Jazā'irīy, 1883년 사망)는 알제리 국민들에게 프랑스가 점령하고 있는 알제리 지역을 떠나 프랑스 군에 대항하는 지하드에 동참하라는 파트와를 냈다. 1904년 모로코 페즈의 무슬림 학자들은 당국에서 고용한 프랑스인 전문가들을 해고하라는 파트와를 발표했다. 1907년 마라케시의 학자들은 프랑스의 침략을 막지 못

36_ J. R. Walsh(1965), *Fatwā(ii) in The Encyclopaedia of Islam.* 2nd ed., Leiden: E.J. Brill, p.867.

37_ 해밀턴 알렉산더 깁(1997), 『이슬람』, 이희수, 최준식 공역(서울: 주류성), p.117.

한 모로코 국왕을 폐위하라는 파트와를 발표했다. 1891년 이란의 무즈타히드Mujtahid[38]인 미르자 하산 시라지Mīrzā Ḥasan Shīrāzīy는 영국이 담배를 전매하는 한 흡연을 금해야 한다는 파트와를 내렸다. 1933년, 이라크 무슬림 학자들은 이스라엘 제품 불매운동을 촉구하는 파트와를 내렸다.[39]

20세기에 무슬림 국가들은 식민 지배에서 벗어나면서 파트와를 내는 국가 기관이나 위원회를 설립하고 무프티를 임명하였다. 현대 국가의 무프티는 우스만 제국의 셰이크 알이슬람과 유사한 점이 있지만 확연히 다른 점 두 가지가 있다. 첫째, 셰이크 알이슬람은 무프티뿐 아니라 법정에서 샤리아로 판결하는 까디도 아울러 통솔하였는데, 더 이상 전통 방식으로 교육받은 까디를 임명하는 국가가 많지 않다. 무슬림 세계에서 유럽법의 영향을 받은 민법이 속속 채택되면서 울라마의 역할은 현저히 위축되었다. 그리하여 국가 무프티는 세속법과 양립이 가능한 이슬람 법을 개발함으로써 현대 사회에서도 종교가 유효하다는 사실을 옹호했다. 둘째, 인쇄술과 다양한 매체가 발달하면서 파트와 수용자의 성격이 근본적으로 바뀌었다. 이제 파트와는 대중 담론의 영역으로 진입했다. 이집트의 대 무프티였고 훗날 알아즈하르 셰이크가 되었던 사이드 딴따위Sayyid Ṭanṭāwīy는 예금에 고정 금리를 허용하는 파트와를 발표했다. 이 파트와는 지식인과 울라마들이 언론을 통해 격론을 벌이는 계기가 되었다.[40]

20세기에 무프티는 종교적으로나 정치적으로 막강한 인물이었다. 예를 들어 20세기 중반 레바논의 무프티들이나 오만의 대 무프티는 중요한 정치 지도자였다. 또한 이 시대에 다양한 직위에 임명되었던 대 무프티들을 비롯한 소수 무프티들은 공식 파트와를 통해 상당

38_ 독자적인 이슬람 법 해석자.

39_ John L. Esposito, pp.240-241.

40_ John L. Esposito, p.241.

한 영향력을 행사했다. 우스만 제국의 셰이크 알이슬람과 같은 최고 파트와 발행기관의 수장은 최고위 관료에 속했다.[41]

현대 무프티의 상황은 공적 또는 사적으로 활동하는 법적, 정치적 체계와 교육과정 면에서 다양해졌다. 국가 무프티나 대 무프티라 불리는 고위직은 현재 여러 나라에서 찾아볼 수 있다. 대부분 정부가 무프티를 임명하며 무프티의 활동은 법적 규제를 받는다. 이집트에서 대 무프티의 활동은 19세기 후반부터 시작되었으며 사우디아라비아, 레바논, 예멘, 말레이시아, 인도네시아 등을 포함한 다수 무슬림 국가는 20세기 중반이 지날 때까지 국가 무프티를 따로 임명하지 않았다.[42] 요르단에서는 1944년 국가 무프티가 처음 임명되어 지금까지 지속되고 있고 국가 무프티는 종교 장관 관할이다. 사우디아라비아의 국가 무프티는 장관급으로 임기는 4년이다.

(2) 무프티의 임무와 자격

무프티 직책이 무슬림 공동체의 공익과 관련된 것이기 때문에 칼리파는 학자나 교사들의 자질을 살펴 무프티를 임명하고 직무를 제대로 수행할 수 있도록 도와준다. 무프티가 되기 위해서 학자들은 자제력을 지녀야 하고 사람들을 올바른 길로 가도록 인도해야 한다.[43] 이밖에도 무프티가 되기 위한 조건은 성인이며, 무슬림이고, 신실하며, 종교적으로 결함이 없고, 마음이 깨끗하고, 주관이 뚜렷한 사람이다. 또한 남자와 여자, 일반 시민과 노예, 시각장애인과 청각장애인에 관계 없이 질문자의 의사 표시를 이해할 수 있어야 한다.[44]

무프티는 성인이어야 하고 아랍어와 아랍어 문법을 아는 사람이

41_ John L. Esposito, pp.237-238.

42_ Masud, Brinkley Messick, David S. Powers, p.27.

43_ 이븐 칼둔, p.367.

44_ 'Abū Zakarīyā Yaḥyā bn Sharīf al-Nawawīy(1988), *'Ādāb al-Fatwā wa-l-Muftī wa-l-Mustaftī*(Beirut: Dār al-Bashā'ir al-'Islāmīyah), p.19.

어야 하며, 코란을 알고 이슬람 기본법'Uṣūl을 알아야 하며, 코란의 폐기된 절과 대체된 절을 알려면 역사를 알아야 한다. 또한 하디스와 피끄흐를 알아야 한다.[45] 무프티는 논쟁에서 이즈티하드를 통해 판단을 내릴 수 있는 능력과 학식을 갖춘 개인 법학자를 말한다. 무프티는 무슬림 공동체 안에서 특별히 존경받는 지위를 누렸다."[46]

무슬림들은 무프티가 되기 위해서는 위와 같이 여러 가지 조건이 필요하다고 여겼다. '무프티는 예언자의 계승자로서 예언자의 대리인이고 샤리아를 세우는 사람이다'[47] 라는 생각이 오늘까지 변함없이 이어지고 있는 것은 무프티가 무슬림 사회에서 차지하고 있는 위치 때문이다.

11세기 이전에 무프티는 단지 파트와를 발표하는 사람에 불과했다. 무프티가 되기 위해서 필요한 것은 오로지 지식과 학문으로 인정을 받는 것이었다. 알나와위에 따르면 "무프티는 독실한 신자여야 하고 신앙이 확실하며 철저히 의무를 지키는 사람이어야 한다."[48]

맘루크 시대의 기록을 보면 무프티는 정부에 소속되지 않고 개인적으로 활동하였다. 무프티로 활동하기 위해서는 오직 지적, 도덕적 자격이 요구되었다.[49]

16세기 이후 무프티의 공식 업무는 이프타 기관에서 파트와를 내리는 일에 국한되었다. 국가가 운영하는 사법 기관이 등장하기 전 샤리아를 적용했던 시대에 무프티는 까디를 보조하는 역할을 했다. 까디와 무프티의 역할은 서로 구별되었다. 까디가 소송 당사자 양측의

45_ 'Aḥmad bn 'Abd al-'Azīz al-Ḥaddād(2012), *al-'Abḥāth al-Mufīdah li-l-Fatāwā al-Sadīdah*(Dubai: Islamic Affairs and Charitable Activities Department), pp.19-21.

46_ 앨버트 후라니(2010), 『아랍인의 역사』, 김정명, 홍미정 공역(서울: 심산), p.306.

47_ Muḥammad Jamāl al-Dīn al-Qāsimīy, p.44; John L. Esposito, p.234.

48_ 'Abū Zakarīyā Yaḥyā bn Sharīf al-Nawawīy, p.6; Khālid bn 'Abd al-Raḥmān al-Juraysīy(1999), *Fatāwā 'Ulamā' al-Balad al-Ḥarām*(Riyadh: Mu'assasah al-Jurayisīy), p.34.

49_ John L. Esposito, p.239.

주장을 듣고 증거를 확인한 후 선고하는 반면, 무프티는 무슬림이 개인 차원의 민감한 질문을 제기하면 개별적으로 대답한다. 증거에 입각하여 사실을 조사하는 까디와 달리 무프티는 주어진 질문에 드러난 표면적인 사실만을 고려한다. 까디와 무프티 샤리아를 해석한다는 점에서 같으나 해석 작업은 다른 출발점에서 시작한다. 까디의 업무가 증언, 자백, 선서와 같은 증거 확인에 치중하는 반면 무프티의 업무는 코란이나 순나Sunnah[50]같이 기록된 근거를 찾는 데 집중된다.[51]

개인이 무프티에게 개별적으로 답하는 것과 까디가 판결을 내리는 것은 사법 처리의 관점에서 근본적으로 차이가 있다. 파트와는 구속력이 없는 반면 까디의 판결은 구속력이 있다. 또한 까디의 판결이 직접적인 사법 처리를 수반하고 처벌의 가능성이 있는 반면 파트와는 의견 전달의 형태로 질문자로 하여금 이슬람 법 지식을 알도록 도와주고 사안에 관해 의견을 수렴하는 과정이다. 또한 까디의 판결의 권위는 해당 사건과 그 당사자에게만 적용되는 개별 개념이지만 파트와의 권위는 개별 질문자에게만 해당되지 않고 원칙적으로 모든 사안에 적용될 수 있다. 마찬가지로 까디의 판결은 모두 편찬되어 지역 샤리아 법정에 기록으로 보존되는 반면 파트와는 중요하다고 판단되는 내용들만 책의 형태로 수집되어 시 · 공간을 넘어 인용된다.

그러나 구속력 없다는 속성에도 불구하고 파트와는 때때로 실정법에 중요한 영향력을 행사하며, 무프티는 알라의 법을 해석하는 전문가로서 까디에 버금가는 존경을 받기도 한다. 까디와 무프티 모두 뇌물을 받는 것이 엄격히 금지되어 있다. 특히 까디의 판결은 구속력이 있기 때문에 까디는 어떤 종류의 선물도 받아서는 안 된다.[52]

50_ 아랍어의 의미로는 관례, 관행을 의미하지만 특히 예언자 무함마드의 언행을 가리킨다.

51_ John L. Esposito, p.235.

52_ Masud, Brinkley Messick, David S. Powers, pp.18-19.

까디의 판결은 구속력이 있고 무프티의 파트와는 구속력이 없기 때문에 파트와를 요청한 사람은 무프티의 판단을 이행할 수도 있고 이행하지 않을 수도 있다. 하지만 무슬림들은 무프티가 내린 파트와를 알라의 명령으로 여기므로, 반드시 따라야 하는 의무로 생각한다. 또한 무프티가 내린 파트와는 알라의 명령이기 때문에 파트와를 요청한 사람뿐만 아니라 다른 무슬림들도 따라야 하는 의무로 간주된다.[53] 무슬림들이 무프티가 내린 판단에 복종하는 것은 "믿는 자들이여, 알라께 복종하고 사도와 너희 가운데 책임이 있는 자들에게 순종하라"는 코란 니싸아(4)장 59절에 근거를 둔다.

아답 알무프티'Adab al-Muftī에는 무프티의 수준이 이즈티하드(독자적 법 해석)를 기준으로 다양하게 구분되어 있다. 최고 수준의 무프티는 절대적이고 독자적인 해석자인 무즈타히드이다. 원칙적으로 이 수준에 있는 무프티는 다른 법학자의 의견이나 학파의 입장을 따르지 않고 코란과 순나와 같은 샤리아의 법원法源을 개인적으로 분석하여 직접 법을 해석한다. 무즈타히드는 훌륭한 이슬람 법학자의 지위와 비슷했으므로 그에 준하는 지식이 요구되었다. 즉 코란과 순나, 이에 대한 기본법과 실제 생활에 적용되는 실체법Furū', 아랍어 문법, 그리고 관련 언어학 등을 알아야 한다. 반면에 무즈타히드가 아닌 낮은 수준의 무프티는 기관이나 법학파에 소속되어 활동한다. 이 수준의 무프티는 확립된 교리를 따르는 무깔리드(Muqallid, 모방자)라고 한다. 낮은 수준의 무프티는 오직 이슬람 법에 대한 지식을 갖추기만 하면 되었다. 무즈타히드에 비해 상대적으로 낮은 수준에 있는 무프티는 특정 법학파나 기관에 소속되어 활동하는 무프티로 무즈타히드가 내리는 파트와를 인용, 모방하고 법학파의 틀 안에서 이슬람 법을 해석하여 파트와를 내린다.

53_ 'Abd Allāh bn 'Abd al-'Azīz al-Dar'ān(2008), *al-Fatwā fī al-'Islām*(Riyadh: Maktabah al-Tawbah), pp.27-28.

시아 12이맘파가 사파비 조(1501-1722) 시대에 이란의 공식 종파로 정착한 후 이슬람 학자들은 각기 다른 신학적, 종교적 지위를 대표하는 다양한 사회 구성원들로 구성되어 있었다. 이슬람 학자들은 서로를 비판하고 논쟁을 벌이는 경우가 많은데 신학적 문제에 대해 토론하며 권력을 차지하기 위한 정치 분쟁에 간여하기도 하였다. 이슬람 학자들의 권위는 법학 문제에 관해 이즈티하드를 내리는 능력에 기반한다. 종교적, 법학적 지식 수준이 높은 울라마 중 이즈티하드를 내릴 수 있는 무즈타히드만이 이러한 권한을 행사할 수 있다. 일반 무슬림이나 낮은 수준의 법학자들은 무즈타히드의 지시를 따라야 한다. 그러나 무즈타히드의 판단은 개인적인 판단이며, 이 판단을 내린 사람이 생존해 있을 동안에만 유효하다.[54]

이슬람 초기 시대 법학자들은 무프티의 자격 요건으로 절대적인 이즈티하드를 요구하였다. 그러나 시간이 지남에 따라 명실상부한 이즈티하드가 현실성이 없어졌기 때문에 무프티의 자격 요건이 점차 낮아졌으며, 합당한 정도의 법학 지식을 인지하고 있다면 무프티로 활동할 수 있게 되었다.[55]

무프티는 까디나 다른 사법 공무원들의 권한을 견제하는 역할을 한다. 무프티는 파트와를 제공함으로써 사람들에게 불만을 호소하고 항의할 수 있는 기회를 제공한다. 이렇게 함으로써 사람들이 법적 권리를 정당하게 표현할 수 있도록 하였고 개인이나 단체가 사법 정의를 모색할 수 있도록 하였다.

현대 사회에서는 무프티보다 주요 교육기관에서 양성되는 변호사들과 법학 교수들이 공식적인 법 전문가로 인정받고 있다. 근대 무프티가 이슬람 법에 관한 지식이 편중되어 있고 문맹률이 높은 사회에서 활동하였던 반면, 현대 사회는 전반적으로 문맹률이 낮고 새롭

54_ Masud, Brinkley Messick, David S. Powers, p.162.

55_ Masud, Brinkley Messick, David S. Powers, p.41.

게 특화된 형태의 전문성에 의존하고 있기 때문이다. 이후 19세기 후반 우스만 시대 민법Majallah을 시작으로 제국주의 지배 시대를 거쳐 독립국가 시대에 이르기까지 이슬람 법의 요소들이 실정법에 계속해서 사용되면서 이슬람 법을 국제법적 기준과 인식에 맞춰 적용하기 시작했다. 그리고 이 과정에서 해석의 권한이 무프티를 포함한 개인 법학자들로부터 국가의 입법기관으로 점차 이전되었다.[56]

현대에 들어서 무프티는 이프타 기관을 통해 공식적으로 파트와를 내리기도 하고 개인적으로 파트와를 내리기도 한다. 하지만 이프타 기관에서 공식적으로 내는 파트와가 공신력이 있고 이 중 선별된 파트와는 모음집으로 출간되기도 한다. 또한 급변하는 사회에서 무프티는 이슬람 법원法源과 현실 간의 차이와 사람들의 상황, 관습 등을 잘 알고 있어야 한다. 요르단에서 무프티가 되려면 이슬람 법 관련 학문으로 학사 학위를 받고 10년 이상의 경력이 있어야 하며 이프타 협의회에서 실시하는 경쟁 시험을 통과해야 한다. 석사학위 소지자는 2년의 경력을 추가로 인정하며 박사학위 소지자는 3년의 경력을 인정한다.[57]

몇몇 무슬림 국가에는 무프티를 훈련시키는 공식적인 기관 프로그램이 있으며 연수 교육 과정이 이집트의 알아즈하르와 파키스탄의 수도 카라치의 다르 알울룸Dār al-'Ulūm에 개설되었다. 다르 알울룸에서는 2년 과정으로 이프타를 위한 강의 프로그램이 있다. 한편, 아부 알아을라 마우두디'Abū al-'A'lā Mawdūdīy와 같이 전통적인 수련을 거치지 않은 개인이 파트와를 내리는 것도 볼 수 있다. 또한 일각에서는 이슬람 학자만 이슬람 법을 해석하도록 제한해서는 안 된다는 시각도 생겨났다.[58]

56_ Masud, Brinkley Messick, David S. Powers, p.26.

57_ http://aliftaa.jo/ShowContent.aspx?Id=46, 2014.2.18.

58_ Masud, Brinkley Messick, David S. Powers, p.27.

4. 이슬람 4대 법학파[59]

순니파'Ahl al-Sunnah wa-l-Jamā'ah는 무함마드의 언행인 순나를 따르는 사람들로 무슬림 세계의 85% 이상을 차지한다. 반면 무함마드 사후 정통 칼리파에 대해 불만을 갖고 무함마드의 혈통을 중시한 무리가 있었다. 이러한 무리를 아랍어로 '시아'라고 하는데, 이들이 시아파를 구성하여 오늘에 이른다. 시아파Shī'ah 'Alīy, 'Atbā' 'Alīy는 무함마드의 남자 혈통만이 무함마드와 비견될 만한 지식을 전승하며 죄도 없고 오류도 범하지 않는 지도자, 즉 이맘이 될 수 있다고 본다. 무함마드의 사촌이자 사위인 제4대 칼리파 알리 븐 아부 딸립을 필두로 알리의 4대 손인 제12대 이맘을 시아파의 최후 이맘으로 여기는 12 이맘파가 세워졌다. 시간이 지나면서 12 이맘파는 점차 오류를 범하지 않는 최고의 무즈타히드인 아야툴라'Āyah Allāh[60]를 신봉하는 무리가 되었다. 아야툴라는 물라Mullā 또는 훗자툴라Ḥujjah Allāh 등으로도 불리며 다수의 하위 성직자를 거느리면서 종교적, 정치적 영향력을 발휘한다.[61]

시아파도 코란과 하디스 등 양대 법원은 인정하지만 합의나 유추보다 무즈타히드의 법 해석과 판단을 더 존중한다. 오늘날 시아파는 정해진 법학파를 따르지 않고 자신이 선호하는 무즈타히드의 종교적인 해석, 판례와 관행을 따른다. 예를 들어 바레인의 한 시아파 여성

59_ 김정위, pp.336-337; 정수일, pp.175-177.

60_ 시아 12 이맘파에서 사용하는 종교적인 호칭이다. 이 호칭은 이슬람 법원에서 종교적 판단을 도출할 수 있는 최고의 무즈타히드에게 사용된다. 아야툴라는 무즈타히드들에 의해 그랜드 무프티로 선출될 권리를 갖는다.

61_ 야히야 에머릭, pp.216-218.

은 시아파 40여 명의 무즈타히드 중에서 레바논의 무즈타히드였던 후세인 파들 알라Ḥusayn Faḍl Allāh를 따르고 있다. 이처럼 시아파는 여러 무즈타히드 중에서 자신이 선호하는 사람을 따를 수 있다. 시아파에서는 파트와를 발표한 무프티가 사망하면 그가 생전에 내렸던 파트와는 효력을 상실한다.

이슬람의 법원인 코란과 하디스가 정립된 후 무함마드의 교우들이 법적인 해석을 주도할 때까지도 법 해석에 큰 어려움이 없었다. 그러나 교우 시대가 지나고 무슬림 사회가 팽창과 다변화를 거듭하면서 이슬람 법이 형성되는 과정에서 법학자들이 판단의 명확한 근거를 코란과 하디스에서 찾지 못하는 경우가 발생하였다. 이런 경우에 법학자들이 이즈마으('Ijmā', 합의)[62]를 하거나 이전 관행이나 유사한 경우에 비추어 끼야스(Qiyās, 유추)[63]를 하게 되어, 9세기에는 이슬람 법의 4대 근간이 정립되었다. 이후 이슬람 지역의 상황과 환경에 따라서 법 해석이 필요하게 되면서 파끼흐(Faqīh, 법학자)가 자신을 따르는 사람들에게 일정한 규칙 내에서 새로운 파트와를 내려주게 되었다.[64]

교우 시대가 지나고 시간이 흐르면서 법학자 간에 합의가 이루어지지 않고 유추로도 판단이 어려운 사안에서 법학자들의 견해가 다르게 나타나 법학파가 발생하게 되었다. 무함마드 교우들의 추종자들이나 그 후대의 유명 법학자 중에는 아부 하니파 알누으만'Abū Ḥanīfah al-Nu'mān,[65] 말리크 븐 아나스Mālik bn 'Anas,[66] 알라이쓰 븐 사으드

62_ 샤리아의 원리 가운데 하나로 법률 문제에 대해 명시적으로 또는 묵시적으로 합의된 것이다.

63_ 시아파에서는 '유추' 대신 '아끌'('Aql, 이성, 지성)이라는 용어를 사용한다.

64_ 칼리파 알리 이후에 시아파가 구분되었지만, 시아파와 순니파라는 명칭이 사용된 것은 압바스 중반, 셀주크 튀르크의 손에 부와이 왕국이 떨어지면서부터였다. 순나와 시아의 명칭은 하디스의 전승이 올바른지를 결정하는 과정에서 무함마드 븐 시린이 처음 사용했다.

65_ 아부 하니파 알누으만: 699년~767년(헤지라 80년~150년). 전체 이름은 아부 하니파 알누으만 븐 싸비느 알쿠파이며, 순니 4대 법학파 이맘 중 한 명으로 하나피 학파의

al-Layth bn Sa'd,[67] 무함마드 븐 이드리스 알샤피이Muḥammad bn 'Idrīs al-Shāfi'īy,[68] 아흐마드 븐 한발'Aḥmad bn Ḥanbal[69] 등이 있었는데, 이들 중에서 따르는 자가 많았던 4대 학파가 오늘날 순니 4대 법학파로 알려졌다. 이렇게 형성된 4대 법학파라 할 지라도 이슬람의 신조나 이슬람 기본법인 우쑬 알피끄흐'Uṣūl al-Fiqh까지 다른 것은 아니고, 피끄흐 하위 분야인 이슬람 실천법Furū' al-Fiqh에서만 차이를 보이고 있다.

이렇게 순니 4대 법학파인 하나피 학파, 말리키 학파, 샤피이 학파, 한발리 학파가 등장하게 되었다. 물론 이 밖에도 자히리 파Ẓāhirīy와 같은 다른 파가 있었으나 맘루크 시대에 자히리 파가 제외되었다. 그러나 2004년 암만 메시지에서 요르단 왕 압둘라 2세가 순니 4대 법학파, 시아파의 자으파리 파(Ja'farīy, 12 이맘파)나 5 이맘파인 자이디 파Zaydīy를 따르거나 이바디 파, 자히리 파를 따르는 사람을 불신자가 아니라 무슬림으로 간주한다고 규정하면서 이슬람 법학파 간의 불신과 갈등을 불식시켰다. 이로써 순니 법학파에 자히리 학파가 다시 포함되었다.[70]

수장이다.

66_ 말리크 븐 아나스: 712년~ 795년(헤지라 93년~179년). 말리키 학파의 수장. 쿤야는 아부 압둘라이다.

67_ 알라이쓰 븐 사으드: 713년 출생~791년(헤지라 94년~175년). 이집트의 하디스 학자이자 법학자이다. 쿤야는 아부 알하리쓰('Abū al-Ḥārith)이다.

68_ 무함마드 븐 이드리스 알샤피이: 767년~820년(헤지라 150년~204년). 순니 4대 법학파 이맘 중 한 명으로 샤피이 학파의 수장이다. 시, 언어, 법학, 하디스에 능통하였고 나이 20세에 파트와를 내렸다. 많은 저서가 있으며 대표 저서로는 *al-'Umm*가 있다.

69_ 아흐마드 븐 한발: 780년~855년(헤지라 164년~241년). 4대 법학파 중 한발리 학파의 수장이다. 저서로는 3만 개의 하디스를 수록한 =*al-Musnad*=가 있으며 *al-Tārīkh, al-Nāsikh wa-l-Mansūkh, al-Radd 'alā al-Zanādiqah wa-l-Jahmīyah, al-Tafsīr, Faḍā'il al-Ṣaḥābah, al-Manāsik* 등이 있다. 쿤야는 아부 압둘라이다.

70_ 공일주, p.398.

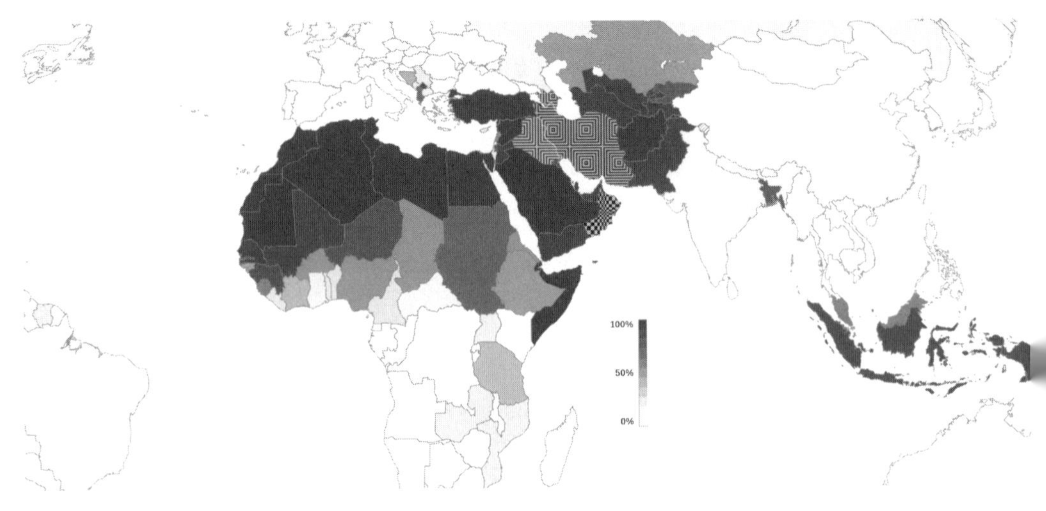

[그림] 국가별 이슬람 분포도

* 분포도에서 단색은 순니파, ▣은 시아파가 지배적인 지역, ▦은 오만의 이바디 파를 가리킨다.[71]

(1) 하나피 학파

4대 법학파 중에서 가장 온건한 학파로 알려진 이 학파는 아부 하니파가 이라크에서 제자를 가르치면서 그 기틀을 세웠고, 그의 제자인 아부 유수프('Abū Yūsuf, 731-798)와 알샤이바니(Al-Shaybānīy, 749-804)가 하나피 학파를 명실상부한 법학파로 발전시켰다. 이 학파는 견해를 허용하였기 때문에 견해 학파'Ahl al-Ra'y로 불리게 되었다. 하나피 학파는 유추를 제대로 사용하지 않고 좋아 보이는 것을 택하여, 종종 하나피 학파는 자신들의 말이 혼란스러워져서 번복하거나 새로운 표현을 사용하기도 한다.

다른 학파와 달리 하나피 학파만이 시가르(Shighār, 맞교환) 혼인을 허용하기도 했으며,[72] 일부 하나피 학파 국가에서는 혼인의 기본 요소에 증인과 후견인을 포함시키지 않는다. 예를 들어 일부 하나피 학파는 다른 법학파와 달리 여성이 처녀든 재혼녀이든 왈리(후견인)

71_ http://ar.wikipedia.org/wiki/%D9%85%D9%84%D9%81:Islam_by_country.png.

72_ Ḥusayn Muḥammad Yūsuf(1979), *'Ādāb al-'Aqd wa-l-Zifāf fī al-'Islām*, (Cairo: Dār al-I'tiṣām), p.23.

없이 혼인할 수 있다고 했다.[73] 또 왈리가 되는 우선 순위를 아들, 아들의 아들, 아버지, 친조부 순이라고 했다. 또 여자들만의 증언은 인정하지 않고 적어도 남자가 한 명은 있어야 증언이 유효하다고 간주한다.[74]

하나피 학파가 압바스 시대와 우스만 시대의 공식 법학파였기 때문에 이집트의 카이로와 델타 지역, 시리아 및 요르단, 동아프리카, 이라크, 터키, 발칸 지역, 코카서스 등 동유럽 지역, 아프가니스탄, 파키스탄, 투르키스탄, 중앙아시아, 인도, 중국 등지에 널리 퍼져 있다.

(2) 말리키 학파

히자즈 지방의 법학자인 말리크 븐 아나스는 무함마드가 메디나에서 행했던 순나에 정통한 학자로 메디나에서 법학파를 결성하였기에 말리키 학파를 메디나 학파라고도 한다. 이 법학파의 창시자인 말리크는 순나, 즉 하디스에만 기초하여 법 이론을 정립하지 않고 공동체의 이익을 고려하여 법 이론을 발전시켰다.

말리키 학파는 아라비아 반도의 히자즈에서 북아프리카의 모리타니아, 모로코, 알제리, 튀니지 등과 안달루스 지역으로 확산되었고 상 이집트 지역, 나이지리아, 수단, 쿠웨이트, 아랍에미리트연합, 바레인 등이 이 학파에 속한다.

(3) 샤피이 학파

이라크에서 말리키와 하나피 학파를 따르는 사람들에게서 수학한 무함마드 븐 이드리스 알샤피이는 카이로에서 순나를 중시하는 말리키 학파와 이성을 중시하는 하나피 학파의 법학을 절충하여 새로운

73_ Ḥusayn Muḥammad Yūsuf, pp.72, 89.
74_ Ḥusayn Muḥammad Yūsuf, pp.93-95.

법학파를 이루었다. 그는 하나피 학파의 '좋게 여김'Istiḥsān이라는 입장과 말리키 학파가 중시하던 메디나 전승과 하디스 중에서 후자만을 법원으로 채택하였다. 파티마 조 이전에 이집트에서 다수를 차지했던 샤피이 학파는 아이윱'Ayyūb 조에서 다시 공식 법학파가 되었고 그 상황은 우스만 터키 시대까지 계속되었다.

하디스에서 "후견인과 2인의 공정한 증인 없이는 혼인이 안 된다"고 했다. 이 하디스에서처럼 하나피, 말리키, 한발리 학파는 증인이 참석하지 않으면 혼인이 유효하지 않다고 했으나 샤피이 학파에서는 증인은 필요하지만 그의 참석이 조건은 아니라고 본다.[75]

샤피이 학파는 이집트, 요르단, 레바논, 예멘, 바레인, 인도네시아, 말레이시아, 스리랑카, 필리핀 등 인도양 연안과 탄자니아를 위시한 아프리카 동부에 퍼져 있고 히자즈, 인도, 팔레스타인, 이란 등에 소수가 남아 있다.

(4) 한발리 학파

알샤피이의 제자인 아흐마드 븐 한발은 9세기에 4대 법학파 중에서 가장 엄격한 법리를 갖춘 학파를 형성했다. 한발리 학파는 앞의 세 학파가 유추와 합의를 법원으로 채택한 것에 반대하고, 견해를 사용하는 것도 반대하였다. 특히 무으타질라의 견해를 멀리하고 오직 코란과 하디스를 법원으로 삼아 독자적인 법학파를 형성했다. 이러한 연유로 일부 학자들은 한발리 학파를 법학파라기보다 하디스 학파라고 본다. 종교적 근행에 특히 엄격한 한발리 학파는 이븐 타이미야Ibn Taymīyah[76]와 이븐 알까임 알자우지야Ibn al-Qayyim al-Jawzīyah[77]를 필두

75_ Ḥusayn Muḥammad Yūsuf, p.94.

76_ 이븐 타이미야: 1263년~1328년(헤지라 661년~728년). 전체 이름은 타끼이 알딘 아흐마드 이븐 타이미야이며, 그의 별칭은 셰이크 알이슬람이다. 시리아의 법학자로 그의 학설은 18세기 와하비 파의 사상적 기초가 되었으며 근현대 이슬람 원리주의의 시초가 되었다.

로 와하비 파al-Wahhābīyah의 창시자인 무함마드 븐 압드 알와합 Muḥammad bn ‘Abd al-Wahhāb[78]으로 그 법통을 이어가고 있다.

한발리 학파에서는 혼인이 증인뿐 아니라 공표'Ishhār가 함께 있어야 유효하다고 간주한다. 또 노예의 증언도 공정하기만 하면 효력을 인정한다는 점이 다른 학파들과 다르다.[79]

한발리 학파가 우세한 지역은 사우디아라비아와 쿠웨이트이지만 오늘날에는 아라비아 반도, 시리아, 이라크에 퍼져 있고 와하비 파 무슬림은 인도, 아프가니스탄, 이집트, 알제리 등에서도 볼 수 있다. 순니 4대 법학파 중에서 한발리 학파 추종자가 가장 적다.

순니 법학파는 다음과 같은 기준에 따라 분류할 수 있다:[80]

1) 자히리 학파: 명확하게 언급된 이슬람 법 내용만을 취하는 학파로 이유'Illah를 따져서 판단하지 않는 학파이다. 이 학파에 속하는 저명한 이맘으로 다우드 븐 알리Dāwūd bn ‘Alīy,[81] 이븐 하즘Ibn Ḥazm[82] 등이 있다.

2) 하디스를 따르는 학파: 하디스에 언급된 대로 따르기를 원하

77_ 이븐 까임 알자우지야: 1292년~1349년(헤지라 691년~ 751년). 다양한 저서를 집필하였으며 다마스커스에서 거주하였고 이븐 타이미야 아래서 수학하였다.

78_ 무함마드 븐 압둘와합: 1703년~1791년(헤지라 1115년~1206년). 전체 이름은 무함마드 븐 압둘와합 븐 술라이만 븐 알리 알타미미이다. 리야드 근처 우야이나에서 출생하였다. 한발리 학파의 법학자로 이단(Bid‘ah)을 배척하였다. 아흐마드 븐 한발, 이븐 타이미야, 이븐 알까임의 영향을 받았다. 저서로는 *al-'Uṣūl al- Thalāthah*와 *Kitāb al-Tawḥīd* 등이 있다.

79_ Ḥusayn Muḥammad Yūsuf, p.95.

80_ Muḥammad Rawās Qal‘ah Jī(2000), *al-Mawsū‘ah al-Fiqhīyah al-Muyassarah*, (Beirut: Dār al-Nafā'is), p.1759.

81_ 다우드 븐 알리: 816년~884년(헤지라 201년~270년). 전체 이름은 다우드 븐 알리 알자히리이며 알이스바하니(al-'Iṣbahānīy)라고 알려져 있다. 순니파의 5번째 법학파인 자히리(al-Zāhirīy) 학파의 태두이다. 스승 알샤피이의 전기를 썼다.

82_ 이븐 하즘: 994년~1064년(헤지라 384년~456년). 전체 이름은 아부 무함마드 알리 븐 하즘 알안달루시이다. 말리키 학파를 따르다가 샤피이 학파가 되었으나 후에 자히리 학파에 정착했다. 현재 스페인의 코르도바 태생으로 약 400권을 저술하였으나 40권 정도만 남아 있다. 비교종교학의 아버지로 인정받기도 한다.

는 이들 학파는 이유를 따져서 법전을 해석하기를 거부한다. 이 학파에 속하는 이맘은 이맘 알샤피이, 이맘 아흐마드 븐 한발 등이 있다.

3) 이성으로 견해를 내는 학파: 이 학파는 통일된 하디스를 찾지 못한 경우 이성적으로 이슬람 법전을 따져서 해석하고 견해를 내는 학파이다. 이맘 말리크 븐 아나스가 이런 학파에 속하고, 이브라힘 알나크이'Ibrāhīm Al-Nakh'īy,[83] 이맘 아부 하니파, 무함마드 븐 아비 라일라Muḥammad bn 'Abī Laylā[84] 등 대부분의 이라크 이맘들이 여기에 속한다.

이처럼 법학파가 정립된 후 현대에 이르기까지 순니파에서는 일반 무슬림이 자신의 법학파 테두리 내에서 종교적인 자문을 구하고 무프티가 그에 답변한다. 무프티는 이슬람 법학파를 인정하고 파트와 발행의 기본적인 방법을 준수한다. 이슬람 법학파들이 규정한 무프티의 자격 조건을 갖추지 않고는 아무도 파트와를 낼 수 없다.[85]

순니파와 다르게 독자적인 체계를 유지해 오고 있는 시아파에서는 대부분 순니파에서 금하는 무트아 혼인(Zawāj al-Mut'ah, 계약 혼인, 임시 혼인)[86]을 허용한다. 무트아 혼인은 이슬람 정복군이 전쟁을 계속하면서 행해지던 관습으로 오늘날까지 시아파에서는 허락된다. 시아파의 아잔에서는 알리와 그의 후손들만이 무함마드의 정통한 대리인이라는 표현을 사용하는데, 이는 시아 이맘 위位의 정통성을 주장하는

83_ 이브라힘 알나크이: 666년~715년(헤지라 47년~96년). 쿤야는 아부 이므란이며, 전체 이름은 이브라힘 븐 야지드 븐 까이스 븐 알아스와드 븐 아므르 븐 라비아 븐 하리싸 븐 사으드 븐 말리크 븐 알나카으이다. 이라크의 쿠파에서 활동하던 이슬람 법 해석자이다.

84_ 무함마드 븐 아비 라일라: 693년~765년(헤지라 74년~148년). 대학자이자 이맘이다. 아부 하니파의 법 해석을 계승하였다. 하디스 전승 제2세대에 속한다.

85_ 공일주, p.398.

86_ 무트아(Mut'ah)의 원뜻은 쾌락이다.

좋은 예이다. 마흐디의 대행자 역할을 하는 이맘은 이즈티하드를 할 수 있다. 그러나 순니파에서는 이즈티하드의 문이 닫힌 상태에서 무슬림 사회가 다변화하고 여러 민족이 한 사회에 모여 살게 되면서 자신이 속한 법학파를 따르기도 한다. 바레인이나 카타르 같은 걸프 국가에서는 외국인인 경우 거주 국가에 속한 법학자의 의견을 따르지 않고 본국의 법학자에게 파트와를 구하는 것이 허용된다. 또 복잡한 사안이나 단일 학파의 판단만으로 해결하기 어려운 사안에 관해서는 한 법학파의 판단에만 의존하기보다 여러 법학파의 의견 중에서 선택하여 파트와를 내기도 한다.[87] 그러나 개인신상법에 관련된 사안은 개인이 속한 법학파의 견해와 판단을 따르는 경우가 많다.

87_ Klaws Krayzar Favnivdim(1991), *al-Madhāhib al-Fiqhiyah*, (Beirut: al-Mu'assasah al-Jāmi'īyah li-l-Dirāsāt wa-l-Nashr wa-l-Tawzī'), p.596.

▌제 2 장▐

혼인 관련 파트와

혼인Zawāj은 계약이며, 혼인계약으로 배우자는 서로를 향유하는 것이 허락된다.[1] 혼인은 가정을 형성하여 자손을 생산하기 위해 법적으로 허용된 남녀 사이의 계약이다.[2] 법적인 관점에서 보면 혼인은 성행위에서 얻는 쾌락과 마흐르(신부값)가 대가對價 관계에 있는 일종의 유상有償계약이다. 혼인계약 규정에 매매계약과 유사한 규정이 많이 있어 유상계약으로 간주된다. 자유인에 한하여 혼인을 설명하면, 혼인으로 인한 성행위의 대가로 마흐르를 받을 권리, 부양의 권리와 의무, 부성 추정의 성립, 상속권 등의 법률 효과가 발생한다. 단, 간통인 경우 민사상 이러한 법률 효과는 발생하지 않으며, 형사상 간통죄를 범한 자에 대하여 채찍 100대 또는 투석형 등의 형벌을 내리는 국가가 있다. 무슬림 사회에서 이맘의 참석이나 공공기관에 등록하는 것이 혼인을 유효하게 하는 필요 요건은 아니며, 혼인이 유효하게 성립되기 위해서는 5가지 요건이 충족되어야 한다. 즉 일반적으로 계약이 유효하게 성립되기 위해서 필요한 요건인 청약請約과 승낙, 계약 당사자와 마흐르, 여성의 후견인과 증인이 필요하다. 여성의 후견인에 의한 혼인계약 체결과 증인의 입회는 혼인이 공공연하게 성립되는 것을 보장하기 위한 것이다.

혼인은 무슬림에게 순나이다. 예언자 무함마드는 하디스에서 "젊은이들이여, 너희들 중 혼인할 능력이 있는 자는 혼인하라. 이는 (부정한) 시선을 거두게 하고 순결을 지키는 일이니라. 혼인할 능력이 없는 자는 금욕하라. 이는 성욕을 줄여 줄 것이다"[3]라고 말했다. 무슬림들은 혼인을 원하고 비용을 지불할 능력이 있으면 혼인하는 것이 의무라고 생각한다.

1_ Muḥammad Rawās Qal'ah Jī, p.1028.

2_ 요르단 개인신상법 제5조.

3_ 부카리의 하디스 5066.

1. 약 혼

(1) 구 혼

일반적으로 무슬림 사회에서 남성이 구혼하는 것이 권장된다. 구혼은 남성이 여성 본인에게 혹은 여성의 후견인에게 여성과의 혼인을 구하는 것이다.[4] 남성이 보통 자신이 선택한 여성과 혼인하기 위해 구혼하는 반면 여성 본인이나 후견인은 남성에게 먼저 구혼하지 않는다. 하지만 이것이 샤리아에서 금지된다는 조항은 없다. 아버지가 딸을 위해 선하고 훌륭한 남성을 고른다면 바람직한 것으로 간주된다.

혼인 이력이 없는 미혼 여성의 아버지 또는 후견인이 여성을 강제로 혼인시킬 권리가 있어서 여성 자신의 동의 또는 반대 의사는 법적 효력을 가지지 못하며, 무슬림 사회에서 관습적으로 미혼 여성은 외출이 제한되어 있어 육친 외의 남성을 만날 기회가 없기 때문에 남성은 여성의 후견인에게 구혼한다. 따라서 여성의 뜻을 존중하는 경우에도 남성이 스스로 구혼 의도를 여성의 후견인에게 밝히고 후견인이 이를 여성에게 전한다. 그러나 혼인 이력이 있는 여성의 경우에는 남성이 여성에게 직접 구혼한다. 남성이 여성의 후견인에게 구혼하는 방식은 간음을 미연에 방지한다. 즉 후견인이 증인의 역할도 하기 때문에 후견인 없이 남녀 당사자 간의 합의 만으로 혼인계약 체결이 가능할 때 발생할 수 있는 간음죄를 예방한다.

4_ Muḥammad Rawās Qal'ah Jī, p.815.

(2) 약 혼

남성의 구혼을 여성 자신이나 후견인이 동의함으로써 약혼이 성립한다. 이때의 합의는 계약이 아니라 단지 혼인계약에 대한 약속에 불과하다.

(3) 약혼자와 약혼녀가 되기 위한 충족 조건[5]

1) 남성과 여성은 각각 서로에게 혼인이 허용되는 관계에 있어야 한다.
2) 여성이 잇다(재혼금지 기간) 기간 중에 있으면 약혼이 불가하다. 취소 가능한 이혼을 한 여성이 잇다 기간에 있다면 약혼할 수 없으며, 약혼하자는 언질을 주어서도 안 된다. 약혼에 대한 암시가 현재 남편과의 관계에 영향을 주기 때문이다. 하지만 취소 불가능한 이혼을 했거나 여성이 남편과 사별하여 잇다 기간 중에 있다면 그 여성과 약혼할 수는 없지만 약혼 의사를 암시하는 것은 허용된다. 이에 대한 근거로 "과부 여성과 약혼하거나 마음에 뜻을 두는 것은 죄가 아니거늘 이는 알라께서 너희들이 마음에 새기고 있음을 알고 계심이라. 그러나 기다리는 법정 기간 동안에 비밀리에 약혼해서는 안 되느니라"〈코란 바까라(2)장 235절〉가 있다.
3) 순례 중에 약혼해서는 안 된다. 이에 대한 근거로 "이흐람'Iḥrām 상태인 사람[6]은 혼인해서도 안 되고 다른 이를 혼인시켜도 안 되며 스스로 약혼해서도 안 된다"(무슬림의 하디스에 기록[7])가 있다.
4) 이중으로 약혼해서는 안 된다.

5_ Muḥammad Rawās Qal'ah Jī, p.815.
6_ 순례 중에 있는 사람.
7_ 무슬림의 하디스 1409.

(4) 약혼자들의 만남

1) 약혼한 남녀가 서로를 보는 것은 좋은 일이다. 그러나 이 같은 행위는 탈선을 유발할 수 있으므로 매우 큰 이익이 있다고 판단되는 경우를 제외하고는 금지된다. 알무기라 븐 슈으바 al-Mughīrah bn Shu'bah가 한 여성에게 약혼을 청하자 예언자는 그에게 "그녀를 보아라, 그것이 너희 둘 사이를 좋게 만드는 가장 좋은 것이다"(알티르미디al-Tirmidhīy[8]의 하디스에 기록)라고 말했다. 그러나 예언자는 약혼남이 욕망을 품고 약혼녀를 바라보는 것은 금지하였다.

2) 약혼한 남성은 얼굴, 머리카락, 목, 팔처럼 약혼녀가 평소에 의도치 않게 노출하게 되는 신체 부위를 보는 것이 허용된다. 자비르 븐 압둘라Jābir bn 'Abd Allāh[9]는 "예언자가 "너희들 중 누군가가 한 여성과 약혼하고 그녀에게서 혼인의 욕망을 일으키는 신체 부위를 볼 수 있다면 그렇게 하도록 하라"라고 말했고, 이에 나는 "한 여성과 약혼했고 그녀와의 혼인을 유도할 만한 신체 부위를 숨어서 몰래 보았습니다"라고 말했다"(아부 다우드'Abū Dāwūd[10]의 하디스에 기록)라고 전승했다.

3) 약혼한 남성이 약혼녀를 한 번 보고 그녀에게서 원하는 바를 충분히 확인하지 못했을 경우, 필요하다면 약혼녀를 두 번, 세 번 보는 것이 허용된다.

8_ 알티르미디: 824년~892년(헤지라 209년~279년). 전체 이름은 무함마드 븐 이사 븐 사우라 븐 무사 븐 알다하크이며 부카리의 제자이다. 대표적인 저서 *al-Jāmi' al-Kabīr*에 하디스를 기록하였다.

9_ 자비르 븐 압둘라: 605년~697년(헤지라 이전 15년~78년). 쿤야는 아부 압둘라이며 무함마드의 교우이다. 메디나에서 출생하였고 1,547개의 하디스를 전승하였다.

10_ 아부 다우드: 817년~889년(헤지라 202년~275년). 전체 이름은 술라이만 븐 아슈아쓰 븐 이스하끄 븐 바시르이고 쿤야는 아부 다우드이다. 이란 출신으로 이라크 바쓰라에서 사망하였다. 저서 *al-Sunan*에 500,000개의 하디스 중에 4,800개의 하디스를 선별하여 기록하였다.

4) 약혼녀를 볼 때에는 약혼녀와 그녀의 후견인에게 따로 허락 받지 않아도 무방하며 그녀가 눈치채지 못하게 보는 것도 허용된다.

(5) 약혼자에게 허용되는 것

약혼한 남녀가 서로를 보고 혼인하기로 합의했다면 이때의 합의는 계약이 아니고 계약에 대한 약속일 뿐이다. 그러므로 남성이 약혼녀와 신체접촉을 하거나 단 둘이 있을 수 없고 다시 만날 수도 없다. 왜냐하면 약혼자는 약혼녀에게 엄연히 외간남자이기 때문이다. 약혼자는 약혼녀에 대하여 외간남자에게 허용된 일 이상을 할 수 없다.

(6) 약혼 시 필요한 조언

남성은 여성에게 약혼을 청할 때 여성에게 자신에 대해 이야기해야 한다. 여성 역시 상대 남성에게 자신에 대해 밝혀야 한다. 즉 약혼 당사자들은 자신의 성격, 취미, 질병, 신체적 특징 등을 이야기한다. 만약 약혼자가 혼인할 여성에 대해, 또는 약혼녀가 혼인할 남성에 대해 제3자에게 묻는다면 제3자는 자신이 알고 있는 남성 또는 여성의 결점을 알려 주어야 한다. 이때 결점을 알려 주는 것은 험담으로 간주되지 않는다.

(7) 파 혼

약혼은 기다리며 시험하는 기간이다. 약혼한 남녀와 여성의 후견인은 이유를 밝히거나, 그렇지 않고도 파혼할 수 있다. 파혼은 해를 끼치기 위한 목적이 아니라면 죄가 되지 않는다.

약혼자가 약혼녀에게 선물을 준 상태에서 파혼에 이를 경우, 남성이 약혼을 파기했다면 남성은 여성이 소비하고 남은 선물을 되돌려

받을 권리가 있다. 반대로 여성이 약혼을 파기한다면 받은 선물 중 남은 것을 돌려주고 이미 써 버린 선물은 그 가치만큼 환산하여 보상해야 한다. 왜냐하면 남성은 여성이 자신의 배우자가 되리라 기대하며 그녀의 마음을 얻기 위해 선물을 준 것이기 때문이다.

파혼 후에 남녀 모두 상대방을 비방하거나 결함을 발설하는 것은 허용되지 않는다. 단, 누군가 이에 대해 질문하여 조언을 주는 경우는 제외된다.

◈ 약혼 당사자들은 약혼할 때 약혼 상대에게 자신에 대해 밝혀야 하며 자신의 성격, 취미, 질병, 신체적 특징 등을 이야기한다.

질 문 저에게 일곱 살 많은 형이 있는데 에이즈 환자입니다. 형이 청혼할 여성에게 형의 병에 대해 알려야만 합니까? 숨기면 죄인이나 배신자가 되는 것입니까? 신부의 가족을 기만하는 것입니까? 장차 제가 에이즈로부터 완전히 안전한 상태에서 청혼할 때 형의 병을 상대 여성에게 숨기면 죄를 짓는 것입니까?

파트와 이런 상황에서 질문자는 청혼할 여성과 그 가족에게 형의 병에 대해 알리지 않아도 됩니다. 질문자가 이를 알리지 않았다 하여 죄인 또는 배신자가 되거나 기만하는 것은 아닙니다.

* 출처: http://www.dar-alifta.org/ViewFatwa.aspx?ID=1790&LangID=1&MuftiType=2(이집트, 2012.1.7)

◈ 약혼남과 약혼녀 간의 성관계는 금지된다. 이는 여성들을 보호하기 위한 것이다.

질 문 결혼식이 미루어진 경우, 약혼자가 약혼녀와 단 둘이 있거나 이미 성관계를 가진 아내처럼 생각하고 함께 애정 행위를 할 수 있습니까?

파트와 성관계를 갖고 즐기는 행위는 혼인계약을 한 후에만 올바른 행위로 간주됩니다. 결혼식은 혼인계약의 기본 요건이 아닙니다. 그러나 인간은 자신을 위해 과하게 행동하는 경우가 있습니다. 알라께서는 확대된 것을 줄이기도 하고 허락하신 것을 금지하기도 하셨습니다. 여성은 자신을 약혼자에게 허락하고 난 후에 버림받기도 합니다. 여성이 자신을 허락할 시점에서는 관대한 남자였다가도 곧 변한다는 뜻입니다. 요즘 많은 청년들이 약혼하고 나서 약혼녀의 품행이 좋지 않다는 이유를 들어 결혼식 전에 파혼하곤 합니다. 그러므로 남성들의 악행을 미연에 방지하고 믿음이 있는 여성들을 보호하기 위하여 나는 약혼녀가 혼인 전에 자신을 허락해서는 안 된다고 생각합니다. 여성은 남자와 단 둘이 있거나 키스를 하는 정도까지만 관대하게 허락할 수 있습니다. 그러나 앞서 언급한 이유를 고려할 때 바람직한 것은 이러한 행위를 하지 않는 것입니다. 일부 청년들이 느슨한 여성은 순결하지 않다고 생각하기 때문입니다. 또한 여성의 보호자는 예비 사위로 하여금 양측이 합의한 것을 충족시킨 후에만 애정 행위를 하도록 허락해야 합니다. 남자가 합의 사항을 충족시키지 못했다면 약혼녀와 단 둘이 있거나 애정 행위를 할 수 없습니다.

* 출처: Muṣṭafā Murād, p.97.

◈ 약혼이 곧 혼인을 의미하는 것은 아니다. 그러므로 약혼 중에 다른 사람과 혼인이 가능하다.

질 문 한 남성이 친여동생을 데려왔습니다. 그녀는 본국인 예멘에서 한 남성과 약혼한 상태였습니다. 현재 그녀의 오빠는 사우디아라비아의 타이프 시에서 여동생을 혼인시키려 합니다. 약혼 상태인 여동생을 다른 남자와 혼인시킬 수 있습니까?

파트와 혼인계약이 성립되지 않은 한 약혼한 여성은 약혼녀에 불과합니다. 그녀를 다른 남성과 혼인시키는 데 문제될 것이 없습니다.

* 출처: ʿAbd al-Wahhāb, p.218.

◈ 약혼남이 약혼녀의 목, 양손, 발, 옷 입은 전신을 보는 것은 허락된다.

질 문 한 남성이 약혼녀를 보고 싶어 고민에 빠져 있습니다. 이에 대한 판단은 무엇입니까?

파트와 약혼남이 약혼녀를 보고자 하는 것, 그리고 약혼녀가 약혼남을 보고자 하는 것은 권장되는 일입니다. 이에 대하여 일부 법학자들은 여성의 얼굴과 두 손을 보는 것으로 제한하기도 하고, 다른 법학자들은 약혼녀의 집에 있을 경우 그녀의 목, 손과 발 등 눈에 보이는 부분을 보여 주는 것을 허락하기도 하였습니다. 또 다른 일부 학자들은 약혼녀의 전신, 즉 속살이 아닌 옷 입은 전체의 모습을 보여 주는 것을 허락하기도 하였습니다.

약혼녀의 얼굴과 두 손을 보게 하는 것은 올바른 행동으로 간주됩니다. 왜냐하면 얼굴은 여성의 매력과 아름다움을 보여 주기 때문이고 손 또한 여성의 출산 능력을 보여 주는 척도가 되기 때문입니다. 여성의 얼굴과 손 외에 옷을 입은 다른 곳을 더 보게 하는 것도 괜찮습니다.

* 출처: Muṣṭafā Murād, p.85.

◈ 약혼한 남성이 왼손에 금이 아닌 다른 재질의 반지를 끼는 것은 허용된다. 이슬람 순나에서는 남성이 금반지를 착용하는 것을 금한다.

질 문 약혼한 남성은 왼손에, 결혼한 남성은 오른손에 반지를 끼는데 이것이 금반지가 아닐 경우의 판단은 무엇입니까?

파트와 사실 샤리아에서 이런 행위에 대해 우리가 판단할 수 있는 것은 없습니다. 우선 반지가 은이나 기타 재질의 반지라면 상관 없습니다. 그러나 금으로 된 반지라면 남성에게 금지됩니다. 사도 무함마드가 남성에게 금반지의 착용을 금했기 때문입니다.

* 출처: ʿAbd al-Wahhāb, p.220.

◈ 약혼 반지는 혼인 시 요구되는 것이 아니라 허용된 관습이다. 남성이 약혼녀에게 직접 주거나 약혼녀 측의 마흐람(Maḥram)[11] 중 한 사람을 통해 전해 줄 수 있다.

질 문 약혼 반지에 대한 판단을 알고 싶습니다.

파트와 남성이 약혼녀의 손을 잡거나 나쁜 행위를 하지 않는 한 약혼 반지를 직접 주어도 문제 없습니다. 또 남성은 자신의 어머니나 여자형제, 또는 약혼녀의 마흐람 중 한 사람을 통해 반지를 전하여 약혼녀가 착용할 수 있게 하는 것이 가능합니다. 여기서 알아야 할 점은 순나에서 약혼 반

11_ 혼인이 금지된 관계에 있는 사람.

지가 혼인에 반드시 필요한 것이 아니라는 것입니다. 이것은 단지 허용된 관습일 뿐입니다.

* 출처: Muṣṭafā Murād, p.85.

◈ **남성이 약혼녀와 함께 약혼 반지를 끼는 것은 허용된다. 이때 남성이 금반지를 착용하는 것은 이슬람 관행상 금지된다.**

질 문 약혼하고 약혼 반지를 끼는 사람들이 많습니다. 서로 쌍으로 맞추어 끼는 건가요?

파트와 제가 보기에 반지를 끼는 것은 삼가야 합니다. 약혼 반지는 무슬림의 방식이 아닙니다. 무슬림은 이슬람의 관습이 아닌 것을 따르지 말아야 합니다. 어떤 이들은 반지가 부부를 더욱 강하게 결속시켜 주는 요소라고 생각합니다. 하지만 반지는 부부 사이의 관계에 영향을 끼치지 않습니다. 결혼 반지를 꼈지만 갈등과 불화를 겪는 부부를 질문자도 보았을 것입니다. 반지를 낀다고 달라지는 것은 없습니다. 많은 사람들이 반지를 끼지 않고도 부부 관계를 지속하고 있습니다.

* 출처: ʿAbd al-Wahhāb, p.221.

◈ **약혼자가 약혼녀의 얼굴과 손바닥을 보는 것은 허용되므로 사진을 보는 것 또한 허용된다. 약혼자가 멀리 떨어져 있는 약혼녀의 집에 자주 가지 못할 경우 사진을 보는 것은 허용되는데, 이때 히잡을 쓴 사진이라면 더 좋다.**

질 문 저는 한 여성과 약혼했는데, 그녀의 사진을 보고 싶습니다. 이것이 허용되는지요?

파트와 약혼자가 약혼녀의 사진을 보는 것은 허용됩니다. 왜냐하면 약혼녀의 얼굴과 손 바닥을 볼 수 있도록 허락되기 때문입니다. 사진 속의 약혼녀가 히잡을 쓰고 있다면 더 좋습니다. 특히 약혼녀가 약혼자로부터 멀리 떨어져 살고 있어 집을 자주 찾아가기 어려울 경우 이 판단이 적용됩니다.

그러나 제가 여기서 지적하고 싶은 것은 자칫하면 실물보다 더 예쁘게 나온 사진을 보고 남성이 오해할 수도 있다는 것입니다. 또 일부 남성들이 이 사진을 불순한 의도로 사용할 가능성도 있습니다.

* 출처: Muṣṭafā Murād, p.85.

◈ **약혼한 남녀는 혼인계약을 체결하기 전에는 남남이다. 가족이 인지하거나 가족에게 들리는 한도 내에서만 전화나 인터넷으로 연락이 가능하다.**

질 문 약혼자가 가족과 친척들의 참석 하에 약혼녀에게 코란 파티하(1)장을 낭독하고, 셰이크 앞이나 법원에서 문건을 작성하지 않은 채 약혼을 알리는 약혼 반지를 꼈다면 전화나 인터넷을 통해 약혼녀와 연락하는 것이 허용됩니까? 두 사람은 각기 다른 나라에 살고 있습니다.

파트와 법적인 혼인계약 이전의 두 약혼자는 모든 면에서 남남입니다. 가족이 알고 있고 가족에게 들리는 한도 내에서만 인터넷과 전화를 통해 연락을 주고받을 수 있습니다.

* 출처: http://www.islam.gov.kw/eftaa/fatwaa.php(쿠웨이트, 2012.1.8)

◈ **약혼자가 약혼녀와 동석하는 것은 금지되지 않는다. 다만 허용되지 않은 행동을 하는 것은 금지된다.**

질 문 제가 한 여성과 약혼한 기간 중에 그녀와 함께 코란 20개 구절을 암기하였습니다. 저는 약혼녀가 히잡을 쓰고 마흐람이 동반한 상황에서 동석하였습니다. 만나는 동안 저희는 종교나 코란 암송에 대한 이야기만 했습니다. 동석한 시간은 짧았습니다. 여기에 샤리아에 저촉되는 문제가 있는지요?

파트와 남성은 약혼녀와 동석하는 것이 반드시 유혹을 조장한다고 생각할 필요는 없습니다. 자신의 아내가 아닌 여성이나 다른 사람에게 속한 여성을 유혹하는 일은 금지된 일입니다. 금지된 일을 야기하는 것도 모두 금지됩니다.

* 출처: ʿAbd al-Wahhāb, p.221.

◈ 약혼자와 약혼녀는 남남이다. 마흐람이 있는 상태에서 약혼녀가 화장을 하지 않고 히잡을 쓴 채 약혼남이 세 번 정도까지 약혼녀를 볼 수 있다.

질 문 저는 여성의 가족 입회 하에 여성에게 코란 파티하(1)장을 낭독하고자 합니다. 하지만 법원에서나 셰이크 앞에서 혼인계약은 하지 않았습니다. 약혼의 두 당사자에게 파티하(1)장 낭독을 허용하는 것은 무슨 이유입니까? 약혼할 남자 앞에서 여성이 히잡을 벗는 것, 약혼자가 약혼녀와 악수하는 것, 전화나 인터넷을 통해 마흐람이 없는 상태에서 대화를 나누는 것은 허용됩니까?

파트와 코란 파티하(1)장을 낭독하는 것은 약혼을 공개하는 것입니다. 그리고 약혼녀는 모든 면에서 약혼자에게 외간 여자입니다. 약혼남이 약혼녀를 보는 것은 약혼녀가 화장하지 않은 채 히잡을 착용했거나 아버지나 남자형제 같은 마흐람이 있는 데서 한두 번 또는 세 번 정도만 허용됩니다. 그 이상은 허용되지 않습니다.

* 출처: http://www.islam.gov.kw/eftaa/fatwaa.php(쿠웨이트, 2012.12.31)

◈ 약혼자와 약혼녀는 남남이다. 약혼자는 마흐람이 합석하고 있을지라도 약혼녀에게 애정 표현을 하거나 전화할 수 없다.

질 문 남성이 약혼녀의 집을 방문해 오빠 같은 마흐람이 있는 자리에서 그녀와 동석할 수 있습니까? 남성이 약혼녀에게 전화해도 됩니까? 그리고 애정이 섞인 달콤한 말이나 그와 비슷한 말을 약혼녀에게 할 수 있나요?

파트와 약혼한 남녀는 혼인계약을 맺기 전에는 남남지간입니다. 귀하가 말씀하신 것은 허용되지 않습니다. 그러나 약혼녀가 히잡을 완전히 갖추어 쓰고 장신구를 착용하지 않은 상태에서 가족이 있을 때 세 번까지 만날 수 있습니다.

* 출처: http://www.islam.gov.kw/eftaa/fatwaa.php(쿠웨이트, 2011.4.17)

◈ 약혼남과 약혼녀 간의 전화 통화는 애정 표현을 하기 위한 것이 아니라면 허용된다.

질 문 전화를 통해 약혼녀와 이야기를 나누어도 되는지요?

파트와 여성에게 부드럽고 애교 섞인 말이나 '당신을 정말 사랑한다'같은 애정 표현을 하기 위해서가 아니라면, 남자가 전화 또는 다른 수단으로 약혼녀와 이야기를 나누는 것이 허용됩니다. 약혼녀와 통화할 때 이야기를 오래 하는 것은 좋지 않습니다. 특히 여성은 약혼자와 대화할 때 주의해야 합니다. 많은 여성들이 달콤한 말에 빠져 사려 깊고 지혜롭게 혼인을 판단해야 한다는 사실을 쉽게 망각합니다.

* 출처: Muṣṭafā Murād, p.85.

◈ 약혼남과 약혼녀는 마흐람이 아니므로 단 둘이 있는 것이 허용되지 않는다. 또한 약혼자가 약혼녀와 악수하거나 신체 접촉을 하는 것은 금지된 일이다.

질 문 남성이 약혼녀와 함께 있거나 거리를 걷는 것이 허용됩니까?

파트와 약혼자는 약혼녀와 단 둘이 집 안이나 방 안에 있어서는 안 됩니다. 마흐람이 아닌 성인 남녀가 잘못된 행동을 하지 않도록 하기 위한 것이며, 두 사람은 마흐람이 동석하거나 다른 사람들이 있는 공공장소에서는 같이 있을 수 있습니다. 남성은 약혼녀와 악수해서는 안 되고 신체 일부를 만져서도 안 됩니다. 연속적이든 일회성이든 안 됩니다. 약혼한 남녀 간에 키스나 포옹, 춤을 삼가는 것이 바람직합니다. 마찬가지로 단 둘이 공원이나 영화관, 해변가에 가는 것을 삼가는 것이 좋습니다.

* 출처: Muṣṭafā Murād, p.88.

◈ 약혼녀가 약혼남을 위해 치장하는 것은 하람(Ḥarām)[12]이다. 약혼녀는 화장이나 장식을 하지 않은 채 자연스러운 모습을 보여 주어야 한다.

질 문 여성이 약혼자를 위해 화장해도 되는지요?

파트와 이것은 약혼자가 외간 남자이기 때문에 하람입니다. 약혼자는 마흐람이 있는 자리에서 예의를 갖추고 약혼녀를 볼 수 있습니다. 여성이 약혼자에게 얼굴을 보여 주겠다면 화장이나 장식을 하지 않은 채 자연스러운 모습을 보여 주어야 합니다.

12_ 샤리아에서 금지된 것.

* 출처: Muṣṭafā Murād, p.88.

◈ 혼인 상담을 할 때 조언자는 진실만을 이야기하고 올바르게 충고해야 한다.

질 문 어떤 사람들은 남성이 결혼에 대해 상담을 요청할 때 상대 여성을 걱정하여 그녀의 실제 모습이 아닌 좋은 점만을 말하며 결함을 감추려 합니다. 이에 대한 판단은 어떠한지요?

파트와 약혼 상담을 요청받으면 상담자는 당사자인 남성에게 진실만을 말해야 하고, 그 여성이 혼인하지 못할까 염려하여 거짓으로 조언해서는 안 됩니다. 조언을 구한 남성의 권리도 존중해야 한다는 말입니다. 예언자는 파띠마 빈트 까이스(Fāṭimah bint Qays)[13]가 무아위야(Mu'āwiyah)[14]와 아부 알자흠('Abū al-Jahm)[15] 중 한 명과 혼인하려고 예언자에게 조언을 구했을 때 예언자는 "무아위야는 돈이 없는 가난한 자이고 아부 알자흠은 역마살이 있는 사람이다"라고 말했습니다. 신뢰할 수 있는 조언자라면 바르게 충고하고 진실을 숨김없이 말해 주어야 합니다.

* 출처: Muṣṭafā Murād, p.89.

◈ 이중 약혼은 금지된다. 단, 첫 번째 남성이 약혼을 거절당했을 때나 첫 번째 약혼이 약혼녀 가족의 허락을 받지 않았을 때에는 다른 남성이 약혼하는 것은 가능하다.

질 문 이중으로 약혼하는 것이 허용됩니까?

파트와 자신과 가족이 약혼자라고 인정한 남성과 이미 약혼한 상태에 있는 여성이 겹치기로 약혼을 하는 것은 금지됩니다. 예언자는 "너희들 중 어느 누구도 다른 남성과 약혼한 여성들이 약혼자와 헤어지고 알라가 허

13_ 파띠마 빈트 까이스: 이주민 중 한 명으로 알다하크 븐 까이스의 누이이다.

14_ 무아위야 븐 아비 수프얀: 602년~680년. 우마이야 조의 시조이며 서기 661년~680년 재위하였다. 정통 칼리파 시대 마지막 제4대 칼리파 알리 븐 아비 딸립이 661년 사망하자 예루살렘에서 즉위하여 수도를 다마스쿠스로 옮겼으며, 그 후 이라크를 평정하여 무슬림 세계 최초의 세습 왕조를 세웠다.

15_ 아부 알자흠: ? ~ 헤지라력 228년. 아부 알자흠 알바힐리는 쿤야이며, 전체 이름은 알알라아 븐 무사 븐 아띠야 알바그다디이다. 하디스 모음집 *Juz' 'Abī al-Jahm al-'Alā' bn Mūsā al-Bāhilīy*에 하디스를 기록하였다.

락하시기 전에 이중으로 약혼해서는 안 된다"라고 말했습니다.

첫 번째 남성이 약혼을 거절당했다면 다른 남성이 마음 놓고 약혼할 수 있습니다. 첫 번째 남성이 약혼을 제안했으나 여성과 여성의 가족이 허락하지 않았다면 다른 남성과의 약혼이 가능합니다.

* 출처: Muṣṭafā Murād, p.85.

◈ 잇다 기간 중에 있는 여성과의 약혼은 금지된다. 단, 남편이 사망하여 취소 불가능한 이혼으로 혼인이 해소된 경우에는 약혼이 가능하다.

질 문 잇다 기간 중인 여성과의 약혼이 가능합니까?

파트와 남편이 사망하거나 남편에게 이혼당하여 잇다 기간 중에 있는 여성과의 약혼은 불가합니다. 특히 이 여성이 취소 가능한 이혼 상태일 경우 그녀는 여전히 전 남편의 아내이기 때문에 사랑을 고백하는 것은 금지됩니다. 그러나 남편이 사망하여 취소 불가능한 이혼으로 혼인이 해소된 경우에는 약혼이 가능합니다. 알라께서는 "과부 여성과 약혼하거나 마음에 두는 것은 죄가 아니다"〈코란 마이다(5)장 235절〉라고 말씀하셨습니다.

혼인을 원하는 경우 "당신과 혼인하고 싶습니다. 당신의 잇다 기간이 끝난 뒤 당신과 혼인하겠습니다"와 같은 표현을 사용해도 됩니다. 또 간접적으로 마음을 두고 있다는 뜻으로 다음과 같은 표현이 있습니다."누군가가 당신을 원하고 있고 당신과 같은 사람을 찾고 있습니다."

* 출처: Muṣṭafā Murād, p.84.

◈ 연인들 간의 언약은 정식 약혼과 다르다. 이 약속은 지키지 않아도 된다.

질 문 일부 젊은이들이 여자 친구를 사랑하기 때문에 이렇게 말하고는 합니다. "나 말고 다른 남자와 혼인하지 않겠다고 약속해 줘." 이에 여자 친구는 그렇게 하겠다고 약속합니다. 그러나 시간이 흐르고 남녀가 헤어지게 되거나 능력이 없어서, 또는 기타 여러 가지 이유로 혼인할 수 없게 됩니다. 이런 약속을 꼭 이행해야 하는지요?

파트와 이러한 종류의 약속은 무지와 허위와 거짓 위에 이루어진 것이기 때문에 지킬 필요가 없습니다. 여성이 남성에게 혼인을 약속했다 하더라도 다른 남성이 더 나은지 고려해야 하고 종교적, 도덕적으로 더 나은 사람을 택할 수도 있습니다. 알라께 도움을 구하시고 금지된 옛 사랑은 마음에서 지우시기 바랍니다.

* 출처: Muṣṭafā Murād, p.87.

2. 유효한 혼인의 기본 요건

◈ **쿠웨이트에서 혼인이 유효하기 위해서는 후견인 또는 대리인, 청약과 승낙, 두 명의 무슬림 증인 등의 기본 요건이 필요하다.**

질 문 쿠웨이트에서 유효한 혼인계약의 형태는 무엇인가요?

파트와 혼인의 기본 요소는 신부의 보호자나 신랑의 대리인이 "나에게 위임한 당신의 아내는 … ***의 마흐르로 …"라 말하면 남편이 바로 "나는 말씀하신 마흐르에 따라 당신에게 위임한 사람과 나의 혼인을 받아들입니다"라고 말하고, 이어서 무슬림 증인 두 명이 이 말을 듣고 이해한 후에 증언해야 합니다. 알라께서 가장 잘 알고 계십니다.

* 출처: http://www.islam.gov.kw/eftaa/fatwaa.php(쿠웨이트, 2012.3.28)

[그림] 혼인계약서 견본(아랍에미리트 아부다비 양식)

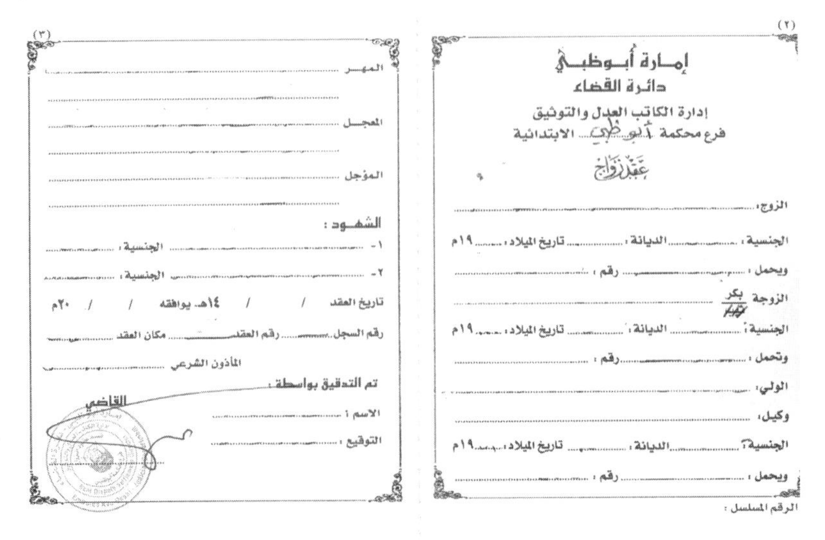

(٢)

إمــارة أبــوظبــي
دائـرة القضاء
إدارة الكاتب العدل والتوثيق
فرع محكمة أبوظبي الابتدائية
عقد زواج

الزوج:
الجنسية: الديانة: تاريخ الميلاد: ١٩م
ويحمل: رقم:
الزوجة بكر
الجنسية: الديانة: تاريخ الميلاد: ١٩م
وتحمل: رقم:
الولي:
وكيل:
الجنسية: الديانة: تاريخ الميلاد: ١٩م
ويحمل: رقم:

الرقم المسلسل:

(٣)

المهـر
المعجـل
المؤجل
الشهـود:
١- الجنسية:
٢- الجنسية:
تاريخ العقد / / ١٤هـ يوافقه / / ٢٠م
رقم السجل رقم العقد مكان العقد
المأذون الشرعي
تم التدقيق بواسطة:
القاضي
الاسم:
التوقيع:

마흐르: 선불 마흐르: 후불 마흐르: 증인 1. 국적: 2. 국적: 계약일: 헤지라 서기 등록 번호: 계약 번호: 계약 장소: 판사가 이를 확인하였다. 판사 이름: 판사 서명:	아부다비 법무국 법무사 및 인증 부 아부다비 1심 법원 혼인계약서 남편 이름: 국적: 종교: 생년월일: 신분증 번호: 부인 이름: 초혼, 재혼 국적: 종교: 생일: 신분증 번호: 후견인: 대리인: 국적: 종교: 생일: 신분증 번호:

일련번호:

◈ 관습혼도 다섯 가지 혼인 기본 요건이 충족되었다면 유효하다.

질 문 30살의 이혼녀가 있습니다. 그녀에게 딸이 하나 있는데 그 딸은 다른 아랍 국가 출신으로 현재 쿠웨이트에 거주하고 있습니다. 이 이혼녀가 한 청년과 결혼하였습니다. 결혼은 증인 참석, 승낙 그리고 가까운 친구들에게 알리는 관습 혼인이었습니다. 여성의 가족에게는 결혼 사실을 알리지 않았습니다. 이는 그 청년이 준비하여 가족에게 정식으로 알릴 때까지 당분간 사실혼을 유지하기 위한 의도였습니다. 두 사람이 타국에서 살면서 혼인한 것은 이러한 상황 때문에 어쩔 수 없었던 것으로 판단됩니다. 이 혼인은 유효합니까? 가족에게 알리지 않은 데 대한 판단은 무엇입니까?

파트와 부부가 성숙하고 이성적인 사람들이고, 여성이 이혼하고 잇다 기간이 끝난 후이며, 두 명의 증인 입회 하에 청약과 승낙이 이루어졌다면 이 혼인은 유효합니다. 이는 일부 이슬람 법학자들의 의견에 따른 것입니다. 다른 법학자들은 신부의 후견인이 동의하지 않았으므로 혼인이 유효하지 않다고 보기도 합니다.

* 출처: http://www.islam.gov.kw/eftaa/fatwaa.php(쿠웨이트, 2012.2.18)

◈ 다섯 가지 혼인 기본 요건이 충족되었다면 정략 혼인이어도 유효하다.

질 문 저는 합법적으로 혼인할 의도가 있는 여성과 혼인했습니다. 이 여성의 의도는 정략적인 혼인이었습니다. 그녀는 오빠와 함께 법원에 가서 혼인계약을 마쳤고 초야를 치르지는 않았습니다. 두 달 뒤 저희는 혼인을 실제로 유효한 혼인으로 하자고 합의했고, 그녀의 오빠도 동의했습니다. 저희의 혼인은 유효한가요? 그녀와 저 사이에 현재 아이들이 있습니다.

파트와 혼인계약이 완료되었고 청약과 승낙, 두 명의 증인이 있었다면 의도가 정략적이든 아니든 혼인은 유효합니다.

* 출처: http://www.islam.gov.kw/eftaa/fatwaa.php(쿠웨이트, 2012.4.6)

◈ 대부분의 무슬림들은 혼인계약 시 코란 파티하(1)장[16]을 낭독한다. 사람들은 코란 파티하(1)장 낭독이 유효한 혼인계약의 기본 요건으로 생각하고 있으나 이는 효력 여부와 상관이 없다. 혼인계약이 유효하려면 다섯 가지 기본 요건이 충족되어야 한다. 요르단의 경우 개인신상법 제3조에 동일한 내용을 명시하였다.[17]

질 문 저는 미혼 남성으로 이종사촌에게 청혼하려고 합니다. 저희는 의

16_ 무슬림들은 공식적인 행사를 코란 파티하(1)장 낭독으로 시작하는 경우가 많다.

17_ 요르단 개인신상법 제3조: 혼인은 약혼이나 코란 파티하(1)장의 낭송, 마흐르로 어떤 것을 받거나 또는 선물을 받는 것만으로는 성립하지 않는다.

견이 일치했다는 뜻으로 파티하(1)장을 낭독하고자 합니다. 문제는 이종사촌이 저에게 "당신은 내 문제와 복장에 대해 간섭할 권리가 없다"고 말한다는 것입니다. 제가 이종사촌의 문제에 간섭할 권리와 혐오스러운 행동을 막을 권리가 있습니까? 저에게 자세하게 설명해 주시고 아울러 이에 대한 근거를 알려 주시기 바랍니다.

파트와 파티하(1)장 낭독이 혼인계약을 완전히 유효하게 해 주는 것은 아니며, 샤리아에 이러한 규정은 나와 있지 않습니다. 약혼하였어도 여전히 여성은 약혼자에게 외간 여성이고, 약혼자는 그녀의 후견인도 아닙니다. 그녀의 문제에 간섭할 수 없고 법적으로 혼인계약이 체결될 때까지 그녀와 동석하는 것이 허용되지 않습니다.

파티하(1)장 낭독이 의미하는 것은 혼인의 약속이자 원칙적인 승낙을 보여 주는 것이긴 하나, 혼인계약 체결을 의미하지는 않습니다. 혼인계약에는 특별한 요건이 있습니다. 여기에는 특정한 문구를 포함한 청약과 승낙, 후견인과 두 증인의 참석 등이 있습니다. 이는 개인신상법 제3조에 명시되어 있습니다. "혼인은 약혼이나 코란 파티하(1)장 낭송, 마흐르나 선물을 받는 것만으로는 성립하지 않는다."

귀하에게 올바른 아내를 찾으라고 충고합니다. 그리고 귀하가 하고 있는 일을 잘 생각해 보십시오. 당신이 보기에 이 여성이 고집을 부리거나 미래에 대한 답을 보여 주지 않을 것 같다면 약혼 관계를 유지할지 말지를 숙고해야 합니다.

* 출처: http://www.aliftaa.jo/index.php/ar/fatwa/show/id/757(요르단, 2012.1.1)

◈ 혼인계약 등록이 이루어졌고 코란 파티하(1)장을 낭독했어도 계약이 유효하기 위해서는 혼인의 기본 요건이 충족되어야만 한다. 그리고 남성 가족의 동의는 의무는 아니지만 권장 사항이다.

질 문 혼인계약 등록과 코란 파티하(1)장 낭독으로 혼인이 이루어졌으나 남성의 부모가 여성을 받아들이지 않고 결혼식에도 참석하지 않은 혼인에 대한 판단은 무엇입니까? 남성은 부모님의 말씀을 거역한 것입니까? 그리고 혼인은 유효하지 않은 것입니까?

파트와 코란 파티하(1)장을 낭독하는 것만으로는 유효한 혼인이 되기에 충분하지 않습니다. 반드시 청약과 승낙, 그리고 두 명의 무슬림 증인의 참석이 필요합니다. 또한 다수의 이슬람 법학자들은 신부 후견인의 동의가 필요하다고 봅니다. 그리고 의무는 아니지만 남성 가족의 동의 역시 권장됩니다.

* 출처: http://www.islam.gov.kw/eftaa/fatwaa.php(쿠웨이트, 2012.2.4)

◈ 합법적인 혼인의 기본 요건이 충족되었다면 부모와 아내의 동의 없이 새로운 아내와 혼인하는 것이 가능하다.

질 문 기혼 남성이 부모와 아내에게 알리지 않고 동의도 받지 않은 채 두 번째 혼인을 할 수 있을까요?

파트와 혼인 요건이 충족되고 남녀가 성인이라면 혼인계약은 유효합니다. 그러나 가족이 동의하지 않는 혼사는 피하세요.

* 출처: http://www.islam.gov.kw/eftaa/fatwaa.php(쿠웨이트, 2012.4.5)

◈ 신랑을 대신해서 아버지가 혼인계약을 하는 것은 샤리아 상 허용된다.

질 문 저는 혼인하러 갈 수가 없습니다. 그러나 저와 제 아내가 될 여성은 합의 하에, 제 아버지가 대사관으로부터 공증 받은 후 저를 대리하여 저와 그녀의 혼인계약을 체결하기로 하였습니다. 이렇게 하는 것이 샤리아 상으로 허용되는 것입니까?

파트와 그것은 괜찮습니다. 대리인이 혼인계약을 하는 것은 허용됩니다.

* 출처: http://www.islam.gov.kw/eftaa/fatwaa.php(쿠웨이트, 2012.1.13)

◈ 남성과 여성이 나이 차이가 많아도 기본 요건을 충족하면 혼인이 가능하다.

질 문 저는 33세의 여성입니다. 55세의 남성이 저에게 청혼했습니다. 나이가 혼인에 영향이 있습니까? 이 혼인이 가능합니까?

파트와 혼인계약 시, 계약의 조건과 혼인의 기본 요건이 충족되고 두 당사자가 만족한다면 그 혼인은 꺼리는 일이 아닙니다.

* 출처: http://www.islam.gov.kw/eftaa/fatwaa.php(쿠웨이트, 2012.4.5)

◈ 인생의 동반자를 성공적으로 선택하는 방법들

질 문 우리는 한 언론 매체로부터 미래의 여성을 선택하기 위한 샤리아 상의 합법적인 방향에 대해 질문 받았습니다.

파트와 여자와 남자 모두 혼인이 인생에서 매우 중요한 일이라는 것을 잘 알고 있습니다. 성공적인 배우자 선택은 인간에게 가장 큰 행복 중 하나이고 반대의 경우는 실로 불행한 일입니다. 잘못된 선택의 결과를 견뎌야 하고, 이혼하면 당사자뿐 아니라 양가의 가족들에게도 깊은 상처를 남기기 때문입니다.

샤리아에서 혼인의 근본은 지속에 있습니다. 이슬람은 자힐리야(이슬람 이전) 시대에 있었던 무트아 혼인을 금지한 바 있습니다. 이슬람 시대 초기에는 이를 묵인하였으나 헤지라 역(이슬람 역)[18] 8년 사도 무함마드가 폐지를 공포하였습니다. 또한 알코올도 마찬가지로 묵인되었다가 후에 금지되었습니다. 인생의 동반자 선택에서 실수하지 않도록 이슬람에서는 몇 가지 사항을 권장합니다.

1. 상대방을 잘 알지 못하고서는 파악하기 어려운 성품이나 특성을 알기 위해 질문하는 것이 허락되며, 필요하다면 그중 단점을 언급하는 것이 허용됩니다. 그 단점이 혼인의 기본 요건과 관련이 있다면 숨기는 것이 금지됩니다. 가족은 상대방을 선택하는 과정에서 충고 등의 방법으로 참여하되 강제해서는 안 됩니다. 강요는 남성과 여성 모두에게 허용되지 않습니다.
2. 약혼자는 약혼녀의 얼굴과 양 손바닥을 보는 것이 허용됩니다, 이는 사람의 성격이 얼굴 표정에 드러나기 때문입니다. 또한 약혼녀도 같은 정도로 약혼자를 보는 것이 허용됩니다. 알라께서 "믿는 남자들에게 저들의 눈을 자제하고 감각을 지키라고 이르라. 그것이 저들을 위하여 더 깨끗하니라. 실로 알라께서는 저들이 하는 일을 잘 아시느니라"〈코란 누르(24)장 30절〉라고 말씀하셨고, 또한 "믿는 여인들에게 저들의 눈을 자제하고, 감각을 지켜라"〈코란 누르(24)장 31절〉라고

18_ 무함마드가 꾸라이시 부족의 박해를 피해 메카에서 메디나로 이주한 서기 622년이 원년이다.

하셨습니다.

3. 남성에게 혼인을 강요하는 것은 꺼리는 일입니다. 만약 강요하였고, 강요했다는 사실이 입증되면 그 혼인계약은 무효가 됩니다. 여성에게 혼인을 강요하는 것도 꺼리는 일입니다. 사도가 "미망인과 이혼녀는 명이 내려질 때까지 혼인하지 말고, 처녀는 허락이 내려질 때까지 혼인하지 말라"라고 말했습니다.
4. 혼인계약 체결시 반드시 후견인과 증인이 있어야 합니다, 이는 양측의 변심으로 후회하는 것을 막기 위함입니다.
5. 결혼 연회는 반드시 지인들이 지켜보는 자리에서 해야 합니다. 이는 부부로 하여금 혼인 생활을 지속하도록 독려하는 사회적 압력으로 작용할 수 있기 때문입니다.
6. 친족 간의 혼인은 몇 가지 경우 샤리아 상으로 금지되어 있습니다. 예를 들어 여형제, 이모, 고모, 나머지 몇몇 여자 친척들이 이에 속합니다.[19] 이들을 제외하는 것은 양 당사자 간의 만족을 위해서입니다. 여성은 친척을 거절하기 어렵고, 친척이라는 이유로 선택하면 온전한 선택이 되지 않기 때문입니다.
7. 배우자 선택의 기본은 종교입니다. 사도가 "여성은 재산, 신분, 아름다움, 종교 등 네 가지를 근거로 혼인한다. 그중에서 종교를 선택하는 것이 가장 승리하는 길이다"라고 말했습니다. 그리고 사도가 처가 사람들에게 "만약 당신에게 청혼한 사람의 종교나 성품이 마음에 든다면 그와 혼인하라. 그렇지 않으면 이 땅에 환란과 부패가 있을 것이다"라고 말했습니다. (알티르미디 전승)

* 출처: http://www.aliftaa.jo/index.php/ar/fatwa/show/id/934(요르단, 2012.1.1)

다음은 혼인이 유효하게 성립되기 위한 다섯 가지 기본 요건이다. 두 명의 계약자, 청약과 승낙, 후견인의 허락, 증인, 마흐르 등을 차례대로 살펴본다.

19_ 110쪽 마흐람 참조.

(1) 두 명의 계약자

두 명의 계약자란 부부 또는 두 사람의 후견인이나 대리인을 의미한다.[20] 즉 무슬림 사회에서 혼인 당사자는 혼인계약을 체결하는 장소에서 계약을 체결하려는 의사, 즉 청약과 승낙의 의사 표시를 하는 자를 말한다. 이때 혼인계약 당사자가 될 자격이 있는 사람은 ① 본인, 즉 아내나 남편이 되려는 자, ② 친인척 중 본인의 후견인(유권대리인), ③ 제3자 등이다. 그중 제3자란 계약 당사자의 자격이 있는 자로부터 계약 체결의 위임을 받은 자를 칭한다. 하나피 학파와 한발리 학파에서는 무권대리인[21]도 포함시킨다. 말리키 학파도 무권대리인에 의한 혼인계약 체결을 유효하게 보는 경우가 있다.

아내나 남편이 되려는 자가 혼인계약을 체결하려면 다음의 요건이 필요하다.

1) 성년과 의사 표시 능력

이슬람 4대 법학파 모두가 어떤 사람이 단독으로 법률 행위를 할 수 있는 필요조건으로 성년에 달할 것을 요구하고 있다. 성년은 육체적인 성숙 정도로 판단되나, 부차적으로 고려되는 연령은 학파에 따라 다르다.

가. 하나피 학파: 남자는 12세~18세, 여자는 9세~17세이다.

나. 말리키 학파: 남자와 여자 모두 15세부터 18세까지 견해가 다양하게 있으나, 다수는 18세를 성년이 된 나이로 간주한다.[22]

다. 샤피이 학파: 15세로 성년에 달한다고 간주한다.[23]

20_ Muḥammad Bakr 'Ismā'īl(1997), *al-Fiqh al-Wāḍiḥ min al-Kitāb wa-l-Sunnah 'alā al-Madhāhib al-'Arba'ah*(Cairo: Dār al-Manār), p.29.

21_ 무권대리인은 대리권이 없는 대리인이다.

22_ 'Abū al-Walīd Muḥammad bn Aḥmad bn Rushd al-Jadd(1988). *al-Bayān wa-l-Taḥṣīl wa-l-Sharḥ wa-l-Tawjīh wa-l-Ta'līl fī al-Masā'il al-Mustakhrajah*, Vol.2, Muḥammad al-Ḥajjī ed.(Beirut: Dār al-Gharb al-'Islāmīy), p.345.

라. 한발리 학파: 남자는 1차 성징이 나타난 경우, 여자는 1차 성징 이후에 월경이나 가임의 징표가 나타났을 때를 성년으로 본다. 또는 15세가 되면 성년에 달한 것으로 간주한다.[24]

2) 이 성

성년에 달한 자가 이성을 갖추면 유효하게 법률적 행위를 할 수 있다. 이에 대한 근거는 코란 니싸아(4)장 5절 "알라께서 너희를 돕고자 너희에게 주신 재산을 현명하지 못한 자들에게 맡기지 말라"이다. 법학자에 따르면 여기서 현명하지 못한 자란 재산을 보전하기에 필요한 충분한 이성을 갖추고 있지 않은 자를 뜻한다.

◈ 성인이 된 여성이 후견인이 참석하지 않은 채 혼인계약을 했어도 합당한 마흐르를 받았다면 그 혼인은 유효하다.

질 문 저는 아랍에미리트 국적을 가진 37세의 이혼녀와 결혼했습니다. 혼인계약은 변호사를 통해 증인, 마흐르 등의 조건을 충족하여 이루어졌으나 후견인은 계약 장소에 불참했습니다. 그 이유는 저의 국적이 다르기 때문이었습니다. 그 후 저는 이 혼인계약을 법무부와 외교부, 아랍에미리트 대사관에 등록하고 아내의 가족 모두에게 혼인 사실을 알렸습니다. 그러나 그녀의 아버지는 아랍에미리트에 소재한 법원에 소송을 제기하고 후견인이 결혼식에 불참했으므로 합법적 혼인이 아니라고 주장합니다. 이 혼인은 샤리아 상 합법적입니까? 이에 대한 법적 견해는 무엇입니까?

파트와 혼인에 있어 여성의 후견인 제도는 이슬람 법이 여성을 보호하기 위해 마련한 보호 장치입니다. 혼인은 인륜지대사의 시작입니다. 알라께서는 후견인 규정을 마련할 때 이 제도를 여성에 대한 자비, 도움과 지원

23_ Muḥammad bn 'Idrīs al-Shāfi'īy(1973), *al-'Umm*, Muḥammad Zuhrīy al-Najjār ed.(Beirut: Dār al- Ma'rifah), Vol.3, p.215; Vol.5, p.17.

24_ Muwaffaq al-Dīn 'Abū Muḥammad 'Abd Allāh bn 'Aḥmad bn Muḥammad Ibn Qudāmah(1985), Vol.4, *al-Kāfī*, Zuhayr al-Shāwīsh ed.(Beirut & Damascus: al-Maktab al-'Islāmīy), pp.297-298.

의 기반 위에 두었습니다.

이맘 아부 하니파는 성인 여성에겐 후견인이 필요하지 않으며, 후견인은 혼인 당시 여성이 처녀였는지 여부를 알리는 역할을 한다고 보았습니다. 후견인이 실질적으로 보호하는 것은 미성년 여성에 해당됩니다. 이집트 법은 하나피 학파를 따르고 있으므로 성인 여성은 스스로 혼인할 권리를 가집니다. 여성이 자신의 가치에 상응하는 마흐르를 받고 혼인한다면 그 혼인은 유효한 것으로 인정됩니다.

성년에 대해서는 법학파마다 차이가 있습니다. 샤피이 학파와 한발리 학파, 아부 유수프'Abū Yūsuf,[25] 무함마드는 음력으로 남녀 15세를 성인으로 보았습니다. 말리키 학파는 18세로 보지만 학파의 학자들 간에도 의견이 다릅니다. 각각 15세, 17세, 19세라고 주장하는 말리키 학파 학자들이 있습니다. 아부 하니파는 성년을 남성 18세, 여성 17세로 보았습니다. 1923년 56호 법 공포로 제정된 이집트 개인신상법에 의거, 여성이 16세 미만일 때 혼담이 오가는 것을 금지하며 18세 미만일 때 혼인하는 것을 금지합니다. 그러나 이는 후견인의 결정에 따를 문제입니다. 1931년 78호 법은 이전의 내용과 같았습니다. 그 후 1951년 88호 법에서 99-5조가 개정되어 연령을 헤지라 역으로 계산하도록 바뀌었으며, 2000년 1호 법에서는 양력으로 수정되었습니다.

질문에서 남성이 앞서 말한 여성에게 그녀의 가치에 부합하는 마흐르를 주었으므로 혼인계약은 샤리아 상으로 유효합니다.

* 출처: http://www.dar-alifta.org/ViewFatwa.aspx?ID=404&LangID=1&MuftiType=(이집트, 2011.12.28)

◈ 나이 차이가 많이 나는 여성과의 혼인은 후견인의 동의가 있고 여성이 종교를 가지고 있다면 괜찮다. 혼인계약이 유효하기 위해서는 기본 요건을 충족해야 한다.

질 문 저는 15살 어린 여성과 혼인하고자 합니다. 제 나이는 33살이고 그녀는 18살입니다. 그녀는 고등학교를 마치지 못했습니다. 알라께서 원

25_ 아부 유수프: 731년~798년(헤지라 113년~182년). 아부 하니파의 제자로 하나피 학파를 보급시킨 이슬람 법학자이다.

하신다면 결혼한 후 그녀가 교육을 마치도록 해 주고 싶습니다. 존경하는 세이크님, 이것이 잘못된 것인지 말씀을 듣고 싶습니다.

파트와 여성의 아버지가 귀하와의 혼인에 동의하였고 그 여성이 종교를 가지고 있으며 알라를 경외한다면 그녀와 혼인하는 것은 괜찮습니다.

* 출처: http://www.islam.gov.kw/eftaa/fatwaa.php(쿠웨이트, 2012.3.13)

◈ 파트와를 낼 때 샤리아의 4대 법원뿐만 아니라 사회적인 통념을 반영하기도 한다.

질 문 저보다 5살 연상이고 키도 더 크며 저의 대학 조교인 여성과 혼인하는 것은 잘못된 일입니까? 저의 혼인에 모두가 반대하였습니다. 그래서 이 문제 전체를 고민하였습니다

파트와 이러한 혼인은 샤리아 상으로 혐오스러운 일은 아닙니다만 사회적으로 꺼리는 일이 될 수 있습니다.

* 출처: http://www.islam.gov.kw/eftaa/fatwaa.php(쿠웨이트, 2012.4.8)

3) 무슬림

무슬림 여성과 혼인하고자 하는 남성은 반드시 무슬림이어야 하며, 비 무슬림 남성은 무슬림 여성과 혼인할 수 없다. 또한 무슬림 남성과 혼인하려는 여성은 그 남성이 마흐람이 아니어야 한다.[26] 반면에 무슬림 남성은 비 무슬림 중에서 키타비Kitābīy[27]여성과 혼인할 수 있지만 기독교와 유대교를 제외한 다른 종교를 믿는 여성이나 무신론자와는 혼인할 수 없다.

26_ "너희에게는 너희의 모친들과 딸들, 자매들, 고모들, 이모들, 형제의 딸들, 자매의 딸들, 너희에게 젖을 먹인 유모들, 젖자매들, 너희 처들의 모친들, 너희와 잠자리를 같이한 너희의 처에 의해 너희가 후견인이 되는 너희의 의붓딸들과의 결혼이 금지되어 있느니라. 그러나 너희가 그녀들과 잠자리를 같이하지 않았다면 너희에게 죄가 되지 않느니라. 그리고 너희가 낳은 아들들의 처들과의 결혼과 두 자매와 동시에 결혼 생활하는 것은 금지되어 있으나 이미 지나간 것은 제외되느니라. 실로 알라께서는 가장 너그러우시고 자비로우시니라."〈코란 니싸아(4)장 23절〉

27_ 키타비(Kitābīy)는 계전(啓典)의 백성, 즉 성서를 믿는 사람들로서 기독교, 유대교 신자를 의미한다. 키타비는 남성을, 키타비야는 여성을 지칭한다.

비 무슬림과의 혼인 금지에 관한 근거는 코란 뭄타히나(60)장 10절에 나와 있으며 예외적으로 무슬림 남성에게 키타비 여성과의 혼인을 허락한 근거는 코란 마이다(5)장 5절에 나와 있다.

코란 뭄타히나(60)장 10절에서 알라는 "믿음이 없는 여자와의 관계를 계속해서는 아니 되느니라"고 하셨습니다. 코란 마이다(5)장 5절에서 알라는 "오늘, 모든 선한 것들이 너희들에게 허용되었노라. 그리고 성서의 백성들의 음식이 너희에게 허용되었으며, 너희의 음식이 그들에게 허용되느니라. 그리고 너희에게 허용된 것은 정숙한 믿는 여인들이며, 너희 앞에서 성전을 받은 자들 가운데에서 온 정숙한 여인들이니, 너희가 그들에게 지참금을 주고 적법한 혼인을 맺으며, 다만 간통을 범하지 말며 비밀의 정부를 두지 말라. 그리고 누구든 믿음을 거부하는 자는 그의 노력이 틀림없이 헛되이 되었으니, 그 후로 그 자는 잃은 자 가운데 거하리라"고 하셨습니다.

◈ 무슬림 여성과 혼인하고자 하는 남성은 반드시 무슬림이어야 하며 비 무슬림 남성은 무슬림 여성과 혼인할 수 없다. 반면에 무슬림 남성은 비 무슬림 중에서 키타비 여성과 혼인할 수 있다.

질 문 불교 신자인 여성과 혼인이 가능한가요? 안 된다면 그 이유는 무엇입니까? 근거가 있나요? 혼인을 강행하면 무효로 간주됩니까?

파트와 무슬림 남성이 비 무슬림 여성이나 키타비가 아닌 여성과 혼인하는 것은 무효입니다. 알라는 "믿지 않는 여성들과 혼인하지 말라"〈코란 뭄타히나(60)장 11절〉고 하셨습니다. 알라께서는 키타비 여성들을 예외로 하여 무슬림 남성들에게 허락하셨습니다. 알라께서 "오늘날 너희에게 좋은 것들이 허락되었으니 성서를 받은 자들의 음식이 허락되었고, 또한 너희의 음식도 그들에게 허락되었으며, 믿음이 강한 순결한 여성들이며 그대 이전에 성서를 받은 자들의 여성들도 너희가 그녀에게 마흐르를 지불하고 그들과 화목하게 산다면 허락된 것이거늘 간음해서도 안 되며, 내연의 처를 두어서도 아니 되나니 믿음을 부정하는 자는 누구든 그의 일이

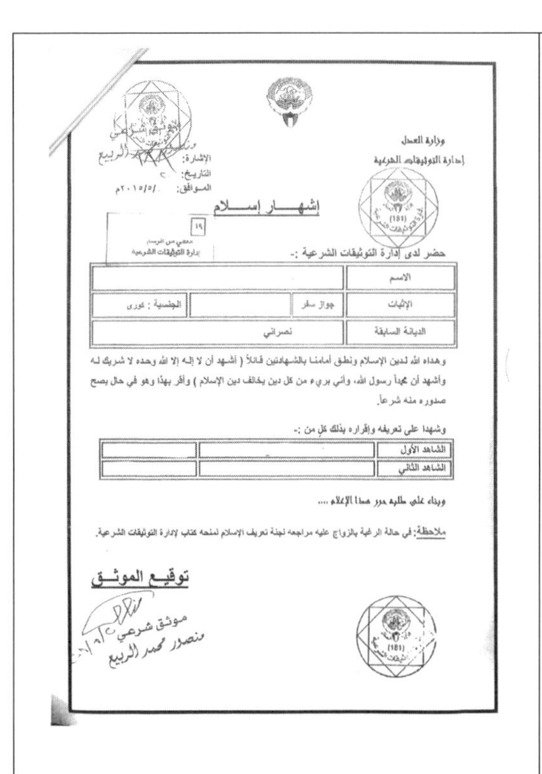

وزارة العدل
إدارة التوثيقات الشرعية

الإشارة:
التاريخ:
المـوافق: /٥/٢٠١٥م

إشهـــار إســـلام

١٩
معفي من الرسم
إدارة التوثيقات الشرعية

حضر لدى إدارة التوثيقات الشرعية :-

الاسم			
الإثبات	جواز سفر		الجنسية : كوري
الديانة السابقة	نصراني		

وهداه الله لدين الإسلام ونطق أمامنا بالشهادتين قائلاً (أشهد أن لا إله إلا الله وحده لا شريك له وأشهد أن محمداً رسول الله، وأني بريء من كل دين يخالف دين الإسلام) وأقر بهذا وهو في حال يصح صدوره منه شرعاً.

وشهدا على تعريفه وإقراره بذلك كلٍ من :-

الشاهد الأول		
الشاهد الثاني		

وبناء على طلبه حرر هذا الإعلام ....

ملاحظة: في حالة الرغبة بالزواج عليه مراجعه لجنة تعريف الإسلام لمنحه كتاب لإدارة التوثيقات الشرعية.

توقيـع الموثـق

موثق شرعي
منصور محمد الربيع

법무부
공증과 서류번호:
날짜: 헤지라
서기

이슬람 입교 증명서

수수료 면제
공증과

하기인이 인증국에 출석하였다.
이름:
신분증명: 여권 국적: 대한민국
개종 전 종교: 기독교

알라께서 상기인을 이슬람교로 인도하셨고 그는 우리 앞에서 “나는 알라 이외에 다른 신은 없으며 알라와 비견될 만한 자가 없다”고 신앙고백을 하고, “무함마드가 알라의 사도”라는 신앙고백을 하고, “나는 이슬람 이외에 다른 종교와 무관함을 증언한다”라는 말로 두 가지 샤하다(신앙고백)를 하였다. 이에 적법하게 증명서가 발급되었음을 확인한다.

다음의 두 증인이 위 사항을 확인하였다.
증인1
증인2

위 사람의 요청에 의해 이 증명서가 발급되었음.

비고: 혼인을 원할 경우, 위 사람에게 공증과 증명서가 발급되었는지 여부를 이슬람 공보 위원회(Islam Presentation Committee)에 문의하십시오.

공증인 서명

공허하게 되며 내세에서 손실자가 되니라.〈코란 마이다(5)장 5절〉

* 출처: http://www.islam.gov.kw/eftaa/fatwaa.php(쿠웨이트, 2012.5.17)

◈ 무슬림이 무신론자와 혼인하는 것은 무효이다.

질 문 알라의 존재와 심판의 날을 부정하는 무신론자가 무슬림 여성과 혼인할 수 있습니까?

파트와 종교에서 요구하는 필수적인 것을 행하지 않는 것은 불신 행위입니다. 이슬람교, 기독교, 유대교 모두 지고하신 알라의 존재와 최후의 심판일의 부활을 믿습니다. 그러므로 이 두 가지를 부정하는 것은 명백한 불신 행위입니다. 만약 이 남성이 위에 언급한 내용을 부정하는 것이 명백하다면 무슬림 여성은 이 남성과 혼인할 수 없습니다. 이 남성이 회개하고 자신이 불신자였다는 것을 시인한 후 이슬람으로 귀의하지 않는다면 혼인계약은 무효입니다. 이것이 증명되고 나서야 이 두 사람의 혼인이 가능합니다.

* 출처:Fatāwā Shar'īyah, p.302.

◈ 무슬림 남성은 비 무슬림 중에서 기독교와 유대교 여성 신자와는 혼인이 가능하다. 또한 여성의 후견인이 부재할 경우 판사의 동의가 후견인의 동의를 대신할 수 있다.

질 문 한 남성이 키타비 여성과 혼인하고자 합니다. 이 여성은 쿠웨이트에 거주하고 있으며 그녀의 친지는 본국에 있습니다. 이 남성은 후견인 없이 이 여성과 혼인할 수 있습니까? 판사가 그녀의 후견인이 되는 것은 유효합니까?

파트와 무슬림 남성이 키타비 여성과 혼인하는 것은 금지되지 않습니다. 혼인계약이 유효하기 위한 조건에는 혼인계약의 내용을 듣고 아는 두 명의 증인 앞에서 청구하고 승낙하는 것이 있습니다. 또한 일부 이슬람 법학자들은 후견인의 동의도 필요한 조건으로 봅니다. 남녀가 성숙한 어른이라면 다른 이들은 그것을 조건으로 삼지 않습니다. 그리고 어느 경우이든 후견인의 부재시 판사의 동의는 후견인의 동의라는 조건을 충족시킵니다.

* 출처: http://www.islam.gov.kw/eftaa/fatwaa.php-(쿠웨이트, 2012.2.4)

◈ **혼인시 제일 먼저 고려해야 할 것은 신앙심이다. 그 다음으로 재산, 미모, 신분과 혈통, 종교, 나이, 문화 등을 고려하는 것은 괜찮다.**

질 문 저는 한 여성과 혼인하고 싶습니다. 그 여성은 신실하고 도덕적인 무슬림 가정에서 자랐습니다. 그러나 제 어머니와 아버지는 그녀가 우리 부족이 아닌 다른 부족이란 이유로 반대하십니다. 이렇게 차별해도 되나요? 부모님은 하디스를 인용하며 "여자의 네 가지를 보고 혼인하라. 재산, 아름다움, 신분과 혈통, 종교 등이다." 그리고 "혈통과 신분은 정말 중요하다. 그래서 너의 혼인을 받아들일 수가 없다"고 말했습니다. 이 문제에 대한 판단은 무엇입니까? 저는 어떻게 해야 합니까?

파트와 상대 여성의 신앙심은 약혼시 고려해야 하는 첫 번째 덕목입니다. 다른 덕목들을 요구하는 것도 괜찮습니다. 신앙심 다음으로 관심을 두어야 하는 것으로는 혈통, 나이, 문화 같은 것이 있습니다.

* 출처: http://www.islam.gov.kw/eftaa/fatwaa.php-(쿠웨이트, 2012.4.20)

(2) 청약(請約)과 승낙

청약과 승낙은 유효한 혼인의 기본 요소 중의 하나이다. 청약은 여성이나 여성의 후견인을 통해 이루어진다. 여성 본인이 청약할 경우 "나는 나 자신을 당신과 혼인시켰습니다"라고 말하며 후견인이 할 경우에는 "나는 내 딸(또는 내 여동생)을 당신과 혼인시켰습니다"라고 말한다.

승낙은 남성이나 남성의 후견인이 한다. 남성이 여성에게 직접 수락할 경우에는 "당신과 나의 혼인을 받아들였습니다"라고 말하고 여성의 후견인에게 수락할 경우에는 "당신의 딸(또는 당신의 여동생)과 저의 혼인을 받아들였습니다"라고 말한다.[28]

남성이나 남성 후견인이 혼인을 청구할 수도 있다. 그렇게 되면 승낙은 여성이나 여성의 후견인이 한다. 이때 두 계약 당사자 모두가

28_ Muḥammad Bakr 'Ismā'īl, p.29.

만족해야 한다. 둘 중 한 사람이 원하지 않으면 혼인은 유효하지 않다. 대부분 이슬람 법학자들은 원하지 않는 혼인은 유효하지 않다고 판단한다.

혼인계약서의 형식은 그 목적을 명시하는 확고한 증거여야 한다. 여성의 후견인은 남성에게 "우리 사이에 정해진 마흐르에 의거하여 나는 당신과 내 딸 ○○○을 혼인시켰습니다"라고 말한다. 그리고 성인 처녀인지 또는 성인 이혼녀인지 아니면 미성년 여성인지를 언급하는 것이 좋다. 처녀성 유무에 대해선 언급하지 않아도 괜찮다.

혼인계약 형식에서 중요한 점은 동사를 완료형으로 사용한다는 것이다. "나는 당신과의 혼인을 받아들였습니다"라고 말하며, "나는 당신과 혼인합니다(혼인할 것입니다)"라고 미완료형으로 말할 수 없다. 왜냐하면 미완료형으로 말하면 승낙이 현재 혼인계약에 대한 승낙이 아니라 장차 혼인하겠다는 약속이 될 수 있기 때문이다.

☞ 언어장애인의 혼인[29]

언어장애인(벙어리)은 혼인계약을 선언할 수 없기 때문에 청약과 승낙을 나타내는 특정한 신호로 대신할 수 있다. 이 신호는 매매가 이루어질 때 유효한 것으로 인정되는 수준의 신호여야 한다. 만일 이해되지 않는 신호라면 혼인이 성립하지 않는다.

샤리아 법원 사무처리에 관한 규칙 및 그 절차 제128조에 "언어장애인의 승낙은 약속된 신호로 이루어지며, 언어장애인이 서면으로 승낙할 수 있다면 이 신호로 이루어진 승낙은 무효로 간주된다"라고 명시되어 있다.

29_ Muḥammad Bakr 'Ismā'īl, p.29.

◈ **약혼했어도 합법적인 혼인의 기본 요소인 청약과 승낙이 없다면 합법적인 혼인이 될 수 없다.**

질 문 질문자가 저에게 보낸 긴 사연을 다음과 같이 요약할 수 있습니다.

그녀는 14살 때 고종사촌 오빠와 약혼했으며 그녀와 가족이 약혼에 동의하였습니다. 그러나 그 후 고종사촌은 혼인을 미루어 왔고, 그녀는 6학년 때 학교를 그만두고 쭉 아버지 집에서 지냈습니다. 그 후 그녀의 언니와 여동생이 혼인했고, 심지어 남동생들은 결혼하지 못하는 그녀를 놀렸습니다. 그녀는 이제 21살이 되었습니다. 이런 상황이 계속되고 약혼자가 혼인을 미룬다면 이 여성은 파혼할 권리가 있습니까?

파트와 무엇을 기대합니까? 여기서 분명한 것은 두 사람 사이에 성립된 것은 약혼일 뿐이고 이 약혼은 혼인계약이나 혼인의 청약과 승낙과도 관련이 없다는 것입니다. 혼인이 이루어진 것도 아니고 약혼녀가 약혼자의 아내가 되지도 않았습니다.

약혼은 흥정과 같습니다. 손님이 상인에게 가서 상품에 대해 흥정을 하고 "이것은 10리얄에, 저것은 5리얄에 주세요"라고 합니다. 비록 법이 흥정을 따로 규정하지 않고 당사자들에게 맡겨 도덕적 규범이나 통용되는 관습에 따르도록 할지라도 모든 계약에는 흥정이 있게 마련입니다.

샤리아는 혼인(정확히 표현하자면 약혼)에 대한 흥정을 규정합니다. 혼인이 가장 중요한 계약이기 때문입니다. 만일 마흐르가 지불되고 나서 여성이 마음을 바꾸면 금전적 문제가 발생합니다. 그러나 위의 경우 여성이 마흐르를 받지 않았기 때문에 혼인에 대한 청구도 수락도 없었습니다.

결론적으로 약혼녀가 고종사촌 오빠를 6년 동안 기다려 왔고 약혼자는 혼인을 차일피일 미루면서 회피하고 있습니다. 또한 혼인계약이 성립하지 않았고 마흐르도 지불되지 않았습니다. 이러한 상황에서 위 여성이 약혼자와 파혼하는 데 아무런 문제가 없습니다.

* 출처: 'Alīy al-Ṭanṭāwīy, pp.186-187.

◈ **청약과 승낙이 이루어지지 않고 코란 파티하(1)장만 낭독한 경우 유효한 혼인으로 간주되지 않는다.**

질 문 한 남성이 저에게 청혼하여 저의 아버지와 남성의 아버지, 그리고 증인이 되어 준 저의 삼촌 두 분과 남자 측의 증인 한 명의 입회 하에 코란 파티하(1)장을 낭독하였습니다. 이 혼인계약은 유효합니까?

파트와 그 자리에서 신부 혹은 신부의 후견인이 혼인을 청구했고 신랑 혹은 그의 후견인이 승낙하였으며 두 명의 무슬림 성인이 증인으로 입회했다면 유효한 혼인입니다. 그렇지 않으면 이것은 약혼일 뿐, 결혼이 아닙니다. 청약과 승낙이 이루어지지 않은 채 파티하(1)장을 낭독하는 것만으로는 혼인이 되지 않습니다.

* 출처: http://www.islam.gov.kw/eftaa/fatwaa.php-(쿠웨이트, 2012.3.2)

(3) 후견인의 허락

후견인의 순위와 후견인의 자격 요건에 관한 4대 법학파의 의견은 법학파에 따라 조금씩 다르다. 후견인의 순위란 혼인계약을 체결할 때 피후견인을 맡을 수 있는 순서를 가리킨다. 그러나 혼인체결권을 가지지 않는 남성 부계 혈족도 역시 후견인이라고 부른다. 혼인계약 시 논쟁이 되는 후견인은 피후견인 신부의 후견인이다. 혼인계약에서 후견인은 혼인체결권을 가지고 있는 후견인을 지칭하며 후견인의 혼인체결권과 후견인의 순위에 대하여는 4대 법학파가 견해차를 보인다.

1) 후견인의 혼인체결권

가. 샤피이 학파는 후견인의 권한에 관하여 가장 명쾌한 입장을 취하고 있다. 샤피이 학파는 제1순위의 후견인만이 피후견인의 혼인계약을 체결할 수 있고, 제2순위 이하의 후견인이 체결한 혼인은 무효라고 본다.30

나. 하나피 학파는 피후견인이 혼인강제를 받는 경우와 혼인강제

를 받지 않는 경우를 구별한다. 피후견인이 혼인강제를 받는 경우에는 여성의 혼인 체결에 관한 후견인으로 아버지가 제1 순위이다. 그다음이 아버지의 남성 존속이고, 촌수가 가까운 순으로 정한다.[31] 혼인강제를 받지 않는 경우에는 하위의 후견인이나 제3자가 이성이 있는 성인 여성으로부터 혼인계약을 체결할 위임을 받아 혼인계약을 유효하게 체결할 수 있다. 법률상으로 성인 여성은 스스로 혼인을 체결할 수 있으므로 이는 당연한 규정이다. 단, 혼인계약을 체결한 후견인보다 상위의 후견인은 혼인해소 청구권을 행사할 수 있다.[32] 따라서 이 경우에는 어느 후견인도 후견권을 갖지 못하게 된다.

다. 한발리 학파는 제1순위의 후견인이 있는 한 원칙적으로 하위의 후견인이 혼인을 체결할 수 없다고 본다.[33]

라. 말리키 학파는 피후견인이 아버지의 혼인강제에 복종하는지의 여부에 따라 후견인의 순위가 달라진다. 피후견인이 아버지의 혼인강제에 복종하는 경우 아버지만이 혼인계약을 체결할 수 있다. 그 외의 혈족이 피후견인의 허락을 받거나, 혹은 허락을 받지 않고 혼인계약을 체결하면 혼인은 무효이고 아버지가 이를 추인할 여지가 없다. 성년에 달한 피후견인이 아버지의 혼인강제에 복종하지 않을 경우 대부분의 말리키 학파 학자들은 순위에 관계없이 모든 후견인이 피후견인의 동의를 받아 혼인을 체결할 권한을 가진다고 본다.[34]

30_ ‘Abd al-Wahhāb al-Sha‘rānīy(1932), *Kitāb al-Mīzān*, Vol.2(Cairo: al-Maṭba‘ah al-’Azharīyah bi-Miṣr), p.117; al-Nawawīy, Vol.7, pp.68-69.

31_ ’Abū Ja‘far ’Aḥmad bn Muḥammad bn Salāmah al-Ṭaḥāwīy(1986), *Mukhtaṣar al-Ṭaḥāwīy*(Beirut: Dār ’Iḥyā’ al-‘Ulūm), p.169.

32_ ‘Alā’ al-Dīn ’Abū Bakr bn Mas‘ūd al-Kasānīy(1982), *Badā’i‘ al-Ṣanā’i‘ fī Tartīb al-Sharā’i*, Vol.2(Beirut: Dār al-Kitāb al-‘Arabīy), pp.247, 317-318.

33_ Ibn Qudāmah, Vol.7, p.22.

34_ ’Abū ‘Umar Yūsuf bn ‘Abd Allāh ‘Abd al-Barr al-Namarī(1987), *al-Kāfī fī Fiqh*

2) 후견인의 순위

4대 법학파가 후견인의 순위를 결정할 때 공통으로 지키는 몇 가지 원칙들이 있다.

가. 하나피 학파를 제외한 3대 법학파와 소수의 하나피 학파에 따르면 피후견인의 혈족 중 법정후견인의 자격을 가지는 후견인은 남성 부계 혈족에 한정된다. 다수의 하나피 학파는 남성 부계 혈족 중에서 적격자가 없는 경우에 한해 피후견인을 보호할 자격을 가진 그 밖의 혈족이 후견인 자격을 가진다고 본다.

나. 4대 법학파 모두 상위 집단에 속하는 자가 하위 집단에 속하는 자보다 우선한다고 본다. 이러한 집단을 정의하는 방법은 학파에 따라 다르다.

다. 동일한 집단 안에서의 순위는 원칙적으로 피후견인을 기준으로 촌수가 가까운 자가 먼 자에 우선한다. 이는 촌수가 가까운 자가 촌수가 먼 자보다 피후견인에 대한 사랑이 많기 때문이다.

라. 4대 법학파 모두 보호자, 판사, 술탄 혹은 통치자에게 후견인 자격을 인정하고 있다.

후견인의 순위[35]

하나피 학파	말리키 학파	샤피이 학파	한발리 학파
아들	아버지	아버지	아버지
손자	아들	친조부	아버지의 후견인
아버지	친형제	증조부	친조부
친조부	삼촌	친형제	아들
친형제	친남자조카	삼촌	친형제

'Ahl al-Madīnah al-Mālikīy(Beirut: Dār al-Kutub al-'Ilmīyah), p.233.

35_ Ḥusayn Muḥammad Yūsuf, p.93.

3) 후견인의 자격 요건

가. 하나피 학파에 따르면 후견인이 충족해야 하는 필요조건은 다음과 같다. 첫째, 후견인은 자유인으로 성년에 달하고 이성이 있어야 한다. 둘째, 피후견인이 무슬림이면 후견인도 무슬림이어야 한다. 피후견인이 무슬림이 아니면 무슬림이 그의 후견인이 될 수 없다.[36]

나. 말리키 학파에 따르면 후견인은 자유인 남성으로 성년에 달하고 이성이 있어야 한다. 또한 피후견인이 무슬림이라면 후견인도 무슬림이어야 한다. 후견인이 순례 중이면 일시적으로 후견인이 될 수 없다.

다. 샤피이 학파에 따르면 후견인은 자유인 남성으로 성년에 달하고 이성을 갖추어야 한다. 또한 피후견인이 무슬림이면 후견인도 무슬림이 아니면 안 된다. 대부분의 샤피이 학파는 후견인은 유덕하지 않으면 안 된다고 본다. 후견인이 이흐람'Iḥrām 상태에 있는 것은[37] 결격사유가 되어 순례 중에는 후견인 대신 술탄이 후견인이 된다고 본다.[38]

라. 한발리 학파는 후견인은 자유인 남성으로 성년에 달하고 이성을 가지며 덕이 있어야 한다고 본다. 또한 후견인은 피후견인과 신앙을 공유해야 한다. 따라서 피후견인이 무슬림이라면 후견인도 무슬림이어야 한다. 후견인이 이흐람'Iḥrām 상태에 있는 것도 일시적인 결격 사유라고 본다.

36_ 'Abū Ḥasan ʻAlīy bn 'Abī Bakr al-Marghīnānīy(1997), *al-Hidāyah Sharḥ Bidāyah al-Mubtadī*, Vol.1(Beirut: Dār al-'Arqum), p.199.

37_ "이흐람('Iḥrām) 상태인 사람(순례 중에 있는 사람)은 혼인해서도 안 되고 다른 이를 혼인시켜도 안 되며 약혼해서도 안 된다."(무슬림의 하디스 1409)

38_ al-Nawawīy, Vol.7, pp.62-67.

4) 후견인이 복수인 경우

후견인 여러 명이 각각 하자 없는 혼인을 체결한 경우 하나피 학파는 최초로 체결된 혼인을 유효한 혼인으로 보며, 여러 명의 후견인의 혼인이 동시에 체결되거나 어떤 혼인이 먼저 체결되었는지 불분명한 경우에는 모두 무효로 본다.[39] 샤피이 학파와 한발리 학파도 동일하게 주장한다.[40]

말리키 학파는 다음과 같이 규정하고 있다. 두 명의 후견인이 각각 다른 시간에 또는 동시에 혼인을 체결하고, 훗날 두 개의 혼인계약이 체결되었다는 사실이 밝혀진 경우, ① 어느 한 후견인의 혼인에 근거해 첫날밤을 지냈을 때 체결의 선후를 불문하고 이 혼인이 유효로 인정되고 다른 혼인은 무효가 된다. ② 두 혼인 모두 첫날밤을 지내지 않았을 때에는 ㈎ 먼저 체결된 혼인을 유효로 하고, ㈏ 어떤 혼인이 먼저 체결되었는지 불분명한 경우 두 혼인 모두 무효가 된다.[41]

말리키 학파와 샤피이 학파, 한발리 학파는 복수의 후견인이 존재할 경우 그중 한 사람이 단일 후견인이 되는 것이 바람직하다고 본다. 후견인 중에서 가장 덕이 있는 후견인 또는 가장 연장자가 단독으로 후견인이 된다고 본다.[42]

가. 쌍방의 후견인

한 사람이 남녀 양쪽의 후견인으로서 혼인을 체결할 수 있는가에 대하여 하나피 학파, 말리키 학파, 한발리 학파는 한 사람이 동시에 신랑과 신부의 후견인으로서 혼인을 체결할 수 있다고 본다.[43] 샤피

39_ Shams al-Dīn al-Sarakhsīy(1989), *al-Mabsūṭ*, Vol.4, (Beirut: Dār al-Ma'rifah), p.218.

40_ al-Shāfi'īy, Vol.5, p.16.

41_ 'Abū 'Abd Allāh Muḥammad bn 'Abd Allāh bn Rāshid al-Bakriȳ al-Qafṣīy(1927), *Lubāb al-Lubāb*(Tunis: al-Maṭba'ah al-Tūnisīyah), pp.87-88.

42_ al-Qafṣīy, p.87.

43_ 'Abū 'Abd Allāh Muḥammad bn al-Ḥasan al-Shaybānīy(1986), *al-Jāmi' al-Ṣaghīr*(Beirut: 'Ālam al-Kutub), pp.170-171.

이 학파에서는 쌍방의 후견인이 유효라고 하는 주장과 무효라고 하는 주장이 대립하고 있다.[44]

나. 본인의 계약

하나피 학파는 후견인이 피후견인의 위임을 받아 자기 자신과 피후견인과의 사이에 혼인을 체결할 수 있다고 본다.[45] 말리키 학파는 후견인이 피후견인의 허락을 받아 자기 자신과 피후견인 간의 혼인을 체결할 수 있다고 본다.[46] 샤피이 학파는 피후견인으로부터 허락의 유무에 상관없이 이를 무효로 하고, 다른 후견인이 없다면 판사가 여성의 후견인이 되어 혼인계약의 일방 당사자가 되지 않으면 안 된다고 본다.[47] 한발리 학파는 후견인이 피후견인 여성과 혼인하려 하는 경우 후견인은 후견권의 행사를 다른 사람에게 위임하고 피후견인으로부터 혼인체결의 허락을 받은 다른 후견인과 혼인을 체결해야 한다고 본다.

다. 후견인의 부재 시

상위 후견인이 부재한 경우 하위의 후견인이나 판사, 통치자가 후견인을 대신하여 혼인계약을 체결할 수 있으며 이때 다음과 같은 조건이 필요하다.

㈀ 하나피 학파는 촌수가 가까운 후견인이 먼 곳에 있는 경우 가까이에 사는 촌수가 먼 후견인이 혼인계약을 체결할 수 있다고 본다. 즉, 차순위의 후견인이 혼인계약을 체결할 수 있다고

44_ al-Nawawīy, Vol.7, p.71.

45_ Ibn al-Humām, Kamāl al-Dīn Muḥammad bn ‘Abd al-Wāḥid al-Sīwāsīy al-'Iskandarīy(1900), *Sharḥ Fatḥ al-Qadīr*, Vol.2(Būlāq: al-Maṭba‘ah al-Kubrā al-'Amīrīyah), p.427.

46_ ‘Abd al-Sallām bn Sa‘īd Saḥnūn al-Tanūkhīy(1905), *al-Mudawwanah al-Kubrā*, Vol.2(Beirut: Dār Ṣādir), p.172.

47_ 'Abū 'Isḥāq 'Ibrāhīm bn ‘Alīy bn Yūsuf al-Fīrūzābādīy al-Shīrāzīy(1992), *al-Muhadhdhab fī Fiqh al-'Imām al-Shāfi‘īy*, Vol.2(Beirut: Dār al-Kutub al-‘Ilmīyah), p.38.

보는 것이다.[48]

(ㄴ) 말리키 학파는 아버지가 딸의 거주지에서 왕복 열흘 정도 떨어진 거리 내에 있는 경우 다른 사람이 아버지를 대신하여 딸의 혼인을 체결할 수 없고, 다른 후견인에 의하여 체결된 혼인은 취소된다고 본다. 단 아버지가 해외에 있어 부재하거나 딸에 대해 부양의무를 다하지 않는 경우 술탄이 대신 혼인계약을 체결할 수 있다고 본다. 일부 다른 학자들은 아버지가 부양의무를 다하지 않을 경우 딸을 유기한 것으로 보아 아버지의 후견권이 소멸했다고 간주하고, 아버지가 사망한 경우에 준하여 하위의 후견인에게 혼인체결권을 준다. 또한 말리키 학파는 아버지가 전쟁 포로가 되거나 소식이 끊긴 경우, 비록 딸이 아버지가 남긴 재산 중에서 생활비를 받을 수 있다고 하더라도 술탄이 이 여성의 혼인을 체결할 권한을 가진다고 본다.[49]

(ㄷ) 샤피이 학파는 후견인의 소식이 끊기거나 먼 곳에 있어 부재한 경우에는 후견인을 대신하여 술탄이 혼인계약 시 후견인 역할을 한다고 본다. 먼 곳은 구체적으로는 이틀 여정 또는 약 96km 떨어진 곳으로 본다.[50]

(ㄹ) 한발리 학파는 후견인의 소식이 끊기거나 먼 곳에 있어 부재인 경우에 차순위의 후견인이 혼인계약을 체결할 수 있다고 본다.

◈ 후견인의 동의 없는 여성의 혼인에 대하여 하나피 학파는 같은 학파 간에도 입장 차이를 보인다. 일부는 유효한 혼인 성립에 후견인의 허락을 기본 요건으로 보고, 다른 학파는 혼인의 기본 요건으로 보지 않

48_ al-Marghīnānīy, Vol.1, p.200.

49_ Ibn Rushd al-Jadd, Vol.4, pp.328-329.

50_ 'Abū Ḥāmid al-Ghazālīy(1979), *al-Wajīz fī Fiqh Madhhab al-'Imām al-Shāfi'īy*, Vol.1(Beirut: Dār al-Ma'rifah li-l-Ṭibā'ah wa-l-Nashr), p.59.

고 여성이 후견인의 허락 없이 혼인할 수 있도록 허용한다. 그러나 대부분의 법학자들은 여성이 후견인의 동의를 얻는 것이 의무라고 판단한다.

질 문 청년이 후견인 없이 혼인이 가능합니까? 여성도 처녀, 이혼녀, 과부를 불문하고 후견인 없이 혼인이 가능합니까? 이에 대한 조건이 있습니까?

파트와 남자가 정신적으로 성숙하다면 후견인 없이 혼인이 가능합니다. 누구도 그 혼인을 반대할 수 없습니다. 그러나 그에게 조언은 해 줄 수 있습니다. 하나피 학파는 위와 같은 상황에서 여성 또한 후견인 없이 혼인할 수 있다고 봅니다. 하지만 일반적으로 이슬람 법학자들은 후견인이나 판사의 동의 없는 성인 여성의 혼인은 허용되지 않는다고 판단합니다. 이상이 합의가 이루어진 의견입니다.

* 출처: http://www.islam.gov.kw/eftaa/fatwaa.php(쿠웨이트, 2012.2.18)

◈ 하나피 학파에 따르면 이성을 갖추고 성년인 여성은 후견인의 동의 없이 혼인하는 것이 허용된다.

질 문 부모가 없는 23세 여자입니다. 그녀는 숙부나 외숙부가 계십니다. 그녀가 혼인하기를 원합니다. 이때 친척들에게 알리지 않고 혼인할 수 있습니까? 그녀의 혼인에서 친척들의 동의 여부가 샤리아 상으로 중요합니까?

파트와 이슬람 법학자들은 여성의 숙부 혹은 판사의 동의 없이 여성이 혼인하는 것을 허용하지 않습니다. 하지만 하나피 학파는 여성이 이성이 있는 성인이고 남성이 그녀와 잘 어울린다면 숙부나 판사의 동의가 없어도 혼인을 허용합니다.

* 출처: http://www.islam.gov.kw/eftaa/fatwaa.php(쿠웨이트, 2012.2.18)

◈ 여성의 후견인이 없을 경우 해당 지역 판사가 후견인을 대신한다.

질 문 사우디아라비아 담맘 시에 있는 소말리아 여성이 같은 국적의 남성과 혼인하고자 합니다. 이 도시에 그녀의 후견인은 없는 상황입니다.

파트와 위 여성에게 후견인이 없거나 후견인이 올 수 없는 상황이라면 현재 거주 중인 곳의 판사가 그녀의 혼인계약을 체결한다는 것이 저희의 답변입니다. 이 경우에 담맘 시의 판사에게 후견권이 넘어가며 그 판사가 법적인 측면에서 필요한 절차들을 진행합니다.

* 출처: ʿAbd al-Wahhāb, p.232.

◈ 외삼촌은 후견인이 될 수 없다. 후견인은 여성의 아버지, 할아버지, 남자 형제, 삼촌의 순서이고, 친형제가 이복형제에 우선하며 이복형제와 동복형제가 삼촌보다 우선한다. 여성에게 아들이 있는 경우 아들이 아버지에 우선한다. 이는 하나피 학파에 따른 판단이다.

질 문 혼인계약에서 외삼촌이 후견인이었던 여성이 있습니다. 이 계약이 유효한지요?

파트와 이 계약은 후견인이 없었기에 무효입니다. 후견인은 혼인계약의 기본 요건 중 하나입니다. 외삼촌은 혼인에서 후견인이 될 수 없습니다. 후견인이 없는 혼인은 무효입니다, 이것이 대부분 학자의 의견이며 그 근거로 아부 무사 알아슈아리(ʾAbū Mūsā al-ʾAshʿarīy)[51]가 전승한 사도 무함마드의 말씀을 들고 있습니다. "후견인 없이 혼인할 수 없다"라고 이븐 알마디니(Ibn al-Madīniy)[52]가 기록하였습니다. 아이샤가 이렇게 전합니다. 사도가 "후견인의 허락 없이 혼인한 여성의 혼인은 무효, 무효, 무효이다. 초야를 보냈다면 마흐르를 받을 것이며, 다툼이 있을 시에는 술탄이 후견인 없는 이의 후견인이 된다"라고 말했습니다. 이는 아흐마드 븐 한발이 전승하여 아부 다우드와 알티르미디가 기록하였습니다.

거짓된 주장이어도 여성의 말을 들어주는 것은 괜찮습니다. 두 사람 모

51_ 아부 무사 알아슈아리: 602년~660년(헤지라 이전 21년~헤지라 44년). 전체 이름은 압둘라 븐 까이스 븐 살림 알아슈아리이다 예멘 출신으로 이슬람 태동 이후 메카로 이주하여 이슬람에 입교했다. 그는 교우들 중 가장 코란 암송을 잘 하는 사람이었으며 355개의 하디스를 전승하였다.

52_ 이븐 알마디니: 777년~849년(헤지라 161년~234년). 전체 이름은 알리 븐 압둘라 븐 자으파르 븐 나지흐 븐 바크르 븐 사으드이며 이라크 바쓰라에서 태어났다. 연설가이자 역사기록가이다. 대표 저서로 *al-ʾAsāmī wa-l-Kunā, al-Ṭabaqāt, Qabāʾil al-ʿArab, al-Tārīkh, Ikhtilāf al-Ḥadīth* 등이 있다.

두가 혼인을 지속하길 원할 때에는 계약을 다시 체결하게 되며 잇다 기간은 필요하지 않습니다. 왜냐하면 동일한 사람이기 때문입니다. 그렇지 않을 경우에는 반드시 이혼해야 합니다. 효력을 잃은 혼인은 이혼만이 답입니다. 후견을 맡은 통치자가 혼인 파기를 거부할 경우는 예외입니다.

* 출처: ʻAbd al-Wahhāb, p.232.

◈ 혼인은 부모의 동의 하에 하는 것이 권장된다.

질 문 안녕하세요. 저는 29살 청년으로 아들이 하나 있는 31세 이혼녀와 혼인하고자 합니다. 그녀는 시아파이지만 시아를 따르지 않습니다. 그녀의 아버지는 순니고 어머니가 시아이기 때문입니다. 문제는 제 부모님이 그녀와의 혼인에 반대하신다는 것입니다. 저의 부모님은 그녀와 그녀 가족을 30년 정도 알고 지내셔서 그녀가 얼마나 예의 바르고 도덕적인지 알고 계십니다. 그런데도 반대하시는 이유는 첫째, 그녀가 저보다 나이가 많다는 것, 둘째, 이혼녀라는 것, 셋째, 아들이 있다는 것(그 아들을 양육하지는 않습니다), 넷째, 시아파 계보를 따른다는 것(저의 아버지는 시아와 순니의 차이를 잘 모르십니다) 등입니다. 저는 제 부모님들을 모든 방법을 동원하여 설득해 보았지만 결국 실패하였습니다. 저는 지금 가족의 동의 없이 그녀와 혼인하려 합니다. 이 경우 제 혼인에 대한 판단은 무엇입니까? 유효합니까? 무효입니까? 저에게 죄가 있습니까?

파트와 부모님께 순종할 것을 충고합니다. 그리고 그녀가 종교적이고 도덕적이라면 부모님을 설득하기를 충고합니다. 그렇지 않으면 다른 여성을 찾아야 합니다.

* 출처: http://www.islam.gov.kw/eftaa/fatwaa.php(쿠웨이트, 2012.4.11)

◈ 일반적으로 이슬람 법학자들은 후견인의 허락 없이 이루어진 여성의 혼인계약을 합법으로 인정하지 않는다. 일부 하나피 학파는 여성이 후견인의 허락 없이 혼인할 수 있도록 허용하였으나 딸이 무능력한 남성과 혼인했을 경우 후견인이 혼인을 파기할 수 있도록 하였다.

질 문 한 여성이 후견인의 허락 없이 혼인했습니다. 이에 대한 판단은 무엇입니까?

파트와 혼인계약이 유효하기 위해서는 여성의 후견인이 혼인을 허락해야 합니다. 많은 이슬람 법학자들이 이와 같이 주장을 하며, "후견인의 허락 없이는 혼인계약이 유효하지 않으므로 이렇게 이루어진 혼인은 무효이다"라고 말합니다. 또 이슬람 법학자들은 혼인시키거나 반대하거나 방해하는 것을 남성이 해야 할 일로 명시한 코란과 하디스의 내용을 주장의 근거로 삼았습니다. 반면 아부 하니파는 이러한 혼인이 유효하다고 인정하였지만 딸이 무능력한 남성과 혼인했을 경우 후견인이 혼인을 파기할 수 있는 권리를 갖도록 하였습니다.

그리고 부부의 자격을 보면 관습혼은 무효입니다. 만일 아부 하니파가 살아 있었다면 다른 개인의 신상, 양심의 파괴, 간음의 확산 등을 이유로 들며 이 혼인을 인정하지 않았을 것입니다.

이혼한 경험이 있는 여성이 원하는 혼인을 후견인이 막는 특수한 상황에 하나피 학파의 의견에 따라 파트와가 내려졌습니다. 이 경우 후견인들은 그들의 사회적 지위나 그릇된 관습으로 인해 이혼녀의 재혼을 막고 있습니다. 예를 들어 자신의 어머니가 손주를 보아 할머니가 되었다는 이유로 어머니의 재혼을 막는 자식들이 있는데, 이 경우 판사나 판사의 위임을 받은 이들이 어머니가 재혼할 수 있도록 해야 합니다. 그러나 요즘에는 이러한 일들이 없어졌습니다. 잘못된 일입니다.

* 출처: Muṣṭafā Murād, p.87.

◈ 가장 가까운 후견인은 혼인에서 무능한 상대를 거부할 수 있다.

질 문 요르단에서 보내온 질문입니다. 하나피 학파에서 친오빠가 20세인 자신의 친여동생의 무능한 약혼자를 거부할 수 있습니까? 아버지와 나머지 형제들은 이 혼인에 찬성합니다.

파트와 남성의 무능함을 이유로 오빠가 여동생의 혼인에 반대할 권리가 없습니다. 위의 경우 아버지가 허락하셨기 때문입니다. 아버지는 이러한 권리에 있어 샤리아 상으로 남자형제보다 우선 순위에 있습니다. 또한 남자형제보다 높은 순위에 있는 후견인들은 잘 알려져 있습니다.

* 출처: Fatāwā Shar'īyah, p.308.

◈ 부재자의 결혼계약

질 문 한 여성이 해외에서 사업차 머무르는 남성과 결혼을 하고자 합니다. 그 남성은 업무가 바빠서 혼인계약을 하러 올 수 없는 상황입니다. 대리인을 통해서 혼인계약을 채결해도 되나요?

파트와 한 남성이 어떤 여성과 결혼하고자 하는데 타국에 머무르고 있어 혼인계약에 참석할 수 없다면 이성이 있는 무슬림 남성을 대리인으로 임명하여 이 여성과의 혼인계약을 체결할 수 있다.

여성의 후견인이 부재중일 경우 대리인을 임명하여 여성을 결혼시킬 수 있다.

* 출처: Muḥammad Bakr 'Ismā'īl(1997), al-Fiqh al-Wāḍiḥ min al-Kitāb wa-l-Sunnah 'alā al-Madhāhib al-'Arba'ah(Cairo: Dār al-Manār), p.29.

◈ 이집트에서 마으둔(Ma'dhūn)[53]이 아닌 일반위임을 통한 혼인계약은 무효이다.

질 문 한 여성이 해외에서 일하는 남성과 약혼하였습니다. 그 남성이 여성과 결혼하기를 원해 당시 여성의 친척 중 한 사람을 대리인으로 임명한 후 그의 명의로 혼인계약을 체결하길 원했습니다. 이 남성은 이 친척에게 혼인 체결 시 대리인이 되어 달라고 이 친척의 이름으로 공증받은 일반위임장을 보냈습니다. 여성이 외삼촌을 혼인계약 대리인으로 임명한 후 계약이 성립되었습니다. 마으둔이 혼인계약을 등록하러 갔을 때 법원은 등록을 거부하였습니다. 이 계약이 일반 위임에 의해 이루어졌으며, 혼인계약이 성립하기에 부적합했기 때문이었습니다.

마으둔은 용도를 혼인계약으로 명시한 특정위임장을 보내거나 계약 당사자 본인이 직접 체결할 것을 요구했습니다. 그러나 그 남성은 시간이 없으니 나중에 귀국해 직접 체결하겠다고 핑계를 대면서 특정위임장 제출을 거부하였습니다. 그 남성은 휴가 때 귀국하고서도 마으둔에게 가지 않았습니다. 결혼 살림살이가 갖추어진 상황에서 그는 혼인계약 체결을 미루면서도 남편으로서의 권리를 주장하기에 이르렀습니다. 여성이 그

53_ 마으둔은 혼인계약 주재관이다.

남성에게 선의의 차원에서 놓아 달라고 요청하자 그는 그녀를 일시적으로 놓아주겠다고 말하고서는 떠났습니다.

파트와 이 혼인계약은 무효입니다. 왜냐하면 원래부터 혼인계약 대리인이 없었으며 금융 거래에 사용하는 일반위임장에 의거했기 때문입니다. 판결에 따르면 샤리아 상으로 위임은 네 가지 기본 요건으로 구성됩니다. 위임인, 수임인(대리인), 위임 사항, 형식 등입니다. 혼인의 대리는 반드시 '혼인계약'이라는 위임 목적이 언급되어야 합니다. 그러므로 위 혼인계약은 유효하지 않으며 이로 인해 혼인에 영향을 미치는 그 어떤 것도 발생하지 않습니다. 위 남성의 주장과 달리 여성은 그의 아내가 아닙니다. 이 남성은 여성에 대해 아무런 권리도 없습니다.

* 출처: http://www.dar-alifta.org/ViewFatwa.aspx?ID=408&LangID=1&MuftiType=(이집트, 2012.1.2)

(4) 증 인

이슬람 법학자들은 학파에 따라 증인에 대해 다른 견해를 갖고 있다. 증인을 세우는 일은 유효한 혼인의 기본 요건이고 증인 없이는 혼인계약이 성립하지 않는다. 일반적으로는 "너희 중에 공정한 자 둘을 증인으로 세워…"〈코란 딸라끄(65)장 2절〉라는 알라의 말씀을 따른다. 또한 사도 무함마드는 "매춘부는 증인 없이 혼인한 사람들이다",[54] "후견인과 공정한 두 명의 남자 증인 없이 혼인은 성립되지 않는다"[55]라고 말했다.

우마르 븐 알캇땁이 아부 알주바이르 알막키'Abū al-Zubayr al-Makkīy가 남자 한 명과 여자 한 명만을 증인으로 세우고 혼인했다는 말을 들었다. 이에 우마르는 "이것은 비밀 혼인이며 나는 인정하지 않는다. 만일 내가 그 자리에 있었더라면 투석형을 내렸을 것이다"라고

54_ 알티르미디가 이븐 압바스를 전승.

55_ 알다르꾸뜨니(al-Dārquṭnīy)(헤지라 306 출생~385년 사망, 바그다드 출신의 코란 낭송가)가 아이샤를 전승.

말했다.(말리크 븐 아나스의 저서 『알무왓따』al-Muwaṭṭa'에 기록.)

증인이 갖추어야 할 조건에 관하여 모든 법학파가 '증인은 성년에 달하고 이성을 갖추어야 한다'는 데 의견이 일치한다. 각 법학파가 요구하는 조건을 갖춘 증인의 입회하에 맺어진 혼인은 공개된 혼인으로 간주된다. 이 같은 조건이 결여된 혼인은 비밀 혼인이며 위법으로 간주된다.

증인의 수효에 관하여 하나피 학파와 소수의 한발리 학파는 혼인이 유효하게 성립하려면 매매 등 재산 관련 계약과 마찬가지로 남성 증인 두 명 또는 남성 증인 한 명과 여성 증인 두 명이 필요하다고 본다. 말리키 학파, 샤피이 학파와 대부분의 한발리 학파는 핫드Ḥadd 형[56]이 부과되는 범죄나 이혼에 대해 여성은 증언할 자격이 없으므로 남성 두 명의 증언이 필요하다고 본다.[57]

혼인계약의 증인은 다음과 같이 자격을 갖추어야 한다.[58]

1) 이성: 미쳤거나, 술에 취했거나, 무의식 상태이거나, 수면 등으로 사리를 판단하지 못하는 사람의 증언은 받아들이지 않는다.
2) 성년: 성인이 된 사람이어야 한다. 미성년자의 증언은 받아들이지 않는다.
3) 말하는 능력: 언어장애인의 경우 신호가 이해되더라도 그의 증언은 인정되지 않는다. 단, 그가 글로 작성한 증언은 증언으로 받아들인다.
4) 암기 능력: 증언하려면 암기력이 필요하다. 증언 내용을 누락하거나 틀리거나 상당 부분이 누락된 증언은 받아들이지 않는

56_ 코란에 정해진 형량.

57_ 'Alā' al-Dīn Muḥammad bn 'Aḥmad al-Samarqandīy(1964), *Tuḥfah al-Fuqahā'*, Vol.2(Damascus: Dār al-Fikr), p.185.

58_ Muḥammad Rawās Qal'ah Jī, pp.1179-1180.

다.

5) 시력: 시각장애인의 증언은 받아들이지 않는다. 왜냐하면 시각장애인은 음성에 의존하여 증언해야 하는데 때때로 사람들의 음성이 유사하여 발화자를 잘못 인지할 수 있기 때문이다.

6) 무슬림: 불신자가 무슬림에 대해 증언하는 것은 허용되지 않는다. 유언이나 동반 여행 또한 허용되지 않는다. 사도가 말했다. "계전의 백성의 말을 믿지도 말고 불신하지도 말라. 다만 '우리는 알라와 알라에 의해 계시된 모든 것을 믿는다'라고 말하라."

불신자가 불신자에 대해 증언하는 것은 가능하다. 단 하르비 Ḥarbīy[59]가 딤미Dhimmīy[60]에 대해 증언하는 것은 안 된다. 하르비가 딤미에 대해 증언하는 것은 불신자인 딤미가 무슬림을 증언하는 것과 마찬가지이다.

불신자가 무슬림을 증언했다면 그것은 불신자의 증언이므로 받아들이지 않는다. 불신자가 이슬람에 귀의했고 연후에 무슬림이 되어 동일하게 증언한다면 그 증언은 받아들인다. 무슬림이 되어 증언한 후 배교한다면 죽음에 처해지기 때문에, 불신자가 단지 자신의 증언을 인정받기 위한 목적으로 무슬림이 될 가능성은 없다고 본다.

7) 정직하지 않으면 증언으로 받아들이지 않는다.

8) 증언으로 인해 이익을 취하지 말아야 하며 증인 자신에게 피해가 없어야 한다.

9) 증인은 증언 대상에 대한 증오심이 없어야 한다.

59_ 무슬림에 적대적인 사람들.

60_ 무슬림 국가에 거주하는 비 무슬림.

◈ **증인 한 명이 참석한 혼인은 무효이다.**[61]

질 문 본 질문은 2008년 17호[62] 소송에서 관습혼[63] 계약의 유효 여부에 대한 것입니다. 원고(여)와 피고(남)는 2007년 8월 11일 관습혼으로 결혼하였습니다. 여성의 후견인은 이 사실을 몰랐으며, 증인은 한 사람만 참석하여 증언하였습니다.

파트와 파트와와 실정법에 따르면 두 명의 증인이 혼인의 청약과 승낙을 듣는 것이 혼인계약의 기본 요소입니다. 상황을 보면 위 질문에 나타난 관습혼은 혼인의 기본 요소 중 하나가 결여되어 있으므로 무효입니다. 혼인계약을 하고 나서 헤어진다면 피고 남성은 원고 여성에게 마흐르를 지불해야만 이혼이 가능합니다. 피고가 원고와 잠자리를 갖고 그 결과 아이를 낳았거나, 원고가 임신하였고 피고가 자신의 혈육이라고 선언하더라도 피고는 문제 없이 헤어질 수 있습니다. 이는 사통(私通)에 해당하므로 두 사람은 즉각 헤어져야만 합니다.

* 출처: http://www.dar-alifta.org/ViewFatwa.aspx?ID=105&LangID=1&MuftiType=2(이집트, 2012.1.2)

◈ **대부분의 이슬람 법학파들은 증인 참석이 혼인의 기본 요건이고 혼인 공개는 순나라고 주장한다. 반면 한발리 학파는 두 조건이 모두 충족되어야 유효한 혼인이라고 본다. 부부가 나쁜 생각에 빠지는 것을 막기 위해 혼인을 공개해야 한다. 혼인 공개를 하려면 적어도 두 명의 남성 증인이 필요하다. 예언자는 "이 혼인을 공개하고 모스크로 가라. 그리고 두프(Duff)[64]를 쳐 널리 알려라"라고 말했다.(알티르미디 전승) 또한 예언자는 "혼인 공개가 (혼인이) 할랄인지 하람인지를 구별해 준다"고 말했다. (알티르미디 전승)**

질 문 혼인의 공개 및 증인 참석이 있어야 혼인이 인정됩니까?

파트와 유효한 혼인이 되기 위해서는 공개 및 증인 참석이 중요합니다. 그러나 이 두 조건이 충족되지 않고도 혼인이 인정되는지 여부에 대해서

61_ Muḥammad Rawās Qal'ah Jī, p.1031.

62_ 공식 이프타 기관에 질문할 경우 질문에 부여된 번호.

63_ 사실혼.

64_ 템버린 형태의 손북, 타악기의 한 종류.

는 이슬람 법학자들의 의견이 엇갈립니다. 대부분의 법학자들은 증인 참석이 혼인의 기본 요건이고 공개는 순나에 언급된 것이라고 보는 반면 한발리 학파는 두 가지 조건이 모두 충족되어야 한다고 주장합니다. 그러나 아흐마드 븐 한발은 둘 중 하나만 충족해도 괜찮다고 말하기도 합니다. 말리키 학파는 혼인 공개가 혼인을 성립하게 하는 필수 조건인 반면 증인을 세우는 것은 권장되는 일이라고 주장합니다. 이 두 조건이 충족되지 않아도 된다는 비정상적인 주장이 있기도 하지만 바람직하기로는 두 조건을 모두 충족하는 것입니다. 특히 현대에 더 그러합니다. 하지만 두 가지를 다 충족시킬 수 없다면 하나만이라도 충족시키기 바랍니다. 두 조건을 충족시킴으로써 혼인과 간음이 구별되기 때문입니다. 혼인 공개나 증인이 없다면 본래의 혼인 의도가 무의미해집니다. 그러니 적은 수의 사람들에게라도 혼인 사실을 공개하시기 바랍니다.

* 출처: Muṣṭafā Murād, p.94.

◈ 혼인을 공개적으로 알리기 위하여 북을 치거나 소리를 질러 축하한다.

질 문 어떻게 혼인 사실을 알려야 합니까?

파트와 혼인 공표는 이웃 주민들에게 자신의 혼인 사실을 알리는 것입니다. 혼인 공표는 권장사항이며 일부 이슬람 법학자들은 이것을 의무로 보기도 합니다. 혼인을 공표하기 위해 남성은 남성들끼리, 여성은 여성들끼리 노래하고 북을 칩니다. 예언자께서 "북을 치고 큰 소리를 내는 것이 할랄과 하람을 구분해 준다"고 말했습니다. 아이샤가 한 여성을 안사르 출신의 남성에게 혼인시키려 데려갈 때 사도가 아이샤에게 말했습니다. "아이샤, 너희가 여흥을 즐긴다면 안사르들도 좋아할 것이다."

* 출처: Muṣṭafā Murād, p.94.

◈ 이슬람 법학자들은 비밀 혼인을 유효하다고 보지 않는다. 혼인이 유효하려면 혼인의 기본 요건이 충족되어야 한다. 즉 후견인이 있고 두 명의 공정한 증인이 있어야 한다. 증인들과 후견인의 참석이 바로 혼인을 알리는 것이다.

질 문 제 형이 한 여성과 비밀리에 혼인하고 주변에 알리지 않았습니다. 여성의 아버지와 형제들만 이 혼인에 대해 알고 있습니다. 그들은 비밀 결혼에 합의했습니다. 제 형이 결혼을 알리고 싶어하지 않는 이유는 아내와의 사회적 신분 격차가 상당하기 때문입니다. 이 혼인은 허용된 것입니까, 아니면 금지된 것입니까? 답변을 부탁 드립니다.

파트와 혼인계약의 기본 요건이 충족되었을 경우, 즉 후견인이 참석하고 두 명의 공정한 증인이 있으며 두 배우자의 상호 동의가 이루어진 상황이라면 혼인은 유효합니다. 샤리아 상 제약 또한 없습니다. 혼인을 여기저기에 알리지 않았다 해도 유효합니다. 왜냐하면 증인들과 후견인의 참석이 곧 혼인을 알리는 것이기 때문입니다. 이것이 혼인 공개의 최소 조건입니다. 혼인이 위에 언급된 기본 요건들을 모두 충족하였다면 유효합니다. 혼인은 널리 알리면 알릴수록 좋습니다.

* 출처: ʻAbd al-Wahhāb, p.289.

(5) 마흐르(Mahr)[65]

마흐르는 혼인계약 시 남편이 아내에게 지불해야 하는 금전이다. 아내는 마흐르를 받을 권리가 있다. 아내는 혼인계약에 명시된 마흐르를 받는다. 혼인계약에 마흐르가 명시되어 있지 않을 경우 자신과 동등한 조건에 있는 사람이 받는 마흐르에 상당하는 마흐르를 받는다. 마흐르를 신부에게 주는 근거로 다음 코란 구절이 있다.

"'혼인할 여자에게 마흐르를 주라'고 말씀하셨다."〈코란 니싸아(4)장 4절〉

"또한 너희 오른손이 소유한[포로로 잡아 소유하게 된] 자를 제외하고 이미 혼인한 여성과의 혼인도 금지되어 있느니라. (이와 같이 금할 것을) 알라께서 너희에게 명령하셨느니라. 그 밖의 여성과의 혼인은 너희가 너희 재산으로 간음을 범하지 않고 순결하기를 바라며[혼인하려는 자로서] 여성을 원(하여 그녀들에게 마흐르를 지불)한다면 너희에

65_ 아내를 얻는 대가로 남편이 아내에게 지불하는 대금으로 혼인대금, 신부값, 혼납금 등으로 불린다.

게 적법하니라. 그러니 너희가 (혼인하여) 그녀들에게서 (쾌락을) 즐겼던 것에 대하여 그녀들에게 그녀들의 값(마흐르)을 (알라께서 정하신)의무로서 지불하라. 그러나 그 의무가 행해진 후에 너희가 (그녀들과 그것을 바꾸기로) 상호 합의한다면 너희에게는 죄가 없으니라. 실로 알라께서 전지하시며 지혜로우시니라."〈코란 니싸아(4)장 24절〉

마흐르가 혼인계약에서 차지하는 비중이 매우 크다. 마흐르의 법적 성격과 상·하한은 다음과 같다.

1) 마흐르의 정의

이슬람 이전에는 아내를 얻는 대가로 남편이 아내의 후견인(아버지나 형제)에게 지불하는 마흐르(Mahr, 원 뜻은 '대금')와 아내에게 주는 사다끄(Ṣadāq, 원 뜻은 '우의, 증여')로 구분되어 있었으나, 이슬람 법에서는 마흐르와 사다끄가 완전히 동의어로 간주되며 남편이 아내에게 마흐르를 지불해야 한다고 명시되어 있다.[66] 혼인계약은 남편이 마흐르를 아내에게 지불하는 대신 아내가 남편에게 복종해야 하는 대가관계對價關係가 성립되는 유상 계약이다. 따라서 전형적인 유상 계약인 매매계약의 규정이 마흐르에 관한 법률관계에도 준용된다. 예를 들어 마흐르에 지불 기한이 정해지지 않은 경우에는 매매계약에서 매도인의 목적물 인도 기한을 정하지 않은 경우와 마찬가지로 아내에게 동시 이행의 항변권이 인정되고 마흐르가 지불될 때까지 남편의 첫날밤 요구에 응할 의무를 지지 않는다.

말리키 학파는 마흐르를 약정하는 것이 혼인의 유효 조건이라고 주장하며, 말리키 학파를 제외한 3대 법학파는 매매계약에서의 대금과 달리 마흐르를 약정하는 것이 혼인계약이 유효하게 성립하기 위한 조건은 아니라고 말한다.

66_ William Robertson Smith(1907), *Kinship and Marriage in Early Arabia*, revised ed.(Cambridge: Cambridge University Press), pp.93-94.

2) 마흐르의 약정

마흐르 결정은 혼인 당사자 간의 합의에 의하는 경우와 자동적으로 약정되는 경우가 있다. 혼인계약 중에 마흐르에 관한 약정을 하지 않은 상태에서 첫날밤을 보냈거나, 첫날밤을 보내지 않은 상태에서 남편에 의한 일방적 이혼으로 혼인이 해소된 경우에는 마흐르가 자동적으로 결정된다. 또한 마흐르가 약정되었으나 혼인계약 자체가 무효일 때, 무효 판결이 내려지기 전 첫날밤을 보낸 경우 일부 법학파에서는 남편이 아내에게 약정된 마흐르가 아닌 일정 금액의 마흐르를 지불할 의무가 있다고 주장한다.

3) 마흐르의 상한선과 하한선

마흐르 액수의 상한선은 이슬람 법상에 명시되어 있지 않다는 데 대부분 법학파들의 의견이 일치한다. 그러나 마흐르의 하한선에 관해서 하나피 학파는 "마흐르 액수는 은 10디르함 또는 금 1디나르 이상이어야 한다"고 주장한다.[67] 대부분의 말리키 학파는 "마흐르 액수가 금 1/4디나르 또는 은 3디르함 이상이어야 한다"고 본다.[68] 샤피이 학파와 한발리 학파는 마흐르 액수에 하한선이 없다고 본다.[69] 하나피 학파와 말리키 학파에 따르면 마흐르가 무상으로 약정되거나 하한선보다 적게 약정된 경우 마흐르의 액수는 자동적으로 하한선으로 약정된다.[70]

4) 마흐르 약정이 결여된 혼인(위탁혼)

위탁혼은 여성의 후견인과 남성은 혼인계약 자체를 체결하는 일

67_ al-Samarqandīy, Vol.2, p.188.
68_ Ibn 'Abd al-Barr, p.587.
69_ al-Shāfi'īy, Vol.5, p.159.
70_ al-Samarqandīy,Vol.2, pp.188-189.

만 하고 혼인 대금의 약정을 여성과 남성 간의 합의에 맡기는 계약으로, 여성이 신분 행위에 있어서는 제한된 능력자이지만 재산 행위에서는 완전한 능력을 지닐 수 있다고 하는 이슬람 법의 원칙에 충실한 제도이다.

5) 금전 이외의 마흐르

마흐르는 금전이 아니어도 된다. 물건, 가옥에 거주할 권리, 가축 사용권, 용익권도 마흐르로 유효하다. 하나피 학파는 마흐르로 충당될 수 있는 것은 유가물有價物로 한정된다고 한다.[71] 다른 법학파는 소유권, 매매나 임대차 물건도 마흐르로 충당될 수 있다고 본다.[72]

6) 유효한 마흐르로 약정할 수 없는 물건이 마흐르로 약정된 경우

하나피 학파, 샤피이 학파, 한발리 학파에 따르면 이슬람에서 금지된 술이나 돼지 등을 마흐르로 약정하여 혼인계약이 체결된 경우 계약 자체는 유효하다. 이 때 약정했던 마흐르에 상당하는 금액이 자동으로 정해진다.[73] 말리키 학파에 따르면 술이나 돼지 등 위법한 물건이 마흐르로 약정된 경우 첫날밤을 보내지 않았다면 혼인이 취소되며, 첫날밤을 보냈다면 혼인은 유효하되 아내는 약정했던 마흐르에 상당하는 금액을 청구할 수 있다.[74]

7) 딸이나 피후견인을 마흐르로 충당

시가르(al-Shighār, 맞교환) 혼인은 비非 유가물을 마흐르로 충당하는 특별한 형태의 혼인이다. 말리키 학파는 시가르 혼인을 금했다. 이

71_ al-Samarqandīy, Vol.2, p.189.

72_ 'Abū al-Walīd Muḥammad bn 'Aḥmad bn Rushd al-Ḥafīd(1985), *Bidāyah al-Mujtahid wa-Nihāyah al-Muqtaṣid*, Vol.2(Beirut: Dār al-Ma'rifah), p.21.

73_ al-Samarqandīy, Vol.2, p.190.

74_ Ibn Rushd al-Jadd, Vol.1, p.485.

에 대한 근거로 압둘라 븐 우마르'Abd Allāh bn 'Umar[75]가 전승한 하디스를 든다. 사도 무함마드가 "시가르 혼인이란 어떤 사람이 자기 딸을 혼인시킬 때 그 상대 또한 딸을 그 사람에게 혼인시키는 것을 조건으로 하여, 양자가 딸을 마흐르로 약정하여 마흐르 지불 의무를 면하는 것이다"라고 말했다.[76]

이슬람 이전에는 이처럼 딸이나 피후견인인 여성을 아버지나 후견인이 혼인시키려는 상대방과 맞교환하고 마흐르 지불을 면하는 것이 관행이었다고 한다. 말리키 학파는 여성의 몫인 마흐르가 약정되지 않는 것이 시가르 혼인이 금지되는 이유라고 본다.

그러나 하나피 학파는 시가르 혼인의 금지 이유를 유효한 마흐르가 약정되지 않았기 때문이라고 설명한다. 시가르 혼인은 각각의 혼인계약 체결자가 피후견인과 성행위를 할 권리를 마흐르로 충당해 혼인하는 것인데, 성행위를 할 권리는 재물이 아니므로 유효한 마흐르가 아니라는 것이다.[77] 샤피이 학파와 한발리 학파도 시가르 혼인은 금지된 혼인이라고 본다.

8) 마흐르 채무의 불이행

지불 능력이 있는 남편이 임의로 마흐르를 지불하지 않을 때 아내는 지불을 강제하기 위해 법원에 소송을 제기할 수 있지만 혼인 해소를 청구할 수는 없다.

가. 하나피 학파에 따르면 이유 여하를 막론하고 남편이 마흐르를 지불하지 않는 경우 아내는 성행위 요구에 불응하거나 남편을 따라 이동하는 등의 복종 의무 이행을 거부할 수 있다.

75_ 압둘라 븐 우마르: ?~1292년(?~헤지라 685년). 샤피이 학파 이맘이며 코란 주석가이자 아랍어 문법학자이다. 그의 저서로는 *'Anwār al-Tanzīl*과 *'Asrār al-Ta'wīl*이 있다.

76_ Mālik bn 'Anas(1983), *al-Muwaṭṭa'*, (Beirut: Dār al-'Āfāq al-Jadīdah), p.442.

77_ al-Kāsānīy, Vol.2, p.278.

그러나 마흐르의 미지불을 이유로 혼인을 해소할 수는 없다. 단, 남편이 아내에게 상응한 액수의 마흐르를 지불할 자금력이 부족한 경우 선의의 아내 또는 그 후견인이 대등성이 결여된 것을 이유로 혼인 해소를 청구할 수 있다.[78]

나. 말리키 학파에 따르면 마흐르의 지불 기한이 도래했음에도 불구하고 남편이 마흐르를 지불할 수 없는 경우 첫날밤을 보내지 않았다면 아내의 소송을 담당하는 판사는 적당한 지불 유예기간을 남편에게 주어야 한다. 판사의 재량에 따라 유예기간은 달라질 수 있다. 유예기간 동안 남편이 마흐르를 지불하지 않고 아내가 혼인 해소를 요구하면 판사는 혼인 해소를 선고하는 판결을 내려야 하고, 남편은 아내에게 약정 마흐르의 절반을 지불해야 한다고 본다. 일부 말리키 법학파는 이 경우 마흐르를 지불할 의무가 전혀 없다고 본다.[79]

다. 샤피이 학파는 남편이 마흐르를 지불할 정도의 자금력을 상실한 것이 첫날밤을 지내기 전인지 아니면 지낸 후인지를 구분한다. 첫날밤을 지내기 전이라면 아내가 혼인 취소 청구 소송을 제기할 수 있으며, 첫날밤을 지낸 후에는 아내에게 혼인 취소 청구를 인정하는 의견과 이를 인정하지 않는 의견이 대립하고 있다. 혼인 취소가 가능한 경우 판사는 자신의 재량으로 혼인취소 선고를 할 수도 있고 아내에게 혼인을 취소할 권한을 부여할 수도 있다.[80]

라. 한발리 학파에 따르면 아내는 남편이 마흐르를 지불할 수 없

78_ 'Abū Bakr 'Aḥmad bn 'Alīy al-Rāzī al-Jaṣṣāṣ(1994), *'Aḥkām al-Qur'ān*, Vol.2, 'Abd al-Sallām Muḥammad 'Alīy Shāhīn. ed.(Beirut: Dār al-Kutub al-'Ilmīyah), p.367.

79_ 'Alīy Jum'ah Muḥammad 'Abd al-Wahhāb(2011), *Fatāwā al-Nisā'*, Vol.2(Cairo: Dār al-Muqaṭṭam li-l-Nashr wa-l-Tawzī'), pp.785-786.

80_ al-Shīrāzīy, Vol.2, p.61.

다는 것을 사유로 혼인해소를 청구할 수 있다.[81]

◈ 혼인할 때 남편은 반드시 아내에게 마흐르를 주어야 한다. 마흐르는 유가물이 아닌 비 유가물로 충당할 수 있다. 코란 구절을 아내에게 들려주는 것으로도 마흐르 대체가 가능하다.

질 문 고액의 마흐르에 대한 판단을 알고 싶습니다.

파트와 순나에서는 마흐르 액수를 줄이는 것을 혐오스러운 일로 여깁니다. 마흐르는 남편이 아내에게 코란의 짧은 장을 외우게 한다든지, 예배나 혼인, 금식 등에 관련된 이슬람 법 및 판결을 알려 주는, 추상적이지만 의미 있는 행위로 대체할 수 있습니다.

사훌 븐 사으드(Sahl bn Sa'd)가 예언자의 말씀을 전승하였습니다. 어느 날 한 여성이 예언자에게 와서 자신을 예언자께 맡기고 싶다며 오랫동안 답을 기다리고 있었습니다. 그러자 한 남성이 와서 "예언자이시여, 만약 저 여성이 필요하지 않으시다면 제가 혼인하게 해 주십시오" 라고 말했습니다. 그러자 예언자가 "너는 저 여성에게 마흐르로 줄 만한 것을 가지고 있느냐"라고 물었고, 남성은 "제가 가진 것이라고는 이 허리에 감는 천밖에 없습니다"라고 말했습니다. 이에 예언자는 "네가 가지고 있는 천을 준다면 혼인시켜 주겠다. 그마저 없다면 다른 무엇인가를 찾아라"라고 말했습니다. 남자가 아무것도 찾지 못했다고 하자 예언자는 "쇠 반지라도 있는지 보아라"라고 말했습니다. 남자가 아무 것도 찾지 못했다고 답했습니다. 마지막으로 예언자는 "너는 코란을 가르칠 만큼 잘 외우고 있느냐"라고 물었습니다. 남자가 그렇다고 답하고 코란 구절들을 외웠습니다. 그러자 예언자는 "네가 코란 구절을 알고 있다면 내가 저 여성을 너와 혼인시켜 주리라"라고 말했습니다.[82]

* 출처: Muṣṭafā Murād, p.88.

81_ Majd al-Dīn 'Abī al-Barakāt bn Taymīyah(1980), *al-Muḥarrar fī Fiqh 'alā Madhhab al-'Imām 'Aḥmad bn Ḥanbal*, Vol.2(Beirut: Dār al-Kitāb al-'Arabīy), p.38.

82_ 사훌 븐 사으드: 642년~715년. 아부 후라이라('Abū Hurayrah), 이븐 쉬합 잘자흐리, 사이드 븐 알무사입 등 무함마드 교우의 하디스 전승을 기록하였다.

◈ 혼인계약 시 마흐르를 정하지 못하고 혼인했다면 혼인 후에 상응하는 마흐르(Mahr al-Mithl)[83]를 받을 수 있다. 마흐르를 주지 않겠다는 조건을 걸고 혼인한 경우에도 상응하는 마흐르를 주는 것이 의무이다.

질 문 한 남성이 여성과 혼인했지만 마흐르를 아직 정하지 못했습니다. 이 여성이 마흐르를 받을 수 있습니까?

파트와 마흐르는 액수가 정해졌는지 여부에 따라 약정된 마흐르와 그렇지 않은 마흐르로 나뉩니다. 또 지불되는 시기에 따라 선불 마흐르[84]와 후불 마흐르[85]로 나뉩니다. 그리고 아내가 마흐르를 받을 수 있는 자격 정도에 따라 마흐르 전액 또는 마흐르 일부, 또는 무트아(Mut'ah)[86]로 나뉘게 됩니다. 질문의 경우처럼 남성이 혼인했지만 아직 마흐르를 정하지 못한 경우 여성은 자신의 자격에 상당하는 마흐르를 받을 수 있습니다. 이러한 혼인을 위임 혼인이라고 부릅니다.

* 출처: Muṣṭafā Murād, p.102.

◈ 지불된 마흐르는 되돌려 받을 수 없고 마흐르와 무관한 선물을 주었다 하더라도 되돌려 받는 일은 혐오스러운 일이다.

질 문 저는 한 달 전에 두 번째 아내를 맞아 결혼했습니다. 저는 그녀에게 선불 마흐르를 지급했고 후불 마흐르를 약속하는 증서를 써 주었습니다. 그런데 그녀가 저에게 자기 앞으로 아파트 한 채를 약속하는 증서를 써 달라고 요구했습니다. 저는 동의하고 그녀에게 아파트를 주겠다고 썼습니다. 그런데 아직 그녀에게 소유권을 이전하지 않았습니다.

저는 이 증여 부분을 되돌리고 싶습니다. 저는 첫째 아내에게 아무것도 해 주지 않았습니다. 이 일로 인해 첫째 아내와 제 자식 다섯을 고통스럽게 했습니다. 저는 이 증여분을 되돌릴 권리가 있습니까?

83_ 가문, 미모, 종교, 성격, 교육, 재산 등을 고려한 상응한 조건의 여성이 받은 마흐르.
84_ 선불 마흐르는 혼인 계약 시 아내가 받는 마흐르이다.
85_ 후불 마흐르는 혼인 계약 시 나중에 지불하기로 정한 마흐르로 이혼 시와 배우자의 사망시 아내가 받을 수 있고, 따라서 이혼 시에는 위자료가 된다. 따라서 이혼권이 없는 무슬림 여성들이 후불 마흐르를 많이 책정하여 이혼을 막기 위한 방편으로 삼기도 한다.
86_ 선물 형태의 마흐르, 이혼 후에 주는 금전이나 그에 상당한 것을 의미한다.

파트와 그녀의 마흐르라면 되돌릴 수 없습니다. 그리고 그것을 마흐르와 관계 없는 순수한 선물로 그녀에게 양도했다 하더라도 역시 되돌릴 수 없습니다. 준 것을 되돌리는 것은 혐오스러운 일입니다.

* 출처: http://www.islam.gov.kw/eftaa/fatwaa.php(쿠웨이트, 2012.3.2)

◈ 지불받지 못한 선불 마흐르는 아내가 원할 때 언제든지 요구할 수 있다. 그러나 후불 마흐르는 이혼이나 남편의 사망 시에만 받을 수 있다.

질 문 받지 못한 선불 마흐르에 대한 판단은 무엇입니까? 우리나라에서는 관습상 혼인계약서에 기록되지 않았고 지불되지도 않은 선불 마흐르를 아내가 받지 않기로 합의하면 받지 못합니다. 그러면 후불 마흐르에 대한 판단은 무엇입니까? 이혼이 발생하지 않아도 능력이 되면 지불해야 합니까?

파트와 여성은 마흐르를 받지 않아도 됩니다. 받지 않더라도 혼인 관련 규정을 위반하는 것이 아닙니다. 받지 않은 마흐르가 선불 마흐르라면 아내는 언제든 남편에게 요구할 수 있습니다. 그러나 후불 마흐르는 이혼하기 전에는 요구할 수 없습니다.

* 출처: http://www.islam.gov.kw/eftaa/fatwaa.php(쿠웨이트, 2012.2.4)

◈ 초야를 지내지 않은 아내는 마흐르 금액의 절반에 대한 권리를 갖는다. 선불 마흐르와 후불 마흐르의 금액은 혼인계약 시 계약 당사자들이 정한다. 후불 마흐르는 이혼하거나 남편이 사망할 경우에 받게 된다. 마흐르는 아내의 권리로서 남편이 사망하면 유산을 분배하기에 앞서 우선적으로 지불되고, 나머지가 상속자들에게 상속된다.

질 문 한 남성이 여성과 약혼하고 서둘러 혼인했습니다. 그 후 그는 언급할 수 없는 심각한 이유로 인해 혼인이 적절하지 않다는 생각이 들어 첫날밤을 치르지 않고 이혼했습니다. 그리하여 "선불 마흐르와 후불 마흐르 지불과 관련한 이슬람 법의 판단은 무엇입니까?"라고 질문하였습니다.

파트와 초야를 치르기 전에 이혼이 이루어진 경우 여성은 마흐르의 절반을 받습니다. 따라서 질문의 남성은 선불 마흐르와 후불 마흐르를 합한 금액의 절반을 주어야 합니다.

* 출처: 'Alīy al-Ṭanṭāwī, p.193.

◈ **마흐르를 받을 아내의 권리가 소멸되는 것은 아내가 마흐르를 남편에게 선물로 주거나, 마흐르를 포기하거나, 쿨으(Khul', 해방) 이혼[87]을 하거나, 초야를 치르기 전에 아내의 결함으로 인해 혼인이 파기되거나 하는 경우 등이다.**

질 문 어떤 경우에 아내가 마흐르를 받을 권리가 사라집니까?

파트와 마흐르를 받을 아내의 권리가 소멸되는 경우는 남편에게 마흐르를 증여하고 남편이 이를 받아들이거나 남편과의 성관계 여부에 상관없이 마흐르 전액을 기증 형식으로 양도하고 남편이 이를 받아들이는 경우입니다.

아내가 마흐르를 포기하는 조건으로 쿨으 이혼을 요구한다면 성관계 여부와 상관없이 마흐르가 소멸되는 것은 법적으로 유효합니다. 초야를 치르기 전에 혼인을 파기할 만한 사유로 이혼이 성립하면 마흐르를 받을 아내의 권리가 소멸됩니다. 그러한 사유로는 아내가 모유 수유를 할 수 없거나 부부 생활에 악영향을 미칠 수 있는 결함이 드러나는 것 등입니다.

* 출처: Muṣṭafā Murād, p.102.

◈ **마흐르는 온전히 아내의 권리이며 아무도 마흐르의 용도에 간섭할 수 없다.**

질 문 저는 결혼 3년차 여성입니다. 저의 마흐르는 2,000 디나르이고 그중 1,500 디나르가 금 장신구였습니다. 저는 금 장신구 일부를 팔아서 은행에 예금하였습니다. 제 남편이 이 사실을 알고는 저에게 욕을 퍼붓고 시아버지와 합심하여 절도 혐의를 씌웠습니다. 그리고는 저를 내쫓았습니다. 그 후 집안 사람들을 제게 보내 집으로 돌아오라고 요구하였습니다. 그러나 남편과 시아버지는 여전히 제가 도둑이라고 주장합니다.

그들은 제가 남편의 허락 없이 돈을 사용하였으므로 장신구가 남편 소유라고 생각하고 있습니다. 존경하는 판사님, 여성이 금 장신구를 비롯해

87_ 남성에게만 이혼권이 있으므로 여성이 이혼하고 싶은 경우 마흐르를 포기하거나 위로금을 지불하는 대가로 이혼해 줄 것을 요구함으로써 이루어지는 이혼이다.

마흐르를 사용하는 데 대한 샤리아의 판단을 알려 주시기 바랍니다.

파트와 마흐르는 아내 본인의 소유이므로 어떻게 처분하든 합법입니다. 아무도 아내의 마흐르에 간여할 수 없습니다. 샤리아에 의하면 어느 누구도 아내의 후견인이 될 수 없습니다. 아내는 이성을 가진 성인이기 때문에 아내를 막을 수 있는 사람은 없습니다. 그러나 한 가지 말씀드리고 싶은 점은 아내뿐 아니라 다른 사람들도 리바(Ribā)[88]에 기반한 은행에 예금해서는 안 된다는 것입니다.

* 출처: http://aliftaa.jo/index.php/ar/fatwa/show/id/455(요르단, 2012.1.14)

◈ 마흐르는 아내의 권리이며 어느 누구도 마흐르를 처분할 권리가 없다. 후불 마흐르를 남편한테 양도하겠다고 약속했다면 도의상 지켜야 하는 약속일 뿐 법적 구속력이 없다.

질 문 실제로 지불되지 않았는데 혼인계약서에 지불되었다고 명시한 마흐르에 대한 판단은 무엇입니까? 제가 혼인계약 후에 마흐르를 받을 수 있을까요? 또한 혼인 후 후불 마흐르 가운데 일정 금액만 양보한다고 사전 합의가 있었음에도 아내의 동의 없이 후불 마흐르 전부를 양보하게 하는 것에 대한 판단은 무엇입니까?

저는 결혼하고 나서 남편이 사기를 친다는 사실과 예배를 드리지 않는다는 사실, 그리고 다른 수치스런 일들에 대해 알았습니다. 저는 어려움이 있더라도 후불 마흐르에 대한 제 권리를 지키고 싶습니다.

파트와 법적인 조건에 따라 아내의 마흐르를 가져가는 것이 결정되었고 그것이 이성을 갖춘 성인으로서 올바른 선택이었다면 이는 지켜야 합니다. 이에 대해서는 법적인 증거와 원칙에 의거한 소송으로 번복할 수 있습니다. 후불 마흐르를 양보하겠다는 약속은 도의상 지켜야 하는 약속이지 법적 의무가 아닙니다.

혼인계약 후, 성인이며 이성으로 올바른 선택을 하는 아내가 스스로 마흐르를 양보한다면 남편은 마흐르 지불 책임을 면제받을 수 있습니다. 하

88_ 리바는 이자(利子)이다. 이슬람 법에서는 노력하지 않고 이익을 취하는 이자를 금지하고 있다.

지만 아내가 아닌 제3자가 후불 마흐르를 양보할 수 없습니다. 마흐르는 아내 고유의 권리이기 때문입니다.

* 출처: http://www.islam.gov.kw/eftaa/fatwaa.php(쿠웨이트, 2012.3.23)

◈ 혼인계약 시 아내에게 마흐르를 주어야 하며 마흐르는 전적으로 아내만의 권리이다. 이에 대한 근거로 "혼인한 여자에게 혼인 마흐르를 주라"〈코란 니싸아(4)장 4절〉와 "너희가 그녀들에게 주었던 마흐르를 다시 되돌려 받는 것은 허용되지 아니한다"〈코란 바까라(2)장 229절〉"가 있다.

질 문 제가 사는 동 투르키스탄에서는 결혼식이 신부 집에서 열립니다. 이것이 샤리아에 위배됩니까? 또는 이교적인 것입니까? 보통 약혼한 여자의 후견인이 신랑으로부터 마흐르를 받아 신부를 위한 옷과 귀금속을 포함한 혼수를 구입합니다. 그리고 남은 돈은 결혼식 비용으로 사용됩니다. 이에 문제가 없습니까?

파트와 첫째, 신부의 집에서 결혼식을 올리는 것은 여러 면에서 샤리아상 합법입니다. 이를 막는 특정한 코란 구절이 없고, 샤리아에 위배되지도 않으며, 이 결혼식에 이교도적 특성도 없습니다. 이런 결혼식을 이교도적이라고 하는 사람은 종교적으로 과도한 성향의 소유자입니다.

둘째, 마흐르는 신부의 소유입니다. 신부의 가족이라도 신부가 직접 동의하고 내놓는 경우가 아니면 마흐르의 전부 또는 일부를 가질 수 없습니다. 알라께서는 "혼인한 여자에게 혼인 마흐르를 주라"(니싸아(4)장 4절)라고 말씀하십니다. 또한 "너희가 그녀들에게 주었던 마흐르를 되돌려 받는 것은 허용되지 아니한다"(바까라(2)장 229절)라는 알라의 말씀에 따라 마흐르는 신부 가족을 포함한 어느 누구에게도 귀속되지 않습니다.

후견인은 피후견인의 이익을 대변합니다. 신부가 마흐르 중 일부를 위 질문에서 언급된 목적에 사용하는 데 흔쾌히 동의한다면 이는 문제가 되지 않으며, 의심할 여지 없이 허용된 결혼식입니다.

* 출처: http://www.dar-alifta.org/ViewFatwa.aspx?ID=1866&LangID=1&MuftiType=2(이집트, 2012.1.2)

◈ 딸의 마흐르 중 일부를 아버지가 가질 수 있다.

질 문 아버지가 딸의 마흐르 중 일부를 가져도 됩니까?

파트와 아버지는 딸의 마흐르 중 원하는 만큼, 심지어 딸보다 더 많이 가질 수 있습니다. 왜냐하면 신부의 돈은 아버지가 소유하기 때문입니다. 그러니 마흐르를 가져도 됩니다.

* 출처: ʿAbd al-Wahhāb, p.225.

◈ 후불 마흐르는 이혼 또는 남편의 사망 시 아내에게 지불된다. 남편이 사망하면 유산을 분배하기에 앞서 아내에게 마흐르가 우선적으로 지불되고, 나머지 유산이 상속자들에게 분배된다. 이때 아내는 마흐르와 별도로 상속분도 받는다.

질 문 2010년 593호 질문은 다음과 같습니다. 남편의 사망 시 후불 마흐르에 대한 판단은 무엇입니까?

파트와 후불 마흐르는 이혼이나 한쪽 배우자가 사망할 시 남편이 아내에게 주어야 하는 후불 상환 채무입니다. 후불 마흐르는 망자의 유산을 분배하기 전에 우선적으로 지급됩니다. 알라께서 상속자들의 몫에 관하여 말씀하실 때 "증여하기로 한 유증과 채무를 청산한 후에 (상속자들의 몫을 분배하라)"〈코란 니싸아(4)장 11절〉라고 말씀하셨습니다. 남편이 사망하면 유산은 후불 마흐르를 받을 미망인에게 상환해야 하는 채무가 됩니다. 따라서 아내를 포함한 상속자들에게 유산을 분배하기 전에 후불 마흐르가 우선적으로 지불되어야 합니다.

* 출처: http://www.dar-alifta.org/ViewFatwa.aspx?ID=2397&LangID=1&MuftiType=(이집트, 2011.11.28)

◈ 혼수품은 일반적으로 남편의 소유물이다. 하지만 아내가 받은 마흐르로 마련한 혼수품은 초야를 치르고 나면 아내의 소유가 된다. 또한 혼수품이 이슬람 관행에 위배되는지에 대한 논란이 있는데, 혼수품은 좋은 것이다.

질 문 혼수품 목록에 대한 질문입니다. 혼수는 이슬람과 무관한 비드아

(Bid'ah)[89]로 반드시 철폐해야 한다고 항간에서는 말하는데, 이에 대한 판단은 무엇입니까?

파트와 샤리아는 심적, 물적으로 그리고 그 외 다른 면에서 여성에게 권리를 부여합니다. 또한 여성에게 여성만의 물적 권리를 주고, 처분할 수 있는 마흐르를 받도록 하였으며, 상속권도 부여했습니다. 여성은 팔고, 사고, 선물을 주고받는 등의 금전거래를 할 수 있습니다.

혼인대금, 즉 마흐르에 대해 알라께서는 "혼인할 여자에게 마흐르를 주라 만일 너희에게 그것의 얼마가 되돌아온다면 기꺼이 수락해도 되니라"〈코란 니싸아(4)장 4절〉라고 말씀하시며, "또한 너희의 오른손이 소유하는 여인들을 제외하고는 너희에게 금지된 여인들은 혼인한 여인들이니라. 이것은 알라께서 너희에게 주신 말씀이니라. 그리고 이를 초월하여 너희에게 허용하노니 너희는 너희의 재산으로써 그녀들을 구하며 다만 간음치 말라. 너희가 그녀들로부터 받는 혜택에 대하여 정한 만큼의 마흐르를 그녀들에게 주어라. 그리하여 너희가 지참금을 지불한 뒤 너희가 서로 어떤 것을 합의할지라도 너희는 아무런 비난도 받지 아니하리라. 정녕코, 알라께서는 모든 것을 아시며 현명하시니라"〈코란 니싸아(4)장 24절〉"라고 말씀하십니다.

남성이 여성에게 현금으로 마흐르를 제공하거나, 혼수품의 형태로 제공하거나, 여성이 자신의 마흐르로 혼수를 마련하는 경우에 혼수품은 첫날밤을 보내면서 완전히 신부의 소유가 됩니다. 첫날밤을 보내지 않았다면 마흐르의 절반이 신부 소유가 됩니다. 보통 코란과 순나에서 혼수는 전적으로 남편 소유이거나 후불 마흐르가 됩니다. 그러므로 이 혼수는 남성의 소유입니다. 서로 간에 신뢰가 줄어들고 도덕이 사라질수록 부부는 권리를 더 많이 잃게 됩니다. 혼수 목록을 작성하는 것은 부부간에 문제가 발생할 경우에 남편 소유의 재산으로 여성의 권리를 보호하기 위함입니다.

관습은 코란 또는 순나(예언자의 언행), 이즈마으(합의), 끼야스(유추)[90]의 내용에 상치되지 않는 한 이슬람 법의 법원(法源) 중 하나가 될 수 있습니다. 이는 코란과 하디스에 대해서 이즈티하드가 적용되지 않는다는

89_ 비드아는 이슬람 순나가 아닌 것을 의미한다.
90_ 이슬람 법의 4대 법원은 코란, 하디스, 합의, 유추 등이다.

점을 고려한 것입니다. 사도 무함마드가 말했습니다. "무슬림들이 좋다고 보는 것은 알라께서 보기에도 좋으며, 무슬림들이 보기에 나쁜 것은 알라가 보기에도 나쁘다." 이맘 아흐마드 븐 한발이 전승하였습니다.

혼수품을 마련하는 일은 나쁘지 않습니다. 오히려 좋은 일입니다.

* 출처: http://www.dar-alifta.org/ViewFatwa.aspx?ID=2397&LangID=1&MuftiType=(이집트, 2011.11)

(6) 마흐람(Maḥram)

무슬림 남성은 혼인하려는 여성이 마흐람, 즉 혼인이 금지된 친족관계가 아니어야 한다. 마흐람에는 영구적 마흐람과 일시적 마흐람이 있다.[91] 요르단 개인 신상법 제5절에 따르면 혈연 관계로 인한 마흐람에는 직계 존속(할머니, 어머니), 직계 비속(딸, 친손녀, 외손녀), 부모 중 한 사람이나 두 사람 모두의 직계 비속(여자형제, 이복 여자형제, 동복 여자형제, 친 여자 조카, 외 여자 조카), 자신의 조부나 조모의 비속 중 1촌(고모, 이모)이 있고 이들은 영구적 마흐람이다.

혼인으로 인한 인척관계 마흐람으로는 직계 존속의 아내(아버지의 아내, 할아버지의 아내), 직계 비속의 아내(며느리, 친손자 며느리, 외손자 며느리), 자신의 조부나 조모의 비속 중 1촌의 배우자(백모, 숙모, 외숙모), 아내의 직계 존속(장모, 처할머니), 잠자리를 함께한 아내의 직계 비속(의붓딸과 의붓 관계가 끝남과 함께 마흐람 관계가 끝나는 일시적 마흐람)이 있다. 그러나 의붓딸이나 의붓 자녀의 딸은 영구 마흐람이다.

다음으로 무슬림 사회에만 있는 수유에 의한 마흐람 관계가 있다. 한 사람의 모유를 같이 먹고 자라 맺어진 형제를 피를 나눈 육친과 동일한 관계로 여긴다. 따라서 같은 여인의 모유를 먹어 맺어진 수유 여자형제는 영구 마흐람이다. 무슬림 여성에게는 위에 언급된 동일한 친족관계에 있는 사람이 마흐람이 된다.

91_ Muḥammad Rawās Qalʻah Jī, p.1029.

모든 법학파는 혈연관계, 수유로 인한 친족관계, 인척관계로 인해 영구적 마흐람 또는 일시적 마흐람이 된다는 점에 의견이 일치한다.

1) 혈연관계 마흐람

코란 니싸아(4)장 23절은 혈연관계, 혈연관계와 동일하게 취급받는 수유 친족관계, 인척관계에 있는 사람들의 혼인이 금지된다고 규정하고 있다. "너희가 혼인해서는 아니 되는 여인들은 너희의 모친들과 딸들, 누이들, 고모들, 이모들, 조카딸들, 외조카딸들, 너희에게 젖을 먹인 유모들, 수유를 같이한 누이들, 너희 장모들, 너희와 잠자리를 같이한 너희의 처에 의해 너희가 후견인이 되는 너희의 의붓딸들이다. 단, 너희가 아내들과 잠자리를 같이하지 않았다면 너희에게 죄가 되지 않느니라. 그리고 너희 친아들의 배우자들과 혼인하는 것, 자매간인 두 여성과 동시에 혼인 생활하는 것은 금지되어 있으나 이미 지나간 것은 제외되느니라."

혈연관계로 인한 마흐람은 영구 마흐람이다. 여기에는 자신의 직계 존속(할머니, 어머니), 자신의 직계 비속(딸, 친손녀, 외손녀), 부모 중 한 사람이나 두 사람 모두의 직계 비속(여자형제, 이복 여자형제, 동복 여자형제, 친 여자 조카, 외 여자 조카), 자신의 조부나 조모의 비속 중 1촌(고모, 이모)이 있다.

2) 수유(授乳) 친족관계 마흐람

수유에 의해 마흐람 관계가 발생한다고 하는 규정의 근거도 코란 니싸아(4)장 23절이다. 하나피 학파의 법학자 알사라크시(al-Sarakhsīy, 490/1096년경 사망)는 자식이 부모로부터 피를 물려받는 것처럼 유모로부터 피부와 뼈를 물려받기 때문에 수유 친족관계는 혈연관계에 준하여 마흐람을 발생하게 한다고 설명하고 있다.[92] 수유에 관해서는 몇 가지 주의해야 할 점이 있다. 수유 친족관계가 발생하려면 수유량이 적든 많든 5회 이상 수유가 이루어져야 한다.[93] 수유 친족관계가 혼인계약 체결 후에 발생하더라도 혼인이 무효로 되는 경우가 있다.[94] 수유 친족관계 마흐람은 영구 마흐람이다.

3) 인척관계 마흐람

인척관계로 인한 마흐람에 관하여 이슬람 4대 법학파는 두 개의 규정을 적용한다. 첫째, 혼인계약이 유효하게 성립하면서 마흐람이 발생하고, 첫날밤 지내기와 성관계 성립으로 마흐람이 발생한다. 둘째, 위에서 언급된 것과 같이 이슬람 법학자들은 일반적으로 유모를 피로 연결된 어머니와 동일하게 여겨 혈연관계나 인척관계에 관한 규정을 준용함으로써 마흐람이 발생하는 범위를 정하고 있다. 예를 들어 어떤 남성과 그 조부의 아내 사이에는 영구적 마흐람이 발생한다. 따라서 그 남성은 그 유모의 아버지의 아내와도 혼인할 수 없다.

혼인으로 인한 인척관계 마흐람 중에는 자신의 직계 존속의 아내(아버지의 아내, 할아버지의 아내), 자신의 직계 비속의 아내(며느리, 친 손자며느리, 외 손자며느리), 자신의 조부나 조모의 비속 중 1촌의 배우자(백모, 숙모, 외숙모), 자신의 아내의 직계 존속(장모, 처할머니), 잠자리를 함께한 아내의 직계 비속(의붓딸과 의붓 자녀의 딸) 등이 있으며 이들은 혼인 관계가 끝남과 동시에 마흐람 관계가 끝나는 일시적 마흐람이다. 그러나 의붓딸이나 의붓 자녀의 딸은 영구 마흐람이다.

가. 코란 니싸아(4)장 22절은 "이미 지나가 버린 경우를 제외하고, 너희의 아버지들이 혼인한 여인들과 혼인하지 말라. 그것은 욕된 짓이며 증오스러운 것이며, 사악한 것이니라"라고 규

92_ al-Sarakhsīy, Vol.5, p.132.
93_ 요르단 개인신상법 제27조 나항.
94_ al-Shīrāzīy, Vol.2, p.158.

정하고 있다. 혼인이 해소되더라도 남편의 아들과, 남편과 헤어진 아내 사이의 혼인은 금지된다.

나. 코란 니싸아(4)장 23절은 아내의 어머니와의 혼인을 금지한다.

다. 코란 니싸아(4)장 23절은 재혼한 여성의 딸과 재혼한 여성의 남편 사이의 혼인 금지에 관하여 "너희들이 금지되어 있는 것은 … (중략) … 너희들이 첫날밤을 지낸 여자가 데려온 딸로 너희들이 받아들인 의붓딸이다. 다만, 너희들이 아내들과 첫날밤을 지내지 않았다면 죄는 없다"라고 규정하고 있다. 이런 맥락에서 이슬람 4대 법학파는 딸만 해당되는 것이 아니라 부계·모계를 불문하고 아내의 모든 여자 비속과의 혼인이 금지된다고 해석하고 있다. 결과적으로 4대 법학파는 여성이 재혼한 경우 재혼 상대와 성관계가 성립한 것이 그 여성의 딸과 재혼 상대인 계부와의 사이에 영구적 혼인금지가 발생하는 필요충분 조건이라고 본다.

◈ 여성의 마흐람은 혼인할 수 없는 혈족관계나 인척관계에 있는 사람이다. 그중에는 아버지, 삼촌, 남자형제, 아들 등이 있다.

질 문 15세 남자가 있습니다. 이 사람이 엄마와 누나의 마흐람이 되는 것이 가능할까요? 알려주세요.

파트와 학자들이 말하는 마흐람의 조건은 심신이 성숙한 자입니다. 남성의 나이가 15세가 되었거나, 음모가 나왔거나, 몽정이나 다른 요인으로 사정한다면 성인이 된 것이고, 이성을 갖추고 있다면 마흐람이 될 수 있습니다. 그러므로 그가 15살이 되었다면 누나와 엄마의 마흐람입니다.

* 출처: ʿAbd al-Wahhāb, p.1932.

◈ 무슬림 사회에서 혼인할 수 없는 혈족관계와 인척관계인 마흐람에 수유친족관계로 맺어진 형제 관계가 포함된다. 또한 마흐람에는 영구적 마흐람과 일시적 마흐람이 있다. 일시적 마흐람은 이혼, 사망 등으로 인척관계가

끝나는 경우 남남이 되어 혼인이 가능하다.

질 문 저에게 마흐람이 누구인지에 관해 묻는 질문이 들어왔습니다. 이모부는 함께 여행할 수 있는 마흐람인가요? 이모부는 이모와 함께 살고 있는 한 처조카딸과 혼인할 수 없다는 구실로 처조카딸을 같이 살도록 하고, 처 조카딸이 자신 앞에서 히잡을 쓰지 않도록 할 수 있나요?

파트와 남성이 영구 후르마(Ḥurmah)[95]와 혼인하는 것은 금지되어 있습니다. 이 경우 남성은 영구 후르마 여성의 마흐람이 되며, 그녀와 함께 여행갈 수 있고 그녀의 머리카락, 목, 다리와 팔을 볼 수 있습니다. 여성에게 마흐람이란 친족관계나 수유 친족관계를 모두 포함한 아버지, 할아버지, 남자형제, 숙부, 외숙부, 계부, 사위 등을 의미합니다.

한편 형부, 제부, 이모부는 마흐람으로 간주되지 않습니다. 명백한 사실은 두 자매와 동시에 혼인할 수 없으며 한 여성과 그녀의 이모와 동시에 혼인할 수 없습니다. 이 경우 여성은 일시적 후르마입니다. 즉 이 여성과 이혼하면 그 자매와 혼인할 수 있고, 이모와 이혼하거나 이모가 사망하면 그 조카딸과 혼인할 수 있습니다. 일시적 후르마 상태를 고려한다면 모든 남성은 모든 기혼 여성에게 마흐람이 됩니다. 왜냐하면 아무도 남편이 있는 기혼 여성과 혼인할 수 없기 때문입니다.

따라서 이모부는 모든 이슬람 법학파에서 마흐람으로 인정하지 않습니다. 반대로 이모부는 처조카딸에게 외간 남자라 처조카딸은 이모부 앞에서 얼굴이나 손 외에 다른 곳을 드러낼 수 없으며, 다른 사람이 없이 단 둘이 있을 때 이모부는 그녀를 만나서도 안 됩니다. 이모가 집을 비웠을 때 이모부는 처조카딸과 단 둘이 한 집에 머물러서는 안 됩니다. 이모부가 아무리 의심할 바 없이 고상한 사람이라 해도 불가합니다. 왜냐하면 외간 여성과 단 둘이 있다는 것 자체가 금지된 일입니다. 남성이 여성과 단 둘이 있을 때에는 반드시 그 사이에 사탄이 제3자로 개입한다고 예언자가 말했습니다. 즉 사탄은 청춘 남녀가 단 둘이 있고 문이 닫혀 있을 때 그들을 악으로 몰아넣습니다.

95_ 여성 마흐람을 의미하며 혈족관계, 인척관계, 수유 친족관계로 결혼이 금지된 여성이다.

많은 사람들이 인척관계에 더욱 너그럽고 관대한 경향이 있습니다. 그러나 이러한 인척관계가 남남보다 더 위험할 수 있습니다. 여성은 보통 외간 남성은 경계하지만 인척관계 남성에게는 부주의하여 그 앞에서 머리카락을 드러내고, 함께 앉아 대화하고, 섞여 일을 보며, 그와 단 둘이 있기도 합니다. 또한 이 여성은 "그는 외간 남자가 아니라 나의 형부, 또는 제부, 또는 이모부이다"라고 말하기 십상입니다. 그녀는 형부나 제부, 이모부, 시아주버니, 시동생, 시숙부가 길거리에 있는 외간 남성과 다를 바 없고 오히려 더 위험할 수 있다는 사실을 모르고 있습니다. 예언자는 인척관계에 대한 질문에 인척이란 위험한 사람이며 죽음과 같이 피할 수 없다고 설명했습니다.

학자들의 의무는 이러한 사실을 사람들에게 경계시키고 부주의로 인해 빠지게 될 위험을 알리는 것입니다. 이번 사례도 여기에 해당합니다. 다시 한 번 말씀드리자면 여성은 마흐람 앞에서만 머리카락을 보일 수 있습니다. 여기서 마흐람이란 영원히 혼인할 수 없는 사람으로 아버지, 아들, 남자형제, 숙부 등을 말합니다. 한편 형부나 제부, 시아주버니나 시동생, 이모부, 남편의 외숙부는 외간 남자와 마찬가지이며 오히려 외간 남자보다 더 위험할 수 있습니다.

* 출처: 'Alīy al-Ṭanṭāwī, p.221.

◈ 재혼한 아버지의 아들이 양어머니의 딸과 혼인할 수 있다. 단, 남성은 여성에게 친족관계 마흐람이 아니어야 한다.

질 문 한 남성이 한 여성과 약혼했고, 이제 그녀와 혼인하고자 합니다. 이에 앞서 그의 아버지와 여성의 어머니가 혼인했습니다. 그는 "이제 그녀와 혼인할 수 없게 되었다고 들었습니다. 이것이 맞습니까?"라고 질문했습니다.

파트와 이것은 사실이 아닙니다. 위의 남성과 여성 사이에 혼인을 막는 친족관계가 없다는 전제 하에 비록 남성의 아버지가 여성의 어머니와 혼인한다 할지라도 남성은 그 여성과 혼인할 수 있습니다.

* 출처: 'Alīy al-Ṭanṭāwī, p.193.

◈ **이혼한 여성의 자매와 혼인할 수 있다. 단, 이혼한 아내의 잇다 기간이 종료된 후라야 한다. 잇다 기간이 종료되면 이혼한 아내는 외간 여자가 되고 아내로 인해 마흐람이었던 사람들이 외간 사람이 되기 때문이다. 아내와 이혼하기 전에 아내의 자매와 혼인하는 것은 불가능하다. 또한 여성과 그녀의 고모 또는 여성과 그녀의 이모와 동시에 혼인할 수 없다. 이에 대한 근거로 "한 남성은 한 여성과 그의 고모 또는 여성과 그의 이모와 동시에 혼인하지 않는다"라는 하디스가 있다.[96](하디스 순니파 교우들이 전승함)**

질 문 사람들 간에 의견이 분분했던 질문입니다. 한 남성이 아내와 이혼하고 나서, 그녀가 아직 살아 있는데 그녀의 자매와 혼인할 수 있습니까? 아니면 전처가 사망할 때까지 혼인이 불가능합니까?

파트와 1- 두 자매와 동시에 혼인하는 것은 불가능합니다. 그것은 여성 마흐람을 규정한 코란 절에도 나타나 있습니다. "너희들에게 금지된 사람들이 있으니 어머니들과 딸들과 … 또한 너희가 두 자매를 동시에 아내로 맞아서 아니 된다."〈코란 니싸아(4)장 23절〉 또한 여성과 그녀의 고모 또는 여성과 그녀의 이모와 동시에 혼인할 수 없습니다. 셰이크들이나 순니파 교우들이 전승한 하디스에서 예언자가 이렇게 말했습니다. "한 남성이 한 여성과 그녀의 고모 또는 여성과 그녀의 이모와 동시에 혼인하지 않는다."

2- 두 여성이 있을 경우 그중 한 명을 남자라고 가정할 때 마흐람 관계일 경우 이 여성 두 명과 동시에 혼인할 수 없습니다. 예를 들어 고모와 그녀의 남자형제의 딸(조카)의 경우 고모가 한 남성과 혼인하면 그는 고모부가 되기 때문에 아내의 조카와 혼인하는 것은 금지됩니다. 따라서 두 여성과 동시에 혼인할 수 없게 되는 것이고 이모와 조카도 마찬가지입니다. 하나피 학파에 따르면 여성 둘 중 한 사람을 남자로 가정한다면 이러한 원칙은 옳고 한 가지 경우에만 논쟁이 일어납니다.

3- 이러한 금지에서 지혜를 발견할 수 있습니다. 우리는 규제가 지혜롭

96_ 이븐 마자와 알티르미디를 제외한 전승자들이 전한 하디스
http://library.islamweb.net/newlibrary/display_book.php?idfrom=2017&idto=2018&bk_no=47&ID=849

지 않더라도 따라야 할 의무가 있습니다. 규제가 지혜롭다면 우리에게 더 많은 평온을 가져다 줍니다. 대개의 경우 한 남성의 두 아내 사이에는 갈등이 발생합니다. 오죽하면 아내(본처를 제외한)를 뜻하는 낱말 '다르라'Ḍarrah가 손해, 해악이라는 어근 'ḌRR'에서 파생되었겠습니까? 이슬람법은 가족이나 친척, 예를 들어 자매들 간에, 고모와 친조카딸 간에 그리고 이모와 외조카딸 간에 갈등이 일어나는 것을 원하지 않습니다. 따라서 이러한 갈등을 초래하는 길목을 차단하였습니다.

4- 그러나 단지 이러한 관계에 있는 사람들과 동시에 혼인하는 것이 허용되지 않는 것입니다. 아내가 사망하거나 아내와 이혼했다면 남성은 이혼 후 아내가 사망했든 살아 있든 관계 없이 그녀의 자매나 고모, 이모와 혼인할 수 있습니다.

5- 단, 이혼한 아내의 잇다가 종료된 후에만 혼인이 가능합니다. "남성도 잇다를 지켜야 하나요?"라고 물으실지도 모르겠습니다. 대답은 이러한 경우에는 지켜야 한다는 것입니다. 남성은 잇다가 끝날 때까지 기다려야 합니다. 잇다가 종료되고 그가 혼인했던 아내와 완전히 헤어진다면 그녀의 자매나 고모 또는 이모와 혼인할 수 있게 됩니다. 이 여성들이 그에게 있어 외간 여성이 되었기 때문입니다.

* 출처: 'Alīy al-Ṭanṭāwī, p.191.

◈ **무슬림 사회에서 사촌끼리의 혼인이 가능하다. 사촌은 마흐람이 아니므로 사촌과 단 둘이 있을 수 없으며 그 앞에서 머리카락을 드러내서는 안 된다. 또한 친족 간에도 마흐람 관계가 아니면 남과 같으므로 머리카락을 보여선 안 된다.**

질 문 한 여성이 질문했습니다. 그녀의 백부나 숙부, 즉 아버지의 형제의 아들(사촌)이 어린 시절 그녀의 집에서 자랐다고 합니다. 그녀의 어머니는 그 사촌형제를 키웠고 아들에게 하듯이 사촌 앞에서 히잡을 쓰지 않았습니다. 사촌형제는 자라서 결혼했으며 집에 찾아오면 여전히 어머니의 이마에 입을 맞추고 어머니도 그를 아들처럼 생각합니다. 이것이 괜찮은 일인가요?

파트와 아닙니다. 이것은 안 됩니다. 여성이 남편의 형제의 아들(조카)과 함께 있는 것은 그가 혈연관계나 수유 친족관계에 있는 마흐람이 아닌 한 외간 남자와 함께 있는 것과 다를 바 없습니다. 조카는 귀하의 어머니와 단 둘이 있을 수 없고[97] 귀하의 어머니도 조카 앞에서 머리카락을 드러내서는 안 됩니다. 만일 귀하의 어머니가 어린 시절부터 조카에게 모유를 주었던 샤리아 상 수유 친족관계라면 히잡을 벗을 수 있고 조카는 어머니의 의붓아들이 됩니다.

* 출처: 'Alīy al-Ṭanṭāwī, p.225.

◈ 남남인 남녀가 남매결연을 한다 해도 친남매 관계처럼 될 수 없다. 이 경우 남성은 여성의 마흐람이 될 수 없고 함께 여행을 갈 수도 없다.

질 문 젊은 여성이 외간 남성과 알라께 맹세하고 서로 남매로 지내기로 합의하였다면 함께 여행할 수 있나요? 두 사람은 맹세한 후 영원히 남매로 지낼 수 있나요?

파트와 1- 친족관계나 마흐람 관계는 양측의 합의나 계약으로 이루어지는 것이 아니라 이슬람 법이 정한 명백한 근거에 따라 규정되는 것입니다.

2- 서로 남남인 청춘남녀가 남매가 되는 것은 불가능합니다. 이는 인간의 본성에도 어긋나는 일입니다. 알라께서는 남성의 마음은 여성에게 끌리도록 하고 여성의 마음은 남성에게 끌리도록 만드셨습니다. 따라서 둘 중 한 사람이 상대방과 가까워지면 친밀감이 서로의 부족한 부분을 채워 주게끔 되며 상대방과 완성되어 하나가 됩니다. 반면 남성이 남성과, 또는 여성이 여성과 친밀해지면 이것은 본성이나 의견이 서로 일치하고 비슷한 성향을 기반으로 한 친밀감입니다.

3- 결론적으로 이 남성은 여성과 오누이가 되기로 합의했지만 그녀의 형제가 될 수 없고 이 여성 또한 남성의 여자형제가 되지 못합니다. 남성은 여성의 마흐람이 되지 않았으며 여성은 그에게 있어 외간 여성이나 마찬가지입니다. 따라서 이 여성은 절대로 이 남성과 함께 여행할 수 없습니다.

* 출처: 'Alīy al-Ṭanṭāwī, p.225.

97_ 마흐람 관계가 아닌 외간 남자와 여자가 다른 사람에게 보이지 않는 곳에 단 둘이 있는 상태인 칼와(Khalwah)는 무슬림 사회에서 금지된다.

◈ 장인의 아내는 마흐람이 아니라 남이다.

질 문 장인과 혼인한 여성은 영구적 마흐람 관계입니까?

파트와 귀하의 장인의 아내는 마흐람 관계가 아니라 귀하에게 외간 여자입니다. 그녀와 악수하거나 단 둘이 있어서는 안 되며, 얼굴과 두 손바닥 외에는 볼 수 없습니다. 그 근거로 마흐람에 대한 코란 구절이 있습니다. 코란에는 아내의 어머니(장모)에 대해서는 언급되어 있지만 장모가 아닌, 장인의 다른 아내에 대해서는 언급되어 있지 않습니다. 그것은 "너희가 혼인해서는 아니 되는 여인들은 너희의 모친들과 딸들, 누이들, 고모들, 이모들, 조카 딸들, 외조카 딸들, 너희에게 젖을 먹인 유모들, 수유를 같이 한 누이들, 너희 장모들, 너희와 잠자리를 같이한 너희의 처에 의해 너희가 후견인이 되는 너희의 의붓딸들이다. 단, 너희가 아내들과 잠자리를 같이 하지 않았다면 너희에게 죄가 되지 않느니라. 그리고 너희 친아들의 배우자들과 혼인하는 것, 자매 간인 두 여성과 동시에 혼인 생활하는 것은 금지되어 있으나 이미 지나간 것은 제외되느니라"〈코란 니싸아(4)장 23절〉입니다.

* 출처: http://www.aliftaa.jo/index.php/ar/fatwa/show/id/902(요르단, 2012.1.3)

◈ 외삼촌은 마흐람이다. 외삼촌에는 아버지의 외삼촌, 어머니의 외삼촌이 모두 포함된다.

질 문 딸을 외삼촌과 혼인시킬 수 있나요?

파트와 아버지의 외삼촌은 아버지 형제들의 직계비속 자식들 모두에게 외삼촌에 해당됩니다. 즉 외삼촌은 어머니의 남자형제로서 직계존속입니다. 이에 알라께서 말씀하셨습니다. "너희가 혼인해서는 아니 되는 여인들이 있으니 어머니들과 딸들과 누이들과 고모들과 이모들과 형제의 딸들과 누이의 딸들이다."〈코란 니싸아(4)장 23절〉

알카띠브 알샤르비니(al-Khaṭīb al-Sharbīnīy)는 혼인이 금지된 여성, 즉 마흐람 관계에 있는 여성에 대해 열거하였는데 "형제들의 딸들과, 모든 누이들의 딸들, 형제 자매의 자녀들의 딸들(직계비속)이다." 그의 저서 무그니 알무흐타즈(Mughnīy al-Muḥtāj) 4/289에 수록되어 있습니다.

바로 윗세대 외삼촌, 즉 엄마의 남자형제, 엄마의 외삼촌, 아버지의 외삼촌 등은 모두 딸의 외삼촌과 마찬가지입니다. 외삼촌은 딸에게 마흐람이기 때문에 혼인이 불가합니다.

* 출처: http://www.aliftaa.jo/index.php/ar/fatwa/show/id/890(요르단, 2012.1.3)

◈ 남성에게 의붓딸은 영구적 마흐람이다. 따라서 아내와 이혼을 하고 잇다 기간이 끝나더라도 의붓딸과 혼인할 수 없다. 이는 남성이 의붓딸을 양육하지 않은 경우에도 동일하다.

질 문 저는 전 남편과의 사이에 딸 하나를 둔 채 이혼했습니다. 그 후 15년 전 재혼하여 아들과 딸 하나씩 두었고 여전히 두 번째 남편과 함께 살고 있습니다. 전 남편 사이에서 낳은 딸과 현재의 남편은 혼인할 수 없는 관계입니까?

파트와 아내가 혼인관계에 있거나, 이혼한 상태이거나, 사망했거나에 상관없이 아내가 데려온 딸과 아내의 남편이 혼인하는 것은 샤리아 상으로 금지되어 있습니다. 알라께서 "너희 아내들이 데려와 너희의 보호를 받고 있는 의붓딸들〈코란 니싸아(4)장 23절〉"이라고 말씀하십니다. 이 구절에서 의붓딸이란 아내의 딸을 뜻하며, 의붓딸이 의붓아버지 아래에서 양육된 경우에만 해당되는 것이 아닙니다. 왜냐하면 이슬람 학자들은 '너희의 보호를 받고 있는'이란 현실에서 대부분의 상황에 해당된다고 보기 때문입니다. 즉 의붓딸의 양육은 그녀의 어머니와 어머니의 두 번째 남편 사이에서 이루어지는 게 보통입니다. 이렇게 실제 양육 여부와 무관하게 두 번째 남편과 의붓딸의 관계는 영구적 마흐람입니다. 질문의 상황을 보면 질문자의 전 남편과의 딸과 현재 남편은 혼인할 수 없는 마흐람입니다.

* 출처: http://www.dar-alifta.org/ViewFatwa.aspx?ID=2352&LangID=1&MuftiType=1(이집트, 2011.12.28)

4) 마흐람과 가정부 고용

◈ 마흐람이 동행하지 않은 가정부를 고용하는 것은 불가하다.

질 문 일곱 명의 아이가 있는 기혼 여성이 있습니다. 이 여성은 요리,

청소, 세탁, 육아, 남편 수발 등 할일이 많습니다. 이 여성이 스리랑카로부터 무슬림 가정부를 데리고 올 수 있나요?

파트와 마흐람을 동반하지 않는 가정부를 데리고 올 수 없습니다. 사도가 "여성은 마흐람 없이 여행하지 말라"고 말했습니다. 이븐 압바스(Ibn ʻAbbās)가 전하는 하디스를 근거로 이 구절이 유효하다는 합의가 이루어졌습니다.

* 출처: ʻAbd al-Wahhāb, p.1931.

◈ 남성이 마흐람이 아닌 가정부와 단 둘이 있는 것은 용납되지 않는다.

질 문 가정부와 단 둘이 있는 것에 대한 판단을 알고 싶습니다.

파트와 저는 다른 파트와에서 가정부가 외간 여성이기 때문에 그에 상응하게 대해야 한다고 언급한 바 있습니다. 집주인이나 그의 아들 등이 가정부와 단 둘이 있거나 가정부의 몸을 만지거나 탐욕스럽게 가정부를 바라보는 것은 용납되지 않습니다. 또 집에 여자 가정부를 두고 싶은 사람들은 자신의 집에 그녀가 거주하지 않도록 해야 합니다. 단, 가정부가 믿을 만한 여성들과 안전한 장소에서 거주하는 것은 허용됩니다. 또 가정부는 청소할 때 남성이 주변에 없는지 확인해야 하며 자신의 치부가 노출되는 것을 막아야 합니다. 남성 앞에서 치부를 드러내는 것은 하람입니다.

* 출처: Muṣṭafā Murād, p.158.

◈ 마흐람이 동행하지 않은 가정부를 해외로부터 조달하는 업체에서 근무하는 것은 허용되지 않는다.

질 문 저는 일반 서비스 및 해외인력 조달 업체에서 일하고 있습니다. 저는 마흐람 없이 가정부를 데려오는 일 같은 업무를 수행하였습니다. 이들 가정부는 비 무슬림일 수 있습니다. 또한 비 무슬림 운전기사와 노동자들을 데려오는 일도 하였습니다. 이 일이 허락된 건가요? 제가 한 일에 대한 판단은 무엇입니까? 저는 죄와 손을 잡은 것으로 간주됩니까? 알려주세요.

파트와 샤리아의 규칙은 샤리아로 금지된 일을 통해 돈벌이하는 것을 금한다는 것입니다. 이는 사도의 순나에 명시되어 있습니다. "여성은 마흐람 없이 여행하지 말라", "아라비아 반도에 두 개의 종교가 있을 수 없다"는 것은 아라비아 반도에 불신자들이 정착하는 것이 불가하다는 의미이며, 이들을 불필요하게 아라비아 반도에서 일하도록 하지 말아야 합니다. 금지된 수치스러운 행동을 하는 것은 안 됩니다.

* 출처: ʿAbd al-Wahhāb, p.1931.

5) 마흐람과 운전기사 고용

◈ 여성이 마흐람이 아닌 남성 운전기사와 단 둘이 차를 타는 것은 금지된 일이다. 여성 두 명 이상이 타거나 다른 남성이 같이 타야 한다.

질 문 우리는 대가족이라 운전기사가 있습니다. 운전기사는 우리가 학교, 시장이나 친척집을 방문할 때 데려다주는 일을 합니다. 우리가 마을 안팎에서 이 운전기사와 함께 차를 탑승하는 것에 대한 판단은 무엇입니까? 알려드리자면 차 안에 남자는 한 명도 없습니다.

파트와 차 안에 두 명 이상의 사람이 있다면 운전기사와 있는 것이 문제되지 않으며 의심할 거리도 아닙니다. 학교나 기타 다른 필요한 곳에 운전기사와 외출하는 것은 괜찮습니다. 만약 여성들과 함께 차 안에 남자가 같이 있어 줄 수 있다면 이는 좋은 일이며 더 신실한 것입니다. 그러나 이는 의무가 아닙니다. 남성과 단 둘이 있어서는 안 되며, 여성 두 명 이상이 있거나, 운전기사가 아닌 다른 남성이 함께 승차함으로써 의심할 여지를 없애야 합니다. 왜냐하면 마흐람이 매번 같이 있는 것은 쉬운 일이 아니기 때문입니다. 그러나 거리로 보아 외출이 여행으로 간주될 경우 여성이 마흐람 없이 하는 여행은 허락되지 않습니다. 사도가 "마흐람 없이 여성은 여행을 하지 말라"고 말했습니다. 여성은 남성과의 사이에 악이 들어오지 못하도록 히잡을 쓰고, 유혹을 일으킬 만한 원인들을 제거해야 합니다.

* 출처: ʿAbd al-Wahhāb, p.1924.

◈ **여성이 병원에 갈 때 마흐람이 아닌 운전기사와 단 둘이 가는 것은 금지된 일이다. 마흐람이 동행해야 한다.**

질 문 제 어머니는 신부전증 환자여서 일주일에 세 번씩 사우디아라비아인 운전기사와 함께 병원에 갑니다. 운전기사가 기혼자이고 자식도 있습니다만 저희 어머니는 마흐람 없이 이 운전기사와 단 둘이 병원에 갑니다. 상황이 절박하지만 저희 아버지도 현재 와병중이라 어머니와 동행할 수 없습니다. 저희 어머니가 마흐람 없이 운전기사와 동승하는 것이 가능합니까? 자식들이 있지만 어머니가 병원에 가실 시간에 학교나 직장에 가기 때문에 집에 있는 사람이 아무도 없습니다. 어머니는 병원에 꼭 가셔야 합니다. 알려 주세요.

파트와 어머니가 병원에 가신다면 마흐람이 동행해야 합니다. 귀하의 어머니가 외간 남자인 운전기사와 마흐람 없이 동행하는 것은 안 됩니다. 사도가 "남자와 여자가 단 둘이 있는 곳에는 그 두 사람 뒤로 사탄이 있다"고 사람들에게 말했습니다. 어머니가 마흐람 없이 운전기사와 차에 동승한다면 그것은 단 둘이 있게 되는 것입니다.

* 출처: ʻAbd al-Wahhāb, p.1945.

◈ **여성이 마흐람이 아닌 운전기사와 함께 이동할 수 없다. 여성은 마흐람 없이 여행하는 것이 허락되지 않는다.**

질 문 사우디아라비아의 알카프지 시에서 약 300 킬로미터 떨어진 담맘에서 공부하고 있는 여대생들의 문제를 부모들이 제기한 것입니다. 여학생들을 단체로 담맘에 있는 대학으로 데려다주었다가 알카프지 시로 데려오는 일을 대행하는 사람이 있습니다. 학부모들이 한 남자에게 그의 아내 또는 딸, 또는 여형제, 또는 마흐람 중 한 명과 함께 동승하도록 위임한 것입니다. 위임장에는 이와 관련하여 "아무개는 아무개의 딸을 … (중략) … 내 딸을 동료들과 함께 데려다주고 데려오는 일을 위임하였다"라고 명시되어 있습니다. 한 명의 여성이나 여러 명의 여학생들이 단체로 운전기사의 마흐람 중 한 명과 함께 타고 이동하는 데 대한 판사님의 의견은 무엇입니까? 또한 공항에서 가정부를 픽업하여 가정부의 보증인에게 데려다주는 일을 대행하는 것은 어떻습니까? 알려 주세요.

파트와 위에 언급된 여행은 여학생들의 마흐람이 동행하지 않으므로 허용되지 않습니다. 또한 대행은 유효하지 않으며 아무런 의미도 없습니다. 여성은 마흐람 없이 여행하는 것이 허용되지 않습니다.

* 출처: ʿAbd al-Wahhāb, p.1927.

6) 마흐람이 동행하지 않는 여성의 여행

◈ 여성은 마흐람 없이 여행하는 것이 허용되지 않는다.

질 문 여성이 마흐람 없이 안전하게 비행기를 타고 여행하는 것이 가능합니까?

파트와 사도가 성지순례의 날 연설하면서 "여성은 마흐람 없이 여행하지 말라"라고 말했습니다. 그러자 한 남성이 일어나서 말했습니다. "사도시여, 제 아내가 순례를 위해 외출해야 하는데, 저는 이런이런 전투에 참가하기로 했습니다." 그러자 사도는 "군대를 떠나 아내와 함께 순례하라"고 말했습니다. 그리고 사도가 그에게 "전투를 떠나 아내와 함께 순례를 행하라"고 명했습니다. 사도는 그에게 "네 아내는 안전을 스스로 지키는가, 아니면 아내와 함께 다른 여성들이 있는가? 혹은 아내가 이웃과 함께 있는가?"와 같은 질문을 하지 않았습니다. 이는 여성이 마흐람 없이 여행하는 것은 금지된 일이라는 명백한 증거입니다. 비행기에서도 위험한 일은 일어날 수 있습니다. 우리 모두 다음을 살펴봅시다.

아내가 비행기로 여행하길 바라는 남성이 있습니다. 이 남성은 아내를 공항에 데려다주고 언제 돌아와야 합니까? 그가 비행기 탑승장에서 아내를 보내고 돌아온다면 아내는 마흐람 없이 대기실에 남겨질 것입니다. 아내가 비행기에 탑승할 때까지 함께 들어간다고 가정한다면, 비행기가 이륙했다가 회항할 가능성은 없습니까? 비행기가 돌아올 수도 있습니다. 비행기가 기계적인 결함이나 기상 상태에 따라 회항하는 일이 종종 일어납니다. 아내의 여행이 순조롭게 진행되어 목적지에 무사히 도착했으나 공항이 매우 복잡하거나 기상이 적절하지 않아서 다른 지역에 비행기가 착륙했다고 가정해 봅시다. 이 또한 일어날 수 있는 일입니다. 비행기가 예정된 시간에 이륙하고 예정된 시간에 목적지 공항에 착륙했는데 마중 나오기로 한 마흐람이 예상치 못한 사고로 공항에 오지 못하는 경우를 가정해 봅시다. 아니면 이런 가능성을 배제하고 마흐람이 제 시간에 도착했다고 합시다. 그래도 위험이 도사리고 있습니다. 비행기 안에서 아내 옆에 누가 앉습니까? 여성이 앉으리라는 보장이 없습니다. 아내 옆에 남성이 앉을 수도 있습니다. 이 남성이 알라를 믿지 않는 사람일 수도 있습니다. 이 자가 귀하의 부인을 향해 웃고 말을 걸고 농담을 하거나, 연락처를 물어보거나, 본인의 연락처를 줄 수도 있습니다. 가능하지 않다고 할 수 있습니까? 누가 이런 위험에서 자유로울 수 있습니까? 그렇게 보면 설명하거나 조건을 달지 않고 '마흐람 없는 여성의 여행을 금지'한 사도의 지혜를 알 수 있습니다.

당신은 "사도는 미래를 알지 못했고 비행기에 대해 알지 못했으니, 사도의 말을 비행기 여행이 아닌 낙타 여행에 대한 의미로 해석하여 여성은 마흐람 없이 낙타 여행을 해서는 안 된다"라고 생각할지도 모릅니다. 따이프와 리야드 사이의 거리를 가려면 과거에는 한 달이 걸렸지만 지금은 비행기로 1시간 15분이면 된다는 것을 사도는 알지 못했으니까요.

이에 대한 저의 답변입니다. 사도는 미처 알지 못했더라도 알라께서는 알고 계십니다. 알라께서 "이 성서를 너희들에게 계시하사 이로 하여 모든 것을 설명하라. 이는 믿는 자들을 위한 길이요 은혜요 복음이라"〈코란 나흘(16)장 89절〉라고 말씀하셨습니다. 여러분이 여성이 마흐람 없이 여행하도록 묵인하는 현상에 대해 경고합니다.

제가 또 경고하고자 하는 것은 시내에서 여성이 남성 운전자와 단 둘이 있는 것입니다. 이는 위험한 일입니다. 또한 아내가 남편의 친척과 함께 집에 단 둘이 있는 것을 경고하는 바입니다. 이에 관해 사도가 받았던 질문이 있습니다. 사도가 "너희들이 여성이 있는 곳에 들어가는 것을 조심하라"라고 말하자 사도를 따르는 한 남성이 말했습니다. "사도이시여, 하므으(Ḥamw)98는 어떻게 합니까?" 그러자 사도는 "후마는 죽음이다"라고

98_ 남편의 형제들과 남자 친척들.

답했습니다. 이는 가장 강력한 경고입니다.[99]

몇몇 학자들이 사도의 말 '후마는 죽음이다'의 의미에 대해 "후마가 형제의 아내가 있는 곳에 같이 있는 것은 죽음을 피할 수 없게 된다"라고 풀이하고 있습니다.

* 출처: ʿAbd al-Wahhāb, pp.1927-1928.

◈ 무슬림 여성이 항공사에서 승무원으로 일하거나 호텔에서 일하는 것은 금지된 일이다. 마흐람 없이 여행을 하게 되고 칼와에 처할 수 있기 때문이다.

질 문 무슬림 여성이 항공사 스튜어디스나 호텔 종업원으로 일하는 것이 가능합니까?

파트와 첫째, 여성이 항공사 승무원으로 일한다는 것은 남편이나 마흐람 없이 여행하게 된다는 것입니다. 게다가 남성들의 시선과 접촉에 노출되므로 이는 허용되지 않습니다.

둘째, 호텔 근무는 많은 유혹을 불러 일으키고 외간 남자들과 같이 있게 만듭니다. 또한 외간 남자와 단 둘이 남겨질 수도 있습니다. 이런 일에 사악함과 부정이 있습니다.

* 출처: ʿAbd al-Wahhāb, p.1923.

(7) 칼와(Khalwah)

다른 남성 또는 여성들이 함께 있지 않은 상태에서 남성이 외간 여성과 동석하는 것은 금지된다. 이에 대한 근거로 예언자가 "마흐람이 동행한 여성을 제외하고 남성이 여성과 단 둘이 있도록 하지 말라"(무슬림 전승)라고 말한 하디스가 있다. 또한 약혼한 남녀가 단 둘이 있는 것도 남성이 외간 여성과 있는 칼와로 여겨지기 때문에 같은 판단이 적용된다. 여성이 마흐람인 남성과 단 둘이 있는 것은 허용된다. 그리고 혼인한 남녀의 경우에 칼와가 곧 성관계를 가진 것과 동일하게 여겨지는 것은 아니다.

99_ 무슬림의 하디스 2172 a.

◈ **칼와는 간통과 간통에 대한 구실을 막기 위함이다. 이의 근거로 하디스 "남성은 여성과 단 둘이 있지 말아라, 이 둘의 옆의 세 번째는 사탄이 있을 것이다"가 있다.**

질 문 칼와는 사람들의 눈에서 벗어나 실내에 여성과 남성이 단 둘이 있는 것만 의미합니까? 아니면 사람들의 시선이 있다 하더라도 남성과 여성이 단 둘이 있는 모든 경우를 의미합니까?

파트와 샤리아 상으로 금지하고 있는 칼와는 사람들의 눈에서 벗어나 남남인 여성과 남성이 외부와 단절되어 있는 것을 의미할 뿐만 아니라, 남성과 여성이 소곤거릴 수 있는 장소에 둘만이 따로 떨어져 있는 것도 포함합니다. 공원이나 자동차처럼 사람들이 보고 있는 장소라고 할지라도 남녀의 대화 소리가 들리지 않는다면 둘 사이에 일이 벌어질 수 있습니다. 칼와를 금지하는 것은 간통과 간통에 대한 구실을 막기 위한 것입니다. 이 의미에 내포되어 있는 것은 사람들의 눈에서 벗어나 실제로 단 둘이 있으면 칼와로 판단한다는 것입니다.

* 출처: ʿAbd al-Wahhāb, p.1942.

◈ **직장에서 직장 동료 간에 칼와가 어쩔 수 없이 발생한다면 사직해야 한다.**

질 문 저는 남자 환자를 간호하는 일을 하는 남자 간호사입니다. 저는 공식적으로 교대 시간이 끝난 이후의 시간에는 같은 과에 일하고 있는 여자 간호사와 함께 있습니다. 이는 새벽까지 이어집니다. 어쩌면 우리 둘 간에 완벽하게 칼와가 일어나고 있을지 모릅니다. 우리 둘은 유혹에 흔들릴까 두렵습니다. 그러나 우리가 이 상황을 바꾸지 못합니다. 그렇다면 이 직장을 그만둬야 합니까? 우리에게는 생계를 이어갈 다른 직업이 없습니다. 지침을 내려 주세요.

파트와 병원 책임자들은 남자 간호사와 여자 간호사들이 교대근무를 하거나 야간 경비 업무를 위해 함께 철야 근무하는 것을 금지해야 합니다. 이는 매우 잘못된 것이며 큰 죄입니다. 또한 매우 순결치 못한 것입니다. 남성이 어떤 장소에서 외간 여성과 단 둘이 있으면 사탄이 이 둘이 부정한 짓을 하도록 꾀어서 안전하지 못하게 됩니다. 이러한 연유로 사도는 “남성은 여성과 단 둘이 있지 말아라. 이 둘의 옆의 세 번째는 사탄이 있을 것이다”라고 말했습니다. 이는 허용되지 않는 행동이며, 당신은 이 일을 그만둬야 합니다. 금지된 일을 하면 알라가 금지한 것들을 하게 되기 때문입니다. 만약 당신이 이 일을 그만둔다면 알라께서 당신에게 복으로 보상해 주실 것입니다. 알라께서 “알라를 경외하는 자에게는 하나의 나갈 길을 만들어 주시노라. 또한 예상치 않았던 곳으로부터 양식을 내려 주시느니라”〈코란 딸라끄(65)장 2~3절〉라고 말씀하셨고, “알라를 경외하는 자에게는 알라께서 그의 일을 쉽게 하여 주시노라”〈코란 딸라끄(65)장 4절〉라고 말씀하셨습니다. 여자 간호사는 항상 이 점을 경계해야 하고, 필요한 사항이 받아들여지지 않는다면 사직해야 합니다. 여러분은 알라의 명령과 알라께서 금하신 것을 지켜야 할 책임이 있습니다.

* 출처: ʿAbd al-Wahhāb, p.1943.

3. 조건부 혼인

혼인계약 당사자들은 혼인의 목적을 위반하지 않는 선에서 조건을 붙일 수 있다. 가령 노령의 남편이 자신에게 성관계를 요구하지 않을 것을 아내에게 조건으로 붙이거나, 남편이 직장에 다니고 있는 아내에게 퇴직할 것을, 남편의 아이들과 한 집에서 함께 살 수 있도록 해 줄 것을, 혹은 아내의 집에서 남편이 거주하며 생활비를 주지 않을 것을, 아내에게 고향을 떠나지 않을 것을 조건으로 붙이거나 아내가 자신 외의 다른 여성과 혼인하지 않을 것 등을 남편에게 조건으로 붙일 수 있다. 부부는 이렇게 정한 조건들을 준수해야 한다.

그러나 부부의 혼인을 비밀로 하거나 아무에게도 알리지 않는 것을 조건으로 할 수는 없다. 또한 혼인 기한을 정한다든지, 남편에게 성능력이 있음에도 아내와 성관계를 하지 않는 것을 조건으로 붙일 수 없다. 이러한 조건들은 무효이므로 이러한 조건을 지킬 필요가 없으며 조건을 지키지 않아도 혼인이 무효가 되지 않는다. 무효인 조건들을 붙였다고 해도 혼인이 무효가 되진 않기 때문이다. 즉 조건들만 무효하고 혼인은 유효하다. 예를 들어 혼인계약 조건 중의 하나로 약관을 첨부하고 양가의 대등성을 조건으로 붙인다. 혼인계약에 첨부된 약관은 아내에게 현저하게 불리한 혼인계약을 수정할 목적으로 작성하는 경우가 많다. 약관에 대한 견해는 이슬람 4대 법학파마다 다르다.

(1) 혼인계약에 설정된 약관

1) 하나피 학파

가. 유효한 약관: ① 혼인계약으로 인해 당연히 생기는 권리를 추가하거나 그 권리 행사를 확실하게 하는 약관은 유효하다. 예를 들어 남편에게 부양 의무나 마흐르의 지불 의무를 부과하거나, 아내에게 남편에 대한 복종을 의무로 지우는 약관, 또는 시아버지를 마흐르나 부양 의무의 보증인으로 세우는 약관 등이 이에 해당한다. ② 실정법이나 샤리아에 의거한 합법적인 관행에 의해 인정되는 약관도 유효하다. 예를 들어 '아내가 이혼을 원할 경우에 아내가 자신을 이혼시킬 권리를 가진다'고 하는 약관을 붙일 수 있다. 이때 이혼권은 남편의 고유한 권리이지만 남편이 그 권리 행사를 아내에게 위임하는 것이 법적으로 인정되고 있고, 이 약관은 결국 일방적 이혼권을 아내에게 위임하는 것을 약정하는 것이기 때문에 유효하다. 다른 예로 남편에게 첫날밤을 지내기 전에 약정한 마흐르의 절반을 지불하라는 약관이 있는데, 이는 혼인계약이 성립된 지역의 관행에 따라 유효하다고 본다. 마흐르의 지불 시기에 관해서는 강제집행 규정이 없기 때문이다. 이러한 약관이 유효하긴 하지만 약관을 조건으로 붙인 자는 약관을 이행할 사람이 의무를 다하지 않는다는 이유로 혼인의 해소를 청구할 수 없다.

나. 무효한 약관: 위에 기술한 유효한 약관 외의 약관이다. 예를 들어 아내의 동의 없이 남편이 또 다른 아내를 얻을 수 없게 하거나, 무슬림 부부 사이에 상속관계가 발생하지 않도록 한다거나, 아내가 무슬림이 아닌데도 부부간에 상속관계가 발생한다고 정하는 약관 등은 모두 무효이다. 왜냐하면 남편이 새

로 아내를 얻는 것에 대해 이의를 제기할 권리가 여성에게 인정되지 않고 그와 같은 관행도 없기 때문이다. 무효한 약관은 단지 해당 약관이 붙여지지 않은 것으로 간주될 뿐, 혼인계약 자체의 효력에는 영향을 미치지 않는다.

2) 말리키 학파

말리키 학파는 혼인계약에 약관을 붙이는 것에 반대하였다. 따라서 말리키 학파는 판사에게 사람들이 혼인계약에 약관을 첨부하는 것을 금지하도록 지시하기도 했다.

가. 혼인계약 본래의 효력과 모순되는 약관은 무효이다. 예를 들어 남편이 밤에 아내의 방에 머무를 의무를 지지 않는다고 하는 약관, 특정 아내를 다른 아내보다 냉담하게 대한다는 약관, 아내에 대해 부양 의무를 지지 않는다는 약관, 아내에 대해 상속권을 인정하지 않는다는 약관 등이 있다. 이와 같이 무효인 약관을 포함한 혼인계약은 첫날밤을 지내기 전이라면 혼인계약의 무효가 선고되지만, 첫날밤을 지낸 경우에는 해당 약관이 설정되지 않은 것으로 간주되고 혼인계약 자체는 효력을 유지한다.

나. 혼인계약이 지닌 본래의 효력을 명확하게 하는 약관은 유효하다. 예를 들면, 아내에 대한 남편의 부양 의무나, 남편이 밤에 아내의 방에 머무르도록 의무를 명시적으로 정한 약관은 유효하다.

다. 혼인계약 본래의 효력을 더 명확히 하지도 않고, 그에 위배되는 것도 아닌, 아내에게 유리한 약관에 대해서는 통일된 의견이 없다. 예를 들어 아내의 의사에 반해 남편이 새로이 아내를 얻는 것을 금지하는 약관, 친정에서 멀리 떨어지라고 명하는 것을 금지하는 약관 등이 있다. 일부 말리키 학파는 이와 같은 약관은 설정되지 않았던 것으로 간주되고 혼인 자체의 효력에는 영향을 미치지 않는다고 보며, 다른 말리키 학자는 이러한 약관이 구속력은 없으나 부부가 이를 존중할 것이 권장된다고 본다.

3) **샤피이 학파**

가. 혼인계약 본래의 효력에 위배되는 않는 약관은 혼인계약의 효력에 영향을 미치지 않는다.

나. 혼인계약 본래의 효력에 위배되는 약관은 혼인계약의 본질에 위배되는지 여부에 따라 다르다. ① 혼인계약의 본래 효력에 위배되지 않는 약관은 포함되지 않았던 것으로 간주되어 혼인계약 자체의 효력에 영향을 미치지 않는다. 예를 들어 남편이 새로 아내를 얻어서는 안 된다고 하는 약관, 남편은 아내와 이혼할 수 없다고 하는 약관 등이 있다. ② 혼인계약의 본래 효력에 위배되는 약관이 설정된 경우 혼인계약 자체가 무효로 된다고 해석한다. 예를 들어 남편이 아내와 이혼할 것을 약속하는 약관, 성행위를 하지 않는다는 약관, 부부간에 상속관계가 발생하지 않는다는 약관, 남편 이외의 다른 사람이 부양 의무를 진다고 하는 약관 등이 있다.

4) **한발리 학파**

가. 유효한 약관: ① 혼인계약의 본래 효력을 명문화하는 약관은 유효하다. 예를 들어 아내가 남편에게 복종할 의무가 있다는 약관, 남편이 아내에 대해 성행위를 요구할 수 있다는 약관 등이 그러하다. ② 부부의 일방에게 이익을 주지만 혼인계약의 본래의 효력이나 목적에 위배되지 않고 또한 법에 저촉되지 않는 약관도 유효하고, 부부는 이를 준수할 의무를 진다.

나. 무효한 약관: ① 혼인으로 당연히 발생하는 권리를 포기하게 하거나 박탈하는 약관은 단순히 기술되지 않은 것으로 간주되어, 혼인계약 자체의 효력에는 영향을 미치지 않는다. 예를 들어 아내의 마흐르 청구권을 박탈하는 약관, 남편이 아내에 대하여 마흐르 반환 청구 권리를 갖는다는 약관 등이 그러하다. ② 무트아(Mut'ah, 임시) 혼인[100] 약관, 시가르Shighār[101] 혼인 약관은 혼인계약 자체를 무효로 한다.

(2) 혼인계약 시 대등성

1) 하나피 학파는 신분, 혈통, 자금력, 신앙심, 선대 무슬림 등 다섯 가지에서 대등성을 요구한다.

가. 신분에서는 자유인과 노예로 구분하고 신랑이 자유인이면 신부도 자유인으로 대등해야 한다고 본다. 또한 신랑 신부의 부계존속에 노예가 포함되어 있는가를 문제 삼는다.

나. 혈통에 관해서는 아랍인끼리는 꾸라이시Quraysh[102] 부족을 제외하고는 상호간에 대등하다고 본다. 꾸라이시 부족에 속하는 아랍인이 다른 아랍인들보다 지위가 높다.

다. 자금력에 관해서는 남성이 마흐르와 부양비를 지불할 능력이 있으면 여성과 대등하다고 본다.

라. 신앙심의 유무를 대등성의 요건으로 본다.

마. 선조가 무슬림이라는 조건에 관해서는 언제부터 무슬림이었는지를 비교한다.

100_ 정해진 기간 동안만 혼인이 유지된다고 계약에 명시하는 혼인 형태로 임시 혼인이라고 한다.

101_ 맞교환 혼인으로 두 집안이 각각 여성을 상대 집안의 남성과 혼인시키려 할때 별도의 마흐르를 약정하지 않고 비유가물인 여성을 각각 상대편 여성의 마흐르로 준다.

102_ 꾸라이시: 예언자 무함마드의 11대 선조.

2) 말리키 학파

말리키는 “진실로 너희들 중 가장 알라를 경외하는 자가 알라가 보시기에는 가장 고귀한 자이니라”〈코란 후즈라트(49)장 13절〉를 인용하여 신도의 평등성을 강조하고, 신분의 차이가 혼인에 지장을 초래하지 않는다고 주장하였다. 후대에 와서 말리키 학파는 건강 상태와 자금력을 대등성 유무를 판단하는 기준으로 삼는 것이 판결 과정에서의 관행이라고 보고 있다.

3) 샤피이 학파

샤피이 학파는 신앙, 혈통, 신분, 직업, 자금력, 건강상태, 나이 등에서 대등성을 요구한다.

가. 신앙심의 유무를 대등성의 요건으로 본다

나. 혈통에 관해서는 하나피 학파와 거의 동일하다. 아랍인은 비아랍인보다도 고귀하고, 아랍인 중에서는 꾸라이시 부족이 그 외 다른 아랍 부족보다 고귀하고, 꾸라이시 부족 중에서는 예언자의 혈통이 다른 혈통보다 더 고귀하다고 본다. 여성 쪽이 남성보다도 고귀한 혈통에 속하는 경우 대등성이 결여된다고 본다.

다. 남성이 노예이면 자유인 여성과의 사이에 대등성이 결여된다고 본다.

라. 남성의 직업이 사회통념상 여성 아버지의 직업보다 낮다고 간주되는 경우에도 대등성이 결여된다고 본다.

마. 남성의 자금력이 대등성의 항목에 포함되는가에 관해서는 의견 차이가 있으나 대부분의 샤피이 학파는 이를 포함시키지 않는다.

바. 정신적 · 육체적 하자가 남편 측에 있는 경우 대등성이 결여된다고 주장하는 일부 샤피이 학자도 있다.

사. 소수의 샤피이 학파는 노년 남성과 소녀, 노년 여성과 소년 간에도 대등성이 결여된다고 본다.

4) 한발리 학파

한발리 학파는 신앙과 혈통이 남녀 간의 대등성의 유무를 판단하는 기준에 포함된다는 점에 합의하고 있다. 그러나 신분, 자금력, 직업 등 세 가지를 대등성의 요소로 포함시켜야 하는가에 관하여는 의견을 달리한다.

(3) 대등성이 결여된 경우의 혼인

1) 하나피 학파

대등성이 결여된 혼인은 유효이기는 하지만 구속력을 가지지 않는다고 본다. 후견인으로부터 혼인해소 청구를 받은 판사는 혼인에 대등성이 결여된다고 판단되면 혼인을 해소하는 판결을 내려야 한다.

2) 말리키 학파

대등성의 정의에 관한 학파의 의견이 변하고 있고 대등성이 결여된 혼인의 효력에 관한 의견도 변화하고 있다. 일반적으로는 대등성이 혼인의 유효 요건이라고 본다.

3) 샤피이 학파

여성이 후견인의 강요로 혼인계약을 체결하는 경우 대등성이 결여된 남성과의 혼인은 무효이다. 후견인이 피후견인의 허가를 얻어 대등성이 결여된 남성과 혼인을 체결한 경우에는 ① 후견인이 한 명인 경우나, 후견인이 여러 명일 때 사전에 모든 후견인의 동의를 얻고 혼인계약을 체결한 경우 그 혼인은 유효하다. ② 피후견인이 혼인 상대를 지정하고 후견인이 여러 명인데, 일부 후견인에게만 동의를 얻은 상태로 대등성이 결여된 혼인을 체결한 경우 이 혼인은 무효라고 본다. ③ 피후견인 여성이 남성을 특정하지 않고 후견인에게 혼인의 체결을 허가한 경우 대등성이 결여된 상대와 혼인계약을 체결하면 이 혼인은 무효라고 본다. ④ 남성 부계혈족 중에 후견인이 없어서 후견인을 대리하는 술탄이 여성의 허가를 얻어 대등성이 결여된 혼인을 체결한 경우에는 혼인을 무효로 해석한다.

4) 한발리 학파

일부 한발리 학파는 대등성이 유효한 혼인의 조건이므로 대등성이 결여된 혼인은 당연히 무효라고 한다. 그 근거로 예언자의 하디스 "여성은 대등한 자와 혼인하여야 한다. 후견인만이 여성을 혼인시킬 수 있다"를 들고 있다. 반면에 다른 한발리 학파 학자는 예언자 자신도 대등성이 결여된 혼인을 체결한 적이 있다는 것을 근거로 들며 대등성이 결여된 혼인이 유효하지만 혼인 취소의 여지가 있다고 본다.

4. 효력을 상실하는 혼인

혼인계약을 체결하였으나 혼인의 기본 요건을 충족하지 않았거나, 혼인의 본래 효력에 위배되는 약관이 설정되어 있거나, 대등성이 결여되었거나, 부부생활을 할 수 없는 신체적 결함 등이 있어 혼인을 계속 유지할 수 없는 경우 혼인계약의 효력이 상실된다.

◈ 배우자가 성생활을 할 수 없는 장애가 있는 경우 남편은 혼인을 파기할 수 있다. 이에 해당되는 여섯 가지 사유는 정신병, 한센병, 외음부 막힘, 외음부에 뼈 돌출, 거짓 처녀성이 밝혀진 경우, 여성의 생식기와 배변기관 및 요로가 합쳐진 경우 등이다.

질 문 저는 한 여성과 혼인했습니다. 혼인한 후에야 그녀의 외음부가 막혔다는 사실을 알게 되었습니다. 제가 어떻게 해야 하는지요?

파트와 현대에 여성과의 혼인을 파기할 수 있는 사유로는 정신병, 한센병, 외음부 막힘, 외음부에 뼈 돌출과 같은 것이 있습니다. 또 남성에게 여성이 처녀라고 알렸지만 혼인 후 처녀가 아님이 밝혀진 경우, 여성의 생식기와 배변기관 및 요로가 합쳐진 경우, 즉 이 여섯 가지 사유 중 하나라도 해당된다면 남성은 혼인을 파기할 수 있습니다. 혼인을 통해 얻을 수 있는 가장 큰 것은 쾌락이기 때문입니다.

* 출처: Muṣṭafā Murād, p.90.

◈ 배우자가 성생활을 할 수 없는 장애가 있는 경우 여성은 법원을 통해 이혼을 요청할 수 있다. 정신병, 한센병, 무성기증, 생식기 위축, 거세인 경우 여성은 남성과의 이혼을 청구할 수 있다. 또한 배우자가 에이즈나 간염 등

전염병에 걸린 경우도 이혼 사유가 된다.

질 문 제가 한 남성과 혼인했는데 혼인 후 그의 성기가 없다는 것을 알았습니다. 이 혼인을 파기할 수 있나요?

파트와 남성과의 혼인을 파기할 수 있는 불명예스러운 사유는 다섯 가지입니다. 그것은 바로 정신병, 한센병, 무성기증, 생식기 위축, 거세 등입니다. 그리고 이에 더불어 큰 피해를 입힐 수 있는 에이즈나 간염 등 전염병에 걸렸을 경우도 이혼 사유가 됩니다. 술라이만 븐 야사르(Sulaymān bn Yasār)[103]는 거세된 이븐 사나드(Ibn Sanad)가 한 여성과 혼인했을 때, 이븐 사나드에게 이 사실을 아내에게 알렸냐고 묻자 이븐 사나드는 아니라고 말했습니다. 그러자 술라이만은 이븐 사나드에게 "아내에게 그 사실을 알리고 아내로 하여금 선택하도록 하라"라고 말했습니다. 즉 이븐 사나드의 아내는 이혼을 청구할 수 있습니다.

* 출처: Muṣṭafā Murād, p.90.

◈ 이슬람 법과 도덕적인 규율을 준수하는 혼인 전문 인터넷 사이트를 이용하는 것은 금지되지 않지만 위험성이 있기 때문에 선호되지는 않는다.

질 문 요즘 인터넷 상에서 혼인 전문 사이트가 등장하기 시작했습니다. 이 사이트들은 이슬람식 혼인이라는 명칭을 사용하고 있으며 혼인을 목적으로 젊은 남성들과 여성들을 이어 주는 역할을 하고 있습니다. 이 사이트에는 전화번호나 이메일 주소 등의 교환이 금지되어 있으나 실제로 이 사이트를 통해서 남녀가 서로를 알아 가고 개인정보를 교환하고 있습니다. 그리고 상호간 사적인 일에 집중합니다. 남성이 여성의 번호를 알고 연락을 취하면서 결국 혼인이 성사되는 일도 있었습니다. 이러한 혼인 방식은 샤리아 상으로 그리고 종교적으로 위배되는 것입니까?

파트와 혼인을 목적으로 젊은 남녀 간에 사귈 기회를 제공하는 인터넷 사이트에는 두 가지 종류가 있습니다.

첫째, 이슬람 법과 도덕적인 규율을 준수하는 인터넷 사이트가 있습니

103_ 술라이만 븐 야사르: 헤지라 94년 또는 104년 또는 107년에 사망, 메디나 7대 법학자, 무함마드의 아내였던 마르얌 빈트 알하리쓰(Maymūnah bint al-Ḥārith)의 아들.

다. 이 사이트에 등록한 사람들은 나쁜 목적을 갖고 있는 비도덕적인 사람들을 최대한으로 경계하고 있기 때문에 이 사이트의 가입을 통해 좋은 기회를 잡는 것은 금지된 일이 아닙니다.

둘째, 이슬람 법 상의 규율을 준수하지 않는 사이트가 있습니다. 이러한 사이트는 제공된 정보의 불법성을 고려하지 않습니다. 이곳 가입자의 종교나 신뢰성은 알려져 있지 않습니다. 그러므로 우리는 이러한 사이트를 경계하고 유의해야 합니다. 이 사이트에 가입하여 활동해서는 안 됩니다.

그러나 어떠한 경우에도 사이트를 통해 이성을 사귀는 것은 위험하기 때문에 우리는 혼인을 위해 이러한 사이트를 이용하는 것을 반기지 않습니다.

* 출처: http://www.aliftaa.jo/index.php/ar/fatwa/show/id/582(요르단, 2012.3.31)

◈ 가명으로 혼인하였어도 그 혼인은 유효하다. 중요한 것은 이름이 아니라 사람이다.

질 문 제 남편이 저에게 "나는 다른 이름으로 혼인했기 때문에 당신과의 혼인은 합법적 혼인이 아니었다"고 말합니다. 남편이 남의 이름을 사용한 이유는 법정 소송이 걸려 있기 때문이었습니다. 남편은 현재 이름으로 신분증, 여권, 출생증명서 등을 가지고 있습니다. 이 혼인은 허용되는 건가요?

파트와 남편과의 혼인에 대한 판단은 남편이 이름을 바꿨을지라도 귀하의 후견인이 현 남편과 혼인계약을 했다면 그 혼인은 허용된다는 것입니다. 이는 당신이 살고 있는 남자가 당신의 후견인과 계약을 한 바로 그 사람이라는 의미입니다. 중요한 것은 이름이 아니라 사람입니다.

* 출처: http://www.aliftaa.jo/index.php/ar/fatwa/show/id/560(요르단, 2012.1.1)

◈ 이혼을 하고 잇다 기간이 종료되기 전에 체결한 혼인계약은 무효이다. 또한 후손의 종교를 보존하기 위해서 무슬림 여성과 혼인하는 것이 좋다.

질 문 저는 멕시코에서 혼인 경험이 있는 미국인 여성과 혼인했습니다. 그녀는 미국에서 기혼자라고 기록이 되지 않은 것을 알고 멕시코에서 이혼 소송을 했습니다. 그녀는 요르단에 와서 변호사와 연락했고 변호사는 그녀가 첫 남편과 이혼하게 되었다고 알렸습니다. 그 후 우리는 요르단에서 결혼했습니다. 그런데 그녀가 미국으로 돌아가서 아직 이혼이 성립되지 않았음을 확인했습니다. 그녀는 올해 초에 이혼 절차를 완료했습니다. 결국 우리의 혼인은 그녀가 첫째 남편과 이혼하기 전에 이루어진 것이 되어 버렸습니다. 이 상황에 대한 법적 판단은 어떻게 됩니까? 우리의 혼인이 무효가 되는 것입니까? 저에게 죄가 있는 것인지요? 이 잘못을 바로잡고 혼인을 합법화하려면 어떻게 해야 하나요? 저는 그녀와 초야를 지냈지만 지금은 함께 살고 있지 않습니다. 저는 샤리아의 판단을 듣고, 필요하다면 속죄하고 싶습니다. 그리고 이 혼인이 무효라면 어떻게 해야 하는지 알려 주십시오.

파트와 당신은 아내가 이슬람으로 개종했는지 여부를 밝히지 않았습니다. 그녀가 무슬림으로 개종했고 그 후 세 차례의 월경이 지났다면, 그리고 전 남편이 그녀를 통해 무슬림이 되지 않았다면 그녀와 전 남편의 관계는 이미 끝난 것이 됩니다. 당신이 이러한 절차를 밟은 후에 혼인했다면 그것은 유효한 혼인입니다. 만약 그녀가 개종하지 않았다면 혼인은 무효가 됩니다. 이 경우 그녀가 첫 번째 남편과의 이혼을 완료하고 세 번의 월경기간을 거쳐 잇다 기간을 끝낼 때까지 기다렸다가 혼인하십시오. 저는 알라께서 당신이 한 일에 대해 나무라지 않으시길 바랍니다. 왜냐하면 당신은 그녀가 이미 이혼을 했다고 생각했기 때문입니다. 여러 차례 용서를 빌고 올바른 일을 하십시오. 제가 당신께 조언해 드리고 싶은 것은 당신의 종교와 후손의 종교를 보존하기 위해서는 무슬림 여성과 혼인하라는 것입니다. 알라께서 "우상 숭배하는 여인이 알라를 믿기까지는 혼인하지 말라"〈코란 바까라(2)장 221절〉라고 말씀하셨습니다. 물론 키타비 여성과의 혼인은 허락되지만 코란의 절에서도 언급되어 있듯이 수반하는 위험이 큽니다.

* 출처: http://www.aliftaa.jo/index.php/ar/fatwa/show/id/1494(요르단, 2012.4.18)

◈ **남편에게 중대한 결함이나 질병이 있는 경우 혼인계약이 취소된다. 배우자 중 한 명에게서 정신병이나 나병, 백반증이 발견되었을 경우 상대 배우자는 혼인을 취소할 수 있다.**

질 문 한 남자와 혼인한 여성이 있습니다. 첫날밤을 보낼 때 이 여성은 남편이 나병 환자임을 알았습니다. 이 여성이 혼인을 취소할 수 있습니까?

파트와 배우자에게서 정신병이나 나병, 백반증이 발견되었을 경우 상대 배우자는 혼인을 취소할 수 있습니다. 그러나 만약 이러한 결함을 알고도 상대 배우자가 이를 수용했을 경우 혼인은 취소되지 않습니다. 혼인이 취소되면 여성은 자신의 세간살이 중 그 어느 것도 소유할 수 없습니다. 첫날밤을 보내기 전에 혼인이 취소되면 마흐르는 없는 것으로 되며, 첫날밤을 보낸 이후에 혼인이 취소되었다면 마흐르는 여전히 유효합니다.

* 출처: ʿAbd al-Wahhāb, p.235.

◈ 아내가 이성이 없다는 사실을 남편이 혼인 이후에 발견하고서 혼인을 파기하고자 하는 경우, 아내가 자신의 결함을 알고 있었다면 마흐르를 받지 못한다.

질 문 아내 될 사람이 지닌 결함을 모른 채 혼인하였고, 당시 아내는 이성을 갖추지 못해 판단력이 없었습니다. 아내의 후견인은 아내의 결함을 모른다고 맹세했습니다. 이 결함은 겉으로 드러나는 결함이 아니었습니다. 이 여성과 그녀의 후견인은 둘 다 이 결함을 모른다고 맹세했습니다. 우리는 어떻게 해야 합니까?

파트와 질문에서 질문자가 말하는 바는 첫날밤을 보내고 난 후를 말하는 것이라고 생각합니다. 첫날밤을 보내기 전에 생긴 일이면 문제는 분명하기 때문입니다. 첫날밤을 보낸 후 아내에게서 결함을 발견했는데, 아내의 후견인이 결함을 몰랐다고 맹세했고 이 맹세를 신뢰할 수 있다면 마흐르는 무효가 되며, 아내는 본인이 이성이 없기에 마흐르를 받지 않습니다. 또한 후견인도 마흐르를 받지 않습니다. 왜냐하면 후견인도 이러한 결함이 있다는 사실을 몰랐기 때문입니다. 마흐르는 첫날밤을 보냄으로써 정해집니다. 아내가 이성이 있고 그녀의 후견인이 결함을 몰랐다고 주장하며, 이 말이 신뢰할 수 있는 사실일 뿐 아니라 맹세도 했고 무고한 상황이라고 가정해 보겠습니다. 이때 아내가 정작 자신은 결함을 몰랐다고 한다는 것은 말이 되지 않습니다. 이성을 갖춘 인간이 자신의 결함을 모를 수가 없기 때문입니다. 감각을 속이는 모든 주장은 드러나게 마련입니다. 이 점에서 위 여성은 현혹시키려 한 점이 있었기 때문에 마흐르를 돌려줘야 합니다.
앞서 답변에서 말씀드린 것처럼 위 여성이 자신의 결함을 몰랐을 가능성도 있습니다. 본인이 볼 수 없는 신체 부위에 백반증이 있다거나 하면 그럴 수 있겠지요.

* 출처: ʿAbd al-Wahhāb, p.236.

◈ 알라와 부활을 부정하는 무신론자와의 혼인은 무효이다.

질 문 위대하신 알라의 존재와 심판의 날을 부정하는 무신론자가 무슬림 여성과 혼인할 수 있습니까?

파트와 신앙으로 필연적으로 알게되는 것을 부정하는 것은 완전히 불신 행위입니다. 하늘에서 내려온 종교들은 위대하신 알라의 존재와 심판과 대가를 받을 내세의 부활에 대해 의견이 일치하였습니다. 그러므로 알라와 부활을 부정하는 것은 명백한 불신 행위입니다. 만약 이 남성이 위에 언급한 내용을 부정하는 것이 명백하다면 무슬림 여성은 이 남성과 혼인할 수 없습니다. 이 남성이 올바로 회개를 하고 자신이 불신자였다는 것을 인정하며 이슬람으로 다시 돌아오지 않고서는 이 혼인계약은 무효입니다. 이것이 증명되고 나서야 두 사람의 혼인이 가능합니다.

* 출처: Fatāwā Sharʿīyah, p.305.

◈ 이혼한 의붓 엄마와의 혼인은 금지된다. 그 근거로 코란 니싸아(4)장 22절 "너희 아버지들이 혼인한 여자들과 혼인하지 말라"가 있다.

질 문 한 남성이 한 여성과 합법적인 혼인계약을 통해 혼인하였고, 그 후 첫날밤을 보내기 전에 이혼하였습니다. 이 남성의 아들이 위 여성과 혼인하고자 합니다. 이 혼인이 법적으로 가능한 것인지요?

파트와 이 아들은 위 여성과 혼인할 수 없습니다. 왜냐하면 그녀는 아버지의 아내였고, 알라께서 "너희 아버지들이 혼인한 여자들과 혼인하지 말라"〈코란 니싸아(4)장 22절〉라고 말씀하셨기 때문입니다. 아버지가 위 여성과 첫날밤을 보냈건 보내지 않았건 간에 혼인은 혼인입니다. 법학자들은 항렬이 아무리 멀다고 해도 첫날밤의 여부와 상관없이 부계 혈연의 아내와 혼인할 수 없다고 합의하였습니다.

* 출처:Fatāwā Shar'īyah, p.305.

5. 혼인의 종류

(1) 일부다처 혼인

이슬람은 일부다처를 허용한다. 즉 한 남성이 동시에 네 명의 아내와 혼인할 수 있는 것이다. 일부사처 혼인을 허용하는 근거는 코란 구절에 나와 있다. "고아를 공정하게 대하지 못할까 두렵다면 둘, 셋, 혹은 네 명의 여성과 혼인하라. 그러나 그들을 공정하게 대하지 못할까 두렵다면 단 한 명의 여성과 혼인하라."〈코란 니싸아(4)장 3절〉

아내들 사이의 공정함이란 기초 생활비, 의복, 거주지, 잠자리 등이 모든 아내들에게 동일하게 제공되는 것이다. 이에 대한 근거는 코란 구절에 나와 있다. "너희가 최선을 다한다 하여 아내들을 공평하게 할 수 없으리라. 한쪽으로 치우쳐 매달린 여인처럼 만들지 말라."〈코란 니싸아(4)장 129절〉

일부다처제에는 장단점이 있다. 일부다처제의 장점으로 여러 아내들에 의한 경제적인 기여도가 거론된다. 즉, 많은 미개사회에서 아내들은 일종의 재산으로 간주된다. 여성은 식량의 채취 및 생산을 위해 많은 양의 일을 할 뿐만 아니라 정치 투쟁에서 남편을 도와줄 아들을 낳고 장차 마흐르를 받을 딸을 낳아 준다. 이와 같이 아내를 여럿 거느리는 것은 부와 권력과 사회적 지위의 원천이 된다.

일부다처제는 제를 올리는 기간이나 여성의 생리기간, 그리고 출산 후 일정 기간 동안 성행위가 엄격히 금지된 사회에서 남편의 성적 욕구를 충족시켜 준다는 이점을 지니고 있다. 또한 전쟁을 비롯한 여러가지 이유로 여성의 숫자가 남성보다 많은 곳에서 모든 여자들의 성적 욕구를 충족시킬 수 있다는 이점을 지니고 있다.

일부다처제의 가족은 몇 가지 구조적인 문제들을 안고 있다. 이 문제들은 성적 질투에 관계된 것이라기보다 경제적 자원, 집안 내의 상대적 권력, 그리고 자녀들 간의 이해관계 등과 관련된 것들이다. 그러나 아내들 간에 결속이 강화되는 경우도 있다고 한다.

◈ 남편은 아내들 간에 모든 조건에서 공평하게 대해야 한다. 단, 혼인계약 이후에 공평하게 대하면 된다. 또한 혼인계약 시 아내를 공부시킨다는 조건을 포함시켰다면 지켜야 한다.

질 문 저는 혼인계약 시 남편에게 남편의 돈으로 대학원 공부를 한다는 조건을 걸었습니다. 이때 남편은 수업료에 해당하는 금액을 다른 아내에게도 제공할 책임이 있습니까?

파트와 남편이 첫째 아내에게 본인이 공부를 시키겠다 하고, 아내가 이를 혼인계약서에 조건으로 달았다면 남편은 첫째 아내를 공부시킬 의무가 있습니다. 알라께서 "믿는 자들이여, 너희의 약속을 지키라"〈코란 마이다(5)장 1절〉라고 말씀하셨고, 사도는 "너희가 지켜야 할 모든 조건 중에는 성관계로 인해 합법적으로 된 것이 있다"고 말했고,(부카리가 기록함) 하디스에 "무슬림들은 자신이 세운 조건들을 지켜야 한다"고 되어 있습니다.(부카리가 기록함)

다른 아내에게는 혼인계약서에 이 내용을 조건으로 설정하지 않았다면 교육비에 상당하는 금액을 주지 않아도 됩니다. 왜냐하면 이 조건은 혼인계약을 완결짓기 위해 필요한 내용이기 때문입니다. 아내들 사이에 공정함이 요구되는 것은 혼인계약 후이지, 혼인계약 이전이 아닙니다. 둘째 아내에게도 약간의 돈을 제공하여 보상해 주면 더욱 좋습니다. 우리는 모두가 전지전능하신 알라를 경외하면서 선의를 가지고 잘 지내길 권고합니다.

* 출처: http://www.aliftaa.jo/index.php/ar/fatwa/show/id/953(요르단, 2012.1.28)

◈ 아내들 간에 생활비와 잠자리 문제를 완전히 공평하게 한다면 첫 번째 아내가 남편의 두 번째 혼인을 막을 권리가 없다. 그러나 두 번째 혼인을 할 정당한 이유가 없다면 하지 않는 것이 좋다.

질 문 저는 혼인한 지 20년이 되었고 슬하에 아들과 딸을 하나씩 두고 있습니다. 이제 두 번째 아내를 얻고자 합니다. 그런데 제 아내가 반대하고 있습니다. 그리고 만약 제가 두 번째 아내를 얻는다면 이혼하거나 저를 거부하겠다고 합니다. 그런데 놀랍게도 많은 사람들이 제 아내의 의견에 동조합니다. 이에 제가 묻고 싶은 것은 다음과 같습니다. 제 아내가 이혼을 요구할 권리가 있습니까? 제가 두 번째 여성과 혼인하면 첫 아내가 저를 거부할 수 있습니까?

파트와 귀하가 아내와 다른 아내들 간에 생활비와 잠자리 문제를 완전히 공평하게 한다면 어떠한 경우라도 첫 아내가 두 번째 혼인을 막을 권리가 없습니다. 그러나 나는 귀하가 두 번째 혼인을 할 이유가 없다면 하지 않는 것이 낫다고 생각합니다.

* 출처: http://www.islam.gov.kw/eftaa/fatwaa.php(쿠웨이트, 2012.2.18)

◈ 아내들 간에 공평하게 대한다는 조건으로 네 명의 아내까지 혼인하는 것은 합법적이다. 그러나 정당한 이유가 없는 한 다처를 두지 않는 것이 낫다.

질 문 정당한 이유 없는 중혼에 대한 판단은 무엇입니까?

파트와 아내들 간에 공평히 대한다는 조건으로 네 명의 아내까지 혼인하는 것은 합법적입니다. 알라께서 "좋은 여성과 혼인하라, 두 번 또는 세 번, 또는 네 번도 좋으니라, 그러나 그녀들에게 공평을 베풀어 줄 수 없다는 두려움이 있다면 한 여성이나 너희 오른손이 소유한 것만 취하라."〈코란 니싸아(4)장 3절〉 그러나 정당성이 결여된 중혼은 많은 수고를 요구하며, 여러 명의 아내를 두지 않는 편이 낫습니다.

* 출처: http://www.islam.gov.kw/eftaa/fatwaa.php(쿠웨이트, 2012.3.19)

◈ **후불 마흐르의 지불은 혼인계약서에 명기된 바에 따라야 하며 이는 다른 아내의 권리를 침해하는 것이 아니다.**

질 문 후불 마흐르에 대한 판단은 무엇입니까? 후불 마흐르를 혼인한 후에 결정해도 됩니까? 후불 마흐르는 남편의 의무입니까? 만약 두 번째 아내에게 후불 마흐르를 주면 첫 번째 아내의 권리를 침해하는 것입니까?

파트와 두 번째 아내와의 혼인계약서에 후불 마흐르를 주겠다는 의무를 명기했다면 첫 번째 아내가 만족하거나 만족하지 않거나 간에 지불 일자가 도래했을 때 후불 마흐르를 지불할 의무가 있습니다.

* 출처: http://www.islam.gov.kw/eftaa/fatwaa.php(쿠웨이트, 2012.3.19.)

◈ **아내들에게 새 혼인을 알리지 않아도 혼인계약이 기본 요건을 충족하면 유효하다. 단 아내들 간에 모든 면에서 공평해야 하며, 아내가 너그럽게 동의한다면 대우가 공평하지 않아도 괜찮다.**

질 문 첫 번째 아내와 그 자식들에게 알리지 않은 두 번째 혼인에 대한 질문입니다. 남편은 새 혼인 소식을 형제와 친구들에게는 알렸습니다. 그러나 문제는 남편이 두 아내를 공평하게 대하지 않다는 것입니다. 첫 번째 아내와 같이 살면서 두 번째 아내와는 전화 통화만 합니다. 그리고 1년에 한 차례 다른 나라에 있는 아내를 방문합니다. 두 번째 아내와의 사이에 딸이 하나 있습니다.

파트와 첫 번째든 두 번째든 혼인이 합법적인 기본 요건과 원칙을 충족하였다면 다른 아내가 알건 모르건 유효합니다. 그러나 남편은 아내들 간에 잠자리나 생활비 등에 있어 공평하게 대해야만 합니다. 부당한 대우를 받는 아내가 관용을 베풀어 자신의 권리가 줄어드는 것에 동의한다면 괜찮습니다.

* 출처: http://www.islam.gov.kw/eftaa/fatwaa.php(쿠웨이트, 2012.3.20)

◈ **아내들 간에 공평하게 대한다는 조건으로 네 명의 아내까지 합법적이다. 하지만 정당한 이유가 없는 한 다처를 두지 않는 것이 낫다.**

질 문 결혼한 남성입니다. 첫 번째 아내가 의무와 합법적인 권리를 태만하지 않게 잘 지키고 있는데, 두 번째 혼인이 가능합니까?

파트와 아내들 간에 공평하게 대할 자신이 있으면 이 혼인은 가능합니다. 제 생각에는 두 번째 혼인을 하지 않는 것이 더 낫습니다.

* 출처: http://www.islam.gov.kw/eftaa/fatwaa.php(쿠웨이트, 2012.4.2)

◈ 이슬람은 아내들 간에 공평하게 대한다는 조건으로 네 명의 아내까지 허용한다.

질 문 한 기독교인이 저에게 왜 무슬림 남자들은 합법적으로 네 명의 아내까지 허용되느냐고 물었습니다.

파트와 이는 코란에 잘 나타나 있습니다. "만일 너희가 고아들을 공정하게 대처하여 줄 수 있을 것 같은 두려움이 있다면 좋은 여성과 혼인하라, 두 번, 또는 세 번 또는 네 번도 좋으니라, 그러나 그녀에게 공평을 베풀어 줄 수 없다는 두려움이 있다면 한 여성이거나 너희 오른손이 소유한 것이거늘 그것이 너희를 부정으로부터 보호하여 주는 보다 적합한 것이라" 〈코란 니싸아(4)장 3절〉, "그분이 행하신 것에 대해서는 질문을 받지 아니하나 그들은 심문을 받느니라."〈코란 안비야(21)장 23절〉

* 출처: http://www.islam.gov.kw/eftaa/fatwaa.php(쿠웨이트, 2012.3.28)

◈ 아내들 간에 공평하게 대한다는 조건으로 네 명의 아내와 혼인하는 것은 합법적이다.

질 문 저는 두 번째로 혼인했습니다. 저는 두 번째 아내에게 "나는 두 아내 간에 공평하게 할 수 없다"는 조건을 걸었고 그녀는 이를 받아들였습니다. 저에게 죄가 있습니까?

파트와 두 번째 아내가 동의하는 한 당신은 죄가 없습니다. 그러나 두 번째 아내가 공평함을 요구한다면 당신은 요구를 들어주거나 그녀와 이혼해야 합니다.

* 출처: http://www.islam.gov.kw/eftaa/fatwaa.php(쿠웨이트, 2012.4.8)

◈ 이슬람 국가 중 튀니지는 일부다처를 실정법으로 금지하고 있다. 일부다처를 원하면 이를 허용하는 다른 국가로 가야 한다.

질 문 저는 유부남이고 자식도 있습니다. 그런데 두 번째 혼인을 하고 싶다는 생각이 머리에서 떠나지 않습니다. 왜냐하면 제가 튀니지에서 아주 마음에 드는 여성을 알게 되었기 때문입니다. 제가 그 여성과 함께 그녀의 보호자와 대면했을 때 제 마음을 전했습니다. 저는 알라께 매일 간구하고, 구원예배(ṣalāt al-'Istikhārah)를 드리고 나서 마음의 안정을 찾았습니다. 그러나 이 혼인에 어려움이 많이 있습니다. 이곳 튀니지는 법으로 중혼을 금지하고 있습니다. 저는 지금 이 문제로 혼란스럽습니다.

파트와 당신에게 법에 따라 중혼을 삼갈 것을 권고합니다. 포기하시거나, 튀니지를 떠나 중혼을 허용하는 국가로 가서 그곳에 체류하면서 원하신다면 두 번째 혼인을 하면 됩니다.

* 출처: http://www.islam.gov.kw/eftaa/fatwaa.php(쿠웨이트, 2012.4.8)

◈ 무슬림 국가 중 튀니지는 일부다처를 실정법으로 금지하고 있다. 일부다처를 원하면 이를 허용하는 다른 국가로 가야 한다.

질 문 저는 튀니지 여성과 약혼하기 위해 튀니지로 왔으나 놀랍게도 튀니지는 두 번째 아내를 허용하지 않습니다. 제가 본국 쿠웨이트로 돌아온 후 혼인을 금한다는 파트와를 튀니지로부터 받고 그녀와의 연락을 끊었습니다. 물론 그동안 우리가 나눈 대화는 법을 벗어나지 않았고, 그 여성의 가족에게 일차적인 동의를 받았었습니다. 우리 두 사람의 구원 기도는 7개월이 넘도록 끝나지 않았고, 이는 우리 서로의 가슴에 안정을 가져다주었습니다. 이런 어려움 속에서도 우리 두 사람에게는 큰 희망이 있습니다. 우리의 의도가 선하다면 알라의 지고하신 능력으로 혼인이 불가능하지 않을 것이라고 우리는 말합니다. 무엇이 길이고, 이런 어려운 상황 속에서 우리가 따라야 할 충고는 무엇입니까? 튀니지 법은 중혼을 허용하지 않고 연락도 허용하지 않습니다. 우리는 서로 같은 감정을 느끼며 어떤 만남도 자제하고 있습니다. 우리가 위태로운 상황을 만들지 않았다는 것을 알려드리고 싶습니다. 알라를 향한 우리의 신심이 크기 때문입니다.

파트와 중혼을 금지하는 튀니지에 살기를 원한다면 그 법을 준수하며 중혼을 피하라고 권고합니다. 그러나 당신이 튀니지가 아닌 다른 곳에 살기로 결정한다면 혼인계약에 문제될 게 없습니다. 아내들 간에 공평하게 대하겠다는 의지가 있다면 튀니지가 아닌 다른 나라에서 혼인계약을 하세요.

* 출처: http://www.islam.gov.kw/eftaa/fatwaa.php(쿠웨이트, 2012.4.8)

◈ 남성이 두 번째로 결혼할 때는 이 사실을 모르는 신부감에게 사실대로 알려 주어야 한다.

질 문 제 남편의 친구가 한 여성과 약혼했습니다. 그런데 그 사람은 이미 유부남입니다. 그는 새 약혼녀와 그녀 가족들에게 이 사실을 알리지 않았습니다. 그는 새 약혼녀의 나라에서 자신이 유부남이라는 사실을 신부의 가족들에게 알리지 않고 혼인하려고 합니다. 그가 새 신부와 가족들에게 알리지 않은 것은 죄입니까? 새 신부에게 자신이 유부남이라는 사실을 알려야 합니까?

파트와 위 남성은 약혼할 때 약혼녀에게 이 사실을 알려야 합니다. 그리고 사실을 알고 있는 사람들은 어느 누구도 불편하지 않도록 조심스럽게 약혼녀에게 사실대로 알려 주어야 합니다.

* 출처: http://www.islam.gov.kw/eftaa/fatwaa.php(쿠웨이트, 2012.4.20)

◈ 한 아내와의 일을 다른 아내에게 알려 주지 않아도 된다. 남편의 의무인 부양비에 아내의 개인적인 비용은 포함되지 않는다.

질 문 남편은 첫 번째 아내에게 두 번째 아내와의 일을 알려야 합니까? 알려야 한다면 어디까지 알려야 합니까? 남편이 아내에게 지출하는 부양비의 한도는 어떻게 됩니까? 남편의 의무는 의식주와 질병의 치료에 관련된 비용만 제공하는 것입니까, 아니면 개인적인 비용도 제공해야 합니까?

파트와 남편은 두 번째 아내의 일을 첫 번째 아내에게 알려야 할 의무가 없습니다. 그러나 알려 주는 것이 나은 경우도 있습니다. 남편이 의무적으로 지출하는 부양비에 아내의 개인적인 비용은 포함되지 않습니다. 하지만 선의로 지불할 수 있다면 더욱 좋습니다.

* 출처: http://www.islam.gov.kw/eftaa/fatwaa.php(쿠웨이트, 2012.6.8)

◈ 아내에게 혼인 이전에 누리던 생활 수준에 맞게 생활비를 지불해야 한다.

질 문 저는 부유하고 명망 있는 가문의 여성과 혼인하였습니다. 그래서 아내의 수준에 어울리게 주택과 자동차를 마련해야 했습니다. 그 후 가난한 지역 출신의 가난한 여성과 두 번째로 혼인하였습니다. 저는 가난한 둘째 아내에게도 주택을 마련해 주고 싶습니다. 그렇다면 아내들 간의 공평함을 위해서 첫 번째 아내와 같은 급의 주택을 두 번째 아내에게도 제공해야 합니까? 이 경우 남편이 전적으로 모든 비용을 지불해야 합니까? 그리고 아내가 결혼 전에 살던 수준으로 생활비를 지출해야 합니까?

파트와 이에 대해서 법학자들은 두 가지 지침을 내리고 있습니다. 첫째, 생활비 지출에 있어서 아내들 간에 공평하게 하라. 둘째, 아내의 혼인 이전 수준에 어울리게 지출하라는 것입니다. 첫 번째의 공평성이 우선합니다.

* 출처: http://www.islam.gov.kw/eftaa/fatwaa.php(쿠웨이트, 2012.6.8)

◈ 남편은 모든 아내들과 같은 주택에 살지 않아도 된다. 편의에 따라 다른 집을 선택할 수 있다.

질 문 저는 여러 층짜리 건물이 있어서 두 아내가 그곳에서 살고 있습니다. 세 번째 아내는 다른 지역에 임차한 아파트에서 살고 있습니다. 이 집은 방의 개수나 화장실 등이 세 번째 아내에게 아주 적당하고 집 상태도 좋습니다. 세 번째 아내는 제 집에서 저와 함께 살기를 원합니다. 그러나 저는 제 소유의, 그녀만을 위한 아파트에서 따로 살게 하고 싶습니다. 세 번째 아내가 원하는 대로 제가 사는 곳으로 데리고 와야 합니까, 아니면 임차한 집일지라도 현재 아파트에 살아도 됩니까?

파트와 귀하에게 더 나아 보이는 쪽으로 하시면 됩니다.

* 출처: http://www.islam.gov.kw/eftaa/fatwaa.php(쿠웨이트, 2012.6.8)

◈ 예배를 소홀히 하는 남편이 신앙심이 있다면 인내하고 견뎌내야 하며, 신앙심이 없다면 배교자이므로 같이 사는 것이 금지된다.

질 문 저는 중혼이 법으로 금지된 유럽의 한 국가에서 남편과 살고 있습니다. 저는 남편이 혼인 전부터 시작하여 지금까지 한 여성과 부정한 관계를 맺고 있고 둘 사이에 딸이 하나 있다는 것을 알았습니다. 남편은 이 일이 밝혀지자 "당신과 결혼 생활을 하는 중에 딴 여성과 혼인했고, 이 딸은 법적으로 당신 아들의 동생이다"라고 말했습니다. 남편은 예배를 전혀 드리지 않고 아들에게 외국 이름을 지어 주었습니다. 제가 느끼기에 남편은 평생을 외국인처럼 살았으며 종교는 뒷전이었습니다. 남편은 "이 일은 나와 알라와의 관계이며 누구도 이 일에 간섭할 수 없다"고 말합니다. 저는 독실한 사람으로 제 아들이 지옥불에 떨어질까 두렵습니다. 저는 제 아들에게 종교와 선을 심어 주고 싶습니다. 또한 아들이 아버지의 사상과 신념, 행동을 닮을까 두렵습니다. 저에게는 이 아이밖에 없습니다. 알라께 저에게 축복을 주시고 아들을 지켜 달라고 기도합니다. 무책임한 애 아빠에게 무엇을 어떻게 해야 할까요?

파트와 귀하는 인내하면서 알라의 보상을 기다려야 합니다. 인간은 고통을 겪기 마련이고 인내하는 자에게 큰 복이 옵니다. "인내하는 자들에게는 복음이 있으리라, 재앙이 있을 때, 오 주여 우리는 주안에 있으며 주께로 돌아가나이다라고 기도하는 자 있나니 그들 뒤에 주님의 축복과 은혜가 있어 그들은 올바른 길로 인도되리라."〈코란 바까라(2)장 155절〉

당신은 아들이 탈선하지 않게 잘 보듬으시고 당신이 아들을 사랑한다는 것과 진정한 남자가 되기를 바란다는 것을 말해 주세요. 또한 아들에게 이 일에 대해 알리세요. 남편의 다른 아이에 대해서도 확인하세요. 남편의 친자가 맞는지, 남편의 주장과 다른 점은 없는지 잘 살펴보세요. 막연한 추측으로는 정확한 사실에 도달할 수 없습니다.

남편이 여전히 예배가 의무라고 믿는다면 예배를 소홀히 하더라도 남편이 이슬람에서 벗어났다고 생각하지 마세요. 남편과의 혼인을 파기하지 말고 남편에게 충고하면서 인내하세요. 남편의 요구가 알라가 금지하는 일이 아닌 한 순종하세요. 그러나 남편이 예배 자체를 부정하거나 전혀 예배를 드리지 않는다면 배교자로 간주되기 때문에 남편과 같이 사는 것은 금지됩니다.

* 출처: http://www.islamic-fatwa.net/fatawa/index.php?module=fatwa&id=12205(쿠웨이트, 2012.6.30)

(2) 관습 혼인(사실 혼인)

관습혼Zawāj 'Urfīy은 마으둔의 주재 하에 혼인계약이 이루어지지 않았거나, 공식적으로 법원에 등록되지 않았지만 실제로 혼인계약이 이루어진 사실혼이다. 관습혼이라도 합법적인 혼인의 기본 요건인 두 명의 계약자, 청약과 승낙, 증인, 후견인의 허락, 마흐르 등 조건이 충족되면 유효한 혼인이다.

◈ 사실혼은 혼인의 기본 요건이 충족되었으면 유효하다. 혼인의 기본 요건 중 여성의 후견인의 동의와 관련하여 하나피 학파는 여성이 성인인 경우 두 명의 증인만 충족되면 후견인의 동의가 없어도 유효한 혼인으로 인정한다. 그러나 나머지 법학파는 후견인의 동의 없이 혼인하는 것을 허용하지 않는다.

질 문 저는 21살의 처녀입니다. 저는 동갑의 남성과 혼인하고자 하나 가족에게 알리고 싶지 않습니다. 저와 남자가 아직 학업을 마치지 못해서 가족들이 지금 혼인하는 것에 반대하기 때문입니다. 그러나 우리는 혼인하고 싶습니다. 우리는 그동안 많이 만났고 대부분의 시간을 함께 보내고 있습니다. 우리는 불법을 피하기 위해 우선 사실혼 계약을 하고, 학업이 끝난 후 정식으로 혼인하기로 합의했습니다. 저는 미성년자가 아니니 후견인의 동의 없이 혼인할 수 있을까요? 혼인의 기본 요건은 무엇입니까?

파트와 대부분의 법학자들은 처녀가 후견인 없이 혼인하는 것을 허용하지 않습니다. 그러나 하나피 학파는 두 명의 증인이 충족된다면 혼인을 허용하고 있습니다. 대부분의 법학자들도 그렇겠지만 저는 당신이 법을 위반하지 않기를 충고합니다. 위반한 결과는 심각합니다.

* 출처: http://www.islam.gov.kw/eftaa/fatwaa.php(쿠웨이트, 2012.5.17)

◈ 공식적으로 등록되지 않은 관습혼이라도 혼인의 기본 요건을 충족하면 유효하다. 신부가 가족에게 혼인 사실을 알리지 않은 경우, 즉 후견인의 동의를 받지 않았을 때 혼인의 효력에 대해 법학자들은 각기 견해가 다르다.

질 문 이혼 경력이 있는 30세의 여성이 있습니다. 그녀에게는 아랍인

딸이 한 명 있고 쿠웨이트에 거주하고 있습니다. 그녀는 한 청년과 관습 혼인을 하였습니다. 증인이 참석했고 승낙이 있었으며, 가까운 친구들에게도 알렸습니다. 그러나 그녀는 자신의 가족에게는 혼인을 알리지 않았습니다. 이는 남성이 혼인할 준비가 되어 가족에게 정식으로 알리기 전까지 임시방편으로 혼인하기 위한 의도였습니다. 하지만 그들은 지금 서로 다른 나라에서 살고 있고 남성은 이미 유부남이 되었습니다. 어쩔 수 없이 이러한 길을 선택한 것입니다. 이 혼인은 유효한 것입니까? 가족에게 알리지 않은 것에 대한 판단은 무엇입니까?

파트와 부부가 성숙하고 이성적이며 신부가 이혼 후 잇다 기간이 끝난 이후에 청약과 승낙, 그리고 두 명의 증인 입회 하에 혼인식을 올린 경우, 일부 이슬람 법학자들은 이 혼인을 유효하다고 봅니다. 그러나 다른 법학자들은 신부 측의 후견인이 동의하지 않았으므로 이 혼인이 유효하지 않다고 봅니다.

* 출처: http://www.islam.gov.kw/eftaa/fatwaa.php(쿠웨이트, 2012.2.18)

◈ 관습 혼인이라도 혼인 요건들을 충족한다면 두 당사자는 혼인계약 날짜부터 합법적인 부부이다.

질 문 이전에 관습 혼인을 한 상태에서 다시 법적인 혼인계약으로 혼인하려면 먼저 이혼하고 나서 다시 정식으로 혼인계약을 해야 하나요? 아니면 관습혼의 계약을 없던 일로 치부하고 법적인 혼인계약을 체결해도 되나요?

파트와 관습혼이 법적인 조건들을 충족하는 혼인계약이라는 것을 입증하기 전에는 이혼하지 말아야 합니다. 그리고 관습혼 계약이 법적인 규정들을 충족한다면 두 사람은 관습혼 계약 날짜부터 합법적인 부부입니다.

* 출처: http://www.islam.gov.kw/eftaa/fatwaa.php(쿠웨이트, 2012.1.13)

◈ 사실혼은 합법적인 혼인 기본 요건들을 충족하는 경우 혼인계약 날짜부터 유효한 혼인이다. 그러나 사실혼은 권장되지 않는다.

질 문 사실혼에 대한 판단은 어떻습니까? 사실혼은 여성의 후견인이 참석하는 것을 조건으로 합니까?

파트와 사실혼은 합법적인 기본 요건들을 모두 충족하지만 정부 당국에 공식적으로 등록되지 않은 혼인입니다. 이에 대하여 법학자들은 이즈마으(합의)로 의견의 일치를 보입니다. 그러나 사실혼을 하면 부부의 권리가 침해될 소지가 다분하기 때문에 권하지 않습니다. 분별 있는 신부 후견인의 동의에 관해 법학자들의 견해는 다양합니다. 일부 법학자들은 후견인의 동의를 유효한 사실혼의 조건으로 달고 다른 일부 법학자들은 그렇지 않습니다.

* 출처: http://www.islam.gov.kw/eftaa/fatwaa.php(쿠웨이트, 2012.2.18)

◈ 첫 번째 아내에게 알리지 않고 두 번째 아내와 관습혼 계약을 하는 것은 합법적인 혼인계약 요건을 충족한다면 유효하다. 하지만 이는 인생에 부정적인 영향이 미칠 것으로 보이므로 권장하지 않는다.

질 문 제가 이곳에서 새 여성과 혼인할 수 있습니까? 저의 첫 아내는 제가 살고 있는 나라에 같이 있습니다. 하지만 저는 새 신부와 관습혼으로 혼인하려 한다는 사실을 제 아내에게 알리고 싶지 않습니다. 관습혼을 하는 것과 이를 첫 번째 아내에게 알리지 않는 것이 허용되나요?

파트와 귀하가 첫 번째 아내에게 알리지 않고 합법적인 요건을 완전히 충족하는 관습 혼인을 하신다면 그 혼인은 유효합니다. 그러나 저는 말씀하신 혼인을 권장하지 않습니다. 왜냐하면 그 혼인은 귀하의 삶에 부정적인 영향을 끼치게 될 것이기 때문입니다.

* 출처: http://www.islam.gov.kw/eftaa/fatwaa.php(쿠웨이트, 2012.2.4)

(3) 무트아(Mut'ah, 쾌락) 혼인(임시 혼인)

무트아 혼인은 정해진 기간 동안만 유지된다고 계약에 명시하는 혼인 형태이다. 혼인계약에 조건으로 이혼 의사가 명시되어 있지 않다면 추후에 남성은 이혼이 가능하다. 만약 이혼 의사가 계약서에 조건의 형태로 명시되어 있다면 이는 이혼할 의사를 가지고 혼인하는 것이므로 이 혼인은 허용되지 않는다. 여성은 이혼을 꺼리고 해악이라고 여기기 때문이다. 따라서 남성이 추후에 이혼할 의사를 가지고 혼인계약을 맺는 것은 기만 행위로 간주되며, 이는 금지된 것이다. 이러한 의도를 갖는 자는 죄인으로 간주된다.

◈ 무트아 혼인, 미스야르(Misyār, 여행) 혼인, 관습혼(사실혼)이 혼인계약의 기본 요건을 충족하였다면 모두 합법적이고 유효하다.

질 문 판사님, 저는 제 친구와 무트아 혼인에 관한 이야기를 나누었습니다. 그렇지만 저는 이러한 형태의 혼인에 대해 잘 모르겠습니다. 제 친구는 저에게 미스야르 혼인과 무트아 혼인을 비교해 주었습니다. 이 두 가지 혼인에 대해서 알려 주세요. 이슬람은 이러한 혼인을 어떻게 판단하는지요? 이 주제에 대해서 친구와 토론할 수 있게 답변을 보내 주세요.

파트와 무트아 혼인은 혼인 기간이 정해져 있는 일시적인 혼인으로 한 달, 1년 이상 혹은 1년 이하로 계약 기간이 혼인계약서에 명시되어 있습니다. 이 혼인은 무효이며 무슬림에게 금지되어 있습니다. 미스야르 혼인은 무트아 혼인과 다른 혼인으로 남편이 여성에게 규칙적으로 생활비를 주지 않고 여성의 집에서 거주하지도 않는다는 단서가 붙은 혼인입니다. 미스야르 혼인이 청약과 승낙, 두 명의 증인, 여성 후견인의 동의와 같은 혼인의 기본 요건을 충족하였다면 이는 유효한 혼인이라는 것이 법학자들 대부분의 의견입니다. 단, 함께 거주하지 않고 생활비를 지불하지 않는다는 조건은 무효한 조건으로 간주됩니다. 아내는 혼인 후에 남편에게 생활비와 동거를 요구할 수 있습니다.

* 출처: http://www.islam.gov.kw/eftaa/fatwaa.php(쿠웨이트, 2012.5.17)

◈ 혼인계약을 체결한 뒤 마흐르를 정하지 않은 채 첫날밤을 보내지 않았을 경우 마흐르에 대한 신부의 권리는 사라지며, 무트아 혼인을 한 것으로 간주된다.

질 문 남성과 여성이 혼인한 후 초야를 보내지 않고서 4년을 보냈습니다. 이 4년이 지난 후 남편은 아내와 이혼하고 다른 여성과 혼인했습니다. 마흐르는 여전히 남아 있는 상태이고 남편은 마흐르 일부를 지불하지 않았습니다. 나머지 마흐르는 초야를 보내며 지불하는 것입니다. 이런 상황에서 샤리아에 따라 아내와 아내의 보호자는 재혼한 전 남편이 쥐고 있는 나머지 권리를 획득할 수 있습니까? 이혼하고 재혼을 하는데 한 달도 지나지 않았습니다. 파트와를 내려 주시기 바랍니다.

파트와 혼인계약을 한 뒤 첫날밤을 보내지 않고 이혼하는 남성은 정해진 마흐르의 절반을 아내에게 지불해야 합니다. 그러나 이와 같은 권리는 마흐르를 정하지 않았고 첫날밤도 보내지 않았을 때는 사라지며, 두 사람이 무트아 혼인을 한 것으로 간주됩니다. 이는 부유하건 가난하건, 이 아내와 혼인하건 혼인하지 않건, 혼인 기간이 길든 짧든 간에 상관없이 똑같이 적용됩니다. 마흐르나 기타 사안을 두고 부부간에 갈등이 있다면 법원으로 가서 판결을 받으십시오.

* 출처: http://www.alifta.com/Fatawa/FatawaChapters.aspx?View=Page&PageID=7550&PageNo=1&Book ID=3(사우디아라비아, 2012.4.29)

(4) 미스야르(Misyār, 여행) 혼인

미스야르 혼인이란 남성이 직장이나 기타 다른 업무로 타지에서 머무르는 동안에 혼인하는 형태이다. 미스야르 혼인은 아내에게 생활비를 지출하지 않아도 되고 모든 것을 다른 아내들과 공평하게 나누지 않아도 된다. 최근에는 사우디아라비아 남성들이 이집트에 여행 가서 나이 어린 여성들과 미스야르 혼인을 하고 귀국할 때 이혼을 하는 사례들이 발생하여 이를 관광 혼인Zawāj al-Siyāḥah이라 부르기도 한다. 미스야르 혼인이 유효한 혼인인가에 대해 사회적인 논란이 이어지고 있다.

◈ 미스야르 혼인은 샤리아 상 합법적인 혼인이다. 일부 사람들은 미스야르 혼인을 합법적인 간통이라고 보기도 한다.

질 문 미스야르 혼인은 금지된 것입니까? 금지되었다면 그 근거는 무엇입니까? 미스야르 혼인과 순나 혼인의 차이는 무엇입니까?

파트와 미스야르 혼인은 최근에 등장했습니다. 이 혼인은 아내에게 지출을 하거나 다른 아내들과 분배하지 않는다는 조건이 있습니다. 혼인 기본요건과 조건들이 충족되었다면 이는 유효한 혼인입니다. 단서가 포함되어 있으면 무효입니다.

* 출처: http://www.islam.gov.kw/eftaa/fatwaa.php(쿠웨이트, 2012.4.5)

◈ 미스야르 혼인, 무트아 혼인, 관습혼은 모두 합법적이고 유효한 혼인이다.

질 문 미스야르 혼인, 무트아 혼인, 관습 혼인 간의 차이가 무엇입니까? 이 중 합법적인 것은 무엇입니까?

파트와 미스야르 혼인은 조건을 충족시킨 혼인이지만 그 조건에는 남편이 아내에게 집을 제공하거나 생활비를 준다는 조건이 없습니다. 이는 유효한 혼인이며, 그 조건에는 잘못이 없습니다. 무트아 혼인은 특정한 기간을 조건으로 거는 혼인입니다. 예를 들어 하루, 한 달, 1년 등과 같이 말입니다. 이 혼인은 무효이며 법으로 금지되어 있습니다. 관습혼은 조건을 충족한 혼인이지만 공식적인 등록은 하지 않는 것입니다. 이 역시 유효한 혼인이지만 권리에 대해 이견이 생길 경우 만족하지 못할 것입니다.

* 출처: http://www.islam.gov.kw/eftaa/fatwaa.php(쿠웨이트, 2012.4.5)

(5) 시가르(Shighār, 맞교환) 혼인

시가르 혼인은 혼인의 한 종류이다. 두 집안이 각각 여성을 상대 집안의 남성과 혼인시키려 할 때 별도의 마흐르를 약정하지 않고 비유가물인 여성을 각각 상대편 여성에게 마흐르로 주게 된다.

시가르 혼인은 바람직한 혼인은 아니지만 유효하다. 시가르 혼인시 아내는 자신의 가치에 상응한 마흐르를 받아야 한다. 시가르 혼인에서 받는 여성의 마흐르는 마흐르로 적합하지 않으므로 이에 상응한 마흐르가 지불되어야 한다. 아부 후라이라가 전승하였다. "아버지가 딸이나 여동생을 한 남자와 혼인시키고 그 남자의 딸이나 그의 여동생과 혼인을 하며 혼인시 두 남자 간에 마흐르를 지불하지 않는 시가르 혼인을 알라의 사도가 금하셨다."

◈ **시가르 혼인의 경우 양가의 두 여성이 각각 마흐르가 되며 합법적인 혼인이다. 단 한쪽 부부가 이혼할 경우 다른 부부도 이혼한다는 조건이 없어야 한다.**

질 문 한 남성이 마흐르를 주고 한 여성과 혼인했습니다. 혼인 후 여성의 아버지(남성의 장인)는 자신의 아들과 사위의 여동생을 혼인시키자고 제안했고 그녀만 괜찮다면 문제될 게 없다고 말했습니다. 여동생은 이에 동의했습니다. 이 혼인은 가능합니까, 금지됩니까?

파트와 이 혼인은 아무런 문제가 없는 혼인이며 금지된 것은 맞교환 형식입니다. 맞교환 혼인이란 혼인에 있어서 상호 교환이 이루어지는 것을 뜻합니다. 이 경우 남성은 마흐르 없이 여성과 혼인하고 여성의 남자형제와 남성의 여자형제도 마흐르 없이 혼인하는 것입니다. 이는 곧 두 여성이 서로의 마흐르가 되는 것을 의미합니다.

이러한 혼인 형태는 금지됩니다. 그러나 일정한 마흐르가 있고 둘 중 한 명, 예를 들어 한쪽 아내가 이혼당했을 때 다른 부부도 자동적으로 이혼하도록 조건을 달지 않는다면 이 혼인은 문제가 되지 않습니다.

* 출처: Muṣṭafā Murād, p.92.

(6) 기타 혼인

◈ **상처 부위를 맞대어 피로 맺는 혼인은 합법적인 혼인의 기본 요건이 충족되지 않으면 간음으로 여겨진다.**

질 문 혈혼(血婚)에 대한 판단을 알고 싶습니다.

파트와 최근 젊은이들 사이에 유행하는, 피로 맺은 혼인은 다음과 같습니다. 남성과 여성이 각자의 손가락에 상처를 내서 그 상처를 상대방의 상처에 맞댑니다. 후견인이나 증인 그리고 마으둔 및 혼인 조건 없이 이렇게 혼인의 합법적인 요건이 충족되지 않은 채 계약을 맺고 두 남녀가 성관계를 갖습니다. 이처럼 터무니없는 혼인의 근거라고는 남녀의 피가 상처를 통해 합쳐지는 것뿐입니다. 물론 이것은 혼인이 아니라 간음입니다.

* 출처: Muṣṭafā Murād, p.92.

◈ 사회가 변하면서 히바(Hibah, 선물) 혼인이라는 새로운 혼인 형태가 생겨났는데 이는 허용되지 않는다. 이에 대한 근거로 "예언자에게 스스로를 의탁하고자 하는 믿음을 가진 여성들은 예언자가 혼인하고자 원할 경우 그대에게는 허용되나 다른 믿는 사람들에게는 허용되지 아니함이라"〈코란 아흐잡(33)장 50절〉이 있다.

질 문 히바 혼인이 허용되는지 알고 싶습니다.

파트와 최근에 들어 히바 혼인이라는 형태가 생겨났습니다. 이것은 한 여성이 자신이 사랑하는 남성에게 가서 "내 자신을 당신께 드립니다(의탁합니다)."라고 말하는 것입니다. 그러나 이것은 예언자에 국한된 것일 뿐, 다른 어느 누구도 동일한 권리를 가질 수 없습니다. 알라께서 "예언자에게 스스로를 의탁하고자 하는 믿음을 가진 여성들은 예언자가 혼인하고자 원할 경우 그대에게는 허용되나 다른 믿는 사람들에게는 허용되지 아니함이라"〈코란 아흐잡(33)장 50절〉라고 말씀하셨습니다. 그러므로 어느 누구도 약혼 도중, 혹은 그 전후에 예언자 이외에는 이러한 행위를 할 수 없습니다. 무슬림 여성들이여, 악마의 속임수에 넘어가지 마십시오.

* 출처: Muṣṭafā Murād, p.92.

◈ 사회가 변하면서 인터넷을 통한 혼인이라는 새로운 혼인 형태가 생겨났는데, 합법적인 혼인의 기본 요건이 충족된다면 허용된다.

질 문 부모의 무관심 속에 인터넷 혼인이 유행하고 있습니다. 이 혼인에 대한 판단은 무엇인지요?

파트와 요즘 인터넷 상에 혼인 전문 사이트들이 생겨나고 있습니다. 그 사이트를 통해 젊은 남녀가 자신의 사진을 올리고, 아무런 감시도 없이 남녀가 오랜 시간 동안 대화할 수 있으며 이를 통해 친밀한 관계가 형성됩니다. 하지만 이 관계는 속임수와 날조, 전통 위배, 샤리아에 대한 반발을 근간으로 형성된 것이고 결국에는 끝나게 되는 관계입니다. 왜냐하면 젊은 남성 혹은 여성은 돈이나 아름다움, 혹은 다른 여러 종류의 욕망을 충족시키기 위해 떠나게 되기 때문입니다. 인터넷 혼인은 몰래 이루어지는 것이고 보호자의 허락 없이 행해지며 불륜으로 이어질 수 있기 때문에 하람입니다. 인터넷 혼인을 통해 한 여성이 두 명 혹은 그 이상의 남성과도 혼인할 수 있게 됩니다. 인터넷 상에서는 상대 여성이 살고 있는 국가에서 유부녀인지 여부를 모르고, 그녀의 성품이나 도덕성 등을 알 수 없기 때문에 위험한 것이 사실입니다. 또 정식으로 혼인하기 전에 남녀가 단 둘이 있는 상황을 만들기 때문에 인터넷 혼인은 하람입니다. 그러나 법적인 잘못이 없고 혼인의 기본 요건이 충족된다면 허용됩니다.

* 출처: Muṣṭafā Murād, p.545.

◈ 인간과 정령 간의 혼인을 이슬람 법학파들은 인정하지 않는다.

질 문 저는 이븐 타이미야(Ibn Taymīyah)의 파트와를 읽었습니다. 그는 인간과 정령 간의 혼인을 허용하였습니다. 이것이 사실인가요?

파트와 이슬람 법학자 대부분은 인간과 정령 간의 혼인을 허용하지 않습니다. 알라께서 "너희 자신들로부터 배필을 창조하여 그 배필과 함께 살게 하심도 그분 예정의 하나이며 그분은 또한 너희 간에 사랑과 자비를 주셨으니 실로 그 안에는 생각하는 백성을 위한 예증이 있노라"〈코란 로움(30)장 21절〉라고 하셨습니다.

* 출처: Muṣṭafā Murād, p.545.

6. 부부의 권리와 의무

부부란 혼인계약을 체결하고 그 계약이 지속되고 있는 남성과 여성을 말한다. 부부간에는 서로 존중해야 할 사항이 있다.[104]

가. 부부 중 한 사람이 다른 배우자의 의무 이행을 막을 수 없다. 이 의무 중에는 친족으로서의 의무, 순례 여행, 라마단 달의 금식 등이 있다.

나. 부부는 서로 수용가능한 방식으로 조언을 아끼지 말아야 한다. 예를 들어 예배를 소홀히 하는 사람에게 예배를 드리도록 조언하고, 할랄을 지킬 것을 권고하고, 치부를 드러내는 옷이나 노출이 심한 옷을 입지 말도록 조언하는 것 등이 있다. 이에 대한 근거는 다음 코란 구절에 나와 있다. "믿는 사람들이여 인간과 돌들이 연료가 되어 타고 있는 불로부터 너희 자신과 너희 가족을 구하라."〈코란 타흐림(66)장 6절〉

다. 부부는 배우자의 존엄성과 종교에 해를 끼치지 말며 배우자가 나쁜 평판을 듣지 않도록 지켜 주어야 한다. 남편은 술주정뱅이나 방탕한 자들 사이에 아내를 앉히지 말아야 하고, 평판이 나쁜 지역에 아내를 거주시키지 말아야 한다. 아내는 여성들이 가득한 시장에 남편을 들여보내지 말며 민망한 속옷을 고르는 동안 남편을 세워 두지 말아야 한다.

라. 부부는 배우자에게 기쁨을 주기 위해 노력할 의무가 있다. 부

104_ Muḥammad Rawās Qal'ah Jī, p.1034.

부는 상냥하게 말하고, 재미있는 이야기를 나누며, 청결, 치장 등을 통해 배우자에게 기쁨을 주기 위해 노력할 의무가 있다. 이에 대한 근거는 다음 코란 구절에 나와 있다. "사람들이 그대에게 여성의 생리에 관해 묻거든 이는 깨끗한 것이 아니라 일러 가로되 생리 중에 있는 여성과 멀리하고 생리가 끝날 때까지 가까이하지 말라. 그러나 생리가 끝났을 때에는 가까이 하라 이는 알라의 명령이니라."〈코란 바까라(2)장 222절〉

마. 부부는 합법적으로 서로 향유한다. 부부는 모든 종류의 향락과 성관계가 가능하다. 단, 항문 성교는 예외이다.

바. 부부는 상대방을 존중하고 서로의 재산을 존중해야 한다. 그러므로 남편은 아내의 허락 없이 아내의 재산에 손댈 수 없다. 또한 아내도 남편의 재산에 손댈 수 없다. 단, 생활비나 기부금 등 샤리아와 관습상 허용되는 것은 제외한다.

사. 부부 중 한 배우자가 사망한 경우 남은 배우자는 사망한 배우자의 사체를 염할 수 있다. 또한 남편은 첫 번째로 아내의 관을 하관한다.

아. 부부 중 한 사람이 사망하면 생존한 배우자가 사망한 배우자의 유산을 상속한다.

자. 아내가 아이를 낳은 경우 남편이 자신의 친자임을 부정하지 않는 한 이 아이는 남편에게 귀속된다.

차. 집기의 소유권이 불분명한 경우 여성용품은 아내 소유이고 남성용품은 남편 소유이다. 남성과 여성 모두에게 관련된 용품이고 누구의 소유인지 불분명한 경우에는 남편의 소유로 한다. 남편은 생활비를 책임지고 아내는 생활비를 함께 책임지지 않는다.

카. 부부간에 갈등이 발생하면 서로 협력해서 해결해야 한다. 해결이 불가능한 경우 가족 구성원 중 한 사람이 중재인이 될 수

있다. 이에 대한 근거는 다음 코란 구절에 나와 있다. "너희 배우자 사이에 헤어질 우려가 있다면 남자 가족에서 한 사람 여자 가족에서 한 사람 중재자를 임명하라. 만일 화해를 원한다면 알라는 그들을 다시 한마음으로 하시나니."〈코란 니싸아(4)장 35절〉

◈ **남편은 아내의 보호자이므로 아내에게 충고할 권리가 있고 부부 생활에 지장을 줄 경우 종교적 근행도 막을 권리가 있다. 또한 일반적으로 허용된 행위를 아내가 하지 못하도록 제지할 권리가 있다.**

질 문 남편은 아내가 핸드폰을 사용하지 못하게 막거나 자동차 운전을 막을 권리가 있습니까?

파트와 남편이 아내에게 금지할 권리를 가진 일들은 다음과 같습니다.

첫째, 이슬람 법에서 금지된 일입니다. 남편은 아내에 대해 책임을 지는 보호자이므로 종교에 관련하여 아내에게 충고할 권리가 있고 이를 통해 아내가 금지된 행위를 저지르는 것을 막을 수 있습니다. 알라께서는 "믿는 사람들이여 인간과 돌들이 연료가 되어 타고 있는 불로부터 너희 가족을 구하라. 그 위에 천사가 있어 알라께서 명령한 대로 거역하지 아니하고 명령받은 대로 엄하게 행할 뿐이라"〈코란 타흐림(66)장 6절〉라고 말씀하셨습니다.

둘째, 의무가 아닌 권장되는 아내의 종교 근행이 남편의 권리와 상충할 때입니다. 자발적 금식, 순례, 소순례 등을 이행하는 것이 부부 생활에 지장을 줄 경우 남편은 이를 막을 수 있습니다.

셋째, 일상 생활에서 일반적으로 허용된 일들이 남편이 아내를 대하는데 있어 문제가 될 경우 이를 부분적으로 제한할 수 있습니다. 그 예로는 아내가 남편의 허락 없이 외출하는 것, 남편이 동의하지 않은 남성이나 여성을 집안으로 들이는 일 등이 있습니다. 아부 후라이라에 따르면 예언자가 "여성은 남편의 허락 없이는 금식을 할 수 없으며 남편의 집에서 마음대로 사람을 들일 수 없다"라고 말했습니다.

위에 언급된 내용에 의거하여 남편은 아내의 외출이나 자동차 운전을 막을 권리를 갖고 있지만 아내가 허용된 범위 내에서 휴대전화를 사용한다면 이것을 막을 수는 없습니다. 그러나 아내가 금지된 목적을 위해 휴대전화를 사용한다는 의혹이 있거나 증거가 있다면 남편은 가장의 권위와 집안의 평화를 위하여 이것을 막을 수 있습니다. 남편은 아내의 통화 내용에 대해 의심을 품기 때문에 휴대전화 사용을 막는 것으로 보이는데 아내가 남편의 신뢰를 얻는다면 이러한 일은 일어나지 않을 것입니다. 물론 사람마다 원인은 다양합니다.

* 출처: http://aliftaa.jo/index.php/ar/fatwa/show/id/914(요르단, 2012.5.16)

◈ 아내는 남편을 거짓말쟁이로 만들지 말아야 하며 믿고 따라야 한다.

질 문 남편이 코란에 맹세를 했음에도 불구하고 아내가 남편을 불신하는 것이 허용되는 일입니까?

파트와 믿는 자들에게 알라를 경외하는 일 다음으로 행실이 바른 아내를 얻는 것보다 더 유익한 일은 없습니다. 예언자는 "알라를 믿는 자들은 행실이 바른 아내를 얻는 복을 받을 것이다. 그들은 남편이 명령하면 순종하고, 남편이 아내를 바라보면 남편을 기쁘게 하며, 남편이 아내에게 맹세하면 그것을 믿고 따르며, 남편이 떠나 있으면 아내는 자신의 마음과 남편의 재산을 성실히 관리한다"라고 말했습니다. 이를 이븐 마자(Ibn Mājah)[105]가 전승했습니다.

아내는 남편을 신뢰해야 하고 애초에 그가 종교를 걸고 맹세하게끔 하지 말아야 합니다. 왜냐하면 종교를 걸고 맹세하는 것은 한 사람의 진실을 증명하고 그의 말을 강조하며, 상대방에게 신뢰를 주는 일이자 사람들 간에 화해를 도모하는 것이기 때문입니다. 인간이 어떠한 일에 대해 맹세한다면 상대방은 알라의 이름을 존중하고 찬미한다는 의미로 이것을 받아들이고 신뢰해야 합니다. 아내는 근거 없이 남편의 말을 거짓이라고 여겨서는 안 됩니다. 만약 그렇게 여긴다면 이것은 부부관계가 좋지 않기 때문에 발생하는 일일 것입니다.

105_ 이븐 마자: 824년~882년(헤지라 209년~273년). 전체 이름은 무함마드 븐 야지드 븐 마자 알라브이 알까즈위니이며 쿤야는 아부 압둘라이다. 저서로는 하디스를 기록한 *Kitāb al-Sunan*이 있다.

무슬림이라면 판사를 제외하고는 알라의 이름으로 맹세하는 것을 피해야 합니다. 알라의 이름으로 맹세하며 거짓을 말하는 것은 금지된 행위입니다. 거짓 맹세를 하는 사람은 지옥불로 떨어집니다. 알나와위는 "거짓 맹세를 하는 자는 지옥불로 떨어지고 이것은 엄중한 과오 중 하나이다. 거짓 맹세를 한 자는 속죄해야 한다"라고 말했습니다.

* 출처: http://aliftaa.jo/index.php/ar/fatwa/show/id/398(요르단, 2012.6.3)

◈ 남편의 말에 순종하지 않는 여성에게는 생활비를 주지 않는다. 남편은 가족의 가장이자 기둥이고 가족의 경제적 책임자이다. 따라서 아내는 알라의 뜻에 위배되지 않는 한 남편에게 순종할 의무가 있다. 단, 알라의 뜻에 위배되는 경우에는 순종할 필요가 없다. 이에 대한 근거는 다음 코란 구절에 나와 있다. "남성은 여성의 보호자라 이는 알라께서 여성들보다 강한 힘을 주었기 때문이라 남성은 여성을 그들의 모든 수단으로써 부양하나니"〈코란 니싸아(4)장 34절〉

질 문 한 여성이 남편에게 대들고 순종하지 않습니다. 이 여성에게 지출을 해야 하는지요?

파트와 만약 아내가 남편이 태만하거나 잘못을 저지르지 않았음에도 불구하고 계속해서 남편의 말을 듣지 않거나 순종하지 않는 경우 아내에게 돈을 주거나 옷을 사 주어서는 안 됩니다.

* 출처: Muṣṭafā Murād, p.552.

◈ 남편이 해외에서 생활비를 벌고 있고 아내와 떨어져 지낸다면 생활비를 올려 주거나 다른 방법으로 아내의 불만을 해소시켜야 한다.

질 문 저는 쿠웨이트에서 교사로 일하는 청년입니다. 생활비를 벌기 위해 아내와 자식들을 이집트에 남겨놓고 이곳에 왔습니다. 저의 아내는 저 없이는 살 수 없습니다. 그런데 제가 아내의 동의 없이 떠났다면 죄를 지은 것이 되는 것입니까? 저는 다섯 달에 한 번씩 이집트에 갑니다. 아내가 이곳으로 오는 것은 저에게 경제적으로 큰 부담이 될 것입니다. 이곳의 물가가 비싸기 때문입니다.

파트와 제 견해로는 귀하와 아내가 화목한 가운데 문제를 해결할 수 있습니다. 예를 들어 아내에 대한 지출을 늘려 주거나 다른 것으로 풀어 줌으로써 가능합니다. 그렇게 하지 않으면 귀하는 아내에게 위해를 가하는 사람이 될 것입니다. 그것은 허용되지 않습니다.

* 출처: http://www.islam.gov.kw/eftaa/fatwaa.php(쿠웨이트, 2011.12.18)

◈ 남편은 아내와 자녀의 생활비를 책임진다. 남편이 생활비를 주지 않아 아내가 빚을 졌다면 남편이 갚아야 한다.

질 문 남편이 아내에게 생활비를 제공하는 것에 대한 판단은 무엇입니까?

파트와 남편은 아내를 위해 지출해야 하고, 아내는 그것으로 먹을 것, 마실 것, 입을 것, 주거에 필요한 것을 충당합니다. 이에 알라께서 말씀하시길 "아버지들은 (아이) 어머니들의 양식과 의복을 제공해야 하느니라"〈코란 바까라(2)장 233절〉라고 하셨습니다.

이븐 카씨르(Ibn Kathīr)[106]가 말했습니다. "아이의 아버지는 아이 엄마에게 인정을 베풀어 생활비를 주고 옷을 입혀야 한다. 즉, 그가 부유하거나 보통이거나 가난하거나 간에 능력에 따라, 낭비하지 않고, 일반적으로 그녀의 지역 수준과 비슷하게 행하는 것이다." 또 알라께서 말씀하시길 "능력에 따라 지불하되 능력이 한정된 자는 알라께서 그에게 베푼 것 중에서 지불하도록 하라. 알라는 베푸신 것 이상의 무거운 짐을 어느 누구에게도 부과하지 아니하시니 알라께서는 고난을 쉬움으로 거두어 주시니라."〈코란 딸라끄(65)장 7절〉

하킴 븐 무아위야 까쉬리는 그의 아버지의 말을 인용하여 "내가 말했다: '사도이시여, 저희 아내에 대한 권리가 무엇입니까?' 그러자 사도가 말하길 '네가 음식을 먹는다면 아내도 먹이고, 네가 옷을 입는다면 아내에게도 옷을 입혀라. 얼굴을 때리지 말 것이며, 부끄럽게 만들지 말고, 집안에서는 별거하지 말라'고 했다'."(아부 다우드가 그의 저서 알수난(al-Sunan) 제2142번에서 전승) 그리고 '너의 아내를 추하게 만들지 말라'는 사도의

106_ 이븐 카씨르: 헤지라 45년~120년. 메카 출생으로 10대 코란 낭송자 중 하나였다.

말은 '알라께서 너를 추하게 만들 것이다'라고 하는 것과 같다."

이 하디스 또한 생활비를 주는 것이 아내에 대한 의무라고 말합니다. 생활비 지출 의무는 충족할 만큼이고, 병을 치료해 주는 것도 충족해야 하는 것입니다. 이슬람 법학자들은 남편은 아내가 처가에서 시중을 받던 사람이었다면 그녀를 위해 하인을 데려와야 한다고 말합니다.

남편이 아내의 빚을 청산하는 것에 대해서도 자세히 나와 있습니다. 첫째, 아내가 본인과 자녀들을 위해 지출하느라 빚을 졌다면, 이 빚은 남편에게 귀속됩니다. 아내와 자녀들의 생활비에 대한 책임이 남편에게 있기 때문입니다. 아내가 사망하면 남편은 생활비와 필요한 것을 구하려는 목적으로 아내가 생전에 진 빚을 갚아야 할 책임이 있습니다. 둘째, 아내가 위에 언급한 것 외의 빚을 졌다면 남편은 청산할 의무가 없습니다.

* 출처: http://www.aliftaa.jo/index.php/ar/fatwa/show/id/454(요르단, 2012.1.28)

(1) 남편의 권리와 의무

남편은 가장이자 가족의 기둥이다. 남편은 아내와 함께 거주할 권리가 있다. 남편은 아내와 자녀의 생활비에 대한 책임이 있으며, 순종하지 않는 아내에게는 생활비를 주지 않는다. 남편은 싫어하는 사람을 집에 들이지 않을 수 있다. 아내는 남편의 허락 없이 외출하지 않으며 남편은 아내에게 의붓자식의 수유를 요청할 수 있다. 이혼이나 사망으로 인한 잇다는 남편의 권리이며 일부다처도 남편의 권리이다. 남편은 타당한 이유가 있을 경우 아내와 이혼할 수 있으며 아내가 잘못할 경우 아내를 훈육할 수 있다. 남편은 아내의 간음 혐의를 제기할 권리가 있고 남편은 아내의 관을 하관할 때 최우선 순위를 갖는다.[107]

남편은 한 명 이상의 아내가 있다면 그 아내들을 공평하게 대해야 한다. 이에 대한 근거는 다음 코란 구절에 나와 있다. "너희에게 알맞은 여성 둘, 셋 혹은 넷과 혼인하라. 그리고 만약 너희가 그녀들을 공정하게 대할 수 없을까 봐 걱정한다면 한 명의 여인과 혼인하라."

107_ Muḥammad Rawās Qal'ah Jī, pp.1038-1039.

〈코란 니싸아(4)장 3절〉

남편은 아내를 사랑하는지의 여부와 상관 없이 잘 대해 주어야 한다. 즉 아내가 싫어하는 말을 하지 않으며 거칠게 대하지 않는다. 이에 대한 근거는 다음 코란 구절에 나와 있다. “그녀들과 의롭게 살 것이며 만일 너희가 그녀들을 싫어한다면 이는 알라께서 주신 풍성한 선행의 일부를 증오한 것이라.”〈코란 니싸아(4)장 19절〉

◈ 아내는 남편을 존경해야 한다.

질 문 일부 여성들은 남편의 권리를 높이 평가하거나 존경하지 않습니다. 이에 대한 판단을 알고 싶습니다.

파트와 아내에 대한 남편의 권리는 막대한 것입니다. 아내에 대해 가장 큰 권리를 가지고 있는 사람 역시 남편입니다. 그러므로 아내는 남편에게 순종하고 감사해야 하며, 남편의 권리를 침해하지 말고 그 은덕을 잊지 말아야 합니다. 예언자는 “알라께서는 남편이 꼭 필요한 여성이 남편에게 감사해 하지 않는 여성을 주시하지 않는다”라고 말했습니다. 아부 후라이라가 전한 바에 따르면 예언자는 “그 누구도 다른 사람에게 머리 숙이고 그를 숭배해서는 안 된다. 만일 사람이 다른 사람을 숭배하여야만 한다면 바로 여성이 남편을 숭배해야 한다고 알라께서 명하셨고, 이로써 알라가 남편의 권리로 여성을 위대하게 만드는 것이다”라고 말했습니다. 또 이것과 관련된 이야기가 있습니다. “한 남성이 발끝부터 머리까지 고름이 줄줄 흘렀는데 그의 아내가 다가와 그 고름을 핥아 주었다”라는 이야기입니다.

* 출처: Muṣṭafā Murād, p.112.

◈ 남편에게 대드는 아내를 고치기 위해서는 먼저 훈계하고, 두 번째로 아내와의 잠자리를 피하고, 세 번째로 체벌을 가한다. 아내와 별거할 경우 별거 기간을 대부분의 법학파 학자들은 사흘로 정하였으나 샤피이 학파 학자는 사흘 이상도 허용한다.

질 문 아내가 저에게 대들고 말을 듣지 않습니다. 어떻게 이 행동을 고

칠 수 있을까요?

파트와 아내가 남편의 말을 듣지 않는다는 것은 결국 맞선다는 것인데, 이슬람 법은 여성의 순종하지 않는 행위를 고치기 위해 세 가지 방법을 제시합니다.

우선 훈계입니다. 알라께서 "순종치 아니하고 품행이 단정치 못하다고 생각되는 여성에게는 먼저 충고를 하라"〈코란 니싸아(4)장 34절〉라고 말씀하셨습니다. 남편이 여러 번에 걸쳐 영화, 책, 이야기 등 다양한 수단과 방법을 통해 아내에게 충고할 것을 제안합니다. 한 번만으로는 부족합니다. 아내에게 훈계를 해도 소용이 없다면 두 번째 방법을 사용하십시오.

두 번째 방법은 바로 아내와의 잠자리를 피하는 것입니다. 알라께서도 "순종하지 않는 여성과는 잠자리를 함께하지 말라"〈코란 니싸아(4)장 34절〉라고 말씀하셨습니다. 남편이 아내와 한 침대에서 자되 아내에게 등을 돌리거나 부부관계를 피합니다. 특히 아내가 성관계를 원할 때 관계를 피하거나, 성관계를 가질 시 아내와 대화를 나누지 않는 것이 그 방법입니다. 만약 이 방법이 효과적으로 적용된다면 아내의 행동이 교정되고 남편에게 순종하게 될 것입니다. 그러나 이렇게 아내를 멀리하는 것은 집 안으로 한정되어 있습니다. 왜냐하면 예언자도 "아내를 멀리하더라도 집 안에서만 하라"라고 말했기 때문입니다.

부모의 별거는 자녀들에게 악영향을 미치기 때문에 남편은 자녀 앞에서 이런 모습을 보여서는 안 됩니다. 별거 기간은 아내가 정상으로 돌아와 다시 남편에게 순종할 때까지 지속되는데 —대부분의 학파들의 의견— 이 기간 동안 부부는 서로 말을 하지 않아도 됩니다. 대부분의 학파는 이 기간을 사흘로 제한했습니다. 하지만 일부 샤피이 학파는 남편이 아내의 행동을 고치고자 마음 먹었다면 별거 기간을 사흘 이상 지속하는 것도 허용합니다.

아내가 선천적으로 도덕성이나 성격에 문제가 있어서 두 번째 방법이 문제 해결에 도움이 되지 않는다면 세 번째 방법을 사용하면 됩니다.

세 번째 방법은 아내에게 체벌을 가하는 것입니다. 물론 여기에는 조건이 붙습니다.

가. 남편은 아내를 고통스러울 정도로 때려서는 안 됩니다. 예언자도 "여

성을 선의로 대하라, 여성은 너희들의 소유물이 아니니라, 여성으로부터 너희들이 가진 것은 아무것도 없다. 그러나 그녀가 명백히 잘못된 짓을 한다면 그녀와 잠자리를 함께하지 말고 고통을 주지 않는 선에서 때려라"라고 말했습니다.

나. 아내의 얼굴을 때려서는 안 됩니다. 예언자가 "얼굴을 때리지 말아라"라고 말했기 때문입니다.

다. 여성이 위험에 처할 정도로 때려서는 안 됩니다. 즉 남편은 때리는 부위를 고를 때 급소를 피해야 합니다.

라. 대체로 남편들은 아내를 때림으로써 그녀를 억제할 수 있을 것이라 생각합니다. 아무리 때려도 오히려 더 반항하고 고집을 부린다면 때리는 것이 소용없는 일이 되겠지요. 일부 여성들이 이 경우에 해당할 것입니다. 남성이 열 대 이상을 때리는 것은 금지됩니다. 예언자도 "알라께서 정하신 한도에 따라 열 대 이상 때려서는 안 된다"라고 말했습니다.

마. 때릴 때 남편은 아내를 조심해서 때려야 합니다.

바. 아내가 순종한다면 때리기를 멈추어야 합니다.

* 출처: Muṣṭafā Murād, pp.118-119.

(2) 아내의 권리와 의무

아내는 남편에게 순종할 의무가 있고 먹고 마실 권리와 성관계를 가질 권리가 있다. 아내는 혼인계약에 명시된 마흐르를 받을 권리가 있고 남편의 경제 수준에 맞추어 생활비를 제공받는다.[108] 이에 대한 근거는 다음 코란 구절에 나와 있다. "너희 생활 수단에 따라 너희가 사는 것처럼 그녀들도 살게 하라."〈코란 딸라끄(65)장 6절〉 "능력에 따라 지불하되 그의 능력이 한정된 자는 알라께서 그에게 베푼 것 중에서 지불하도록 하라. 알라는 베푸신 것 이상의 무거운 짐을 어느 누구에게도 부과하지 아니하시니 알라께서는 고난을 쉬움으로 거두어 주

108_ Muḥammad Rawās Qal'ah Jī, p.1039.

시니라."〈코란 딸라끄(65)장 7절〉

아내의 권리 중에서 중요한 것으로 부양청구권이 있다. 이는 다음과 같다.

1) 부양 내용

아내는 남편에 대하여 일상생활에 필요한 물품의 제공을 청구할 권리를 갖는다. 물품 제공은 원칙적으로 현물급부 방법에 의한다. 그 중에서도 가장 기본적인 것이 식품과 의류이다. 이에 대한 근거는 혼인해소 후 남편과의 사이에서 생긴 자녀의 젖을 뗄 수 없는 상태에 있는 아내에 관한 것이지만 코란에 나타나 있다. "이것은 수유를 완전하게 하고자 하는 자를 위함이니라. 또한 아이를 가진 남자는 아이와 어머니가 사용할 음식과 의복을 감당해야 하노라. 마땅히 식량과 의복을 주지 않으면 안 된다."〈코란 바까라(2)장 233절〉

또한 사도 무함마드가 "여성의 일에는 알라를 두려워하라. 그녀들은 중개자이고, 너희들은 알라의 신임을 얻어 그녀들을 얻고, 알라의 말씀에 따라 그녀들과 성교하는 것을 허락받은 것이다. 그렇기 때문에 그녀들은 마땅히 식량과 의복을 너희들에게 요구할 수 있는 것이다"라고 말했다고 전승된다.[109]

부양의 내용은 식량과 의복에 한정되는 것이 아니다. 아내가 남편에게 청구할 수 있는 부양의 범위에 관해서는 두 가지 입장이 있다.

가. 하나피 학파와 말리키 학파, 한발리 학파의 견해에 따르면 부양의 범위는 남편과 아내의 경제력을 감안하여 결정된다.

한발리 학파의 법학자 이븐 꾸다마Ibn Qudāmah[110]에 따르면

109_ Ibn Qudāmah, Vol.3, p.354.

110_ 이븐 꾸다마: 1147년~1223년(헤지라 541년~620년). 한발리 학파의 대표적인 법학자로 팔레스타인 출신이다. 대표적인 저서로 *al-Kāfīy fī Fiqh al-'Imām 'Aḥmad bn Ḥanbal, al-Mughnīy* 등이 있다.

부양의 내용은 남편의 경제력에 따라 다르다. 알라께서 "능력에 따라 지불하되 그의 능력이 한정된 자는 알라께서 그에게 베푼 것 중에서 지불하도록 하라. 알라는 베푸신 것 이상의 무거운 짐을 어느 누구에게도 부과하지 아니 하시니 알라께서는 고난을 쉬움으로 거두어 주시니라"〈코란 딸라끄(65)장 7절〉라고 말씀하셨기 때문이다. 그러나 아내의 상태도 고려된다. 그 이유는 사도 무함마드가 "너와 너의 자식에게 필요한 물건을 적당하게 취하라"라고 말하고 있기 때문이다. 그러므로 부유한 남편의 집에 있는 부유한 아내에게는 동등한 처우의 관행에 따라 그 토지에서 가장 맛있는 음식이 주어지고, 가난한 남편의 집에 있는 가난한 아내에게는 그 토지의 가장 맛없는 음식이 주어진다. 부부 중 한 배우자가 부유하고 다른 배우자가 가난한 경우에 양자 사이의 권리와 의무는 관행에 따라 정해진다.

하나피 학파의 법학자 알캇사프al-Khaṣṣāf에 의하면 남편과 아내가 모두 유복하면 남편은 높은 수준의 부양 의무를 지고, 남편과 아내가 모두 재력이 없다면 남편이 이행해야 할 부양의 수준도 낮아진다. 남편이 유복하고 아내가 가난하거나 그 반대의 경우에 남편은 중간 수준의 부양을 하여야 한다.[111]

나. 하나피 학파의 소수와 말리키 학파의 소수, 샤피이 학파의 주장에 따르면 코란 딸라끄(65)장 7절은 남편의 재력만이 고려된다고 하는 해석이 가능하다. 샤피이 학파의 법학자 알나와위는 남편이 아내에게 제공해야 할 식량의 양은 남편의 재력에 따라 결정되고, 아내의 식욕의 정도, 신분의 귀천, 종교, 자

111_ 'Abū Bakr 'Aḥmad bn 'Amr bn Muhayr al-Shaybānīy al-Khaṣṣāf(1978), *Kitāb 'Adab al-Qāḍī*, Farḥāt Ziyādah ed., (Cairo: American University in Cairo Press), p.648.

유인이나 노예의 신분에 따라 다르지 않다. 부양비의 구체적인 액수는 물가와 장소, 시대에 따라 변한다.

2) 부양청구권의 발생, 유지와 정지

아내가 부양을 청구할 수 있는 권리는 혼인계약이 유효하게 성립된 후 일반적으로 첫날밤을 지내면 발생하고, 혼인계약이 해소되기 전까지는 일정한 조건이 충족되는 한 유지된다. 부양 의무가 발생하는 조건과 정지되는 조건에 관하여 각 학파의 규정은 대동소이하다. 즉, 혼인계약이 체결된 후 부양청구권이 발생하고 유지되기 위한 조건은 아내가 스스로를 남편에게 의탁하고 복종하는 것이다. 샤피이 학파의 법학자 알시라지al-Shirāzi에 따르면 "아내가 유효한 혼인에 근거해 자신을 남편에게 인도하고 남편이 아내로부터 쾌락을 얻거나 자신이 원하는 거처로 아내를 옮기게 할 수 있을 때, 부부가 쾌락을 얻을 수 있는 능력을 갖추고 있는 것을 조건으로 하고 아내는 부양청구권을 가진다."[112] 따라서 아내가 남편에게 자신의 신체를 인도하고 남편에게 복종하면 그 반대급부로 남편에게 부양청구권을 갖는다. 그러나 아내가 남편에게 복종하지 않을 때에는 경우에 따라 부양청구권이 발생하여 계속 유지되기도 하고, 부양청구권이 발생하지 않거나 정지되기도 한다.

가. 불복종의 원인이 아내에게 있는 경우

(ㄱ) 아내가 정당한 이유 없이 남편과 성행위를 하기 위한 조건을 갖추지 않은 경우를 불복종이라고 한다. 예를 들어 남편이 아내에게 요구할 때 신체적으로 또는 법적으로 아무런 장애가 없음에도 거처를 남편의 집으로 옮기기를 거부하면 부양청구권이 발생하지 않는다. 또한 아내가 남편의 집으로 옮겨 가서

112_ al-Shirāzīy, Vol.2, p.159.

첫날밤을 보낸 후에 남편의 허가를 얻지 않고 정당한 사유 없이 집을 벗어날 경우 부양청구권이 정지된다.[113] 이에 대해서는 학파 간에 이견이 없다. 그러나 아내가 남편의 집에 머물면서 성행위를 거부하는 경우에는 하나피 학파와 다른 법학파 간에 의견이 다르다. 하나피 학파는 아내가 남편의 집에 있는 한 남편이 아내에게 성행위를 강요할 수 있으며 아내는 부양을 청구할 수 있다고 본다.[114] 반면에 다른 법학파는 아내가 동침을 거부할 경우 이를 불완전한 복종으로 보고 부양청구권이 정지된다고 본다.[115]

(ㄴ) 아내가 나이가 어려 성행위를 감당할 수 없는 경우 부양청구권이 발생하지 않는다고 하는 것이 하나피 학파와 샤피이 학파의 견해이고, 말리키 학파와 한발리 학파의 정설이다. 한발리 학파는 여자가 성행위를 감당할 수 있는 나이를 9세 이후로 본다.

(ㄷ) 아내에게 병이 있어 성행위를 감당할 수 없는 경우 발병 시점이 첫날밤을 지내기 전이냐 후이냐에 따라 다르다.

(a) 아내가 남편의 집으로 거처를 옮기기 전에 병에 걸린 경우 하나피 학파는 남편이 아내를 받아들이면 부양청구권이 발생하고 받아들이지 않으면 처가로 돌려보낼 수 있다고 본다. 말리키 학파는 아내가 성행위를 하지 못하면 부양청구권의 발생을 인정하지 않는다. 샤피이 학파와 한발리 학파는 아내가 복종 의무를 다하는 한 부양청구권이 발생한다고 본다.

113_ al-Kāsānīy, Vol.4, pp.19-20.

114_ al-Marghīnānīy, Vol.2, p.40.

115_ 'Aḥmad bn Ghunaym bn Sālim bn Muhannā al-Nafrāwīy(1714). *al-Fawākih al-Dawānīy*, Vol.2(Beirut: Dār al- Ma'rifah), p.104.

(b) 아내가 건강한 상태로 남편의 거처로 옮겨 오고 첫날밤을 보낸 후에 병에 걸리거나 고령으로 성행위를 감당할 수 없게 될 경우에 부양청구권이 정지되지 않는다고 모든 법학파들의 의견이 일치한다.

(c) 샤피이 학파와 한발리 학파는 아내가 특정한 의무 수행을 이유로 성행위를 삼가고 있지만 불복종 의사가 없는 경우에 한하여 부양청구권을 가진다고 본다. 모든 법학파는 아내가 예배를 보기 위해 성행위를 삼가고 있을 경우에는 부양청구권이 정지되지 않는다고 본다.

나. 불복종의 사유가 아내에게 있지 않는 경우

불복종의 사유가 아내에게 있지 않을 경우 아내가 부양청구권을 가진다는 점에 모든 법학파의 의견이 일치한다.

3) 부양청구권의 소멸

부양청구권은 혼인이 해소된 시점이나 재혼금지 기간이 만료되는 시점에 소멸된다.

4) 남편의 부양 의무 불이행

남편이 고의로 부양 의무 이행을 태만하거나 부양 의무를 이행할 수 없게 된 경우 아내에게 다음과 같이 구제수단이 주어진다.

가. 하나피 학파

남편이 어떤 이유로 부양 의무를 다하지 않은 경우에 하나피 학파는 몇 가지의 구제 수단을 아내에게 준다. 남편이 부양 의무를 이행하지 않아 아내가 부양 청구소송을 법원에 제기하여도 부부 사이에 매달 지불할 부양비를 사전에 정해 놓은 경우와 남편이 소송에 응해 판사가 매달 지불할 부양비를 지정해 놓은 경우가 아니면 아내는 미지급된 부양비를 남편에게 청구할 수 없다.[116]

(ㄱ) 남편이 부양 의무를 이행할 능력이 있으면서 이를 이행하지 않는 경우, 아내는 법원을 통해 부양 의무 이행을 청구하고 재판관은 부양 의무를 강제할 수 있으며, 남편의 재산 중 금전, 식량, 의류와 같이 부양의 범위에 들어가는 동종의 물건을 판사가 남편의 동의 없이 아내에게 인도할 수 있다. 또한 아내는 판사의 허가에 상관없이 생활에 필요한 비용을 빌리고 이를 남편에게 변제 신청할 수 있다.[117]

(ㄴ) 남편이 부양 의무를 이행할 능력이 없는 경우 판사는 경제력이 없는 아내에게 부양비를 빌리도록 명하여 후일 남편이 재력을 얻게 될 때 남편에게 그 변제를 청구할 수 있도록 한다.

부부간에 발생한 부양 채권은 부부 중 한 사람이 사망하면 소멸된다. 따라서 남편이 사망하기 전까지 아내가 부양비 전부 또는 일부를 변제 받지 못했어도 남편의 유산 중에서 미변제분의 변제를 청구할 수 없다. 마찬가지로 아내가 자신이 사망하기 전까지 부양비의 전부 또는 그 일부를 받지 못했더라도 아내의 상속자가 남편에게 미변제분의 변제를 청구할 수 없다.

나. 말리키 학파

말리키 학파는 남편이 같은 집에 거주하는 경우와 부재인 경우 부양 의무를 다르게 본다.[118]

(ㄱ) 남편이 같은 집에 거주하면서 부양 의무를 이행하지 않는 경우에 아내는 부양비를 받기 위해서 부양비 소송을 법원에 제기하여야 한다.

(a) 남편이 재력이 없는 경우 아내는 판사에게 혼인해소의 판

116_ al-Shaybānīy, 1983. Vol.3, p.480.

117_ al-Sarakhsīy, Vol.5, pp.188-189.

118_ Ibn ‘Abd al-Barr, pp.255-256.

결을 요구할 수 있다. 또는 아내가 혼인해소를 청구하지 않고 혼인을 유지할 수 있으나 후일 남편이 재력을 얻게 되더라도 과거 미지급분의 부양비 지급을 청구할 수 없다.

(b) 남편이 재력이 있으면서 고의로 부양 의무를 이행하지 않는 경우에 판사는 즉시 이혼을 선고하거나 남편을 투옥하여 부양 의무의 이행을 강제하여야 하고, 남편에게 식량이나 의류와 같이 부양의 범위에 들어가는 동종의 물건이 있으면 이를 아내에게 인도할 수 있다.

(ㄴ) 남편이 부재인 경우 부양비 청구는 이븐 루슈드(Ibn Rushd)[119]에 따르면 다음과 같다.

(a) 남편이 부양의 범위에 들어가는 현물이나 금전을 남기고 간 경우 아내는 이를 사용할 수 있다. 남편이 부양 범위에 들어가지 않는 물건을 남기고 간 경우 아내는 이를 처분하여 부양비에 충당할 수 있다.

(b) 남편이 부양비를 충당하기에 충분한 재산을 남기지 않았지만 재력이 있을 경우 판사가 부양비 지급을 판결하고 후에 아내가 남편에게 변제 청구를 할 수 있다. 아내는 남편이 부양비를 지급할 정도의 재력이 있고 남편의 부재가 장기화하지 않는 한 혼인 해소를 청구할 수 없다. 남편에게 재력이 없는 경우 판사는 아내를 위해 부양비를 지정할 수 없으며, 남편이 아내의 부양을 이행하지 않을 때 아내가 혼인의 해소를 청구하면 남편은 혼인을 해소해야 한다. 남편에게 재력 유무가 불확실할 경우 남편이 돌아온 후 남편에게 재력이 있었다는 사실이 밝혀지면 아내는 소급해서

119_ 이븐 루슈드: 1126년~1198년(헤지라 520년~595년). 철학자, 의사, 법학자, 재판관, 천문학자, 물리학자이다. 대표적인 저서로 *Kitāb Bidāyah al-Mujtahid wa Nihāyah al-Muqtaṣid fī al-Fiqh, Kitāb Manāhij al-'Adillah* 등이 있다.

부양비를 청구할 수 있다.

다. 샤피이 학파와 한발리 학파

샤피이 학파와 한발리 학파는 부양비에 관해 같은 의견을 보인다.[120]

(ㄱ) 남편이 아내와 같이 거주하며 재력이 적어 부양의무를 다 할 수 없는 경우, 아내는 혼인 해소를 청구하는 소를 제기할 수 있다. 부재 중인 남편이 아내에게 부양의무를 다하지 않은 경우에도 아내에게 혼인해소 청구권이 있다.

(ㄴ) 아내와 함께 거주하고 재력이 있는 남편이 부양의무 이행을 거부하거나 남편이 부재 중이지만 부양에 충분한 재산을 남긴 경우 아내는 혼인해소를 청구할 수 없다.

(ㄷ) 아내가 혼인 유지를 선택한 경우 남편이 미지급한 부양 금액은 아내가 받을 채권으로 간주된다.

◈ 아내가 남편의 성관계 요구를 들어주지 않는 것은 금지된 행위이다. 단, 남편이 항문 성교나 생리 중의 성관계와 같이 금지된 것을 요구할 때에는 거부할 수 있다.

질 문 남편의 애정 행위를 아내가 거부하는 것이 어떠한지 알고 싶습니다.

파트와 침대에서 아내가 남편의 요구를 들어주지 않는 것은 금지된 행위입니다. 예언자는 "남편이 아내에게 침대로 가서 관계를 요구할 때 아내가 거부한다면 남편은 화가 나게 되고 천사들은 아내가 요구에 응할 때까지 그녀를 저주한다"라고 말했습니다. 남편이 항문 성교나 생리 중의 성관계같이 금지된 것을 요구하면 아내는 그것을 거부할 수 있습니다. 그러나 아내가 하고 싶지 않아서 또는 남편에게 화가 나서, 혹은 게을러서 거부하는 것은 하람입니다. 예언자는 "알라께서 예배를 받지 않는 세 종류

120_ al-Shāfi'Īy, Vol.5, p.91.

의 사람이 있는데, 그것은 바로 백성의 미움을 받는 지도자, 남편을 화나게 만든 아내, 그리고 인연을 끊은 형제로다"라고 말했습니다.

* 출처: Muṣṭafā Murād, p.113.

◈ 아내에게는 남편에 대한 순종이 친정 부모에 대한 순종에 우선한다. 남편이 아내의 보호자이기 때문이다. 아내가 남편과 병든 친정어머니 사이에서 선택해야 할 경우 어머니보다 남편에 대한 순종을 우선해야 하지만 남편은 아내에게 어머니에게 효도하도록 허락할 수 있다. 부부 사이에는 상호 존중이 필요하다.

질 문 아내가 남편에게는 대답하지 않고 친정 어머니에게만 대답을 하여 결국 이혼에 이르게 되었습니다. 아내는 부부의 사적인 비밀까지 어머니에게 말하고 있습니다. 이러한 일에 대한 판단은 어떻습니까?

파트와 남편과 아내는 애정과 사랑의 정신을 키워 나가는 관계이며 그 사이에 점차 사랑의 감정이 커져 갑니다. 그래서 부부는 서로에게 안락함과 만족감을 느끼게 됩니다. 알라께서 다음과 같이 말씀하셨습니다. "그녀들은 너희들을 위한 의상이요 너희들은 그녀들을 위한 의상이니라." 〈코란 바까라(2)장 187절〉 남성에게 여성은 행복과 안정을 주는 존재이고 남성 역시 여성에게 그러한 존재입니다. 그러므로 상호 존중이 꼭 필요합니다. 알라께서 또 말씀하셨습니다. "여성과 남성에게는 똑같은 권리가 있다."〈코란 바까라(2)장 228절〉 부부는 가정에서 공동의 책임을 지고 있습니다. 그래서 올바른 여성의 경우 혼인한 후 남편을 위해 해야 할 일이 있습니다. 그것은 바로 순종과 섬김, 자녀 양육, 재산 보호 등입니다. 아내는 남편의 집에서 이러한 것들을 행하는 주체입니다. 이 일들을 통해 부부 간에 신뢰가 생기게 되는 것입니다. 하지만 어떠한 이유에서든 문제가 생긴다면 부부간의 신뢰가 깨질 수밖에 없습니다. 부부가 지켜야 하는 일 중의 하나가 바로 부부 간의 사적인 비밀을 지키는 것입니다. 이를 어기는 것은 하람, 즉 금지된 사항입니다. 또 아내가 남편에게 순종하는 것은 죄가 아닙니다. 남편이 부모에 우선합니다. 남편이 아내의 보호자이기 때문입니다. 남편은 가정에서 아내의 보호자가 되어 그녀에 대한 책임을 지게 됩니다. 남편은 아내와 자녀에 대한 권리가 있습니다. 그러므로 남편에 대한 순종은 죄가 아닙니다. 샤피이 학자들은 이 점을 강조했고 남편으로 하여금 남편의 허락 없이 아내가 친정에 가는 것을 금할 수 있도록 허락했습니다. 다른 법학자들은 이 사안에 대해 반대하는 입장을 보이기도 했지만 모두가 합의한 사항은 바로 남편에 대한 순종이 부모님에 대한 순종보다 우선한다는 것입니다. 이맘 아흐마드 븐 한발은 "여성이 남편과 병든 친정어머니 사이에 있을 경우 어머니보다 남편에 대한 순종을 우선해야 하지만 남편은 아내에게 어머니에 대한 순종과 효를 다할 수 있도록 허락할 수 있다"라고 말했습니다. 또 남편에 대한 순종을 권장하는 하디스가 여러 편 있는데 그중 한 예는 다음과 같습니다. 압둘 라흐만 븐 아우프('Abd al-Raḥmān bn 'Awf)[121]에 따르면 예언자는 "여성이 하루에 다섯 번 예배 드리고 한 달 동안 금식하고 순결을 지키고 남편에게 순종한다면 자신이 원하는 천국에 갈 수 있느니라"라고 말했습니다. 이 하디스는 아흐마드 븐 한발이 그의 저서 무스나드(al-Musnad)(191/1)에서 전승하였습니다.

* 출처: http://aliftaa.jo/index.php/ar/fatwa/show/id/481(요르단, 2012.5.1)

◈ 아내의 재산에 대해 남편은 권리가 없다. 부부는 상대방과 그의 재산을 존중해야 한다. 따라서 남편은 아내의 허락 없이 아내의 재산에 손댈 수 없고 아내도 남편의 재산에 손댈 수 없다. 단, 생활비나 기부금 등 샤리아와 관습상 허용되는 것은 제외한다.

질 문 여성이 그녀의 보호자인 남편으로부터 충분한 생활비를 받지 못하고 있습니다. 남편으로 하여금 충분한 생활비를 지급하게끔 강제하는 법이 있습니까?

파트와 남성과 여성은 모두 법적으로 명시된 지급 체계에 따라 자식과 부모 그리고 친인척을 위해 돈을 지출해야 합니다. 자신의 상황에 맞게 돈을 내 음식과 음료, 의복, 거주지, 치료 등 생활에 필요한 기본 물품을 가족에게 제공합니다. 가족 관계에 있어 이러한 일은 필요하고 동시에 알

121_ 압둘 라흐만 븐 아우프: 580년~652년(헤지라 이전 43년~헤지라 33년). 무함마드의 교우이자 이슬람을 가장 먼저 받아들인 사람 중 한 사람이다.

라께서도 자비를 베풀라고 말씀하셨기 때문입니다.

또한 남편은 아내가 필요로 하는 것을 충족시켜 주어야 합니다. 이것을 이행하지 않는다면 샤리아 법정이 의무 이행을 강제합니다.

* 출처: http://aliftaa.jo/index.php/ar/fatwa/show/id/398(요르단, 2012.6.3)

◈ 남편은 아내에게 폭력을 행사하지 말아야 한다. 아내가 잘못할 경우 남편은 우선 훈계와 잠자리를 피하는 것으로 아내의 행동을 고치려고 하고, 그래도 안 될 경우 체벌을 가한다. 단, 남편에게 맞설 때를 제외하고는 폭력을 사용해서는 안 된다.

질 문 어떤 남성들은 아내의 나이에 상관없이, 횟수와 밤낮을 가리지 않고 폭력을 휘두릅니다. 이에 대한 판단은 무엇입니까?

파트와 남성은 아내에게 화가 났다고 해서, 혹은 아내가 자신이 싫어하는 점을 가지고 있다고 해서 폭력을 휘둘러서는 안 됩니다. 아내가 대들거나 심술을 부린다면 우선 충고를 하고 잠자리를 함께하지 않다가 그래도 고쳐지지 않으면 행동을 개선하기 위하여 체벌을 가할 수 있습니다. 단, 뼈를 부러뜨리거나 피를 흘리게 해서는 안 됩니다.

그러나 무슬림에게 가장 좋은 것은 아내로 하여금 정도를 따르게 하여 때릴 상황을 만들지 않는 것입니다. 아이샤는 예언자가 여종이나 여성을 때리는 것을 전혀 보지 못했다고 말했습니다. 또 그녀는 예언자가 손으로 그 어떤 것도 때리지 않았으며 단지 알라의 길을 추구했다고 말했습니다.

파티마 빈트 까이스가 아부 자흠과의 혼인에 대해 물었을 때, 예언자는 이를 경고하면서 그가 여성을 상습적으로 때리고 역마살이 있는 사람이라고 말했습니다. 또 남편은 아내가 심술을 부리거나 악행을 저지르는 경우를 제외하고는 폭력을 쓰지 말라고 말했습니다. 또 아내의 뼈를 골절시키거나 피를 흘리게 만들지 말라고 했는데, 이 의미는 바로 아내에 대한 폭력이 남성을 오히려 힘들고 고통스럽게 한다는 것입니다. 왜냐하면 과하게 신경쓰다가 자신이 괴로워지기 때문입니다. 아내가 심술을 부린다거나 대들 때를 제외하고는 폭력을 사용해서는 안 됩니다.

* 출처: Muṣṭafā Murād, p.87.

◈ **아내가 친정으로부터 금전이나 현물을 받는 것은 문제가 되지 않으며 남편이 이를 막을 권리가 없다. 남편은 부부의 문제를 해결하고 그 후 친정 방문을 허락해야 하며 남편의 허락이 있을 때에만 아내는 외출을 할 수 있다.**

질 문 저는 해외에서 살고 있는 있는 여성입니다. 남편도 해외에서 근무하는데 저와는 다른 나라입니다. 이러한 생활로 인해 제 자신에 대해 화가 나고, 남편 또한 만족하지 않습니다. 그런데 저의 남편은 제 월급을 통제하고 있습니다. 제 의사에 반하여 남편이 제 돈으로 물건을 샀다면 어떤 판단이 내려집니까?

파트와 아내는 남편으로부터 독립적인 경제적 권한을 갖고 있습니다. 그리고 남편에게는 아내의 동의나 허락 없이 아내의 물건을 취할 권리가 없습니다.

* 출처: http://www.islam.gov.kw/eftaa/fatwaa.php(쿠웨이트, 2011.12.23)

◈ **아내는 남편의 허락이 있을 때에만 외출할 수 있다.**

질 문 남편의 허락 없이 우므라('Umrah, 소순례)[122]에 다녀온 여성에 대한 판단은 무엇입니까?

파트와 기혼 여성은 남편의 허락 없이 외출하여 우므라를 행하는 것이 금지됩니다. 남편의 허락은 아내가 지켜야 할 조건이고 무단 외출은 알라 앞에서 죄가 됩니다. 알라께서 "말 안 듣는 여성의 생활비를 끊어라"라고 말씀하셨습니다. 예언자는"여성들은 이틀 이상 여정이 있을 시 남편과 마흐람과 함께가 아니면 여행할 수 없다"고 말했습니다.(부카리 전승)

믿는 자들의 어머니인 아이샤의 말을 인용하면, 아이샤가 예언자에게 "제가 아버지를 방문하도록 허락해 주시겠어요?"라고 말했더니, 예언자가 그를 허락했습니다. 우리는 부부가 알라를 경외함으로 서로 더 사랑하고 서로의 안정과 자비와 사랑을 실천하기를 충고합니다.

* 출처: http://www.aliftaa.jo/index.php/ar/fatwa/show/id/1972(요르단, 2012.1.28)

122_ 이슬람력 12월에 행하는 순례가 있고, 소순례는 사정에 따라 그 외 다른 시기에 행하는 순례를 의미한다.

◈ **배우자가 상대 배우자를 보는 것은 허락된다.**

질 문 아내가 남편의 전신을 보는 것이 샤리아 상으로 가능합니까? 또한 남편이 아내를 취할 의도로 쳐다보는 것은 허용됩니까?

파트와 여성은 남편의 전신을 봐도 됩니다. 또한 남편도 당연히 아내의 전신을 볼 수 있습니다. 알라께서는 '그들의 순결을 지키는 자들이라. 그러나 아내와 오른손이 소유하는 것들은 제외되어 나무랄 데가 없노라. 그러나 그 한계를 넘어 욕망을 가진 자 실로 그들은 죄인들이라'〈코란 23(무으민)장 5-7절〉라고 말씀하셨기 때문입니다.

* 출처: 'Abd al-Wahhāb, p.284.

(3) 자녀의 부양과 교육

◈ **가정과 아내, 아이들의 생활비는 남편 책임이다. 남편이 능력이 있으면서 이 의무를 이행하지 않으면 법원에 제소하거나 이혼을 청구할 수 있다.**

질 문 한 여성이 가정과 자녀에 대한 생활비를 책임지고 있습니다. 그녀의 남편은 자녀에 대한 비용도 주지 않고 있습니다. 이 여성은 어떻게 해야 합니까?

파트와 이 여성은 남편에게 남편의 형편이 되는 대로 가족에 대한 생활비를 요구할 수 있습니다. 이를 거절한다면 이 여성은 법원에 소송을 제기하거나, 이혼을 청구하거나, 자신의 재산으로 생활비를 자진하여 제공할 수 있습니다.

* 출처: http://www.islam.gov.kw/eftaa/fatwaa.php(쿠웨이트, 2011.12.23)

(4) 친가와 외가

◈ **잘못이 없는 아내와 이혼하라는 어머니의 말에 순종할 필요가 없다. 부부간에 갈등이 발생한다면 서로 합심하여 해결해야 한다. 해결이 불가능하다면 가족 구성원 중 한 사람이 중재인이 될 수 있다.**

질 문 어머니가 아들에게 아내와 이혼하라고 요구하면 아들은 따라야 합니까?

파트와 아내가 이혼당할 수밖에 없는 일을 하지 않았다면 남편은 아내와 이혼하라는 어머니의 말에 따라서는 안 됩니다. 물론 남편은 어머니에게 효도해야 합니다 그렇지만 아무 잘못이 없는 아내를 내쫓음으로써 효를 행하는 것은 잘못된 일입니다. 저는 이 남성에게 어머니와 아내를 화해시키고 중재하는 역할을 하며, 아내가 어머니를 존중하고 잘 모시도록 노력하시라고 권고합니다. 아내와 어머니 사이의 갈등이 커진다면 남편께서 중재자 역할을 잘 하시길 바랍니다. 지혜를 발휘하고 문제의 원인과 해결책을 안다면 이 질문에 적합한 해결 방법을 발견할 수 있을 것입니다.

* 출처: Muṣṭafā Murād, p.542.

◈ 시부모의 요청이 있다 해서 반드시 시동생의 결혼을 도와야 하는 것은 아니다. 그보다 더 시급한 일은 채무를 이행하는 일이다.

질 문 저는 결혼한 지 6년 된 주부입니다. 남편의 금전적인 상황 때문에 제 남동생이 저에게 일자리를 마련해 주었습니다. 저는 현재 임신 중이고 곧 첫 아이를 출산하게 됩니다. 제 동생이 저를 위해 일자리를 마련해 준다는 것이 얼마나 난처하고 힘든 일인지 저도 잘 알고 있습니다. 이 모두가 저와 제 남편의 금전적인 상황을 돕기 위한 것이었습니다. 그런데 제가 일을 하기 시작한 후 시어머니가 갖가지 요구를 하기 시작했고, 저는 요구들을 들어 드리기가 힘겹습니다. 최근 시어머니의 요구는 둘째 시동생의 결혼을 도우라는 것입니다. 현재 시동생은 약혼한 상태이고, 결혼하기를 원하고 있습니다. 시어머니는 저와 남편이 임대 주택에서 살고 있고 남편에게 채무가 있다는 것을 잘 알고 계십니다. 또 남편에게는 이 시동생 말고 다른 형제들도 있습니다. 시어머니의 요구가 법적으로 유효한 것인가요?

파트와 아내와 남편 모두 시동생의 결혼을 도와줄 의무가 없습니다. 동생의 결혼은 여러분의 능력 내에서 할 수 있는 일종의 선행으로서, 의무가 아니라 권장되는 일입니다. 알라께서도 인간에게 능력에 맞는 책임을 지우십니다. 그리고 선행하기에 앞서 시급히 해야 할 일은 채무 이행입니다. 항상 염두에 두어야 할 것은 바로 이렇게 난처한 입장에 처할 때 잘 대처하도록 주의를 기울여야 한다는 것입니다. 그래야 주위 사람들에게 원한이나 앙심을 사지 않고, 가족 구성원을 사랑으로 결속할 수 있습니다.

* 출처: http://www.aliftaa.jo/index.php/ar/fatwa/show/id/849(요르단, 2012.4.4)

◈ 시어머니를 모시고 살겠다는 혼인 조건은 약속이므로 지켜야 한다. 단, 개인의 사생활은 보장되어야 한다.

질 문 약혼 당시 남편은 우리가 결혼하면 시어머니와 함께 사는 것을 조건으로 삼았습니다. 그가 혼자 독립해서 살 수 없기 때문이 아니라 어머니께 효도하고 싶어하기 때문입니다. 저는 그 조건을 받아들였습니다. 그렇게 결혼한 지 3년이 지나 우리에게는 아들이 하나 있습니다. 남편은 제게 잘 대해 주고 저도 도덕적이나 종교적으로 그를 존중합니다.

그에게는 이혼한 전처가 있고, 전처와의 사이에 두 명의 아들이 있습니다. 전처가 다시 남편에게 돌아오고 싶어하고 남편도 동의했습니다. 저 역시 반대하지 않습니다. 그런데 남편은 이혼한 전처와 함께 분가하여 가정을 꾸리려 합니다. 저 역시 분가해서 살고 싶다고 남편에게 말했습니다. 남편은 저와 전처의 혼인계약은 서로 관계가 없는 별개의 것이라고 했습니다. 또 저와의 혼인 조건은 시어머니와 함께 사는 것이었고 제가 그것을 받아들였으며, 전처와의 재혼에서는 독립해서 사는 것을 혼인 조건으로 삼았다고 말했습니다. 그는 이미 전처와 8년 동안 독립해서 살았었습니다. 저는 남편의 생각에 반대했고, 남편은 집요하게 저에게 시어머니와 함께 살라고 요구합니다. 남편의 말에 따르면 혼인 전에 제게 선택을 하게 했고 제가 그것을 받아들였다는 것입니다. 남편이 저에게 부당한 대우를 하는 것인가요? 이러한 상황에서 샤리아의 판단은 어떠합니까?

파트와 부인께선 혼인계약 당시 동의했던 조건을 준수해야 합니다. 샤리아에 따르면 조건과 약속은 이행해야만 하는 것입니다. 코란에 "믿는 자들이여 모든 의무를 다하라"〈코란 마이다(5)장 1절〉라고 언급되어 있습니다. 예언자는 "무슬림은 허락된 것을 금지하거나 금지된 것을 허락하는 조건을 제외하고는 그들이 받아들인 조건을 반드시 이행해야 한다"고 말했습니다.

부인의 남편은 두 명의 아내를 두었고, 첫째 아내와 합의한 조건을 파기하지 않은 상태입니다. 그러므로 두 혼인계약은 별개의 사안입니다. 두 계약은 각각의 조건이 모두 이행되어야 합니다. 부인의 남편이 시어머니와 함께 살 것을 조건으로 걸었다면, 그리고 함께 거주하는 집이 넓어서 개인의 사생활이 보장된다면 부인은 이 조건을 이행해야 합니다. 만약 집이 좁고 당신의 사생활이 보장되지 않는다면 부인은 시어머니로부터 독립해서 살 권리가 있습니다.

부인은 조건을 이행함으로써 이미 축복과 선의 길을 걷고 있습니다. 지금 받고 있는 알라의 보상을 막지 마십시오. 그리고 당신이 도덕적, 종교적으로 존중하는 남편을 향한 애정의 끈을 놓지 마십시오. 요즘 많은 여성들이 이러한 미덕을 잃고 있습니다. 그리고 남편의 재혼을 받아들이고 그를 잘 대해 주십시오.

* 출처: http://www.aliftaa.jo/index.php/ar/fatwa/show/id/0904(요르단, 2012.3.31)

◈ 아내가 친정으로부터 금전이나 현물을 받는 것은 문제가 되지 않으며 남편은 이를 막을 권리가 없다. 남편은 부부의 문제를 해결하고 친정 방문을 허락해야 하며 아내는 남편의 허락이 있을 때에만 외출할 수 있다.

질 문 아내와 자녀들이 아내의 친정으로부터 1 끼르쉬도 못 받게 하고, 친정을 방문하지 못하도록 아내에게 강요한 후 알라께 맹세하는 것이 남편의 권리 중 하나입니까?

파트와 남편으로 하여금 그렇게 할 수밖에 없게끔 하는 사정이 있어서 위 같은 상황이 발생했겠지요. 남편이 공연히 그러지는 않을 것입니다. 그러므로 먼저 부부가 겪고 있는 문제를 해결해야 합니다. 그리고 남편은 알라의 이름으로 맹세했다면 그에 대해 속죄해야 합니다. 만약 이것이 이혼으로 이어진다면 중앙 이프타 기관을 찾아가거나 거주 지역의 관할 기관을 찾아가시기 바랍니다.

일반적으로 아내가 친정으로부터 금전이든 현물이든 도움 받는 것을 남편이 막을 권리는 없습니다. 그러나 이슬람 법학자들에 따르면 남편이 아내가 친정을 방문하는 것이 많은 문제를 발생시킬 수 있다고 생각하는 경우에 아내의 친정 방문을 막을 수 있습니다. 단, 이것이 정신을 안정시키고 악마의 속삭임을 차단하는 일시적인 방편이어야 합니다. 이후에 아내에게 친정 방문을 허락해야 하고, 아내는 남편의 허락이 있을 때만 외출해야 합니다.

* 출처: http://www.aliftaa.jo/index.php/ar/fatwa/show/id/443(요르단, 2012.3.19)

(5) 가정생활과 신앙생활

◈ 아내는 남편의 허락 없이 금식하지 않으며, 금식 중이라도 남편이 중단하라고 하면 중단해야 한다.

질 문 남편의 허락 없이 아내가 금식하는 것에 대한 판단은 무엇입니까?

파트와 남편이 허락을 하지 않은 상태라면, 남편은 아내로 하여금 자발적 금식을 하지 못하게 할 권리가 있습니다. 한 하디스에 따르면 "남편이 허락하지 않은 자발적 금식은 하지 말아라"라고 명시되어 있습니다. 그러므로 금식을 하더라도 남편이 그만두라고 하면 아내는 이에 따라야 합니다. 아내는 그에 대한 보상을 받을 수 있을 것입니다.

* 출처: Muṣṭafā Murād, p.113.

◈ 무슬림들에게 라마단 달 마지막 열흘이 가장 성스러운 시기이다. 무슬림들은 이 기간 중에는 보통 금식과 동시에 금욕을 행한다.

질 문 라마단 달 마지막 열흘 간의 밤에 부부관계를 갖는 것은 괜찮습니까?

파트와 이드 알피트르(금식종료절) 이후로 미루는 것이 바람직하지만 그렇다고 금지되는 것은 아닙니다. 단, 이것이 혹 금식을 깨는 행위가 되지 않을까 염려됩니다.

* 출처: Muṣṭafā Murād, p.113.

_이 혼

_이혼의 종류

_이혼 가능 횟수

_잇 다

_기 타

제 3 장

이혼 관련 파트와

무슬림 사회에서 이혼은 수치스러운 행위로 간주되며, 혼인 생활에서 부부의 동고동락을 매우 중요하게 여긴다. 부부가 최후의 수단으로 이혼의 불가피성을 확신하기 전까지는 가족들이 중재를 맡는다. 중재자들이 부부의 화해를 시도하고, 만일 합의가 이루어지지 않으면 이혼이 뒤따른다. 이슬람 법학자들은 이혼을 요구하기 위한 합당한 사유로 다음을 들고 있다.[1]

1) 종교나 품성에서 아내가 올바른 상태가 아닐 경우
2) 남편이 아내를 부양할 능력이 없거나 능력이 있어도 부양하지 않을 경우
3) 남편이 아내와의 성관계 등에서 즐거움을 느끼지 못하고 아내에 대한 애정이 전혀 없는 경우
4) 부부가 서로를 인격적으로 대하지 않을 경우
5) 부모가 고집스럽게 합법적인 사유을 들며 이혼을 요구하는 경우 등

이혼하기 위해서는 세 가지 방법이 있다. 첫째, 남편의 이혼 선언. 둘째, 부부간의 합의. 셋째, 아내가 법원에 이혼을 청원하는 방법이다. 남편에 의한 이혼은 이혼 선언 한마디를 아내에게 말하는 것으로 충분하다. 이때 아내는 청결한 상태, 즉 생리를 하지 않는 기간이고, 남편은 이 기간에 아내와 성관계를 가져서는 안 되며, 아내가 임신하지 않아야 한다. 이 이혼은 임신 여부를 확인하기 위해 아내의 월경 기간이 세 차례 지난 후에 성립한다. 이 기간은 화해를 위해서라도 필요하다. 만일 아내가 임신했다면 아이가 태어날 때까지 이혼할 수 없다. 이 기간 중에 남편은 아내에게 숙식 제공과 부양의 책임이 있다.

이혼은 '잇다'Iddah'[2] 기간 어느 때라도 남편에 의해 즉시 취소될

1_ http://fatwa.islamweb.net/fatwa, 2014.12.3.
2_ 이혼한 여자가 전 남편의 아이를 임신했을 가능성을 확인하는 기간으로 재혼이 금지되는 기간이며 3개월 또는 4개월 10일 정도이다.

수 있다. 그러나 그 후의 재혼은 혼인 상태를 회복하는 절차가 필요하다. 이혼 선언, 즉 그 진술에 뒤이은 달이나 청결의 기간에 세 번의 이혼 선언Ṭalāq bi-l-thalāthah이 반복되면 남편은 아내가 다른 사람과 혼인하고 이혼하지 않는 한 전 아내와 재결합할 수 없다.

한번에 세 번 이혼 선언을 하는 것은 법적으로 가능하지만 도덕적으로 그렇게 하는 것은 비난받을 일이다. 잇다는 반드시 준수되어야 하고, 만일 임신이 확인되면 세 번의 이혼 선언이 한 번의 효과로 줄어든다. 한 번에 세 번의 이혼을 선언하는 것을 '비정상적인 이혼'이라는 뜻으로 '딸라끄 바디으Ṭalāq Badī''라고 한다. 이혼 선언을 세 번이나 해야 하는 조건 자체가 이혼을 억제하는 데 그 목적이 있으며 법의 관점에서 해결책을 찾기 위한 것이다.

쌍방합의에 의한 이혼이 성립하려면 두 사람의 동의만 있으면 된다. 아내의 요청에 의해 법적으로 진행되는 이혼에는 여러 학파의 다양한 조건이 수반된다. 이 조건에는 남편의 무능, 배신, 광기, 위험한 병, 혹은 결혼생활에서의 다른 결점 등이 포함된다.

현대의 법률은 샤리아에서 벗어나지 않는 범위 내에서 남편이 일방적으로 쉽게 이혼하지 못하도록 하는 한편 아내를 보호하는 조치를 강화하려는 경향이 있다.

1. 이혼(Ṭalāq)

딸라끄란 자힐리야 시대부터 모든 형태의 이혼에 사용되어 온 용어로서 이슬람이 등장한 후에도 그대로 사용되고 있으며, 혼인이 지속되기를 바라는 의미에서 점차 좁은 범위로 국한되었다. 딸라끄는 사전적 의미로는 '보내다, 내버려 두다' 등의 뜻이며 속박을 푸는 것을 일컫는다. 법적으로는 명시적이든 비유적이든 이혼을 의미하는 말로 혼인관계를 끝내는 것을 의미한다. 딸라끄는 남자가 주체가 되는 행위로, 여자가 '우리 이혼해요'라 할 수 없고 '나와 이혼해 주시오'라 표현한다. 한편 타뜰리끄taṭlīq는 외부의 권위, 즉 재판 등에 의한 이혼을 지칭한다.

이혼은 원칙적으로 하지 말아야 할 것이지만 ① 금지된 것, ② 혐오스러운 것, ③ 무방한 것, ④ 유감스럽지만 권할 수 있는 것, ⑤ 부득이한 것 등 다섯 가지 유형으로 분류된다.[3]

첫째, 금지되는 이혼에는 여성의 생리나 출산 중일 때의 이혼과 성관계를 가진 비월경기 때의 이혼이 있다.

둘째, 혐오스러운 것에는 당장 긴박한 사유가 없는 이혼이 있다. 무슬림 사회에서 이혼을 선언하게 할 만한 일을 하지 않은 아내와 이혼하려는 것은 알라의 은총을 불신하는 것으로 간주된다.

셋째, 무방한 것으로는 남편이 아내를 원하지 않아 육체 관계를 맺을 수 없어서 하는 이혼이 있다.

3_ Muḥammad Bakr 'Ismā'īl, p.100.

넷째, 유감스럽지만 권할 수 있는 것에는 알라와 남편에게 복종하지 않거나, 남편과 시부모 그리고 이웃들에게 욕설하거나, 남편으로 하여금 금지된 것을 범하도록 하는 아내와의 이혼이 있다.

다섯째, 부득이한 것으로는 부부간의 불화가 극심해져 중재자들마저 이혼시킬 수 밖에 없을 때의 이혼이 있고, 성관계를 갖지 않겠다고 맹세한 남편을 상대로 아내가 판사에게 제소하여 4개월의 유예기간이 지난 후 판사가 남편으로부터 아내를 이혼시키는 판결에 의한 이혼이 있다. 이것이 타뜰리크이다.

(1) 이혼권

혼인도 다른 모든 계약과 마찬가지로 양자 간의 계약이어서 당사자에게 서명할 권리가 있는 것처럼 계약을 해제할 권리도 있어야 하지만 무슬림 사회에서 이혼권은 남성에게만 있다. 가정을 지킬 권리가 남성에게 있고, 따라서 이혼권을 남성에게 부여하였다. 그 이유는 남편이 아내에게 마흐르를 주었고, 혼인생활을 하는 동안 생활비를 책임지며, 이혼시 잇다 기간 중에도 아내에게 생활비를 지급해야 하기 때문이다. 이에 대한 근거는 다음의 코란 구절에 있다. "남성은 알라께서 주신 상대방에 대한 우선권과 자신의 재물로 부양함으로써 여성들의 보호자이니라."〈코란 니싸아(4)장 34절〉

무슬림 사회에서 이혼권은 남성에게만 있지만 남편이 아내에게 생활비 지불을 거부하거나 아내와의 성관계를 거부하거나 특정한 이유로 아내가 남편과의 생활을 싫어하여 아내에게 피해가 발생했을 때는 예외이다. 그런 피해가 발생하거나 생활비 지급과 성관계를 거부할 경우 아내가 판사에게 이 문제를 제기하면 판사는 아내를 남편에게서 갈라놓아야 하고, 아내가 남편과의 친밀한 관계를 거부할 경우 이슬람에서는 아내가 보상을 통해 남편으로부터 벗어나는 것을 허락하였다. 이에 대한 근거는 다음의 코란 구절에 있다. "(재결합할 수 있는) 이혼은 두 번뿐이니라. 그 후에는 공평한 조건으로 (그녀를) 붙잡아 두든 호의적으로 (그녀를) 놓아 주든 해야 하느니라. (남편들아!) 두 사람이[부부가] 알라께서 정하신 한계들[서로 공정하게 대하는 것]을 지키지 못할 거라고 염려할 때를 제외하고는 너희에게는 (마흐르로) 너희가 그녀들에게 준 것 중에서 어느 것도 (그리고 아무리 작아도) 도로 찾아오는 것이 허락되지 않느니라. 너희가 (실제로) 알라께서 정하신 한계들을 지키지 못할 거라고 염려한다면, (그때는) 아내가 자신의 자유를 대가로 무언가 준다해도 두 사람의 어느 쪽에도 죄가 되지 않느니라."〈코란 바까라(2)장 229절〉

◈ **이혼할 수 있는 권리는 남성에게만 있고 여성은 이혼을 청구할 권리만 있다.**

질 문 남편과 이혼하기를 바라는 여성이 제게 보내온 질문입니다. 그녀는 자신에게 이혼할 권리가 있는지 아니면 이혼이 남성만의 권리인지를 질문했습니다.

파트와 혼인은 계약이며 모든 계약에는 책임을 지는 사람이 있습니다. 남성은 생활비를 책임지며, 이를 감당할 능력이 있기 때문에 혼인계약의 책임자입니다. 그러나 이런 지위는 민주적인 리더십이어야 합니다. 남편은 아내의 물질적, 정신적 권리를 침해해서는 안 됩니다. 이혼은 남성만의 권리가 아니라 여성도 언제든지 원할 때 그에게서 벗어날 권리가 있으므로 판사에게 이혼 청구 서류를 제출하면 됩니다.

이혼 소송에서 원고가 남편이든 아내든 판사는 양측의 가족으로 구성된 중재자를 지정하며 그들 중에 중재하기에 적합한 사람이 없을 경우 가족이 아닌 사람 중에서 지정합니다. 가족회의에서 중재자는 판사의 감독 하에 남편과 아내의 말을 듣고 두 사람 간의 화해를 위해 노력합니다. 화해가 이루어지지 않을 경우 중재자는 남편과 아내 중 누구에게 더 큰 귀책사유가 있는지 조사합니다. 만일 남편에게 책임이 있을 경우 아내와 이혼하게 하고 해당하는 권리를 지불하도록 합니다. 만일 아내에게 책임이 있다면 아내가 남편에게 선불 마흐르에 대해서는 탕감을 구하고 후불 마흐르의 일부나 전액을 남편에게 돌려준다는 조건 하에 두 사람을 이혼시킵니다. 즉, 여성에게도 혼인 관계를 끝낼 권리가 있으나 법원의 판결을 통해서만 가능하다는 것입니다.

* 출처: 'Alīy al-Ṭanṭāwī, p.203.

◈ 남성에게만 이혼권을 부여한 이유는 여러 가지이다.

질 문 무슬림 사회에서 남성에게만 이혼권을 주는 이유가 무엇입니까? 남편이 혼인생활을 견딜 수 없을 경우의 판단은 무엇입니까? 어떻게 "이슬람은 남성과 여성을 평등하게 대했다"라는 말이 있는 것입니까?

파트와 첫째, 알라께서는 남편만이 이혼을 관장하도록 하였고 이는 다음과 같은 이유에 기인합니다.

1. 남성의 이성, 의지, 깨달음의 정도, 앞을 내다보는 식견이 여성과 다릅니다.
2. 남성은 지출의 주체이며 가정에서 명령과 금지를 내리는 존재입니다. 그런 점에서 남성은 집안의 기둥이자 가장인 것입니다.
3. 마흐르를 지불하는 것이 남성의 의무입니다. 여성이 탐욕을 부리는 일을 막기 위해 남성이 이혼권을 쥐게 되었습니다. 여성이 만약 혼인하고 마흐르를 챙긴 뒤 또 다른 마흐르를 벌고자 이혼한다면 혼인의 지속을 저해합니다. 이는 "남성은 알라께서 주신 상대방에 대한 우선권과 자신의 재물로 부양함으로써 여성의 보호자이니라"〈코란 니싸아(4)장 34절〉라는 알라의 말씀에서 알 수 있습니다.

   둘째, 남성이 혼인생활을 견딜 수 없을 때에는 이 문제를 법정으로 보내게 됩니다.

   셋째, 알라께서는 남성에게 그를 위한 지침을 내려 주셨고, 여성에게도 그녀를 위한 지침을 내려 주셨습니다. 남녀가 많은 지침을 공유하도록 하셨습니다. 그 근본은 샤리아입니다.

* 출처: http://www.alifta.com/Fatawa/FatawaChapters.aspx?View=Page&PageID=7498&PageNo=1&Book ID=3(사우디아라비아, 2012.3.20)

◈ 여성의 이혼 시도는 샤리아에 어긋난다.

질 문 여성이 남편과 이혼할 경우(여성이 남편을 이혼시킬 경우) 여성은 이를 속죄해야 합니까?

파트와 여성이 이혼을 선언할 경우에 이혼은 성립하지 않고, 여성은 이에 대해 속죄의 의무를 지지 않습니다. 하지만 여성은 알라께 용서를 구하고 이를 참회해야 하는데, 이는 여성이 주도하는 이혼은 샤리아의 기르침을 어기는 일이기 때문입니다. 샤리아에 따르면 이혼은 남편이나 법적으로 남편을 대신하는 사람만이 할 수 있습니다.

* 출처: http://www.alifta.com/Fatawa/FatawaChapters.aspx?View=Page&PageID=7500&PageNo=1&Boo kID=3(사우디아라비아, 2012.3.20)

◈ 남편이 이혼을 선언할 수는 있다. 그러나 이혼은 바람직하지 않으므로 신중해야 한다.

질 문 제 남편이 특별한 이유 없이 이혼을 원합니다. 그러나 저는 그와 결혼한 지 얼마 되지 않았습니다. 그가 이혼을 요구할 수 있습니까?

파트와 이혼으로 인해 여성은 피해를 입게 됩니다. 그러므로 남성은 샤리아에서 인정하는 사유 없이는 이혼할 수 없습니다. 샤리아는 남편에게 이혼 사유를 밝힐 것을 요구하지 않습니다. 왜냐하면 이것은 공개할 수 없는 가정의 비밀로 여겨지기 때문입니다. 그러나 무슬림 남성은 이 일에 있어서 공정하고 객관적인 판단을 내려야 합니다. 그가 자신의 여동생과 딸이 혼인한 후 남편으로부터 좋은 대우를 받기 원하는 것처럼, 그 자신도 아내를 아끼고 잘 대우해야 할 것입니다. 여성은 혼인계약을 하면 한 남성의 아내로서 권리와 의무를 갖게 됩니다. 아내는 남편을 사랑하고 그와 가까워짐을 느끼며 결혼 생활에 대한 희망을 갖게 됩니다. 하지만 결혼하자마자 남편으로부터 억압당하고 몹쓸 대우를 받아서 이혼하게 된다면 필시 아내의 희망은 좌절되고 꿈 역시 사라질 것입니다. 알라께서 "너희가 서로 부부의 정을 나누어 왔으며 그녀들이 너희로부터 엄숙한 서약을 받았는데 너희가 어떻게 그것을 되돌려 받을 수 있겠느냐?"〈코란 니싸아(4)장 21절〉라고 말씀하셨습니다. 여기서 엄숙한 서약이란 여성이 혼인할 때 남성으로부터 받은 혼인계약을 의미합니다. 아부 다우드에 따르면 "알라께서 허락하신 것 중 가장 증오스러운 것으로 여겨지는 것이 있으니 그것은 바로 이혼이다"라고 했습니다. 이혼은 알라께서 허락한 것이지만 동시에 지양되는 것이기도 합니다. 왜냐하면 이혼은 여성과 그녀의 가족에게 피해를 주는 것이기 때문입니다. 그러므로 믿는 자들은 알라께서 지양하시는 것은 피하고 그에 대한 맹세를 하며 알라의 뜻에 따라야 합니다. 예언자는 "믿음을 가진 남성은 믿음을 가진 아내가 나쁜 면을 가지고 있어도 이를 싫어하지 않는다"라고 말했습니다. 아부 다우드는 "아내가 남편에게 큰 이유 없이 이혼을 청한다면 이것은 하람이다"라고 명시했습니다. 이렇게 이혼은 매우 큰 일입니다. 그러므로 무슬림이라면 합당한 이유 없이 이혼해서는 안 됩니다. 이혼을 가볍게 생각하는 것은 이슬람을 욕보이는 것입니다. 여성과 그녀의 가족의 입장을 살피지 않고 결혼한 후 얼마 지나지 않아 이혼하는 행위는 무슬림 여성의 명예를 훼손하는 것입니다. 이혼은 중대한 결정입니다. 알라께서는 그를 두려워하는 무슬림 남성들에게 이혼의 결정권을 맡기셨는데, 왜냐하면 그들이 알아서 그들 선에서 이혼을 삼갈 것을 알고 계시기 때문입니다. 또 다음과 같이 말씀하셨습니다. "너희가 알라께 되돌려 보내질 날을 두려워하라. 그때 모든 영은 자신이 지은 것에 대해 보상을 받을 것이며, 그들은 부당하게 대우받지 않을 것이니라."〈코란 바까라(2)장 281절〉

마흐르의 완불이든 반액 지불이든 모두 이혼 후 여성이 겪을 고통에 비하면 적은 보상이고, 설령 큰 금액으로 보상한다 하더라도 이혼의 아픔에 비할 바가 아닙니다. 알하산 븐 알리al-Ḥasan bn 'Alīy[4] 역시 이혼 후 아내에게 많은 돈을 주었지만 그녀는 "사랑하는 사람이 떠난 것에 비해 이것은 아무 것도 아니다"라고 말했고, 그는 곧 이혼을 후회했지만 이미 세 번을 이혼했기에 재결합하지 못했습니다. 그러므로 알라를 믿는 신실하고 정직한 무슬림이라면 이혼에 대해서 진지하게 생각해야 합니다. 또 알라께서 그들을 용서하시는 것처럼 자신의 아내도 용서하고 아껴야 합니다.

4_ 알하산 븐 알리: 625년~670년(헤지라 3년~50년). 아버지가 시아파의 첫 번째 이맘인 알리이고 어머니가 사도 무함마드의 딸 파티마이다. 사도 무함마드의 첫째 외손자이고 시아파의 두 번째 이맘이다.

알라께서는 "너희 중에서 은총을 받은 사람들과 부유한 사람들이 친척들과 가난한 자들, 알라를 위해 이주해 온 사람들에게 (도움을) 주지 않겠다고 맹세하게 하지 말라. 그들에게 용서하고 너그럽게 봐주도록 하라. 너희는 알라께서 너희를 용서해 주시는 것을 좋아하지 않느냐? 알라께서는 자주 용서해 주며 가장 자비로우신 분이니라"〈코란 누르(24)장 22절〉라고 말씀하셨습니다.

* 출처: http://www.aliftaa.jo/index.php/ar/fatwa/show/id/674(요르단, 2012.3.19)

◈ 이혼을 요구하기 전에 남편의 악행을 막을 수단과 방법을 강구해야 한다.

질 문 남편이 아내의 다리를 부러뜨렸습니다. 이 경우 아내가 이혼을 요구해도 되는지요?

파트와 만약 남편이 아내에게 물질적인 해를 입혔다면, 말리키 학파는 여성이 이혼을 요구하고 피해 보상을 요구해도 된다고 명시하는데, 여기서 피해란 남편이 목적을 가지고 합법적인 이유 없이 고의로 아내의 신체나 정신에 미친 모든 고통, 그리고 여성을 죽음의 위기에 처하게 한 모든 피해를 의미합니다. 남편이 아내의 다리나 팔을 부러지게 하고, 신체에 상처를 입히거나 머리카락 일부 혹은 전부를 자른다든지, 뜨거운 물을 아내에게 붓는 등의 행위가 이 피해에 속한다고 할 수 있겠습니다.

한편 정신적인 피해도 아내가 원한다면 이혼이나 피해보상을 요구할 수 있는 사유입니다. 남편이 아내가 먼저 의도적으로 욕을 하지 않았음에도 아내에게 상스러운 욕을 하거나 그녀의 부모 혹은 가족을 욕하는 것이 여기에 속합니다. 이러한 행위가 계속해서 방치된다면 습관처럼 일상적인 행동이 될 수 있습니다. 또 아내에게 잘못이 없음에도 말을 섞지 않거나 잠자리를 피하는 것 역시 정신적인 피해라고 볼 수 있습니다. 이전에 유사한 사건이 이집트 법정에서 다루어졌는데, 판사는 아내에게 남편이 이러한 악행을 하지 않게끔 모든 수단과 방법을 동원하기 전에 성급하게 이혼을 요구하지 말라는 판결을 내렸습니다. 사람들의 대화를 들어 보면 갈등이 대체로 아내가 남편의 권리를 무시하거나 태만했기 때문에 발생한다는 것을 알 수 있습니다.

* 출처: Muṣṭafā Murād, p.143.

(2) 이혼 성립의 구두 표현

이혼은 남편이 아내에게 "당신은 이혼당했소", "당신은 이혼당한 사람이오", "나는 당신과 헤어졌소", "나는 당신과 이혼하여 당신을 잊었소"라고 말하는 것과 같이 부부관계의 종식을 의미하는 구두 표현에 의해 발생한다. 아내에게 이와 같은 말을 직접 하든, 아내의 보호자나 다른 사람에게 아내의 면전에서 하든 아내의 부재중에 하든 이혼은 성립할 수 있으며, 서면 또는 위임으로 또는 농아인 경우 손짓으로도 할 수 있다. 이상의 이혼은 명시적 표현으로 된 것이지만 "당신은 자유인이오", "당신 아버지 집으로 가시오" 등과 같이 이혼의 의사를 우회적으로 나타내는 이혼도 성립할 수 있다. 그러나 이 모든 경우에 남편에게 이혼 의사가 있어야 한다.[5]

◈ 이혼을 의도하였으나 이를 말로 옮기지 않은 것은 이혼이 아니다.

질 문 남편과 아내가 갈등을 겪었고, 남편이 아내에게 "당신은 이혼당하게 될 것이다"라고 말했습니다. 이 경우 무슨 일이 발생한 것입니까?

파트와 파트와를 요청하신 분이 말씀하신 것과 같은 상황, 즉 남편과 아내 사이에 갈등이 발생하고 난 후 남편이 "당신은 이혼당하게 될 것이다"라고 말하고 이 말 외에 다른 말은 꺼내지 않은 경우는 이혼으로 간주되지 않습니다. 이는 이혼을 하겠다는 약속인 것입니다. 이 약속 이후에 이혼을 한다면 비로소 이혼이 성립됩니다. 이혼 약속 후 이를 이행하지 않았을 경우, 이 약속은 혼인에 영향을 끼치지 않습니다.

* 출처: http://www.alifta.com/Fatawa/FatawaChapters.aspx?View=Page&PageID=7512&PageNo=1&Boo kID=3(사우디아라비아, 2012.4.8)

◈ 아내와 이혼하겠다고 말하지 않았으나 마음으로는 이혼을 결심했다면 이는 이혼이 아니다.

질 문 저는 아내에게 화가 나서 그녀를 친정으로 보냈습니다. 저는 아

5_ Muḥammad Bakr 'Ismā'īl, p.116.

무 말도 하지 않았고, 나중에 그녀와 이혼할 의도였습니다. 그녀가 집으로 돌아왔기에 그녀를 다시 친정으로 데리고 가는 동안 이혼을 언급하지 않았습니다. 나중에 그녀와 이혼하고 싶었기 때문입니다. 지금까지도 저는 이혼하지 않은 상태이며 아내는 임신 중입니다.

파트와 질문과 같은 상황에서, 그 여성은 여전히 질문자의 아내입니다. 질문자가 아내를 친정에 보낸 것은 이혼이 아닙니다.

* 출처: http://www.alifta.com/Fatawa/FatawaChapters.aspx?View=Page&PageID=7514&PageNo=1&Book ID=3(사우디아라비아, 2012.4.8)

◈ 이혼 약속만으로는 이혼이 성립되지 않는다.

질 문 저는 모스크에서 혼인계약을 한 뒤 아내의 집으로 향했습니다. 그런데 그곳에서 저는 그녀의 형제가 나쁜 무리와 함께 있는 것을 보고 놀랐습니다. 그들은 금지된 노래를 부르고, 마이크에 대고 박수 치며 북을 치기 시작했습니다. 저는 화가 나서 그 집에서 나왔습니다. 도중에 형을 만난 저는 흥분한 상태에서 "그녀의 아버지에게 가서 '나는 이혼하고 싶다'라고 전해 줘요" 라고 말했습니다. 저는 절대로 이혼을 의도한 것은 아니었습니다. 저는 단지 제가 겪은 상황에 불만이 있었다는 것을 표현하고자 그렇게 말한 것입니다. 이에 대한 파트와를 부탁 드립니다.

파트와 질문자가 형에게 "나는 이혼을 원한다"라고 말한 것 외에 다른 말을 하지 않았다면 이혼이 성립하지 않습니다. 이는 이혼 약속에 지나지 않습니다.

* 출처: http://www.alifta.com/Fatawa/FatawaChapters.aspx?View=Page&PageID=7516&PageNo=1&Book ID=3(사우디아라비아, 2012.4.8)

◈ 약속을 지키기 위해 아내와 이혼할 필요는 없다.

질 문 저에게는 아내가 한 명 있고, 알라께서 저희에게 딸 하나와 아들 둘을 내려 주셨는데 막내는 한 살입니다. 아내는 읽지도 쓰지도 못하는 문맹입니다. 저는 사우디아라비아 북동부 쿠웨이트와의 국경지역에 살았는데, 양친을 돌보기 위해 남부 지역으로 이사하자고 제안했습니다. 저 말고는 두 분을 부양할 사람이 없습니다. 알라의 보호로 저는 집에서

160km 떨어진 곳에 위치한 쿤파다 지역으로 이사하여 부모님을 봉양할 수 있었습니다. 제가 일을 하는 동안에는 아내와 자녀들이 부모님을 모시도록 했습니다.

지난 주 제가 가족들을 찾아갔습니다. 어머니는 연세가 많고, 읽지도 쓰지도 못하는 문맹이십니다. 어머니와 제 아내 사이에 고부갈등이 발생했습니다. 서로가 상대의 조언과 지시를 받아들이지 않았습니다. 저는 어머니에게 집에서 500m 떨어진 곳에 방과 부엌, 화장실을 마련해 드리고, "모든 것이 갖춰져 있습니다"라고 말했습니다. 제 아버지는 점잖고 매사에 인내하시는 분입니다. 또한 아버지는 언제나 상황을 진정시키려고 하십니다. 그러나 제 어머니는 크건 작건 한마디도 참지 못하는 분입니다. 어느 날 제가 출근 길에 어머니께 인사를 드리는데 어머니는 저에게 아내에 대한 불만을 토로하셨습니다. 저는 어머니에게 아이들 생각해서라도 참으시라고 권고했습니다. 하지만 어머니는 저를 나무라듯이 제 앞에서 눈물을 흘리셨습니다. 어머니께서 우실 때, 저는 어머니에게 "손을 줘 보세요. 아내와 연을 끊겠다고 약속 드려요. 하지만 아이들이 클 때까지만 참아 주세요"라고 말했습니다.

이것이 제 의도와 약속이 담고 있는 내용입니다. 연을 끊겠다는 것은 제가 보기에 이혼을 의미합니다. 그러나 한 달이 지나고 난 뒤 상황이 정상으로 돌아왔습니다. 즉, 제 아내가 계속해서 어머니와의 관계를 이어 나가고 있습니다. 아마도 이는 아내가 앞날의 일을 두려워했기 때문일 것입니다. 그래서 저는 그녀와 연을 끊겠다는 생각을 바꿨습니다.

제가 해야만 하는 일이 있습니까? 제 아내와 관련해 법적인 일이 발생한 것입니까? 제가 어머니에게 한 약속은 효력을 가집니까?

파트와 질문과 같은 상황, 즉 질문자가 어머니의 마음을 달래고자 아내와 이혼하겠다고 약속했다고 해서 이혼이 성립하는 것은 아닙니다. 질문자는 이 약속을 지키기 위해 아내와 이혼하실 필요가 없습니다.

* 출처: http://www.alifta.com/Fatawa/FatawaChapters.aspx?View=Page&PageID=7517&PageNo=1&Book ID=3(사우디아라비아, 2012.4.8)

◈ **이혼을 의도로 처남에게 "당신 아버지에게 가서 내 아내(장인어른의 딸)와 혼인하라고 전하라"고 했다면 한 번 이혼한 것이다.**

질 문 저는 아내와 이혼한 적이 있고, 아내를 리야드 근교에 있는 친정에 데려다주었습니다. 그 후 저는 처남에게 "그대 아버지에게 내 아내와 혼인하라고 전하시오, 아내는 더 이상 내 아내가 아니기 때문이오"라고 말했습니다. 그 후 아내는 우리 사이에 낳은 자녀들을 데려갔습니다. 제 발언은 이슬람력 1393년 6월 1일에 있었고, 저는 지금 아내를 되찾고 싶습니다. 그러나 방법을 잘 모르니 올바른 길로 인도해 주시기 바랍니다. 요점을 말하자면 이혼하기 전에 저는 처남에게 "아버지에게 가서 내 아내(장인어른의 딸)와 혼인하라고 전해라"라고 말했고, 이런 일이 있기 전후하여 이혼 발언은 없었습니다. 저는 두 명의 증인의 증언으로 잇다 기간에 아내와 재결합했고, 이슬람력 1393년 7월 20일이었습니다.

파트와 질문자는 이미 아내와 이혼한 바 있고, 이를 자신이 처남에게 아내는 내 아내가 아니니(내가 보호하는 여자가 아니니) "그대 아버지에게 아내와 혼인하라고 전해라"라고 말했습니다. 또한 이 일이 있기 전이나 후에 이혼 발언이 있지는 않았으며, 두 증인의 증언으로 아내와 재결합했으며, 이혼이 발생한 날짜는 1393년 6월 1일이고, 이슬람력 1393년 7월 20일에 재결합한 것입니다. 이에 따라, 질문자는 한 번의 이혼을 한 것이라고 볼 수 있습니다. 말씀하신 표현은 간접적인 이혼 표현 중 하나로서 이혼 의도가 들어 있습니다. 잇다 기간 중에 재결합한다면 이는 유효한 일입니다. 아내는 아직 질문자의 아내입니다. 혼인계약, 아내의 동의, 새로운 마흐르가 필요하지 않습니다. 그러나 만약 잇다 기간이 끝난 이후에 아내를 되찾아올 때에는 반드시 그녀의 동의에 따라 새로이 혼인계약을 하고 마흐르를 지불한 후 재혼해야만 합니다.

* 출처: http://www.alifta.com/Fatawa/FatawaChapters.aspx?View=Page&PageID=7717&PageNo=1&Book ID=3(사우디아라비아, 2012.4.29)

◈ 이혼은 진실성을 전제로 한다. 진실성이 없다는 것이 밝혀질 경우 이혼은 성립하지 않는다.

질 문 4년 넘게 복역 중이던 남성이 있습니다. 복역한 지 2년쯤 지나서 그의 아버지가 교도소로 찾아가 며느리가 집안에서 문제를 일으켰으며 그녀가 가정의 존립을 위협한다고 말했습니다. 그러자 복역 중인 남성은 "그녀(자신의 아내)는 3번 이혼당했다"라고 말했습니다. 약 8개월 정도 지난 후 세 번째 이혼을 위한 이혼서류가 작성되었고, 이때의 이혼은 이전의 이혼(복역 중일 때)을 말한다고 전했습니다. 남성이 출소한 뒤 진상을 알게 되었습니다. 그의 아내가 고초를 겪었고 그녀에 대한 소문이 전혀 근거가 없었으며 오히려 아내가 가엾게 느껴질 정도의 상황에 처해 있었다는 것입니다.

파트와 질문자가 말씀하신 것과 같이 남성은 자신의 아내가 집에서 소란을 일으키고 그녀가 집에 있는 것으로도 가족 해체의 위기를 불러올 수도 있다는 말에 의거하여 아내와 이혼했습니다. 그리고 질문에서 언급된 기간이 지난 뒤 이전의 이혼(복역 당시)에 대한 이혼서류가 작성되었으나, 남성이 출소한 뒤에 그녀와 관련된 일들이 거짓임이 드러났습니다. 또한 아내는 무고하며 아내로 인해 문제가 생기고 가족의 존립을 흔든다는 것이 거짓이고 모략임을 알게 되었습니다. 이 내용이 법적으로 증명된다면 질문자의 이혼은 성립하지 않습니다. 왜냐하면 이혼은 진실성을 가진 상황을 전제로 하는데 이 경우 진실성이 없다는 것이 밝혀졌기 때문입니다.

* 출처: http://www.alifta.com/Fatawa/FatawaChapters.aspx?View=Page&PageID=7645&PageNo=1&Book ID=3(사우디아라비아, 2012.5.17)

◈ 서면으로도 이혼이 성립된다.

질 문 남편이 아내에게 '당신은 이혼당했다'라고 글로 썼다면 서면만으로 이혼이 성립합니까?

파트와 4개 학파 모두 남편이 이혼을 결심하고 자필로 아내에게 '당신은 이혼당했다'라고 썼다면 그가 집에 아내와 함께 있든 떨어져 있든 상관없이 이혼이 성립한다고 말합니다. 파티마 빈트 까이스의 하디스가 이를 보여 줍니다. 아부 아므르 븐 하프스('Abu 'Amr bn Ḥafṣ)가 아내 파티마와 떨어져 있을 때 이혼하겠다고 글을 썼고 자신의 대리인 부샤이르를 통해 이 메시지를 파티마에게 전했습니다. 파티마가 격분했지만 예언자는 "너는 그에게 부양받을 권리가 없다"라고 말했습니다. 제가 앞서 말했듯이 남편이 이혼을 결심하고 서면으로 이혼을 통보하는 것은 말로 이혼을 언급하는 것보다 더 확실하다고 할 수 있습니다. 홧김에 충동적으로 이혼을 직접 입으로 말하는 경우는 많으나 충동적으로 글로 쓰는 경우는 흔치 않기 때문입니다.

* 출처: Muṣṭafā Murād, p.121.

◈ **이메일로 이혼을 통보해도 본인의 의사임이 증명되면 이혼이 성립된다.**

질 문 남편이 이메일을 통해 이혼을 통보했습니다. 이 이혼이 성립하는지요?

파트와 남편이 이메일로 이혼하자는 서신을 썼다면 남편이 이것을 확인한다는 전제 하에 이혼은 성립합니다. 컴퓨터 자판으로 쓰든 자신의 필체로 직접 썼든 그의 의중이 확인된다면 이혼은 성립합니다. 자필로 썼을 경우 그것이 남편의 글씨인지 두 명의 증인이 증언해야 합니다.

* 출처: Muṣṭafā Murād, p.121.

(3) 이혼이 성립하는 사람

이혼은 그 결과가 가정에 막대한 영향력을 지닌 행위이기 때문에 이혼 선언은 이성이 있고 자유 의지가 있는 성인이 한 것이 아니면 성립하지 않는다.

1) 강요받은 자의 이혼은 성립하지 않는다

강요받은 자의 이혼은 그에게 이혼 의지가 없기 때문에 성립하지 않는다. 이에 대한 근거로 다음의 코란 구절이 인용되고 있다. "마음은 믿음으로 확고하지만 (자신의 종교와의 관계를) 끊도록 강요받은 자

를 제외하고 알라를 믿었다가 불신한 자는 누구든지 …"〈코란 나흘(16)장 106절〉

이 구절은 불신의 말을 강요받은 자가 마음으로 믿으면 처벌받지 않고 평온하게 되는 것처럼 이혼을 강요받은 자의 이혼은 성립하지 않는다는 것을 의미한다.

◈ 홧김에 또는 주변의 압력에 의하여 또는 농담이거나 취한 상태에서 이루어진 이혼도 유효할 수 있다.

질 문 화난 상태에서, 농담으로, 혹은 술에 취한 상태에서, 그리고 다른 누군가에 의해 억지로 이혼하게 된 상황에 대한 판단은 무엇입니까? 이러한 이혼이 유효합니까?

파트와 화난 사람은 자신이 무슨 말을 했는지를 인지하지 못합니다. 그러므로 이 이혼은 성립하지 않습니다. 또 타인이 살해하겠다고 위협하거나 신체 일부를 절단하겠다는 등의 협박 때문에 이혼하게 되면 유효하지 않습니다. 단 진지하지 않은 농담조로, 그리고 술에 취한 상태에서 결정한 이혼은 성립합니다.

* 출처: http://www.aliftaa.jo/index.php/ar/fatwa/show/id/787(요르단, 2012.3.31)

2) 취한 자의 이혼

대부분의 법학자들은 취한 자는 미친 자와 같기 때문에 취한 자의 이혼은 성립되지 않는다고 판단한다. 그러나 일부 학자는 입법자가 취한 자에 대한 처벌을 정해 놓았기 때문에 그러한 처벌의 일환으로 이혼이 성립한다고 본다.

◈ 취중 이혼은 대체로 유효하지 않다.

질 문 저는 앞서 술에 취한 상태로 이혼을 선언했다면 이혼이 성립되지 않는다고 언급하면서 이에 대한 학자들의 찬반 주장을 인용했습니다. 그 후 한 통의 편지가 왔는데 이혼이 술 취한 자에게 처벌이 되고, 그것이 스스로 저지른 일에 대해 책임을 지우는 일이라는 점을 고려해야 한다고 쓰여 있었습니다.

파트와 질문자가 말한 것에 대해 몇몇 이슬람 법학자들도 언급한 바 있습니다. 그러나 학자들은 우리가 부과하는 이러한 처벌이 그 당사자에게만 적용되지 않는다는 점을 잊고 있습니다. 예를 들어 사형 선고를 받은 사람이 아내와 자식들과 방안에 함께 있다면 이 방을 부숴서 그들 모두를 죽게 해야 합니까? 처벌이 그에게만 해당되는데 어떻게 함께 방안에 있는 다른 사람에게도 같은 처벌을 받게 할 수 있습니까?

술을 마시면 그에 합당한 처벌을 가해 술을 끊게 합니다. 왜냐하면 그는 자신의 선택과 의지로 술을 마시기 때문입니다. 그러나 우리가 이혼을 그 처벌로 한다면 그의 아내와 자식들을 함께 처벌하는 것이 되며 이는 죄를 저지른 당사자보다 무고한 가족들에게 더 가혹한 처벌이 될지도 모릅니다. 오늘날 대부분의 무슬림 국가는 술 취한 자에게 이혼이 성립하지 않는다는 입장을 취하고 있습니다. 그렇다고 처벌을 면제해 주는 것은 아니며 알라께서 정하신 벌을 받습니다.

* 출처: 'Alīy al-Ṭanṭāwī, p.204.

3) 격분한 자의 이혼

화가 나서 자기가 하는 말을 알지 못할 정도로 제정신이 아닌 상태에서 선언한 이혼은 성립되지 않는다는 것이 대다수 법학자의 판단이다.

◈ 질문자가 아내에게 "당신은 이혼당했다"라고 선언할 때 자신이 분노의 상태임을 인지하지 못하고 이러한 증거가 있을 경우 그 발언만으로는 이혼이 성립하지 않는다.

질 문 저와 아내 간에 논쟁이 있었습니다. 아내가 저의 신경을 건드리는 말을 해서 제가 크게 화가 났습니다. 저는 그때 "당신은 이혼당했다"라고 말했습니다. 저와 아내 사이에는 자식이 넷 있습니다. 저의 발언이 저와 아내 사이를 갈라놓습니까? 저는 두 명의 증인이 있을 때 이 발언을 취소했습니다.

파트와 질문자가 말한 것과 같은 상황에서 질문자가 아내에게 "당신은 이혼당했다"라고 말할 때 화가 났음을 인식하지 못한 상황이고 이를 뒷받침할 증거가 있는 경우 말만으로는 이혼이 성립하지 않습니다. 만약 질문자가 아내에게 "당신은 이혼당했다"라고 말했을 때 무슨 말을 하고 있는지 인식하고 있었다면 이는 이혼을 의미하게 되며, 이로써 한 번의 이혼이 성립합니다. 질문자가 화를 낼 정도로 질문자와 아내 사이에 논쟁이 발생했다는 것이 이혼 의사를 확실히 보여 주기 때문입니다. 이번 이혼 발언이 세 번째가 아니라면 질문자가 이혼을 한 차례 취소한 것이 됩니다. 질문이 사실이라면 이혼 발언 취소는 유효합니다. 여성은 여전히 질문자의 아내입니다. 이번이 세 번째 이혼 발언이었다면 귀하의 아내가 다른 남성과 혼인하고 이혼한 후에야 다시 금지되지 않은 대상이 됩니다.

* 출처: http://www.alifta.com/Fatawa/FatawaChapters.aspx?View=Page&PageID=7535&PageNo=1&Book ID=3(사우디아라비아, 2012.4.8)

◈ 격분한 상태에서 의도하지 않게 이혼을 선언했다면 그 이혼은 성립하지 않는다.

질 문 저는 화가 난 상태에서 아내에게 "당신은 이혼당했다"라고 말했습니다. 제가 이혼을 의도한 것은 아니었습니다. 이런 상황에서 저는 아내를 이혼시킨 것입니까? 저는 이전에 이혼이나 쿨으 이혼을 한 적이 없습니다. 이혼 선언은 8일 전에 있었고 당시 아내는 산후 조리 중이었습니다.

파트와 질문자가 말씀하신 것과 같이 아내에게 "당신은 이혼당했다"라고 화가 난 상태에서 말했으나 이 말로 이혼을 의도한 것은 아니었다면 아내와 이혼한 것이 아닙니다. 왜냐하면 이혼의 표현은 의도와 목적을 통해 성립되기 때문입니다. "행동은 동기에 의해 판단되기에 모든 사람은 자신이 의도한 바를 얻는다"라고 사도 무함마드가 말했습니다.

* 출처: http://www.alifta.com/Fatawa/FatawaChapters.aspx?View=Page&PageID=7554&PageNo=1&Book ID=3(사우디아라비아, 2012.5.30)

4) 농담으로 하는 이혼

실없이 놀리거나 장난기 섞인 이혼 선언은 이혼의 의지와 의도가 없기 때문에 성립하지 않는다. 이에 대한 근거는 다음의 코란 구절에 있다. "그들이 이혼을 선언하기로 결심하였다면 실로 알라께서 (그들의 목소리를) 잘 들으시고 (그들의 의도를) 잘 알고 계시니라."〈코란 바까라(2)장 227절〉

◈ 이혼은 진지한 때나 농담할 때나 모두 성립한다.

질 문 저는 이슬람력 1409년 샤으반 달의 어느 날 친구들과 함께 점심 식사를 하고 있었습니다. 그들은 "네 아내가 처가로 갔다면 아내는 너를 원하지 않는 것이다"라고 장난으로 제게 말했습니다. 그래서 제가 "내 아내는 이혼당했다"라고 말했고, 그리고 나서 농담이 오갈 때 함께 있었던 이들은 우리가 일하는 아브하의 셰이크에게 가서 위 일에 대해서 질문했습니다. 셰이크가 말하길 "속죄해야만 한다"라고 하였습니다. 그래서 친구들은 제게서 400리얄을 받아 나눠 가졌습니다. 위의 말이 오간 지 두 달이 지난 때인 이둘 피트르 직후였습니다. 당시 저와 함께 있었던 친구들을 제외하고는 그 누구도 이 일을 알지 못합니다. 여기서 과연 우리가 한 일이 허용되고 올바른 일인지 질문을 드립니다. 파트와를 내려 주시기 바랍니다.

파트와 언급된 바와 같은 상황에서 질문자의 아내에 대해 한 차례의 이혼 발언이 발생합니다. 왜냐하면 질문자가 "그녀(아내)는 이혼당했다"라고 말했기 때문입니다. 이혼은 진지한 때나 장난을 할 때나 모두 성립한다는 것이 그 이유입니다. 질문자는 이번 이혼 이전에 두 번의 이혼이 있지 않았다면 잇다 기간 중에 재결합할 수 있습니다. 이둘 피트르 이후에 동침하고 세 번의 월경이 끝나지 않았을 경우 여성은 여전히 질문자의 아내입니다. 여기서 동침은 재결합으로 간주됩니다. 그러나 위의 이혼 발언 이후 동침 전에 아내가 세 번째 월경을 했다면 새 혼인계약을 통해서만 아내와의 재혼이 가능합니다.

* 출처: http://www.alifta.com/Fatawa/FatawaChapters.aspx?View=Page&PageID=7552&PageNo=1&Book ID=3(사우디아라비아, 2012.4.29)

◈ 남자의 형제들이 그가 아내와 이혼하기를 바라고 있는 가운데 남자가 "그렇다"라고 대답했다면 이혼이 성립한다.

질 문 예멘에 있는 남편의 형제들은 그가 아내와 이혼하기를 바랐습니다. 결국 남편은 형제들에게 좋다고 대답했습니다. 그리고 나서 형제들 중 한 명이 와서 "아내와 이혼했는가?"라고 물었고, 남자는 그에게 "그렇다"라고 말했는데 당시 그는 이 사람이 자신의 형제들이 보냈을 것이라는 우려를 가지고 있었습니다. 위 남편은 이혼이 발생했다면 아내를 되찾겠다고 형제들 중 두 명에게 맹세했습니다. 이에 대한 파트와를 내려 주시기 바랍니다.

파트와 질문자가 말한 대로 형제 중 한 명이 "아내와 이혼했는가"라고 묻고 요청자가 그렇다고 말했다면 이혼으로 인정됩니다. 사도 무함마드는 "농담 중에도 진지하게 여겨지는 세 가지가 있는데 그것은 이혼, 노예 해방, 아내를 되찾는 것이다"라고 말했습니다. 질문자는 이번이 세 번째 이혼이 아니라면 돌이킬 수 있는 이혼을 하신 것입니다. 잇다 기간 동안 질문자는 아내를 되찾을 수 있습니다. 만약 이혼 취소가 두 명의 증인이 지켜보는 가운데 이루어졌고 여전히 잇다 기간 중이었으며 마지막 세 번째 이혼이 아니라면 이혼을 철회하고 아내를 되찾은 것은 유효합니다.

* 출처: http://www.alifta.com/Fatawa/FatawaChapters.aspx?View=Page&PageID=7556&PageNo=1&Book ID=3(사우디아라비아, 2012.5.30)

◈ 농담으로 한 이혼도 유효하다.

질 문 저는 1년 전에 이혼당했습니다. 그런데 잇다 기간 동안 남편이 제게 다시 돌아올 것을 요구했고 저는 그것을 거절했습니다. 그리고 지금은 잇다 기간이 끝난 상태입니다. 이혼 전에 그가 농담조로 저에게 "안티 딸리끄(당신은 이혼당했다)"라고 말한 것을 저는 기억하고 있습니다. 그렇다면 저는 아직 그의 아내입니까? 저에게 제발 이프타 기관에 가서 상담하라고 하지 말아 주세요.

파트와 남편이 아내에게 "안티 딸리끄"라고 말했다면 비록 진지하지 않게 말했다 할지라도 이혼이 성립합니다. 이슬람 법학자들은 이것을 이혼으로 인정했습니다. 아부 후라이라가 전하는 하디스에 따르면 예언자는 농담이라도 진지하게 여겨지는 세 가지가 있는데 그것은 바로 혼인과 이혼 그리고 재혼이라고 했습니다.

남편과의 재혼에 관해서 가까운 이프타 기관에 가서 상담하셔야 합니다. 저는 부인이 왜 직접적인 상담을 피하시는지 그 이유를 잘 모르겠습니다. 혼인이나 이혼에 관하여 궁금증을 가지고 있다면 이프타 기관에 가서 법적 판단을 받는 것을 부담스럽게 여기지 마십시오.

* 출처: http://www.aliftaa.jo/index.php/ar/fatwa/show/id/759(요르단, 2012.3.19)

2. 이혼의 종류

(1) 순나 이혼과 비드아 이혼

이혼이 성립하는 시점과 관련하여 이혼은 순나 이혼(규범에 따른 이혼)과 비정상적 이혼(비드아 이혼)으로 나뉜다. 순나 이혼은 아내와 성관계를 갖지 않은 비월경 주기나 아내가 임신 중일 때 선언하는 이혼으로서 합법이다. 이 이혼을 규범에 따른 이혼이라 일컫는 것은 이런 이혼이 권장할 만하다는 의미가 아니고 법적으로 허용된 이혼이라는 의미이다.

비드아 이혼은 아내가 생리 중이거나 성관계를 가진 비월경 주기에 있을 때 선언하는 이혼이거나 한 장소에서 '당신은 이혼당했다'고 세 번 연거푸 선언하는 이혼으로서, 금지된 이혼이다. 한 장소에서 잇따라 세 번 이혼을 선언하더라도 한 번의 이혼으로 간주한다.[6]

◈ 순나 이혼은 남편이 아내와 성관계를 갖지 않은 비월경 기간에 하는 이혼이다.

질 문 순나 이혼에 대한 설명을 부탁 드립니다. 이에 대한 의견 차이가 상당하기 때문입니다. 파트와를 내려 주시길 바랍니다.

파트와 순나 이혼이란 남편이 아내와 잠자리를 같이하지 않은 비월경 기간에 한 번의 이혼을 하는 것입니다. 알라께서 "예언자여 너희가 여성과 이혼하고자 할 경우 정하여진 기간을 두고 이혼하되"라고 말씀하시며, 예언자는 자신의 아들 압둘라가 아내가 월경 중일 때 이혼하자 "그녀를 되

6_ Muḥammad Rawās Qal'ah Jī. pp.1318-1320.

찾고 그녀의 월경이 끝날 때까지 붙잡고 있어라, 월경 이후 정결해질 것이다. 그녀와 잠자리를 같이하기 전 정결한 상태에서 이혼하라. 이를 알라께서 명령하셨다"라고 말했다고 알부카리가 전승하였습니다.

* 출처: http://www.alifta.com/Fatawa/FatawaChapters.aspx?View=Page&PageID=7542&PageNo=1&Book ID=3(사우디아라비아, 2012.5.30)

◈ 비드아 이혼은 성립하지 않는다.

질 문 비드아 이혼은 성립합니까? 만약 성립한다면 한 차례의 이혼으로 간주됩니까, 세 차례의 이혼으로 간주됩니까?

파트와 비드아 이혼에는 여러 종류가 있습니다. 그 하나는 남편이 아내가 월경, 산후조리 중일 때나 임신인지 모르는 상황에서 잠자리를 같이하면 발생하는 것입니다. 이러한 이혼은 성립되지 않습니다. 세 번의 이혼 발언을 통한 이혼은 이혼으로 인정되며, 한 자리에서 세 번의 이혼을 언급하는 것은 학자들의 의견에 따라 한 번의 이혼으로 간주됩니다.

* 출처: http://www.alifta.com/Fatawa/FatawaChapters.aspx?View=Page&PageID=7543&PageNo=1&Book ID=3(사우디아라비아, 2012.5.17)

◈ 비월경기에 성관계를 갖고 이혼하면 이는 비드아 이혼이다.

질 문 이혼을 법적으로 하는 방법은 무엇입니까? 누군가가 아내와 이혼하기를 원할 때 그가 반드시 해야 하는 일은 무엇입니까? 아내와 동침하고 난 뒤 비월경 기간 동안 이혼하는 것에 대한 판단은 무엇입니까?

파트와 법적인 이혼이라 함은 아내와 동침하지 않은 비월경 기간이나 아내가 임신 중일 때 한 번의 이혼 발언을 한 뒤 잇다 기간을 보내는 것을 말합니다. 아내와 동침하고 아내가 월경을 하지 않는 기간에 하는 이혼은 비드아 이혼에 해당되는 것으로서 법적으로 허용되지 않으며, 여기에는 아내가 월경 중이거나 산후조리 중일 때의 이혼이 포함됩니다.

* 출처: http://www.alifta.com/Fatawa/FatawaChapters.aspx?View=Page&PageID=7541&PageNo=1&BookID=3(사우디아라비아, 2012.5.30)

(2) 조건부 이혼

조건부 이혼이란 남편이 아내에게 '당신이 이러이러한 곳에 가면 당신은 이혼당한다'라고 말하는 것처럼 조건을 붙여 이혼이 발생하게 만든 것이다. 이런 이혼 중에서 '날이 밝으면 당신은 이혼당한다'처럼 실제로 가능한 일을 조건으로 붙인 이혼은 성립하고, '낙타가 바늘 귀에 들어가면 당신은 이혼당한다'처럼 불가능한 것을 조건으로 단 이혼 선언은 무의미한 말에 불과하다. 나중에 있을 수 있으나 현재는 존재하지 않은 것을 조건으로 붙인 이혼에는 법학자들의 의견이 갈려 있지만 대다수는 조건으로 내세운 것이 실현된다면 이혼이 성립되는 것으로 판단한다. 그러나 일부 법학자들은 조건이 실현되더라도 남편이 이혼을 의도하였을 때는 이혼이 성립하고, 아내로 하여금 어떤 행위를 하게 할 목적으로, 혹은 그만두게 하거나 강조만 할 뿐 이혼을 의도하지 않았다면 이혼이 성립하지 않으며, 이때 남편은 맹세에 대한 속죄를 해야 한다고 본다.[7]

◈ 아내가 텔레비전을 내놓지 않으면 이혼하겠다는 것이 남편의 의도였고, 아내가 텔레비전을 내놓지 않았다면 한 번의 이혼이 발생한다.

질 문 한 남성이 조건부 이혼을 하였습니다. 즉 아내에게 "12시까지 텔레비전을 집 밖으로 내가지 않으면 당신은 이혼당할 것이다"라고 말했습니다. 그의 아내는 텔레비전을 창밖 발코니에 내놓았습니다. 그리하여 집 안에 텔레비전이 없게 되었습니다. 그런데도 이 여성은 이혼당했습니다. 이 경우 이혼이 과연 발생한 것인지, 그녀와의 동석이 금지된 것인지 알고 싶습니다.

파트와 아내가 텔레비전을 내놓지 않으면 이혼하겠다는 것이 남편의 의도였고 아내가 텔레비전을 내놓지 않았다면 한 번의 이혼이 발생합니다. 이것이 세 번째 이혼이 아니면 아내의 잇다 기간 동안에 재결합이 가능합

7_ Muḥammad Rawās Qal'ah Jī. pp.1323-1324.

니다. 남편의 의도가 아내로 하여금 텔레비전을 내놓도록 하려는 것일 뿐 정말로 이혼을 의미한 것이 아니었고 아내가 텔레비전을 내놓지 않은 경우에는 맹세의 판결에 따르게 됩니다. 남편은 맹세를 어긴 것이 되며 이혼은 발생하지 않습니다. 속죄는 열 명의 가난한 자에게 음식이나 의복을 제공하거나 무슬림 노예를 해방시키는 것이며, 이것이 불가능하면 사흘간의 금식을 통해 이루어집니다.

* 출처: http://www.alifta.com/Fatawa/FatawaChapters.aspx?View=Page&PageID=7525&PageNo=1&Book ID=3(사우디아라비아, 2012.4.8)

◈ 아내에 대한 소문이 옳다고 생각하고 이혼했는데 이혼 발언 당시의 실상이 소문과 다르다는 것이 밝혀졌다면 이혼은 성립하지 않는다.

질 문 저에게는 'ㄱ'이라는 삼촌이 있고 그분은 자택을 소유하고 있습니다. 저에게 "당신의 아내가 'ㄱ' 삼촌의 집에 드나든다"라고 반복해서 말하는 사람들이 있었습니다. 그리하여 저는 아내에게 "삼촌의 집에 간다면 당신은 세 번째 이혼을 당하게 된다"라고 말했습니다. 하지만 나중에 아내가 삼촌의 집을 자주 오간다는 소문은 사실이 아닌 것으로 밝혀졌습니다. 저는 이혼이 어떻게 되는지 묻고 싶습니다.

파트와 질문자가 말한 것과 같은 상황, 즉 질문자의 아내를 곱게 보지 않은 사람들이 아내가 삼촌의 집에 자주 드나든다고 한 말이 사실이 아니었다면 아내와 이혼하지 않았을 것이고, 나중에 위 이야기가 거짓으로 밝혀졌다면 이 이혼은 성립하지 않습니다. 질문자의 이혼이 상황을 전제로 한 이혼이기 때문입니다. 질문자가 아내에 대한 이야기가 옳다고 생각하고 이혼했는데 사실은 다르다는 것이 밝혀졌기에 그러합니다.

* 출처: http://www.alifta.com/Fatawa/FatawaChapters.aspx?View=Page&PageID=7648&Page No=1&BookID=3(사우디아라비아, 2012.5.17)

◈ 이혼할 의사를 가지고 한 혼인은 무효는 아니지만 나쁜 짓이다.

질 문 안녕하세요, 저는 해외 유학생입니다. 이혼 의도가 있는 혼인을 할 수 있습니까? 예를 들어 지금 하고 있는 공부가 끝나면 아내와 이혼하는 것과 같은 것입니다. 이혼할 의도가 있는 혼인과 계약 혼인과의 차이는 무엇입니까? 감사합니다.

파트와 계약 혼인은 일시적인 혼인으로 혼인계약서에 그 기간이 명시되어 있습니다. 계약 기간이 끝나면 혼인이 파기되는 것입니다. 그러나 이혼 의도가 있는 혼인이라도 기간이 되었을 때 이혼을 할 수도, 하지 않을 수도 있습니다. 첫 번째 경우는 혼인이 무효이고, 두 번째 혼인은 유효한 혼인이되 나쁜 짓입니다.

* 출처: http://www.islam.gov.kw/eftaa/fatwaa.php(쿠웨이트, 2012.4.20)

◈ 조건부 이혼의 의도가 불확실한 사례.

질 문 저는 아내에게 "알라께 맹세컨대 모든 거짓말쟁이들과는 이혼한다"고 말했습니다. 제가 이 맹세를 떠올려 보니 제가 이렇게 말할 때 어떤 의도를 가지고 있었는지 모르겠습니다. 다시 말해 그저 아내가 거짓말을 하지 말기를 바랐던 건지, 아니면 거짓말을 하면 이혼하겠다는 것이었는지 기억이 나지 않습니다. 아내가 다시는 거짓말을 하지 않겠다고 맹세하기를 거부해서 나온 즉각적인 반응이었던 것 같습니다. 이에 대한 판단은 무엇입니까?

파트와 몇몇 학자들의 파트와와 판단에 비추어 볼 때 조건부 이혼은 해당 조건을 내놓을 당시에 이혼 의도가 있었다는 전제 하에 성립합니다. 질문자가 조건부 이혼을 실행했을 때 그 의도를 분명히 알지 못했다면 이혼이 발생하지 않은 것으로 봅니다. 확실한 것은 이 이혼의 경우 이전부터 결혼 생활이 지속되었다는 사실입니다. 아내가 거짓말을 했다 하더라도 조건을 내건 시점에서 이혼의 의도가 명확하지 않았던 것입니다. 결론적으로 질문자의 아내가 거짓말을 하였을 지라도 이번 이혼은 성립하지 않습니다.

* 출처: http://www.dar-alifta.org/ViewFatwa.aspx?ID=597&LangID=1&MuftiType=(이집트, 2012.2.28)

◈ 아내가 임신하는 경우를 조건으로 세운 이혼.

질 문 저는 한 여성과 혼인하여 세 명의 아이를 얻었습니다. 아내는 세 번째 아이를 출산하고는 수유를 중단했습니다. 저는 아내에게 임신하지 말라고 요구했습니다. 아내에게 "임신하면 당신은 이혼당한다"라고 말했습니다. 어느 날 저는 아내에게 임신하지 말라고 경고하고 그녀와 동침했습니다. 그런데도 아내가 임신했습니다. 제 질문에 대한 답변을 부탁 드립니다.

파트와 질문자는 아내의 임신을 막는 잘못을 저질렀습니다. 질문자가 이혼의 조건으로 임신을 내세웠다면 맹세를 어긴 것입니다. 이 이혼은 성립합니다. 이번이 세 번째 이혼이 아니라면 질문자는 출산하기 전에 아내를 되찾아 올 수 있습니다.

* 출처: http://www.alifta.com/Fatawa/FatawaChapters.aspx?View=Page&PageID=7653&PageNo=1&BookID=3(사우디아라비아, 2012.4.8)

(3) 쿨으 이혼

쿨으(Khul', 해방)는 아내가 남편에게 보상금을 주는 대가로 혼인 계약을 해지하거나 이혼하는 것이다. 무슬림 사회에서 부부 간에 불화가 심해져 화해가 불가능한 상황에서 아내가 벗어날 수 있는 유일한 길은 쿨으를 통해 이혼하는 것이다. 쿨으를 허용한 근거는 다음의 코란 구절에 있다. "(재결합할 수 있는) 이혼은 두 번뿐이니라. 그 후에는 공평한 조건으로 (그녀를) 붙잡아 두든 호의적으로 (그녀를) 놓아주든 해야 하느니라. (남편들아!) 두 사람이[부부가] 알라께서 정하신 한계들[서로 공정하게 대하는 것]을 지키지 못할 거라고 염려할 때를 제외하고는 너희에게는 (마흐르로) 너희가 그녀들에게 준 것 중에서 어느 것도 (그리고 아무리 작아도) 도로 찾아오는 것이 허락되지 않느니라. 너희가 (실제로) 알라께서 정하신 한계들을 지키지 못할 거라고 염려한다면, (그때는) 아내가 자신의 자유를 대가로 무언가 준다면 두 사람의 어느 쪽에도 죄가 되지 않느니라."〈코란 바까라(2)장 229절〉

이 구절은 남편의 성품에 결함이 있음을 알게 된 후 아내가 남성의 자질이 부족한 남편과 이혼하려 하는데 남편이 거부할 때 아내가 취할 수 있는 방법을 제공하고 있다. 쿨으는 부부 간의 합의로 이루어지는 것이다. 그러나 합의가 이루어지지 않을 때 판사는 남편에게 쿨으를 받아들이도록 강제할 수 있다. 쿨으는 아내의 의사에 반하여 남편이 이혼할 수 있는 권리를 갖는 데 대하여 여성에게 부여된 권리이다.

◈ 쿨으 이혼한 여성과 재결합하려면 혼인계약서를 다시 작성해야 한다.

질 문 저와 아내와의 이혼은 쿨으 이혼이었습니다. 첫 번째 이혼을 쿨으 이혼으로 했습니다. 아내의 잇다 기간이 끝난 후 그녀와 재결합할 수 있는지, 제결합에 조건이 있는지 없는지를 알고 싶습니다.

파트와 첫 번째 이혼이 지속되고 여성의 잇다 기간이 끝난 후, 그녀가 다른 남성과 혼인하지 않았다면 질문자는 재혼금지 기간 중 또는 그 기간이 끝난 후 재결합할 수 있습니다. 그러나 혼인계약서는 다시 작성해야 합니다. 그녀와 혼인계약서를 작성한다면 그녀가 당신과 재결합할 수 있는 이혼이 2회라고 명기합니다.

* 출처: http://www.islam.gov.kw/eftaa/fatwaa.php(쿠웨이트, 2012.4.5)

◈ 아내가 이혼을 요구했다면 남편은 자신이 제공한 금품을 돌려받을 권리가 있다.

질 문 아내가 혼인한 지 한 달 만에 이혼을 요구했습니다. 저는 현재 외국에 나와 있습니다. 혼인을 취소하려면 제가 요르단에 있어야 합니까? 제가 아내에게 주었던 금, 돈, 선물은 어떻게 됩니까? 제가 이것을 돌려받을 수 있는지요? 아내는 합당한 이유 없이 저에게 혼인을 파기하자고 요구하고 있습니다.

파트와 아내가 어떠한 이유로 이혼을 요구한다면 남편은 개인신상법에 의거하여 결혼식을 올릴 때 지불했던 금액 전부와 마흐르 등 자신이 지불했던 비용을 요구할 권리가 있습니다. 이것을 샤리아에서 '쿨으'라고 합니다. 우리는 항상 부부들에게 혼인 관계를 유지하라고 권고합니다. 어떠한 이유에서든 혼인을 가벼이 생각하지 마십시오. 알라께서는 "여성이 그녀의 남편으로부터의 학대나 유기를 염려한다면 그 두 사람이 서로 화해하더라도 그 둘에게 죄가 되지 않으며, 화해하는 것이 (갈라서는 것)보다 더 좋으니라. 인간의 속마음은 탐욕을 부리고 싶어하느니라. 그러나 너희가 (여성에게) 잘 대해 주고 알라를 경외한다면 알라께서는 너희가 하는 것 모두를 언제나 잘 알고계실 것이니라"〈코란 니싸아(4)장 128절〉라고 말씀하셨습니다.

* 출처: http://www.aliftaa.jo/index.php/ar/fatwa/show/id/971(요르단, 2012.5.1)

(4) 지하르(Ẓihār)[8]에 의한 이혼

지하르는 남편이 아내에게 "당신은 나에게 우리 어머니 등과 같소"라고 말하는 것으로서 아내가 자신에게 아내로서 허용되지 않는다고 선언하는 것이다. 지하르는 이슬람 이전 시대에 성행한 이혼이었다. 아내는 절대로 어머니가 될 수 없으므로 사실의 심각한 왜곡이다. 이슬람이 출현하여 이 악습을 폐기하였으며, 이런 말을 하는 남자는 노예를 해방하거나 연속 두 달 동안 금식하거나 60명의 가난한 사람들에게 음식을 제공하여 속죄하게 했다. 이에 대한 근거는 다음의 코란 구절에 있다. "너희 중에서 아내에게 '당신은 우리 어머니 등과 같다'라는 말(지하르)을 하여 자기와 아내의 관계를 불법적인 관계로 만든 사람이 있다고 해도, 그녀들은 그들의 어머니가 될 수 없느니라. 그들을 낳아 준 여인들 외에 아무도 그들의 어머니가 될 수 없느니라. 실로 그들이 혐오스러운 말로 거짓말을 하고 있느니라. 정녕코 알라께서 용서해 주시는 분이시니라."〈코란 무자달라(58)장 2절〉 "아내에게

8_ 남편이 아내에게 이혼을 하려는 의도로, "당신은 나에게 제 어머니 등과 같이 내가 어머니 위에 있는 것이 금기인 것처럼 당신 위에 있는 것도 허락되지 아니합니다"라는 말로 이혼을 하려 했던 이슬람 이전 아랍사회의 관습이었다. 지하르를 취소한 자가 아내와 동침하기 전에는 첫째, 노예를 해방시키고 노예가 없을 경우 타인이 소유하고 있는 노예를 사서라도 해방시키거나, 둘째, 제1항이 불가능할 경우 계속하여 이 개월간 단식을 행하고, 셋째, 제1항 및 제2항이 병환이나 노쇠로 말미암아 불가능한 경우 60명의 불우한 사람을 배불리 먹여야 한다고 계시하고 있다.〈코란 니싸아(4)장 92절〉. 최영길(1997), 『성 꾸란 의미의 한국어 번역』, pp.1058-1059.

'당신은 우리 어머니 등과 같다'라는 말(지하르)을 하여 자기와 아내의 관계를 불법적인 관계로 만든 자들이 자신들이 말한 것을 돌이키려고 할 때는 두 사람이 성관계를 갖기 전에 노예 한 명을 해방시켜야 하는 것(으로 정해져 있느니라). 그것은 (너희가 그와 같이 나쁜 짓을 반복하지 않도록 하는) 경고이니라. 알라께서는 너희가 하는 것을 다 알고 계시니라."〈코란 무자달라(58)장 3절〉 "(풀어 줄 노예를) 발견하지 못한 자는 두 사람이 성관계를 갖기 전에 연속 2달 동안 금식하여야 하며, 그렇게 할 수 없다면 육십 명의 불쌍한 자에게 먹을 것을 주어야 한다. 이것은 너희가 알라와 그분의 사도를 믿도록 하는 것이니라. 이러한 것들이 알라께서 정하신 한계이며, 불신자들에게는 고통스러운 징벌이 있느니라."〈코란 무자달라(58)장 4절〉

◈ 지하르 이혼을 하면 속죄해야 한다.

질 문 저는 아내와 부부생활을 하지 않으려는 의도로 아내에게 "당신은 나의 어머니나 여자형제와 같은 마흐람이다"라고 말했습니다. 그리고 60일 동안 금식했습니다. 그 후 저는 재차 아내와 부부생활을 하지 않으려고 그녀에게 "나의 집에서나 당신 아버지의 집에서나 당신은 나의 어머니나 여자형제와 같은 마흐람이다"라고 말했고, 그녀는 떠났습니다. 이에 대한 판단은 무엇입니까?

파트와 질문자는 아내에게 첫 번째로 지하르의 형태로 "당신은 나의 어머니나 여자형제와 같은 마흐람이다"라고 말했습니다. 이것은 부부생활을 하지 않겠다는 의도를 담은 것으로 지하르 이혼입니다. 지하르에 대한 속죄를 했고, 응당 해야 할 일을 다 했습니다. 그러나 여기서 조건은 질문자가 아내에게 손을 대기 전에 이루어져야 한다는 것이며, 그렇지 않으면 속죄가 되지 않습니다.

두 번째로 그 발언을 한 데 대해서 말씀 드립니다. 귀하는 "내 집은 당신 아버지의 집과 같다. 당신은 나의 어머니나 여자형제와 같은 마흐람이다"라고 말했습니다. 이것은 부부생활을 하지 않겠다는 의도가 담긴 것으로,

지하르에 대한 말입니다. 아내는 남편에게서 지하르 이혼을 당했습니다. 남편은 첫 번째 발언 때와 같이 지하르에 대한 속죄를 해야 합니다. 또한 이번 속죄도 아내와 접촉하기 전에 이루어져야 합니다.

알라께서는 "성관계를 갖기 전에 계속하여 두 달을 금식하게 하고 …" 〈코란 무자달라(58)장 4절〉라고 말씀하셨습니다. 질문자의 아내는 두 번의 이혼 발언 중 어떤 것으로도 이혼당하지 않은 것입니다.

* 출처: http://www.dar-alifta.org/ViewFatwa.aspx?ID=382&LangID=1&MuftiType=1(이집트, 2012.2.14)

◈ 지하르 이혼을 속죄하기 위해서는 노예를 해방하고, 그렇지 못할 경우는 두 달을 연달아 금식한다. 이도 못할 경우에는 60명의 불쌍한 자들에게 음식을 제공해야 한다.

질 문 저의 어머니는 유산하시기 전부터 요양원에서 지내는 환자였습니다. 라마단의 어느 날 밤 병원에서 나온 어머니는 아버지와 갈등을 빚었습니다. 어머니는 아버지에게 "이제 당신은 내 남편이 아니다. 당신이 남편이라면 나는 내 아버지 아내다"라고 말했고, 아버지도 또한 화가 난 상태에서 어머니에게 "당신이 내 아내라면 나는 내 어머니의 남편이다"라고 말했습니다.

파트와 질문자가 언급한 것이 사실이라면 질문자의 아버지는 아내에게 지하르 이혼을 한 것입니다. 지하르 이혼을 속죄하기 위해서는 노예를 해방하고, 그렇지 못할 경우는 두 달을 연달아 금식하고, 이도 못할 경우에는 60명의 불쌍한 자들에게 음식을 제공해야 합니다. 이에 대해 다음과 같은 알라의 말씀이 뒷받침하고 있습니다. "당신은 우리 어머니 등과 같다라는 말[지하르]을 하여 자기와 아내의 관계를 불법적인 관계로 만든 자들이 자신들이 말한 것을 돌이키려고 할 때는 두 사람이 성관계를 갖기 전에 노예 한 명을 해방시켜야 하는 것(으로 정해져 있느니라). 그것은 (너희가 그와 같이 나쁜 짓을 반복하지 않도록 하는) 경고이니라." 또한 "(풀어 줄 노예를) 발견하지 못한 자는 두 사람이 성관계를 갖기 전에 연속 2달 동안 금식하여야 하며, 그렇게 할 수 없다면 육십 명의 불쌍한 자에게 먹을 것을 주어야 한다"라고 하셨습니다.

지하르 형태의 이혼은 혐오스럽고 거짓되었기에 이를 말한 자는 참회하고 속죄해야만 합니다. 알라께서 "너희 중에서 아내에게 당신은 우리 어머니 등과 같다라는 말을 하여 자기와 아내의 관계를 불법적인 관계로 만든 사람이 있다고 해도, 그녀들은 그들의 어머니가 될 수 없느니라. 그들을 낳아 준 여인들 외에 아무도 그들의 어머니가 될 수 없느니라. 실로 그들이 혐오스러운 말로 거짓말을 하고 있느니라"라고 말씀하셨습니다

* 출처: http://www.alifta.com/Fatawa/FatawaChapters.aspx?View=Page&PageID=7758&PageNo=1&Book ID=3(사우디아라비아, 2012.4.29)

◈ 무심코 지하르 이혼을 했더라도 속죄해야 한다.

질 문 제 아내가 제가 원치 않는 일을 했습니다. 그래서 저는 생각없이 제 어머니와 여자형제를 아내 앞에 데려와서 아내에게 "당신이 두 번 다시 이런 일을 한다면 당신은 내 어머니나 여자형제와 같다"라고 말했습니다. 여기서 이 맹세는 어떤 것이며, 이에 대한 속죄는 무엇입니까? 만약 제 아내가 제가 원치 않는 일을 하고 이어서 제가 맹세한다면 어떻게 됩니까? 아내의 행동이 저와 아내에게 이익이 된다고 생각되어 다시 그 행동을 하기를 바라면 저는 어떻게 해야 합니까? 알려 드릴 점은 이 맹세와 사건은 약 9년 전의 일이라는 것입니다. 파트와를 부탁 드립니다.

파트와 질문을 통해 언급한 상황에서 아내가 질문자가 금지한 행동을 할 경우 질문자는 지하르에 대한 속죄를 해야 합니다. 이는 질문자의 허락 여부와 상관없이 이루어집니다. 지하르에 대한 속죄는 무슬림 노예를 해방하고, 이것이 불가능할 때에는 두 달 동안 연달아 금식하고, 질병 등으로 금식이 불가능할 경우는 60명의 불쌍한 자를 배불리 먹이는 것이며, 불쌍한 자에게 밀과 쌀 등으로 1/2 사아씩 할당해 줍니다. 1/2 사아는 약 1.5kg과 같습니다. 그리고 질문자는 알라께 속죄해야만 합니다.

* 출처: http://www.alifta.com/Fatawa/FatawaChapters.aspx?View=Page&PageID=7774&PageNo=1&Book ID=3(사우디아라비아, 2012.5.30)

◈ **지하르 이혼을 선언한 남성이 규정을 알지 못한 채 아내와 동침했다면 속죄해야 한다.**

질 문 저와 아내 사이에 한동안 갈등이 있었고, 제가 아내에게 "이제 난 당신을 내 여자형제와 같은 사람으로 알겠다"라는 말을 그 심각성을 인식하지 못한 채 내뱉었습니다. 아내가 집안일에서 제 말을 귀담아듣지 않기 때문에 가족 중 누구에게도 해가 되는 일이 없도록 아내에게 겁을 주는 것이 제 의도였습니다. 불화가 계속되는 동안 아내는 처형의 집에 가 있었습니다. 처형은 제 외숙모이기도 합니다. 사람들이 위 문제를 알고 해결해 주어 아내는 집으로 돌아왔습니다. 상황이 호전되어 부부관계도 있었습니다.

그런데 제가 형제들 중 한 명에게 얘기했더니 그는 "이것은 지하르 이혼이다. 법학자에게 문의해 보는 것이 좋겠다"라고 대답했습니다. 이 문제에 대해 무지했던 저는 형제의 말을 흘려 들었습니다. 하지만 어느 날 제가 저녁 기도를 하기 위해 모스크에 갔을 때였습니다. 이맘이 코란 무자달라(58)장을 설명하며 그 의미를 해석해 주었습니다. 제가 이슬람력 1420년 3월 1일부터 금식하고 있는데, 이 금식은 옳은 것입니까? 이전에 있었던 부부관계는 어떻게 되는지요? 제가 해야 할 일은 무엇인가요?

파트와 질문자가 행한 일은 지하르이며 속죄해야만 합니다. 속죄는 무슬림 노예를 해방하고, 그렇지 못할 경우에는 두 달, 즉 60일 동안 연달아 금식하고, 금식이 불가할 경우에는 60명의 불쌍한 사람에게 음식을 제공하는 것입니다. 곤궁한 사람 1인당 1.5kg의 음식을 제공하게 됩니다. 이렇게 속죄가 이루어져야 하는데, 질문자는 해방할 노예가 없을 테니 금식하시면 됩니다. 앞서 금식을 이미 시작했다고 말씀하셨는데, 귀하는 두 달을 채워야 합니다. 금식을 시작하기 전에 잘 알지 못하고 부부관계를 가진 것은 무지에서 나온 것이므로 용서가 필요하지 않습니다. 단, 금식 기간을 채울 때까지 부부관계를 금해야 합니다.

* 출처: .http://www.alifta.com/Fatawa/FatawaChapters.aspx?View=Page&PageID=7785&PageNo=1&BookID=3(사우디아라비아, 2012.6.12)

◈ 지하르에 대한 속죄로 금식하거나 타인에게 음식을 제공해야 한다.

질 문 저는 아내에게 "당신은 오늘 이후로 나의 어머니와 같다"라는 말로 지하르 이혼을 했습니다. 그때가 이슬람력 1417년 7월 2일이었습니다. 제가 몇몇 학자들에게 파트와를 요청하자 셰이크 아흐마드 야흐야 알나즈미('Aḥmad Yaḥyā al-Najmīy)[9]는 제가 노예를 해방할 수 없는 상황이지만 33세의 청년으로서 금식할 체력은 있을 것이라면서 두 달 동안 연속 금식하라는 파트와를 내려 주었습니다. 파트와를 받은 것이 이슬람력 1417년 7월 14일이었으니 저는 7월 15일부터 금식해야 하는 것입니다. 여기서 말씀 드릴 점은, 7월 15일부터 두 달 사이에 샤으반(이슬람력 8월), 라마단, 그리고 이둘 피트르(금식종료제)가 연이어 있다는 것입니다. 따라서 저는 샤왈(이슬람력 10월) 15일까지 남은 금식기간을 채워야 부부관계를 할 수 있습니다.

저는 이슬람력 1417년 7월 15일부터 금식을 시작했고, 체력과 건강이 좋아 오늘까지 금식을 계속하고 있습니다. 하지만 금욕은 제게 무리입니다. 몇 번이나 고비가 찾아왔고, 금식을 끝내기까지 아직 45일 이상이 남아 있습니다.

저의 질문입니다: 금식을 통한 속죄 대신 음식을 제공하는 속죄가 허용됩니까? 아니면 위에 설명 드린 상황에 계속 있어야 하는지요?

파트와 질문을 보면 귀하는 금지된 상황에 처할까 염려하시는군요. 귀하는 음식을 제공하는 방법을 택해도 문제가 없습니다. 60명의 가난한 이들에게 음식을 제공하세요. 아내와 동침하기 전에 한 명당 1/2 사아(약 1.5kg)씩 주십시오.

* 출처: http://www.alifta.com/Fatawa/FatawaChapters.aspx?View=Page&PageID=7781&PageNo=1&Book ID=3(사우디아라비아, 2012.6.12)

9_ 아흐마드 야흐야 알나즈미: 1928년~2008년(헤지라 1346년~1429년). 자잔 지역 무프티였다. 대표적인 저서로 *Ta'sīs al-'Aḥkām 'alā Mā Ṣaḥḥa 'an Khayr al-'An'ām bi-Sharḥ 'Aḥādīth 'Umdah al-'Aḥkām*이 있다.

◈ **남편은 아내에게 금지 대상이 아니다. 아내는 알라가 허용해 준 것을 금지한 데 대해 참회하고 속죄해야 한다.**

질 문 아내가 남편에게 "당신은 내게 내 아들과 같이 금지된 대상이다"라고 말하며 부부관계를 중지했습니다. 그리고 아내는 이에 대해 후회했습니다. 그러나 후회로는 충분하지 않습니다. 아내가 남편에게 금지된 대상인지, 속죄해야 하는 것인지, 이 문제를 명명백백히 밝혀 주시기 바랍니다.

파트와 위에 언급된 것과 같은 발언으로 남편이 아내의 금지 대상이 되지 않습니다. 아내는 알라께서 허용하신 것을 금지한 데 대해 참회하고 속죄해야 합니다. 열 명의 가난한 사람에게 음식을 베풀어야 합니다. 1/2 사아의 밀과 보리 또는 평소에 그들이 먹는 음식과 의복을 주십시오. 그렇지 않으면, 남편을 금지한 것이 맹세의 말로 이루어졌으니 사흘 동안 금식하십시오.

* 출처: http://www.alifta.com/Fatawa/FatawaChapters.aspx?View=Page&PageID=7759&PageNo=1&BookID=3(사우디아라비아, 2012.4.29)

◈ **남편이 아내에게 "그렇게 행동하면 당신은 금지 대상이다"라고 말했는데 아내가 그 행동을 했다면 이는 맹세에 해당한다.**

질 문 남성들이 아내에게 "이렇게 하면 당신은 금지대상이다"라고 말하곤 합니다. 이렇게 말한 후에 아내가 그 행동을 하면 아내는 정말로 금지대상이 됩니까? 이 말을 취소할 수 있습니까?

파트와 첫째, 남편이 "당신이 이렇게 하면 금지 대상이다"라고 말하는 것이 아내로 하여금 특정한 행위를 하지 않도록 막으려는 의도였고, 그럼에도 불구하고 아내가 그 행위를 했다면 남편의 말은 맹세에 해당합니다. 남편은 맹세에 대해 속죄해야 합니다. 속죄는 열 명의 가난한 자를 배불리 먹이고 의복을 제공하는 것, 또는 노예를 해방하고, 그렇지 못할 경우는 사흘 간 금식하는 것입니다. 둘째, 만약 남편이 이 말을 통해서 아내를 금지시키고 어머니나 자매와 같은 금지 대상에 빗대려는 의도를 가졌다면 이는 지하르 이혼에 해당합니다. 이에 대한 속죄는 무슬림 노예를 해방하고, 그렇지 못할 경우 연달아 두 달을 금식하고, 이도 불가할 경우 가난한 사람 60명을 배불리 먹이는 것입니다. 남편은 지하르 이혼을 당한 아내와 동침하기 전에 이같이 해야 합니다.

* 출처: http://www.alifta.com/Fatawa/FatawaChapters.aspx?View=Page&PageID=7764&PageNo=1&Book ID=3(사우디아라비아, 2012.4.29)

(5) 일라('īlā')[10]에 의한 이혼

일라의 샤리아 상 의미는 4개월 이상 부부관계를 갖지 않겠다고 맹세하며 거부하는 것이다. 남편이 아내와 성관계를 갖지 않겠다고 맹세했다면 아내는 남편이 맹세를 취소하고 4개월을 기다려야 한다. 이 기간이 경과하면 아내는 판사에게 제소할 수 있으며, 판사는 그것을 남편이 지켜야 할 아내의 권리로 판단하여 부부관계를 갖도록 남편에게 명령한다. 남편이 거부한다면 판사는 아내와 이혼하도록 명령한다. 이에 대한 근거는 다음의 코란 구절에 있다. "아내들과 성관계를 갖지 않겠다고 맹세하는 자들에게는 사 개월 동안 기다리는 것이 규정되어 있느니라. 그리고 나서 그들이 돌아온다면[그들의 생각을 바꾼다면] 실로 알라께서 (그들이 맹세로 아내에게 피해를 준 것을) 용서해 주시며 (그들에게) 자비를 베푸시니라. 그들이 이혼하겠다고 결심한다면 실로 알라께서 모든 것을 들으시고 아시노라."〈코란 바까라(2)장 226-227절〉

◈ 특정 기간 동안 동침하지 않겠다고 맹세했더라도 그 맹세를 지켜선 안 된다.

질 문 딸 셋이 있는 기혼자입니다. 저와 아내 간에 갈등이 있었고, 제가 "1년이 지나기 전까진 당신과 동침하지 않겠다"라고 선언하기에 이르렀습니다. 즉 1년 동안 당신(아내)과 동침을 금한다는 뜻입니다. 금지가 시작된 것은 저와 아내 사이에 갈등이 있었던 날 밤입니다. 저는 알라께서 아이를 주시길 바라며 치료받고 있습니다. 저의 성적 능력이 약해서입니다. 제가 이 기간 동안 제 가족을 되찾는 것이 법적으로 허용되는지, 파트

10_ 일라('īlā')는 의도적으로 특정 기간 동안 동침하지 않는 것이다.

와를 부탁드립니다.

파트와 질문자가 언급한 것과 같은 상황에서, 즉 아내에게 "우리 사이의 갈등과 금지가 시작되고 1년이 지나기 전엔 당신과 동침할 수 없다는 금지가 내려졌다"라고 말한 것은 알라께서 허용하신 것을 질문자가 자의로 금지하는 죄를 범한 것입니다. 질문자는 알라께 참회하고 자신이 한 일에 대해 속죄해야 합니다. 이런 식의 맹세로 아내와의 동침이 금지되지 않습니다. 질문자는 맹세한 기간(1년) 이내에 아내와 동침해야 합니다. 질문자는 그렇게 동침하고 나서 잘못된 맹세에 대해 속죄해야 합니다. 알라께서는 "오 믿는 사람들아! 알라께서 너희에게 합법적인 것으로 만들어 주신 좋은 것들을 금지하지 말고 한계를 넘어서지 말라. 실로 알라께서는 한계를 넘어서는 자들을 좋아하시지 않느니라. 그리고 알라께서 합법적이고 좋은 것으로 주신 것 중에서 먹고 너희가 믿고 있는 알라를 경외하라. 알라께서는 너희의 맹세가 무의미하다고 나무라지 않으시지만 맹세하려고 했던 것을 어긴 것에 대해서는 나무라실 것이니라. 그래서 그에 대한 속죄 방법은 열명의 생활이 딱한 사람들에게 너희가 너희 자신들의 가족들에게 보통으로 먹이는 것으로 먹이거나 그들에게 옷을 입히거나 노예 하나를 해방시키는 것이니라. 그러나 찾(거나 제공하)지 못하는 자는 (그의 속죄 방법이) 사흘 동안 금식하는 것이니라. 그것이 너희가 맹세했을 때 맹세에 대한 속죄 방법이니라. 그러니 너희 맹세를 지켜라. 너희가 고마워할 수 있도록 알라께서 그분의 증표들을 너희에게 그와 같이 분명하게 만드셨느니라"〈코란 마이다(5)장 87-89절〉라고 하셨기 때문이며, 또한 "예언자여! 그대는 아내들의 동의를 구하면서 알라께서 그대에게 허용하신 것을 어찌하여 그대는 금지하느냐? 알라께서는 대단히 관대하시며 자비로우시니라. 알라께서 이미 그대를 위해 그대의 맹세 취소를 명하셨느니라. 알라께서는 그대의 보호자이시며, 그분은 전지하시며 지혜로우신 분이니라"〈코란 타흐림(66)장 1-2절〉라고 말씀하셨습니다. 맹세하거나 맹세를 어긴 데 대한 속죄는 열 명의 가난한 자에게 음식과 의복을 제공하거나 노예를 해방하는 것입니다. 이를 행할 능력이 되지 않는다면 사흘 간 금식합니다.

* 출처: http://www.alifta.com/Fatawa/FatawaChapters.aspx?View=Page&PageID=7734&

PageNo=1&Book ID=3(사우디아라비아, 2012.4.29)

◈ 아내와 별거 중일 때도 이혼이 가능하다.

질 문 3개월이 넘도록 아내와 별거한 사람은 일라의 판결을 받는 것입니까? 이번 별거는 아내가 부부간에 곧잘 발생하는 몇 가지 일을 고집하기에 훈계하려는 차원에서 행한 별거였습니다. 혹 샤리아와 어긋나는 점이 있는지, 일라란 무엇인지, 어떻게 이루어지는지 여쭈어 보고자 합니다.

파트와 아내의 심술로 3개월 이상 별거하는 경우, 즉 아내가 남편에게 순종하지 않기 때문에 초래된 별거의 경우, 아내는 남편의 권리를 존중해야 합니다. 그러나 훈계와 알라에 대한 경외심을 갖도록 한 이후에도 아내가 이전과 같은 태도를 고집할 경우 남편은 아내와 동침하지 않을 수 있습니다. 이는 아내로 하여금 남편의 권리를 존중하고 따르도록 훈계하기 위한 것입니다. 사도 무함마드는 아내들과 별거하고 한 달 동안 동침하지 않으셨습니다. 이에 관해 사도 무함마드에 대한 것은 아나스 븐 말리크('Anas bn Mālik)[11]가 전하는 하디스에서 명백히 알 수 있습니다. "무슬림은 사흘이 넘게 자신의 형제와의 관계를 끊을 수 없다"라고 전합니다. 이는 알 부카리와 무슬림, 아흐마드의 하디스에서도 알 수 있습니다. 남편이 아내와의 동침을 4개월 이상 거부하는 것은 아내에게 해를 끼치는 것이며, 아내의 권리를 가벼이 여기는 것입니다. 4개월이 지나고 나서도 남편이 다시 동침하지 않고, 그때 아내가 월경 중이거나 산후조리 중이 아니라면 이는 이혼을 의미합니다. 남편이 아내에게 돌아가는 것을 거부하고 이혼도 거부한다면 판사는 아내가 요구할 시 부부를 이혼시킴으로써 혼인을 해소합니다.

* 출처: http://www.alifta.com/Fatawa/FatawaChapters.aspx?View=Page&PageID=7737&PageNo=1&Book ID=3(사우디아라비아, 2012.4.29)

11_ 아나스 븐 말리크: 612년~709년(헤지라 이전 10년~헤지라 93년). 전체 이름은 아나스 븐 말리크 알나자리 알카즈라지이며 무함마드 교우로 '사도의 종'이라는 별칭이 붙여졌다. 2,286개의 하디스를 전승하였다.

◈ **남편이 장기간 떠나 있더라도 이혼을 거론하지 않는 한 부부관계는 유지된다.**

질 문 남편이 다른 여성과 혼인하여 오랫동안 저를 떠나 살고 있습니다. 이 경우 그의 부재는 이혼으로 간주됩니까?

파트와 이슬람은 먹고 마시고 거주하고 잠자고 소비하는 데 있어서 부부간의 평등과 정의를 원칙으로 여깁니다. 알라께서 "너희가 (여자)고아들을 공정하게 대할 수 없을 것[고아들에게 똑 같은 마흐르를 줄 수 없을 것]으로 염려한다면 너희에게 맞는 (다른) 여인 둘 혹은 셋 혹은 넷과 혼인하여도 되느니라. 그러나 (그 처들을) 너희가 공정하게 대할 수 없을 것으로 걱정한다면 한 명의 여인이나 너희의 오른손들이 소유한 것[여자노예]과만 (혼인하라). 그것이 너희가 옳은 길에서 일탈하지 않기에 더 적합하니라"〈코란 니싸아(4)장 3절〉라고 말씀하셨습니다. 예언자도 남편이 여러 아내를 공평하게 대하지 않는 것에 대해 경고한 바 있습니다. 그리고 다음과 같이 말했습니다. "두 여성과 혼인 관계에 있을 때 그중 한 명에게만 기울어 애정을 준다면 심판의 날에 그에 따른 죄값으로 몸이 한쪽으로 기울어지게 되리라."[12] 그러나 남편이 아내를 떠나 있는 것은 그 기간의 장단에 상관없이, 남편이 이혼을 거론하지 않는 한 이혼으로 간주되지 않습니다. 물론 합당한 이유 없이 첫째 아내를 떠나 있는 것은 죄가 됩니다. 남편은 아내에게 돌아와 부부 사이를 회복해야 합니다. 우리는 남편에게 부부간의 정의와 평등에 대해 강조하고 싶습니다. 알라께서 "…그녀들과 사이좋게 살아라"〈코란 니싸아(4)장 19절〉라고 말씀하셨습니다. 덧붙여 이 일에 대해 피해자는 소송을 제기할 수 있습니다.

* 출처: http://www.aliftaa.jo/index.php/ar/fatwa/show/id/971(요르단, 2012.5.2)

◈ **부부간에 불화가 있어 남편이 아내에게 경제적 지원을 하지 않는 경우 아내는 이혼을 요구할 수 있고 남편은 보상과 이혼 가운데 택일하거나 둘 다 해야 한다.**

질 문 남편이 아내를 부양하지 않고 지출하지도 않으면서 혼인 생활을

12_ 심판의 날에는 몸이 정상적인 상태로 유지되어야 한다.

하다가 이혼하고 그녀를 떠났습니다. 아내가 다음의 두 가지 이유로 위자료를 청구할 수 있습니까? 첫째, 남편이 아내에게 돈을 쓰지 않았습니다. 둘째, 부부관계에 소홀했습니다

파트와 남편이 아내에게 돈을 쓰지 않는 경우 말리키, 샤피이, 하나피 학파의 견해에 따르면 이 부부는 이혼이 허용됩니다. "(재결합할 수 있는) 이혼은 두 번뿐이니라. 그 후에는 공평한 조건으로 (그녀를) 붙잡아 두든 호의적으로 (그녀를) 놓아주든 해야 하느니라"〈코란 바까라(2)장 229절〉에서 이것이 증명됩니다. 또 우마르 븐 알캇땁의 일화에서 이와 관련된 사례를 볼 수 있습니다. 그는 가정을 떠난 병사들에게 아내에게 돈을 주거나 이혼하라고 명령했습니다. 그리고 이혼하는 경우 지난 세월에 대한 보상의 일환으로 돈을 지불하도록 했습니다. 이것이 정당하고 올바른 일이기 때문에, 판사는 위 부부에게 이혼을 판결할 수 있습니다. 부부관계가 소홀하고 좋지 않을 경우 말리키 학파와 샤피이 학파는 개선 여지가 없다고 판단되면 이혼을 허용합니다. 즉 앞서 언급된 두 가지 이유를 볼 때 판사는 이혼이라는 올바른 판결을 내리게 될 것입니다. 그리고 이렇게 하는 것이 아내가 남편더러 위자료를 지불하라고 요구하는 것보다 낫습니다.

* 출처: http://aliftaa.jo/index.php/ar/fatwa/show/id/595(요르단, 2012.5.16)

3. 이혼 가능 횟수

남편은 세 번 이혼할 권리가 있는데, 세 번 이혼한 후에 아내는 남편에게서 완전히 갈라서서 남남이 된다. 그리하여 여성이 다른 남자와 합법적인 혼인을 하여 동침한 후에 이혼하고 잇다 기간이 경과하기 전에는 재결합이 허용되지 않는다. 따라서 전 아내와 재결합할 수 있는 이혼은 두 번이다. 이에 대한 근거는 다음의 코란 구절에 있다. "(재결합할 수 있는) 이혼은 두 번뿐이니라. 그 후에는 공평한 조건으로 (그녀를) 붙잡아 두든 호의적으로 (그녀를) 놓아주든 해야 하느니라."〈코란 바까라(2)장 229절〉 "그리고 그가 그녀와 세 번째로 이혼을 한다면, 그녀가 나중에 그가 아닌 다른 남편과 혼인할 때까지는 그녀가 그에게 합법적이지 않느니라."〈코란 바까라(2)장 230절〉

'당신은 이혼당했다', '당신은 이혼당했다', '당신은 이혼당했다'처럼 동일한 말을 한 자리에서 세 번 선언하는 것을 금지하는 이유는 유예기간을 두지 않고 이혼 선언을 반복하는 것이 당사자들이 화해하는 길을 차단하기 때문이다. 이에 대한 근거는 다음 코란 구절에 나와 있다. "오 예언자여! 너희가[무슬림들이] 여성들과 이혼할 때는 그녀들의 잇다(의 개시)를 고려하여 이혼하고 … 그대는 알라께서 그 후에 (다른) 어떤 일[이혼 취소 등]을 가져오실지 모르느니라."〈코란 딸라끄(65)장 1절〉

이 구절은 남편이 알라의 명령을 어기고 이혼을 선언한 데 대해 후회할 때 아내에게 돌아갈 수 있는 두 번의 기회를 주고 있다. 즉 이혼하더라도 매번 잇다 기간을 둠으로써 아내에게 돌아가는 길을 열어

놓았다. 또한 같은 구절의 끝 부분에서 이혼을 취소한 후에 좋은 일이 일어날지 모른다고 함으로써 재결합의 가능성을 배제하지 않고 있다.

◈ 아내는 잇다 기간이 지난 후에 새로운 혼인계약으로 다른 남자와 혼인할 수 있다.

질 문 남편과 취소 가능한 이혼 중인 여성의 혼인에 관한 샤리아의 규정은 무엇입니까? 이와 같은 상황에서 어떻게 해야 합니까? 판단을 내려주십시오.

파트와 남편이 첫 번째 혹은 두 번째 취소 가능한 이혼을 했다면 그는 잇다 기간 중에 재결합하여 아내에게 돌아갈 수 있습니다. 그리고 숙고 없이 잇다 기간이 지났으면 취소 불가능한 이혼이 되어 부부는 헤어집니다. 그리고 아내는 남편 혹은 다른 남자와 새로운 혼인계약으로 혼인할 수 있습니다.

세 번째 이혼이라면 비록 새로운 혼인계약일지라도 여성은 현 남편에게 혼인이 허용되지 않습니다. 단, 잇다 기간이 지난 후에 새로운 혼인계약으로 다시 혼인할 수 있습니다.

* 출처: http://www.islam.gov.kw/eftaa/fatwaa.php(쿠웨이트, 2011.6.15)

◈ 세 번째 이혼이 아닐 경우 재결합할 수 있으며, 이는 아내의 잇다 기간 동안에 가능하다.

질 문 저와 아내 사이에서 말다툼과 갈등이 있었습니다. 저는 아내에게 "당신은 이혼당했다"라고 말했습니다. 그러나 저는 이혼을 의도할 생각은 추호도 없었고, 홧김에 내뱉은 것이었습니다. 이에 아내는 "난 자식들의 집에서 떠나지 않겠다. 가고 싶으면 당신이 가라"라고 말했습니다. 저희는 저희 집에서 두 자식과 함께 살았습니다. 이후로 저는 이만저만 신경이 쓰이는 게 아닙니다. 파트와를 부탁 드립니다.

파트와 질문과 같은 상황에서는 한 차례의 이혼이 발생합니다. 이번이 세 번째 이혼이 아닐 경우 질문자는 잇다 기간 동안에 재결합할 수 있습니다. 월경 중인 여성은 세 번의 월경을 끝낼 때까지, 임신 중인 여성은 출산 때까지, 임신 중이 아니거나 폐경인 경우에는 3개월이 잇다 기간입니다. 이번이 세 번째 이혼이라면 질문자는 아내가 다른 남성과 혼인하고 동침한 뒤에 그와 이혼하거나 사별한 후 잇다 기간을 보내고 나서 그녀와 새로운 혼인계약과 마흐르를 통해 재혼할 수 있습니다. 아내와 별거 중에 잠자리를 하면 알라께 속죄하고 참회하십시오. 이슬람의 가르침을 살펴 이와 같은 일을 반복하지 마세요.

* 출처: http://www.alifta.com/Fatawa/FatawaChapters.aspx?View=Page&PageID=7505&PageNo=1&Book ID=3(사우디아라비아, 2012.4.8)

◈ 이혼했느냐고 묻는 질문에 그렇다고 대답한 것은 이혼 발언에 해당한다.

질 문 이슬람력 1399년 9월 12일 라마단에 사람들이 저에게 "아내와 이혼했습니까?"라고 물었고, 화가 많이 나 있던 저는 그렇다고 대답했습니다. 그다음 날 저는 두 명의 남성을 증인으로 데려왔고 아내도 데려왔습니다. 제 아내와 재결합하기 위해서였습니다.

파트와 아내와 이혼했느냐는 물음에 귀하가 그렇다고 대답했다면 이혼 발언으로 간주됩니다. 이번이 세 번째 이혼이 아니면 귀하가 아내와 재결합하는 것은 문제가 되지 않습니다. 그러나 이번이 마지막 세 번째 이혼이라면 아내가 다른 남성과 재혼한 후에만 차순위로 그녀와 혼인할 수 있습니다. 여기서 다른 남성과의 혼인은 현 아내를 허용되는 대상으로 만들기 위해 조작하는 혼인이 아니어야 합니다. 연후에야 질문자는 적합한 새로운 혼인계약과 마흐르를 통해 혼인할 수 있습니다.

* 출처: http://www.alifta.com/Fatawa/FatawaChapters.aspx?View=Page&PageID=7507&PageNo=1&Book ID=3(사우디아라비아, 2012.4.10)

◈ 3회의 이혼을 채운 후에는 전 아내가 다른 남성과 혼인하여 동침하고 이혼한 후에 새로운 혼인계약과 마흐르를 통해서만 재혼할 수 있다.

질 문 이슬람력 1392년 5월 22일 질문자가 출석 명령을 받고 와서 설명한 내용입니다: 제가 아내와 다투다가 아내를 때렸으며 그 후에 처남과 손찌검이 오갔습니다. 그러고 나서 저는 아내와 한 번 이혼한 후 아내를 되찾아와서 2년간 살았습니다. 그 뒤 처남이 저와 아내 사이를 이간질하기에 처남과 저 사이에 싸움이 벌어졌습니다. 다시 한 번, 즉 두 번째로 이혼하고 이어서 아내와 재결합했습니다. 이것이 저에게 일어난 일입니다. 파트와를 부탁드립니다.

파트와 파트와를 신청하면서 언급한 상황을 보면 질문자는 아내와 한 번 이혼한 뒤 재결합하고, 다시 이혼하고 두 번째로 재결합했습니다. 두 명의 정상적인 증인 앞에서 아내를 되찾아 온 것이고 잇다 기간 중이었다면 여성은 질문자의 합법적인 아내입니다. 그러나 이제 남은 이혼은 단 한 번입니다. 만약 이후에 또 아내와 이혼한다면 세 번째 이혼이 되므로, 질문자는 아내가 다른 남자와 혼인하고 난 뒤 이혼하고 잇다가 지난 후에야 아내의 동의에 따라 새로운 혼인계약과 마흐르를 통해서 재혼할 수 있습니다.

* 출처: http://www.alifta.com/Fatawa/FatawaChapters.aspx?View=Page&PageID=7710&PageNo=1&Book ID=3(사우디아라비아, 2012.4.29)

(1) 취소 가능한 이혼

취소 가능한 이혼이란 남편이 이혼 선언을 했더라도 잇다 기간 동안에 아내에게 돌아갈 수 있는 권리가 있기 때문에 붙여진 것이다. 이 이혼은 남편이 실제로 동침한 아내에게 이혼에 대한 보상으로 금전을 주지 않고 발생시킨 것이다.

남편은 첫 번째 또는 두 번째로 이혼하고 잇다 기간 중이라면 아내에게 돌아갈 권리가 있다. 그러나 아내와 동침하기 전에 이혼하거나, 세 번째로 이혼하거나, 금전을 보상으로 하여 이혼한다면 이는 취소불능 이혼이 되며, 또한 잇다가 끝나면 아내는 남편과 완전히 갈라서게 된다. 이때 아내가 제3자와 혼인, 동침한 후 이혼하고, 남편이 새로운 혼인계약을 체결하고 마흐르를 지불하지 않고서는 아내를 되돌릴 수 없다.

이혼한 후 아내에게 돌아가는 것은 잇다가 있는 이혼에서만 가능하며, 남성과 동침하지 않은 여성에게는 잇다가 없기 때문에 동침하기 전의 이혼은 취소불능인 것으로 간주된다. 이에 대한 근거는 다음 코란 구절에 나와 있다. "오 믿는 사람들이여, 너희가 믿는 여성들과 혼인하였다가 그녀들과 성관계를 갖기 전에 이혼한다면, 아내들에게는 너희가 계산할 너희를 위한 잇다가 없느니라. 그러니 그녀들에게 (보상금을) 주고 좋은 말로 자유롭게 하라."〈코란 아흐자브(33)장 49절〉

이혼한 아내에게 되돌아가는 것은 아내가 막을 수 없는 남편의 권리이다. 이에 대한 근거는 다음의 코란 구절에 나와 있다. "그녀들의 남편들이 화해를 원한다면 그 기간에 그녀들을 되돌려 놓기에 더 많은 권리를 갖고 있느니라."〈코란 바까라(2)장 228절〉

취소 가능한 이혼에서 발생하는 문제는 다음의 것들이 있다.[13]

첫째, 남편은 이혼당한 아내의 생활비를 잇다가 만료될 때까지 지불해야 한다.

둘째, 아내에 대하여 남편이 갖고 있는 이혼할 수 있는 횟수가 줄어든다. 첫 번째 이혼이라면 두 번의 이혼이 남아 있고 두 번째 이혼이라면 단 한 번의 이혼이 남게 된다.

셋째, 부부 중 한 사람이 사망하면 상대방의 유산을 상속할 수 있다. 이혼당한 여성도 잇다 기간 동안에는 법적으로 엄연히 배우자이기 때문이다.

넷째, 이혼당한 아내가 잇다 중에 남편이 돌아올 가능성이 있기 때문에 잇다가 만료될 때까지 미지급된 그녀의 마흐르를 지불하지 않는다.

◈ 첫날밤을 보내지 않고 이혼한 경우에 남편은 새로운 혼인계약 없이는 아내와의 관계를 돌이킬 수 없다.

질 문 처녀인 여성과 혼인하고서 첫날밤을 보내기 전에 순나에 따라 이

13_ Muḥammad Bakr 'Ismā'īl, p.115.

혼한 남성이 있습니다. 그가 이혼을 취소하고 싶어하는데 이것이 허용됩니까?

파트와 위 남성이 아내와 첫날밤을 보내기 전에 이혼하고 별거 상태에 있다면 혼인의 조건과 요소를 충족시킨 뒤 아내에게 적합한 새 혼인계약과 마흐르를 주지 않고서는 혼인 관계를 회복할 수 없습니다.

* 출처: http://www.alifta.com/Fatawa/FatawaChapters.aspx?View=Page&PageID=7545&PageNo=1&Book ID=3(사우디아라비아, 2012.4.8)

◈ 첫날밤을 보내지 않고 이혼을 한 경우에 남편은 새로운 혼인계약 없이는 아내와의 관계를 돌이킬 수 없다.

질 문 첫날밤을 보내기 전에 남편과 아내 간에 갈등이 있었습니다. 남편은 아내를 집에서 내보내며 "당신 가족이 사는 곳으로 가라"고 말하고 이혼을 결심했습니다. 이제 남편이 아내를 되찾아 오고 싶어합니다. 이혼 의도에 대해 질문 받은 남편은 "이혼 선언은 단 한 번이다"라고 말했습니다. 첫날밤을 보내지 않았는데도 아내가 남편의 집에 있었던 이유에 대하여는 "그녀는 내게 금을 달라며 내 집에 왔고, 주지 않으면 나와 함께 가지 않겠다고 했다"라고 말했습니다.

파트와 아내와 첫날밤을 보내지 않고 단 둘이 있지 않았다 해도 질문자가 아내에게 말한 것은 한 번의 이혼 선언에 해당합니다. 아내에게 적합한 새 혼인계약과 마흐르를 통해서 금지되지 않은 여성이 됩니다.

* 출처: http://www.alifta.com/Fatawa/FatawaChapters.aspx?View=Page&PageID=7545&PageNo=1&Book ID=3(사우디아라비아, 2012.4.8)

◈ 첫날밤을 보내지 않은 상황에서 이혼하면 아내에게 잇다가 적용되지 않는다.

질 문 한 남성이 혼인하였는데 아내와 갈등이 생기는 바람에 첫날밤을 보내기 전에 "당신은 이혼당했다"라고 말했습니다. 남편은 자리를 뜬 뒤 1주일 후에 돌아와서 아내에게 "내가 이혼을 의도했던 것이 아니었다"라고 말했습니다. 그리고 업무차 해외로 떠났고, 첫날밤을 보내기 위해 아내에게 따라와 달라고 요구했습니다. 앞서 말한 발언으로 이혼이 성립됩니까? 이혼이 성립한다면 첫날밤을 보내기 전의 여성도 잇다 기간을 보내야만 합니까? 또한 재결합을 위해서는 새로이 혼인계약을 해야 합니까?

파트와 언급한 것과 같은 상황이라면 아내는 별거 중인 이혼 여성으로 잇다 기간을 보낼 필요가 없습니다. 왜냐하면 알라께서 "오 믿는 사람들이여, 너희가 믿는 여성들과 혼인하였다가 그녀들과 성관계를 갖기 전에 이혼한다면, 아내들에게는 너희가 계산할 너희를 위한 잇다가 없느니라"〈코란 아흐자브(33)장 49절〉라고 말씀하셨기 때문입니다. 남편은 그녀에게 금지 대상이 아니므로 합당한 새 혼인계약과 마흐르를 통해 재결합할 수 있습니다.

* 출처: http://www.alifta.com/Fatawa/FatawaChapters.aspx?View=Page&PageID=7547&ageNo=1&Book ID=3(사우디아라비아, 2012.4.8)

(2) 취소 불능인 이혼

취소 불능이란 아내가 남편으로부터 분리되어 아내에게 돌아갈 수 있는 권리가 남편에게 없기 때문에 붙여진 것이다. 또한 '취소 불능인 이혼'Ṭalāq Bā'in이란 혼인 해소의 효력이 확정되는 이혼을 의미하며,[14] '완전히 취소 불능인 이혼'Ṭalāq Bāin Baynūnah Kubrā과 '불완전하게 취소 불능인 이혼'Ṭalāq Bā'in Baynūnah Ṣughrā으로 분류된다.

'완전히 취소 불능인 이혼'은 전형적으로 남편이 잇다가 지나기 전에 통산 세 번의 일방적 이혼 선언을 행하는 경우에 성립하며,[15] 아내가 다른 남자와 유효한 혼인을 하여 첫날밤을 지낸 후에, 그 혼인이 해소되어 제2혼인의 재혼금지 기간이 만료된 후가 아니면 원 남편과 재혼할 수 없다.

'불완전하게 취소 불능인 이혼'은 그 밖의 취소 불능인 이혼을 의

14_ Muḥammad Rawās Qal'ah Jī, p.81.

15_ '일라('īlā')이혼'에 의해 혼인이 해소되거나, 남편의 부양의무 불이행으로 인한 혼인의 해소가 취소 가능한 이혼에 해당한다고 하는 견해에 따르면 이러한 것이 1차 취소 가능한 이혼 성립에 해당하게 되며, 그 후 잇다 기간이 만료될 때까지 남편이 일방적 이혼 선언을 두 번 행해도 같은 효과가 발생하게 된다고 본다.

미하는 것으로, 첫날밤을 가지기 전에 이혼이 성립한 경우도 이에 포함된다. 완전히 취소 불능인 이혼이 성립된 경우와는 달리 부부는 이혼 성립 후 곧바로 다시 혼인을 성사시킬 수 있다.

완전히 취소 불능인 이혼은 취소 가능한 이혼과 다음과 같은 점에서 다르다.[16]

첫째, 완전히 취소 불능인 이혼을 당한 아내는 이혼한 남편과 남남이 되기 때문에 남편이 아내와 단 둘이 함께 있거나 아내의 아름다움을 바라보거나 아내와 동침이 허용되지 않는다.

둘째, 남편과 아내 둘 중에서 한 사람이 사망했을 때 상대방의 유산을 상속하지 못한다.

셋째, 이혼한 남편은 이혼당한 아내에 대해 자신의 채무로 남아 있는 마흐르 잔액을 지불해야 한다.

넷째, 아내와 두 번 이혼하고 잇다가 만료되었다면 남편은 새로운 혼인계약과 마흐르 지불 절차를 거쳐야만 아내에게 돌아갈 수 있다.

다섯째, 남편이 아내와 세 번째 이혼을 하면 그녀가 다른 남성과 합법적인 혼인을 할 수 있어야 하기 때문에 그녀는 전 남편에게 허락되지 않는다.

완전히 취소 불능인 이혼에는 동침 전의 이혼이거나, 금전으로 보상한 이혼이거나, 허용된 횟수를 다 채운 세 번째 이혼이거나, 처음이거나 두 번째로 이혼하고 잇다가 만료된 때의 이혼이 있다.

◈ 타국에서 돌이킬 수 없는 이혼을 한다면 남녀가 함께 여행할 수 없다.

질 문 부부가 아내의 가족이 사는 곳에서 멀리 떨어진 타국 ―예를 들어 미국― 에 거주하면서 세 번째 이혼을 한 경우 남편은 어떻게 해야 합니까? 이혼한 아내를 데리고 그녀의 본국으로 돌아가야 하는 건가요?

16_ Muḥammad Bakr 'Ismā'īl, p.115.

파트와 세 번째 이혼이 아닌 돌이킬 수 있는 이혼을 했을 때 남편은 아내를 동반하여 여행할 수 있습니다. 그리고 그녀와 한 집에서 잘 수 있고, 또는 자신의 집에 아내를 남겨 놓을 수 있습니다. 아내는 잇다 기간이 끝나기까지 여전히 그의 아내이기 때문입니다. 그러나 잇다 기간이 끝나도록 아내를 되찾지 않았을 경우에는 헤어지게 됩니다. 잇다 기간 내에 있는 한 아내는 그의 아내이며, 남편은 아내를 되찾을 수 있고 아내에게 있어 그는 마흐람입니다. 알라께서 "남편이 돌아올 의사가 있을 때는 남편은 이 기간에 돌아올 권리가 있으며…"라고 잇다에 대해 말씀하셨습니다.

세 번째인 마지막 이혼의 경우에 남편은 아내를 되찾을 수 없습니다. 남편은 아내에게 있어 금지된 사람이 아니며, 아내는 반드시 남편 앞에서 몸을 가려야만 합니다. 남편이 아내에게 낯선 남자가 되었기 때문입니다. 남편이 아내를 동반하여 여행할 수도 없습니다. 그리하여, 만약 먼 타지에서 마지막 이혼을 한다면 남편은 아내의 보호자를 불러 그녀를 본국으로 데려가도록 해야 합니다. 마지막 이혼을 한 위 남성은 전처가 외간 여성이 되었기에 그녀와 동행하여 본국으로 데려다줄 수 없습니다.

* 출처: ʿAbd al-Wahhāb, pp.216-217.

4. 잇다

(1) 잇다의 종류

잇다란 이혼 후 또는 남편의 사망 후에 다른 남성과의 재혼이 허락되지 않으며 아내가 머물러 있어야 하는 기간이다.[17] 이를 재혼금지 기간이라 볼 수 있으며, 부성 추정의 혼란을 방지할 목적으로 아내의 재혼을 금지하는 기간을 의미한다. 잇다는 일반적으로 유효한 혼인이 성립하고 나서 남편이 아내에게 이혼 선언을 하여 혼인이 해소되었을 경우에 그 해소의 시점에서 개시된다.

1) 이혼당한 여성이 주기적으로 월경하는 여성이 경우

이혼당한 여성이 주기적으로 생리하는 여성이라면 그녀의 잇다는 세 번의 생리기간이다. 이에 대한 근거는 다음의 코란 구절에 나와 있다. "이혼당한 여성은 세 번의 월경을 기다리고 …."〈코란 바까라(2)장 228절〉

◈ 남편이 부재중인 때 이혼의 잇다는 이혼 판결 시점에서 시작된다.

질 문 제 여자형제의 남편이 2000년 2월 1일 현재 부재중입니다. 지금까지도 그의 행방을 알지 못합니다. 그리하여 저희는 이혼을 신청했고, 2006년 1월에 법정을 통해 이혼이 이루어졌습니다. 이때 제 여자형제의 잇다 기간은 언제부터입니까?

17_ Muḥammad Bakr 'Ismā'īl, p.118.

파트와 질문의 상황에서 이혼한 여성의 잇다 기간, 즉 질문자의 여자형제의 잇다 기간은 남편의 부재가 시작된 때부터가 아닌 2006년 1월, 즉 이혼 판결이 나온 날부터 시작됩니다.

* 출처: http://www.dar-alifta.org/ViewFatwa.aspx?ID=380&LangID=1&MuftiType=(이집트, 2012.2.14)

2) 폐경 여성과 초경을 치르지 않은 여성의 잇다

나이가 많아 폐경기에 든 여성과 나이가 어려 아직 초경을 하지 않은 여성의 잇다는 3개월이다. 이에 대한 근거는 다음의 코란 구절에 나와 있다. "그리고 더 이상 월경을 기대할 수 없는 여성들 —그녀들이 잇다가 어떻게 되는지 몰라 의심한다면— 그녀들의 잇다는 삼 개월이니라. 월경을 하지 않은 여성들도 (그와 같으니라)."〈코란 딸라끄(65)장 4절〉

이슬람 법에서 폐경기의 여성이란 나이가 들어 혹은 임신이나 수유가 아닌 다른 이유로 월경이 없는 여성을 말한다.

3) 임신한 여성의 잇다

임신 상태에서 이혼당한 여성의 잇다는 취소 가능의 이혼이든 취소 불능인 이혼이든 출산할 때까지이다. 이에 대한 근거는 다음의 코란 구절에 나와 있다. "그리고 임신한 여성들의 잇다는 그녀들이 출산할 때까지이니라."〈코란 딸라끄(65)장 4절〉

◈ 임신 중에 이혼하면 잇다 기간은 해산일까지이다.

질 문 아내가 임신 중일 때 이혼하면 이 이혼은 유효합니까? 만약 남편이 아내의 귀금속을 가져간다면 아내는 남편에게 이를 돌려달라고 요구할 권리가 있습니까?

파트와 첫째, 임신한 여성의 이혼은 법적으로 허용되고 유효합니다. 잇다 기간은 해산 때까지입니다. 둘째, 남편이 아내의 귀금속을 가져간 상황에 대해 말씀 드리자면, 이 귀금속이 아내의 소유였거나 아내에게 빌린 것이라면 아내는 이를 되찾을 권리가 있습니다. 남편의 소유였을 경우는 아내는 요구할 권리가 없습니다. 귀금속이 남편이 아내를 위해 빌린 것이어도 마찬가지입니다.

* 출처: http://www.alifta.com/Fatawa/FatawaChapters.aspx?View=Page&PageID=7549&PageNo=1&Book ID=3(사우디아라비아, 2012.5.30)

4) 임신하지 않은 여성들 중에서 남편이 사망한 여성의 잇다

자힐리아 시대[18]에 여성은 남편이 사망하면 집안의 가장 누추한 곳에서 꼬박 1년을 머물러 있었지만 이슬람의 출현 후로는 잇다가 4개월 열흘 밤낮이 되었다. 이에 대한 근거는 다음의 코란 구절에 나와 있다. "너희 중에서 죽어서 배우자를 남겨 두게 된 자들, 그들의 아내들은 사 개월 열흘을 기다려야 하느니라."〈코란 바까라(2)장 234절〉

사망으로 인한 재혼금지 기간('Iddah al-Wafāh)이란 남편과 사별한 아내가 지켜야 하는 재혼금지 기간을 말한다. 코란 바까라(2)장 234절을 보면 사망으로 인한 재혼금지 기간은 다시 개월에 의한 재혼금지 기간과 임신에 의한 재혼기간으로 구분된다.[19]

가. 개월에 의한 재혼금지 기간

유효한 혼인이 남편의 사망으로 인해 해소되었을 경우에 아내가 임신 중이 아니라면 코란의 규정에 따라 4개월 10일 동안 재혼금지 기간을 가진다. 이 경우에 아내의 생리주기는 고려하지 않는데, 이는 남편의 사망을 애도함과 동시에 그동안 혼인의 은총(Ni'mat al-Nikāh)으로서 아내에게 제공되던 의식주를 상실하게 되었기에 슬픔을 표현하기 위함이다.[20]

18_ 이슬람 이전 시대.

19_ 코란의 내용은 개월에 의한 재혼금지 기간을 의미하나 이는 한정적으로 적용될 뿐, 임신 중인 과부는 임신에 의한 재혼금지 기간을 따르고 출산함과 동시에 재혼금지 기간이 만료된다.

20_ al-Kāsānīy, Vol.3, p.192.

나. 임신에 의한 재혼금지 기간

코란 바까라(2)장 234절은 임신하지 않은 과부에 대하여 적용되는 규정이다. 임신 중인 과부에게는 코란 딸라끄(65)장 4절을 적용하여 본래는 일방적 이혼 선언에 의해 이혼당한 아내에 관한 규정이 준용되어 출산과 동시에 재혼금지 기간이 만료한다고 본다.[21] 이는 아내가 출산한 후에는 부성 추정의 혼란이 발생할 여지가 없고, 따라서 출산과 동시에 만료해도 문제될 것이 없기 때문이다.

◈ 취소 가능한 이혼을 한 뒤 잇다 기간 중에 남편이 사망했다면 잇다의 잔여 기간이 소멸하고 애도 기간이 시작되며, 상속이 가능하다.

질 문 이들은 부부관계를 맺은 후에 취소 가능한 이혼을 했고, 현재 아내는 잇다 기간에 있습니다. 이혼한 지 한 달하고도 사흘이 지났을 때 남편이 사망했습니다. 이때 아내는 유산을 받을 권리가 있습니까? 또 그녀가 지금 지키고 있는 잇다 기간은 이혼에 따른 것입니까, 아니면 남편의 죽음에 애도하는 기간으로 계산되는 것입니까?

파트와 이슬람 법학자들에 따르면 이 여성은 여전히 전 남편의 아내입니다. 왜냐하면 돌이킬 수 있는 이혼을 한 경우에 잇다 기간에도 혼인 생활이 계속되기 때문입니다. 그러므로 남편이 세상을 떠났다면 아내는 그의 유산을 상속하고, 남편의 죽음을 애도하는 잇다 기간이 시작되며, 이혼으로 인한 잇다는 자동으로 그 효력이 없어지게 됩니다.

이븐 후즈르 알하이타미(Ibn Ḥujr al-Haytamīy)[22]는 "취소 가능한 이혼

21_ 'Aḥmad bn Muḥammad bn 'Aḥmad bn Ja'far bn Ḥamdān 'Abū al-Ḥusayn al-Qaddūrīy(1997), *Mukhtaṣar al-Qaddūrīy*, Vol.3(Beirut: Dār al-Kutub al-'Ilmīyah), p.81; al-Kāsānīy, pp.192-193; Ibn 'Abd al-Barr, p.294; Ibn Rushd al-Jadd, Vol.1, p.513; al-Shīrāzīy, Vol.2, p.144.; al-Nawawīy, Vol.8, p.399; Ibn Qudāmah, Vol.3, pp.301-302; Ibn Taymīyah, Vol.2, p.103.

22_ 이븐 후즈르 알하이타미: 1503년~1566년(헤지라 909년~973년). 순니 4대 법학파 중 하나인 샤피이 학파의 법학자이다. 이집트 서쪽 아부 알하이탐 출신이다. 헤지라 923년 알아즈하르에서 알리미야('Ālimīyah, 이슬람 학자) 지위를 받았다. 대표적인 저서로 *Sharḥ al- Hamzīyah*가 있다.

을 할 경우 남편이 사망하면 잔여 잇다 기간은 그 효력이 소멸되고 사망에 대한 애도 기간으로 넘어가게 된다"라고 명시했습니다.

* 출처: http://www.aliftaa.jo/index.php/ar/fatwa/show/id/971(요르단, 2012.3.19)

(2) 잇다 중에 있는 여성의 생활비

취소 가능한 이혼으로 잇다 기간 중에 있는 아내에게 남편은 거처와 생활비를 지불해야 한다. 임신한 여성에게는 취소 가능한 이혼이든 취소 불능인 이혼이든 사별한 경우이든 관계없이 출산할 때까지 지불한다. 이에 대한 근거로는 다음의 코란 구절이 있다. "너희가 거주하는 곳에 너희 돈으로 그녀들을 묵게 하고 그녀들을 억압하기 위해 그녀들에게 손해를 가하지 말라. 그녀들이 임신하고 있다면 출산할 때까지 그녀들을 위해 돈을 지불하라."〈코란 딸라끄(65)장 6절〉

◈ 응징 받을 아내에게는 생활비를 지급할 필요가 없다.

질 문 (메누피아의 알슈하다 시(市)에서 보내는 질문) 아내가 남편 몰래 사기꾼 같은 남성에게로 향했습니다. 아내는 그 남성 앞에서 자신을 드러내고, 그 남성은 아내의 신체의 민감한 곳을 뜨거운 것으로 지지는 만행을 저질렀습니다. 이에 아내가 고소하였고, 남성이 2개월 형을 사는 것으로 판결이 내려졌습니다. 이 아내는 위의 일로 인해 배신을 한 여성이 되는 것입니까? 그녀는 이혼할 경우 생활비를 받을 수 있습니까?

파트와 위 아내가 한 일은 의심할 여지 없이 법적으로 금지된 일입니다. 그녀의 남편이 이 사실을 알든 모르든 간에 그녀는 비난받을 만합니다. 이혼할 경우 잇다 기간의 생활비 제공 의무는 아무런 영향을 받지 않습니다. 이혼 전의 생활비도 동일합니다.

* 출처: Fatāwā Shar'īyah, p.401.

◈ 이혼한 후에도 여성과 자녀는 상황에 따라 일정한 권리가 있다.

질 문 저는 쿠웨이트 관영 통신사에서 언론인으로 일하던(2004년 11월

29일 기준) 중 한 이집트 남성과 혼인했습니다. 우리의 혼인계약은 여행이나 장소에 제약을 두지 않은 계약이었습니다. 2004년 1월 21일 저는 쿠웨이트에 있는 남편에게 향했으나, 폭력에 이를 정도의 심각한 갈등을 겪고 나서 쿠웨이트에서 돌아왔습니다. 갈등이 발생하기 전에 저는 함께 쿠웨이트 주재 캐나다 대사관에 가서 캐나다 이민 신청서를 제출하자는 그의 요청을 거절했습니다. 또한 저는 첫 자녀가 캐나다에서 태어나 캐나다 국적을 취득할 수 있도록 캐나다로 가자는 제안 또한 거절했습니다. 혼인계약 전에 그가 저에게 이러한 사실을 밝힌 적이 없었지만, 그는 이럴 심산이었습니다. 저는 2004년 6월 3일 그와 함께 이집트로 돌아왔습니다. 저는 그의 두 형제를 만나, 캐나다로 가자는 남편의 계획을 거부했습니다.

저희 사이에는 진전이라고는 없었으며 저는 제 아버지와 함께 그의 아파트에서 거주했습니다. 그는 저에게 생활비를 보내지 않았고, 이런 상황에서 우리는 2004년 9월 26일자로 부재중 이혼에 이르렀습니다. 그는 2004년 11월 23일 제가 딸을 출산할 때도 저에게 오지 않았습니다. 새로이 혼인계약을 준비하려고 했던 모든 시도는 실패로 끝났고, 이 계약에 대해서는 여하한 합의도 이루어지지 않았습니다.

감사의 말씀과 함께, 제 권리와 딸의 권리가 어떠한지 명명백백히 밝혀 주시기 바랍니다. 그 내용은 다음과 같습니다.

부부로서 생활비를 받는 기간은 1년입니까? 아니면 더 짧거나 깁니까? 또한 잇다 기간의 생활비는 이혼 시점부터입니까, 아니면 출산 날짜부터입니까? 또한 추가 생활비의 경우 받을 수 있는 기간이 얼마나 되는지요?

저와 관련한 금액은 혼인 때부터 그가 일하고 있고 혼인날까지도 근무했던 쿠웨이트에서의 그의 소득을 기준으로 계산하게 됩니까?

6월 3일 쿠웨이트에서 돌아오던 때부터 9월 26일 이혼하던 날까지의 생활비를 지불받을 권리가 제게 있습니까?

저의 치료비와 출산 비용, 아이를 출산하기 전에 산 아이의 옷 구매 비용을 받을 권리가 제게 있는 것입니까?

딸의 경우, 아이 아버지가 이 아이에게 금전적 지원을 해야 하는 기준은 무엇입니까? 그 지출에는 의복, 음식, 약품과 기타 양육비도 포함되는 것이고 보모의 거처까지 포함되는 것입니까? 저는 아버지의 집에 살고 있고, 부부로서 살던 집에서의 거주가 불가능합니다. 그 집이 있는 건물에는 남편의 가족이 살고 있기 때문에 도저히 할 수 없는 일입니다.

저는 10,000 주나이흐에 달하는 후불 마흐르의 권리를 가지고 있습니까? 또한 저와 남편이 나누어 구매한 살림살이에 대한 권리가 있습니까? 이에 대해 서명된 목록은 없습니다.

그는 저에게 마흐르를 주지 않았고, 명시된 금액은 1 주나이흐입니다. 저는 합의에 따른 마흐르를 법적으로 받을 수 있습니까?

저의 딸이 자신의 아버지나 할아버지, 할머니를 만나는 것은 법적으로 허용되는 일입니까? 여기에 특정한 방문 기간이 있습니까?

파트와 혼인생활이 원만하게 지속되는 가운데 아내는 남편에 대해 권리를 가지고 있습니다. 이는 알라께서 "오 믿는 사람들이여! 강제로 여성들을 상속재산으로 물려받는 것은 너희에게 허락되지 않느니라. 그리고 그녀들이 명백히 부도덕한 행위를 저지르지 않는 한, 너희가 그녀들에게 준 것의 일부를 되돌려 받기 위해 그녀들이 혼인하는 것을 방해하지 말고, 그녀들과 다정하게 살아라. 너희가 그녀들을 싫어한다면, 아마도 너희가 한 가지만을 싫어하는 것이지만 알라께서는 그 안에 좋은 것들을 많이 만들어 주실 것이니라"〈코란 니싸아(4)장 19절〉라고 말씀하셨기 때문입니다. 또한 아내는 음식, 의복 등에 지출할 권리가 있습니다. 아내가 필요로 하는 지출 모두 물질적 상황과 관련되어 있습니다. 알라께서 "부유한 사람은 그의 재산에서 지출하게 하고, 양식이 제한된 사람은 알라께서 그에게 주신 것 중에서 지출하게 하라. 알라께서는 어느 누구에게도 그분께서 주신 것 외에는 부과하시지 않느니라. 알라께서는 고난 다음에 편안함을 만들어 주실 것이니라"〈코란 딸라끄(65)장 7절〉라고 말씀하셨습니다.

질문자가 이혼당한 상황에서, 이 이혼이 취소 가능한 이혼 즉, 첫 번째 또는 두 번째 이혼이고 잇다 기간을 제대로 준수한 상황에서만 질문자는 혼인계약에 명시된 후불 마흐르를 받을 수 있습니다. 또한 질문자는 특수한 경우 잇다 기간이 끝났다 하더라도 잇다 기간의 생활비를 받을 수 있습니다. 이런 상황이 될 수 있는 조건으로 여성이 월경하는 여성인 경우 3번 월경을 하게 되거나, 폐경 유무와 상관없이 3개월이 흘렀거나, 원래부터 월경이 없었거나, 임신 상태였는데 출산한 경우 등이 있습니다. 또한 질문자는 적어도 2년간 전 남편의 경제적 여건에 따라 추가적인 생활비를 받을 수 있습니다.

상기 내용과 질문의 상황에 따라, 질문자가 언급한 것과 같이 2004년 9월 26일을 기준으로 질문자의 부재중 이혼이 성립된 경우 질문자는 쿠웨이트에 있었던 2004년 6월 3일부터 2004년 9월 26일 이혼까지의 생활비를 요구할 권리가 있습니다. 또한 이혼 여성은 출산까지의 잇다 기간의 생활비 청구권을 가지고 있으며, 치료와 출산, 아이를 위한 의복 구입에 드는 비용 또한 요구할 권리가 있습니다. 딸에게 드는 비용이나 보육 비용, 질문자와 딸에게 적합한 주거지를 마련하는 데 드는 비용 등을 모두 요구할 수 있습니다. 그러나 질문자는 혼인계약에 명시된 것 이상을 요구할 수 없습니다. 딸이 아버지를 보는 일은 합의가 충분히 이루어진 상황에서만 가능합니다. 그렇지 않으면 이 사안은 관련 사법 당국으로 넘겨야 합니다. 세간살이의 경우, 이에 대한 합의가 이루어지지 않았던 상황에서는 각각의 권리가 응당 그 권리를 지닌 사람에게 돌아가도록 이 또한 관련 사법 당국에서 처리해야 할 일입니다.

* 출처: http://www.dar-alifta.org/ViewFatwa.aspx?ID=374&LangID=1&MuftiType=2(이집트, 2012.2.28)

(3) 잇다 중의 거처

1) 취소 가능한 이혼에 의한 잇다 중의 거처

코란 딸라끄(65)장 1절은 취소 가능한 이혼에 의한 재혼금지 기간 중에 아내의 거주에 대한 권리와 의무 관계를 규정하고 있다.[23] 또한 취소 가능한 이혼에 있어서 남편의 부양 의무는 당연히 적용되는 것으로, 재혼금지 기간이 만료될 때까지 계속 인정된다는 점에 모든 법학파의 의견이 일치하고 있다.[24]

23_ 이에 대한 해석에 있어서도 잇다 기간이 만료되기 전에 시댁을 떠나는 것이라고 보는 해석, 간통으로 보는 해석, 아내의 불복종을 의미한다는 해석, 아내가 남편의 혈족을 비방하는 것을 의미한다는 해석 등이 있다. 또한 집에 대한 의미 해석에 있어서도 학파 간에 차이가 있다.

24_ al-Ṭaḥāwīy, p.225; al-Sarakhsīy, Vol.5, p.201; al-Tanūkhīy, Vol, 2, p.471; Ibn

2) 취소 불능인 이혼에 의한 잇다 중의 거처

코란 딸라끄(65)장 6절에서 임신 중인 여성에 대해 남편이 부담하는 권리와 의무에 대해 규정하고 있으며, 딸라끄(65)장 2절의 반대해석을 통해 임신하지 않은 여성에 대해 남편이 갖는 권리와 의무를 유추할 수 있다.

3) 무효한 혼인의 해소(이혼)에 의한 잇다 기간 중의 거처

무효한 혼인으로 부부가 첫날밤을 보낸 경우에 여성은 잇다를 지켜야 하며, 잇다의 개시는 통상적으로 무효 판결이 내려진 시점부터 시작된다. 다만 말리키 학파는 혼인이 무효임에 대해 합의가 성립하지 않는, 무효한 혼인의 해소는 취소 불능인 이혼에 의한 것이고, 모든 학파가 일치하여 무효로 간주되는 혼인만 취소의 형식에 의해 해소된다.[25]

4) 사망에 의한 잇다 중의 거처

남편이 사망하는 경우에 아내는 잇다를 거치며, 이에 따른 주거, 부양에 대한 권리와 의무를 부담한다. 다만 무효인 혼인의 경우에도 아내의 잇다를 고수하는 학파는 말리키 학파 일부와 한발리 학파 일부이며, 말리키 학파는 사망으로 인한 재혼금지 기간을 부과하고 아내의 상속권을 인정하지 않는다.

일반적으로 아내의 주거청구권과 관련해서는 두 가지로 나누어 볼 필요가 있다. 첫 번째는 아내가 남편이 사망한 때에 그 주거에 거

'Abd al-Barr, p.292; al-Shīrāzīy, p.208; al-Nawawīy, Vol.9, p.64; Ibn Qudāmah, Vol.3, p.357.

25_ 이러한 입장은 말리키 학파의 통설로, 부부 간에 발생하는 권리의무 관계는 유효한 혼인이 취소 불가능한 이혼에 의해 해소되는 경우와 동일하다; Mayyāra al-Fāsi(연도 미상), *Sharḥ Mayyāra al-Fāsi 'alā Tuḥfat al-Ḥukkām*, Vol.2(Beirut: Dār al-Fikr), p.248.

주했다면 재혼금지 기간 중에도 그곳에 거주할 권리와 의무를 가지는가의 여부이다.[26] 두 번째는 아내의 주거가 남편이 사망한 주거가 아닌 다른 장소로 지정된 경우에 아내가 이 주거에서 외출할 수 있는지, 가능하다면 어느 정도인지이다.

◈ 잇다 중의 여성은 남편의 집에 있어야 한다.

질 문 저는 남편과 이혼했습니다. 제 질문은 다음과 같습니다. 여동생의 집에 가서 하룻밤을 자고 오려고 합니다. 이렇게 잇다 기간 동안 제 여동생이나 남동생, 외삼촌 등과 같이 친척의 집에서 머무는 것이 허용됩니까? 아니면 잠을 자려고 하는 경우 제 가족이나 아버지의 집에서만 머무는 것으로 한정됩니까?

파트와 잇다 기간 중에 있는 여성은 이혼으로 인한 잇다 기간이든 혹은 남편의 죽음으로 인한 잇다 기간이든 상관없이 부부의 집에서 이 기간을 보내야 합니다. "그녀들을 그녀들의 집에서 내보내지 말아라. 정결하지 못한 이들만이 집 밖으로 나오느니라. 이것은 알라께서 정하신 한계이며, 이 한계를 넘는 이들은 자신을 억압하고 박해하는 것이니라. 알라께서 그 이후에 (아내를 돌아오게 만드시는 것과 같은) 어떤 새로운 일을 일으키실지 그대는 알지 못하니라"라고〈코란 딸라끄(65)장 1절〉에 명시되어 있습니다. 앞서 언급된 '그녀들의 집에서 내보내지 말아라'에서 '그녀들의 집'이란 부부가 함께 사는 집을 의미합니다. 남편은 아내로 하여금 부부가 살고 있는 집에서 나가게 해서는 안 됩니다. 가능하다면 이혼한 아내에게 그의 집 안에서 거처를 마련해 주어야 합니다.

만약 돌이킬 수 없는 이혼을 했다면 남편은 아내와 거리를 두고 홀로 생활을 해야 하고, 그녀의 얼굴과 손만 볼 수 있습니다. 아니면 아내의 잇다 기간이 끝날 때까지 다른 거처로 옮겨야 합니다. 그래야 죄를 피할 수 있

26_ 아내가 무슬림이면 남편의 사망에 의한 상속권을 가지므로, 아내가 그의 주거 전체 또는 그 일부를 상속할 수 있다. 또한 아내는 그 주거 전체 또는 그 일부를 상속하지 않더라도 잇다 기간이 만료될 때까지는 남편의 다른 상속자들에게게 남편의 주거지에 거주할 권리를 주장할 수 있으나, 다른 상속자가 동의한다 해도 그곳을 떠날 수 없다.

습니다. 반대로 돌이킬 수 있는 이혼을 했다면 남편은 아내와 단 둘이 있는 것이 허락되고 아내는 남편을 위해 치장을 하는 것이 가능합니다. 아마도 이것이 부부가 다시 결합하는 이유가 될지도 모릅니다. 이것은 하나피 학파가 샤피이 학파와 다르게 서술한 내용에 의거한 것입니다. 어찌되었든 간에 이혼한 여성은 자신이 안전하다고 생각하는 경우에만 집에서 나갈 수 있습니다. 모든 무슬림들은 알라께서 정하신 한계를 준수해야 합니다. 그것을 지키지 못한다면 스스로를 박해하는 것과 같습니다.

만약 잇다 기간 중의 여성이 밖으로 나왔다면 그녀는 다시 부부가 살던 집으로 돌아가서 잇다 기간을 마쳐야 합니다. 그것이 그녀의 능력을 넘어 외부적인 환경으로 인해 불가능하다면 그녀에게는 죄가 없습니다. 그러나 어떠한 상황이든 잇다 기간은 마쳐야 합니다.

* 출처: http://www.aliftaa.jo/index.php/ar/fatwa/show/id/971(요르단, 2012.5.1)

◈ 잇다 중인 여성의 직장 근무는 여성이 밤에 부부의 집에서 잔다는 조건하에 가능하다.

질 문 제가 한 중학교에서 교사로 근무하고 있던 중 남편이 사망했습니다. 저는 남편을 애도하는 기간이 끝나기 전 다시 교사로 근무할 수 있습니까? 새 학년이 시작될 때 저는 남편의 사망과 관련하여 아무런 휴가도 받지 못했습니다.

파트와 법적으로 남편의 사망을 애도하는 여성은 장신구를 떼고 향수를 뿌리지 않으며, 즐거운 기색을 삼가라고 정해져 있습니다. 정해진 잇다 기간 동안 부부가 살던 집에서 밤에 잠을 자는 것 또한 알라의 "너희 중에서 죽어서 배우자들을 남겨 두게 되는 자들의 아내들은 사 개월 열흘을 기다려야 하느니라. 그리고 그녀들이 그녀들의 (재혼금지)기간을 만료한다면, 허용되는 방식으로 그녀들이 마음속에 있는 대로 처신하여도 너희를 비난할 것이 없느니라"〈코란 바까라(2)장 234절〉라는 말씀에서와 같이 지켜야 하는 사항입니다.

잇다 중인 여성은 낮과 일부 밤 시간에 집 밖으로 나갈 수 있습니다. 이는 낮에 필요한 일들을 하고 살림을 정돈하기 위함입니다. 그러나 애도 중인 여성은 밤에는 집에서 잠을 자야 하며 이는 이븐 꾸다마의 말에서도 알 수 있습니다. "잇다 중인 여성은 필요에 따라 이혼녀건 과부이건 상관없이 낮에는 집 밖에 나갈 수 있다"라고 그는 전합니다. 또한 자비르가 말하기를 "나의 이모가 세 번째 이혼을 당했다. 그리고 나서 밖에 나와 길에서 대추야자를 하나 따고 난 뒤 한 남자와 마주쳤는데 그가 대추야자를 따지 말라고 말했다. 이모가 사도 무함마드에게 가서 이 일을 말하자, 사도 무함마드는 "나가서 그 대추야자를 희사하거나 선행을 베풀라"라고 말했습니다. 이는 알나사이와 아부 다우드에 의해서도 전해지는 하디스 입니다. 또한 무자히드는 순나 알비히키에서 말하기를 "우후드 전투 당시 많은 남자가 죽었고 그리하여 여자들은 남편을 잃었다. 그녀들은 서로 이웃하여 살았는데, 그녀들이 사도 무함마드를 찾아가 말하기를 "사도이시여, 우리는 밤이 되면 두려운 나머지 우리 중 한 명의 집에서 잤습니다. 아침이 되면 일찌감치 우리는 각자의 집으로 귀가했습니다"라고 하였다. 이에 사도 무함마드는 "그녀들이 말한 것처럼 한 명의 집에 있는 것은 괜찮으나 밤에 자고 싶을 경우 그녀들 모두 각자의 집으로 돌아가야 한다" 라고 말했다."

질문과 상기 내용에 따라, 질문자는 밤에 부부의 집에서 잠을 잔다는 조건으로 잇다 기간 동안 직장으로 돌아가 일할 수 있습니다.

* 출처: http://www.dar-alifta.org/ViewFatwa.aspx?ID=384&LangID=1&MuftiType=1(이집트, 2012.2.28)

(4) 잇다 중의 여행

◈ 잇다 중에 있는 여성은 불요불급한 여행을 할 수 없다.

질 문 63세의 여성이 남편과 많은 문제를 겪다가 최근 7년 동안 무미건조한 인사만을 주고 받는 사이가 되어 버렸습니다. 그녀의 남편은 다시 부부의 의무를 다하는 아내로 되돌아오거나 아니면 이혼을 선택하라고 했고, 그녀는 이혼을 택했습니다. 결국 이 부부는 이혼했고 아내는 남편에게 돌아갈 의사가 전혀 없는 상태입니다. 이 아내가 우므라를 위해 메카에 가기를 원합니다. 이에 대한 판단은 무엇입니까?

파트와 이슬람 법학자들에 따르면 남편의 죽음 또는 이혼 후, 잇다 중인 여성은 그 기간 동안 불필요한 여행을 할 수 없습니다. 알카띠브 알샤르비니에 따르면 "상업 활동이나 방문, 그리고 굳이 서둘러서 할 필요가 없는, 일생에 한 번만 하면 되는 순례 등 필요 이상의 것으로 여겨지는 목적의 외출은 정당한 이유가 될 수 없다"라고 무그니 알무흐타즈에 명시되어 있습니다.

* 출처: http://www.aliftaa.jo/index.php/ar/fatwa/show/id/340(요르단, 2012.3.8)

◈ 잇다 중인 여성은 정당한 이유가 아니고서는 집 밖에 나가지 않는다.

질 문 남편과 사별한 여성이 시아주버님의 집에 갔을 때, 좋지 못한 대우와 억압을 받았습니다. 이 여성은 거주의 목적으로 자녀들의 집이나 자신의 삼촌의 집으로 가도 되는 것입니까?

파트와 위 여성은 정당한 이유가 아니고서는 잇다 기간이 끝날 때까지 남편의 집을 떠날 수 없습니다. 만약 정당한 이유 없이 이사를 할 경우 아내는 자신이 나온 집으로 돌아가야 합니다. 정당한 이유가 있다면 남편의 집에서 자신의 자녀 등의 집으로 갈 수 있습니다. 아내는 애도 기간의 나머지 규정들을 지켜야만 하며 순례를 포함하여 여행은 할 수 없습니다.

* 출처: ʻAbd al-Wahhāb, p.216-217.

(5) 잇다 중인 여성의 혼인과 성관계는 금지된다.

재혼금지 기간을 가지는 아내의 재혼에 있어서 현재의 남편과 재결합하는 것은 혼인 장애가 존재하지 않는 한 유효하나,[27] 다른 남성과의 재혼은 금지된다.[28]

27_ al-Marghīnānīy, p.10; 이는 부성 추정의 혼란이 발생하지 않기 때문이다.

28_ 이에 대한 근거는〈코란 바까라(2)장 235절〉이다.

◈ 잇다 중에 있는 여성은 여전히 남편의 아내이다.

질 문 만약 한 남성이 네 명의 여성과 혼인하고, 그녀들이 모두 있는 상황에서 새로운 달이 시작되었을 때 아내들 중 한 명과 돌이킬 수 있는 이혼(첫 번째 또는 두 번째 이혼)을 할 경우, 이 남성은 자신이 이혼한 여성이 아닌 다른 여성과 혼인할 수 있습니까?

이 남성이 다섯 명의 여성과 동시에 혼인 관계인 것을 금지하는 샤리아를 어기는 일이 없도록, 이혼당한 네 번째 아내가 잇다 기간을 지키듯이 그에게도 지켜야 할 잇다 기간이 있습니까?

파트와 위 남성이 네 명의 여성과 혼인한 상태라면 그중 한 명의 여성과 이혼하고 그녀의 잇다 기간이 끝날 때까지는 다섯 번째 아내를 맞이할 수 없습니다. 즉, 다섯 명 또는 그 이상과의 혼인은 불가능합니다. 이는 이슬람이 네 명을 초과하는 아내, 또는 혼인 상태와 마찬가지로 여겨지는 잇다 기간 중인 여성과 혼인하는 것을 불허하기 때문입니다. 불허하는 이유는 잇다 기간 동안에도 법적으로 혼인 상태가 계속되기 때문입니다.

그리하여 네 명의 아내 중 한 명이 잇다 기간 중이고 다섯 번째 아내와 혼인할 경우, 이는 다섯 명의 여성과 혼인 관계를 맺게 되는 것이기에 법적으로 허용되지 않습니다.

* 출처: http://www.dar-alifta.org/ViewFatwa.aspx?ID=386&LangID=1&MuftiType=(이집트, 2012.2.28)

◈ 취소 불능인 이혼이 성립된 후 성관계를 갖는 것은 간음 행위이다.

질 문 아내가 남편과 세 번 이혼을 한 상태에서 성관계를 맺고 현재 임신 중입니다. 이 상황에 대한 판단은 어떻습니까?

파트와 부부가 돌이킬 수 없는 이혼을 한 뒤 성관계를 갖는다는 것은 합법적인 행위가 아니라 간통입니다. 이것은 죄 중에서도 가장 큰 죄입니다. 이러한 죄를 지은 무슬림은 죽기 전에 진정으로 회개하고 속죄해야 합니다. 임신과 관련하여 적절한 판단을 얻기 위해서는 법정이나 전문 무프티에게 찾아가 상담하시기 바랍니다.

* 출처: http://www.aliftaa.jo/index.php/ar/fatwa/show/id/971(요르단, 2012.5.2)

5. 기 타

(1) 후불 마흐르

◈ 마흐르는 신부가 받아야 할 고유 권리이다.

질 문 일부 국가에서 여성이 후불 마흐르를 받지 못하는 경우가 있는데 이것이 옳은지요?

파트와 마흐르는 그것이 선불이든 후불이든 관계없이 모두 여성이 마땅히 받아야 하는 권리입니다. 남편이나 그 외의 다른 사람들은 여성이 이 권리를 위임하지 않는 한 마흐르를 받는 것을 막을 수 없습니다. 여성은 마흐르 중 일부를 포기할 수 있습니다. 또 후불 마흐르를 서둘러 지불하는 것이 남편에게 권장되는 행위입니다. 후불 마흐르는 남편에게 일종의 빚이기 때문입니다. 남편이 사망하면 아내는 남편의 유산이 상속자들에게 배분되기에 앞서 우선적으로 후불 마흐르를 받게 됩니다.

* 출처: Muṣṭafā Murād, p.96.

◈ 성관계 전 마흐르를 받지 못한 채로 이혼한 여성은 마흐르의 절반을 받는다.

질 문 저는 한 여성과 혼인계약을 했지만 마흐르를 정하지 않았고, 성관계를 갖기 전에 이혼했습니다. 제가 어떻게 해야 하는지요?

파트와 마흐르가 정해진 상태에서 성관계를 하기 전 이혼을 할 경우, 그 여성에게 마흐르의 절반이 주어져야 합니다. 그러나 동일한 상황에서 마흐르가 정해지지 않은 경우 샤리아 학자들은 여기에 대해 서로 다른 의견을 갖고 있습니다. 대부분의 학파들은 알라께서 "(남성들아!) 너희가 여성과 성관계를 갖지 않았거나 여성을 위한 의무[마흐르]를 명시하지 않았다면 너희가 여성을 이혼시켜도 죄가 되지 않느니라. 그러나 부유한 자는 부유한 대로 가난한 자는 가난한 대로[남성의 형편에 따라] 합당한 금액의 양식으로, (믿으며) 선행하는 자의 의무로서 그녀들에게 보상금을 주어라"〈코란 바까라(2장) 236절〉라고 하신 말씀을 인용합니다. 그들에게 있어 위자료 지불은 의무입니다. 한편 남편이 아내와 이혼하면서 주는 돈의 액수는 상황에 따라 다릅니다. 반면 말리키 학파는 이혼한 아내에게 위자료를 주는 것이 의무가 아닌 권장되는 행위라고 규정합니다. 하지만 제가 맨 처음에 언급했던 부분이 더 옳습니다.

* 출처: Muṣṭafā Murād, p.96.

◈ 혼인계약 체결 후 성관계를 갖기 전에 이혼했을 때 이미 지불된 마흐르의 절반을 되돌려 받는다.

질 문 한 남성이 여성과 혼인했고, 혼인계약 후 그녀에게 마흐르를 지불했습니다. 그리고 그녀와 성관계를 갖기 전에 이혼했습니다. 이 경우 이 여성에게 무엇을 의무적으로 이행해야 하는지요?

파트와 일반적으로 성관계를 갖기 전에 이혼한 경우 여성은 전체 마흐르의 절반을 받을 수 있습니다. 또 남녀가 혼인하고 남편 측에서 혼인계약 당시가 아니라 계약 이후 마흐르에 대해 상호 합의와 결정이 내려지고 남편이 이를 지불한 경우에, 성관계 전에 이혼했다면 아내는 마흐르의 절반을 받습니다. 이것이 대부분 학파들의 의견입니다. 왜냐하면 이 경우에 받은 마흐르 역시 혼인계약 당시 책정된 마흐르와 같다고 여겨지기 때문입니다.

* 출처: Muṣṭafā Murād, p.98.

(2) 이혼한 전 아내와의 관계

◈ 이혼한 여성은 잇다 종료 후 완전히 남이 되어 전 남편과 단 둘이 있을 수 없다.

질 문 이혼한 남성이 전 아내와 한 자리에 있을 수 있습니까? 이혼한 여성과 이 남성은 슬하에 여러 자녀를 두었고 자녀들은 자신들의 어머니와 함께 살고 있습니다. 자녀들의 아버지가 이들을 방문하고 보살피러 찾아갈 때, 현재 이혼한 상태인 전 아내는 자신의 전 남편과 자녀들이 있는 방에 같이 있을 수 있습니까?

파트와 남편이 아내와 돌이킬 수 있는 이혼을 하였건 돌이킬 수 없는 이혼을 했건 간에 여성이 잇다 기간을 마치고 나면 이 여성에게 전 남편은 외간 남성과 다를 바 없고, 단 둘이 같이 있을 수 없습니다. 그러나 남성이 여성에게 말을 건네는 것과 여성의 마흐람이 함께 있는 자리에 동석하는 것은 금지되지 않습니다.

* 출처: http://www.alifta.com/Fatawa/FatawaChapters.aspx?View=Page&PageID=7508&PageNo=1&BookID=3(사우디아라비아, 2012.4.8)

◈ 취소 가능한 이혼을 한 경우, 자녀의 유무와 상관없이 잇다 기간 동안 남편은 아내를 방문하거나 단 둘이 있거나 통상적으로 아내를 대하듯이 대할 수 있다.

질 문 부부 사이에 자녀가 있는 상황에서 남편이 아내와 이혼한 경우 아내를 방문할 수 있습니까?

파트와 취소 가능한 이혼을 했다면 자녀의 유무와 상관없이 잇다 기간 동안 남편은 아내를 방문하거나 단 둘이 있거나 통상 아내를 대하듯이 그녀를 대할 수 있습니다. 그러나 잇다 기간이 끝나면 아내는 남편에게 외간 여성이 됩니다. 따라서 남편은 그녀와 단 둘이 있을 수 없고 외간 여성처럼 대해야 합니다. 금전 조건부로 이혼하거나 세 번째 이혼을 한 상황에서는 별거해야 합니다. 그녀는 남편에게 있어 외간 여성과 다를 바 없기에 단 둘이 있을 수 없습니다.

* 출처: http://www.alifta.com/Fatawa/FatawaChapters.aspx?View=Page&PageID=7527&PageNo=1&Book ID=3(사우디아라비아, 2012.4.8)

◈ 잇다 동안 아내는 남편의 집에 기거한다.

질 문 이혼당한 여성이 이혼 후에 정해진 잇다 기간이 끝날 때까지 남편의 집에 있을 경우, 잇다 기간이 끝날 때까지 남편의 집에 아내가 있는 것은 어떻습니까? 또한 아내가 남편과 이혼 후 이 집에 있는 것은 어떻습니까?

파트와 남편이 아내와 돌이킬 수 있는 이혼을 한 경우, 예를 들어 첫날밤을 보낸 뒤 한 번의 이혼을 한 경우, 아내는 혼인했던 집에 있어야만 합니다. 잇다 기간 중에 아내는 여기서 나갈 수 없습니다. 또한 잇다 기간이 끝날 때까지 아내가 명백한 악행을 저지르지 않는 한 그녀를 집 밖으로 내보낼 수도 없습니다. 왜냐하면 이 여성이 여전히 아내로 간주되는 상황이고, 잇다 기간 동안 정상적인 두 명의 증인을 통해 이혼을 취소할 수 있기 때문입니다. 이는 아내가 이혼 취소를 바라지 않더라도 남편이 적합한 새 혼인계약과 마흐르로 아내를 되찾아 오는 것을 택할 경우에 해당됩니다. 한편 남편이 재결합을 원한다면 새 혼인계약이 필요한 이혼을 한 경우, 즉 첫날밤 전에 이혼하거나 첫날밤을 보낸 후에 아내가 조건 없이 이혼하겠다고 한 경우에는 적합한 새 혼인계약과 마흐르를 통하지 않고서는 이 여성은 남편에게 금지 대상입니다. 첫 번째 상황에서 말한 것과 같이 남편은 아내를 되찾아올 수 없고 단 둘이 있을 수도 없습니다. 이 아내에게 있어 남편은 외간 남성과 다름 없습니다.

* 출처: http://www.alifta.com/Fatawa/FatawaChapters.aspx?View=Page&PageID=7548&PageNo=1&Book ID=3(사우디아라비아, 2012.4.8)

◈ 잇다가 종료된 여성은 전 남편에게 외간 여성이기 때문에 같은 공간에 단 둘이 있을 수 없다.

질 문 한 남성이 아내와 이혼하였습니다. 그들 사이에 아들들과 두 딸이 있습니다. 아내는 자신의 집에 아이들과 함께 남아 있길 바랐습니다. 남편은 집에 자녀들과 함께 있는 상황에서 아내와 같이 있을 수 있습니까? 남편은 나이가 많으며 음식과 빨래 등을 맡을 사람이 필요합니다.

파트와 큰 별거나 취소할 수 있는 이혼의 잇다 기간이 끝나 버린 작은 별거 형태의 이혼을 한 남성은 이혼한 아내와 단 둘이 있을 수 없습니다. 이는 아내가 외간 여성과 다를 바 없기 때문입니다.

* 출처: http://www.alifta.com/Fatawa/FatawaChapters.aspx?View=Page&PageID=7702&PageNo=1&Book ID=3(사우디아라비아, 2012.4.8)

(3) 기혼 사실 미공개

◈ 기혼 사실을 숨기고 중혼하는 것은 허용되지 않는다.

질 문 저는 타지에서 유학하는 학생입니다. 제가 현재 공부하는 이곳에서 혼인하는 것이 가능합니까? 저는 장차 귀국하여 제 친족 중 한 명과 혼인하기를 원합니다. 그때 제가 이미 혼인한 사실을 혼인계약 시 숨기는 것이 허용됩니까? 저의 혼인 사실이 알려진다면 제가 원하는 여성을 얻지 못할 것이고 아무도 저에게 만족하지 않을 것입니다. 최근에 중혼을 바라보는 사람들의 시각이 변했기 때문입니다.

파트와 혼인 시 상대 여성에게 그 사실을 알리는 것이 조건은 아니나, 그녀가 "당신이 전에 혼인한 적이 있나요"라고 물을 때 거짓말하는 것은 허용되지 않습니다.

* 출처: http://www.islam.gov.kw/eftaa/fatwaa.php(쿠웨이트, 2012.4.20)

_상 속

_법정 상속분과 상속자

_법정 상속자의 상속

_부계친에 의한 상속

_상속 차단

_기타 상속

_상속 파트와 사례

제 4 장

상속 관련 파트와

1. 상 속

(1) 상속의 의의

무슬림 사회에서 상속이란 알라가 물려주어 점유하게 되는 것으로서 망자의 유산이 그 유산을 받을 권리가 있는 상속자에게 이전되는 것이다.[1]

(2) 상속재산의 범위

상속재산은 다음을 포함한다.[2]

1) 망자가 남긴 현금, 가재家財와 같은 동산, 토지와 같은 부동산, 망자의 채무, 망자가 실수로든 고의로든 살해되었다면 그의 피 값, 퇴직연금 등
2) 망자의 권리로 판명되는 각종 권리
3) 복수하고 싶은 마음을 충족시키는 것으로 입증된 것

(3) 상속의 조건

상속이 이루어지기 위해서는 다음 두 가지가 전제 조건이 된다.[3]

1) 피상속자가 실제로든 법적으로든 사망하여야 한다.
2) 상속자는 피상속자가 사망한 후에 실제로든 추정으로든 살아 있어야 한다. 복중 태아는 피상속자가 살아 있을 때 살아 있는

1_ Muḥammad Rawās Qal'ah Jī, p.130.
2_ Muḥammad Rawās Qal'ah Jī, pp.131-132.
3_ Muḥammad Bakr 'Ismā'īl, p.142.

지 죽었는지 알 수 없지만 살아 있는 것으로 추정되기 때문에 그의 몫은 유보되며, 살아서 태어나면 자기 몫을 받고 사산(死産)하면 아무것도 분배되지 않는다.

상속/피상속 관계에 있는 2인 이상이 같은 사건에서 사망하여 중 누가 먼저 사망하였는지 모른다면 피상속자가 사망하였을 시점에 상속자가 살아 있었는지 확인할 수 없기 때문에 그들 간에는 상속/피상속이 성립하지 않고, 유산은 모두 살아 있는 상속자들에게 분배된다.

(4) 상속의 원인

상속의 원인으로는 다음 세 가지가 있다.[4]

1) 혈연관계: 상속자와 피상속자 간에 존재하는, 출생에서 비롯된 친족관계이다.
2) 혼인: 유효한 계약으로 이루어진 혼인을 말한다.
3) 노예 해방: 해방된 노예에게 달리 상속자가 없을 때 해방시켜 준 사람이 노예였던 자의 상속자가 될 수 있다.

(5) 상속의 결격 사유

상속의 결격 사유로는 다음 세 가지가 있다.[5]

1) 노예 신분

현재는 노예제도가 존재하지 않기 때문에 사실상 폐기된 사유이다.

4_ Muḥammad Bakr 'Ismā'īl, pp.142-143.

5_ al-Sayyid Sābiq(2008), *Fiqh al-Sunnah*, Vol.3(Cairo: al-Fatḥ li-l-'I'lām al-'Arabīy), pp.326-328.

2) 상속자의 피상속자 살해

살해자는 피살자로부터 아무것도 상속할 수 없다는 전승에 따라 살해자는 피살자로부터 아무것도 상속할 수 없다. 여기서 상속할 수 없는 살해자란 고의로 직접 살해한 자를 의미하며 과실범이나 미성년자, 정신이상자, 키사스(응보형 보복행위)로 살해한 자나 정당방위로 살해한 자는 제외된다.

3) 상이(相異)한 종교

상속은 후계를 잇는 사상을 바탕으로 하고 있기 때문에 타 종교인 간의 상속은 금지된다.

(6) 상속자

1) 남성 상속자

남성 상속자로는 아들, 비속인 아들의 아들, 아버지, 존속인 할아버지, 친형제와 이복형제, 동복형제, 친형제의 아들과 이복형제의 아들, 친숙부와 이복숙부, 친숙부의 아들과 이복숙부의 아들, 남편, 그리고 노예 해방자 등이 있다.

2) 여성 상속자

여성 상속자로는 딸, 비속인 아들의 딸, 어머니, 존속인 외조모, 존속인 친조모, 친자매, 이복자매, 동복자매, 아내, 그리고 노예 해방자(여성) 등이 있다.

(7) 상속자의 구분[6]

1) 코란에서 정해진 몫을 받는 상속자로 12부류가 있는데 8부류

6_ Muḥammad Bakr 'Ismā'īl, pp.146-147.

는 여성이고 4부류는 남성이다.

① 8부류의 여성: 딸, 아들의 딸, 어머니, 할머니, 친자매(남자형제가 없는), 이복자매(남자형제가 없는), 비속과 존속 상속자가 없을 때의 동복자매, 아내.

② 4부류의 남성: 아버지, 아버지를 여의었을 때의 할아버지, 동복형제, 남편.

2) 이들을 제외한 혈통에 의한 상속자: 아들, 아들의 아들, 친형제와 이복형제, 숙부, 숙부의 아들, 형제의 아들, 노예 해방자 등.

2. 법정 상속분과 상속자

법정 상속분이란 코란에서 법으로 정해진 각 상속자의 몫을 말하며, 여섯 종류의 몫이 있다. 1/2, 1/4, 1/8 그리고 2/3, 1/3, 1/6 등이 그것이다.[7]

(1) 2/3를 받는 상속자: 4부류의 여성이 있다.

1) 혈통을 이어받는 같은 촌수의 남자 상속자가 없을 때 2인 이상의 딸들.
2) 혈통을 이어받는 같은 촌수의 남자 상속자가 없을 때 2인 이상의 아들의 딸들.
3) 혈통을 이어받는 같은 촌수의 남자 상속자가 없을 때 2인 이상의 친자매들.
4) 혈통을 이어받는 같은 촌수의 남자 상속자가 없을 때 2인 이상의 이복자매들.

(2) 1/3을 받는 상속자: 2부류의 상속자가 있다.

1) 피상속자에게 남성 존속이나 비속 상속자가 없을 때 2인 이상의 동복형제 자매.
2) 망자에게 비속 상속자가 없고 형제 자매들도 없을 때의 모친.

7_ Muḥammad Bakr 'Ismā'īl, pp.147-149.

(3) 1/6을 받는 상속자: 7부류의 상속자가 있다.

1) 망자에게 아들이 1인 이상 있을 때의 부친.

2) 망자에게 1인 이상의 자녀가 있을 때의 친조부.

3) 망자에게 비속 상속자가 있거나 2인 이상의 형제 자매가 있을 때의 모친.

4) 차단당하지 않을 때의 친조모.

5) 친 외동딸과 함께 아들의 1인 이상의 딸.

6) 친자매 1인과 함께 1인 이상의 이복자매.

7) 존속과 비속 상속자가 없을 때의 동복형제 중 1인.

(4) 1/2을 받는 상속자: 1/2을 받는 상속자에는 5부류가 있으며, 남성 1부류에 여성 4부류이다.

1) 아내에게 아이가 없을 때의 남편.

2) 혈통을 잇는 같은 촌수의 남성 상속자가 없을 때의 친외동딸.

3) 혈통을 잇는 같은 촌수의 남성 상속자가 없고 외동딸이면서, 상위 비속이 없을 때 아들의 딸.

4) 타인에 의해서나 타인과 함께 혈통을 잇지 못하는 외동딸일 때의 친자매.

5) 타인에 의해서나 타인과 함께 혈통을 잇지 못하는 외동딸일 때의 이복자매(친형제 자매가 없다).

(5) 1/4을 받는 상속자: 1/4을 받는 상속자는 남편과 아내이다.

1) 아내는 (1인이든 2인 이상이든) 사망한 남편에게 아이가 없을 때 1/4을 받는다.

2) 남편은 사망한 아내에게 아이가 있을 때 1/4을 받는다.

(6) 1/8을 받는 상속자: 1/8을 받는 상속자는 단 1부류인데 바로 사망한 남편에게 아이가 있을 때의 아내나 아내들이다.

3. 법정 상속자의 상속

법정 상속자의 상속분은 "코란에서 정해진 유산 상속분을 각기 받을 상속자에게 주어라. 그리고 유산 중에서 남은 것은 피상속자의 친척들 중에서 가장 가까운 자들의 몫이다"라는 전승에 따라 우선적으로 다음과 같이 분배된다.8

(1) 친 딸

피상속자가 낳은 딸에는 다음 세 가지 경우가 있다.

1) 망자에게 혈통을 이을 아들이 없으면서 외동딸인 경우: 이 외동딸의 법정 상속분은 유산의 1/2이며, 이에 대한 근거는 다음 코란 구절에 나와 있다. "알라께서 너희 아이들(의 상속 문제)에 관하여 너희에게 (이렇게) 명하시노라. 남성에게는 두 여성의 몫과 같은 몫[상속분]이 있는데: 상속자가 여성[딸]만으로 둘보다 많으면 그녀들의 몫은 (사망한 사람이) 남긴 것의 삼분의 이[2/3]이며, 하나라면 그녀의 몫은 절반이니라. 그[사망한 자]에게 아이가 있다면 그[사망한 자]의 부모에게는 그들 두 사람 각자에게 그가 남긴 것의 육분의 일[1/6]의 몫이 있느니라; 그러나 그에게 아이가 없다면 그의 부모만이 그의 재산을 상속하며, 그의 어머니 몫은 삼분의 일[1/3]이 된다: 그러나 그[사망한 자]에게 형제들(또는 여자형제들)이 있다면 그의 어머니 몫은 육분

8_ Muḥammad Bakr 'Ismā'īl, p.150.

의 일[1/6]이 된다. (모든 경우에 있어서 분배는) 그의 유증을 집행하고 채무를 청산한 후의 일이니라. 너희는 너희 어버이들과 아이들 그들 중 누가 너희에게 이득이라는 면에서 더 가까운 줄 모르느니라. 이러한 것들은 알라께서 정하신 고정된 몫이니라. 실로 알라께서 모든 것을 아시고 현명하시니라."〈코란 니싸아(4)장 11절〉

2) 망자에게 아들이 한 명 이상 있을 경우: 이때 친딸은 법정 상속분으로 상속하지 않고 부계친父系親에 의해 상속하며, 다음 코란 구절에 의거하여 남성 상속분의 절반을 받는다. "알라께서 너희 아이들(의 상속 문제)에 관하여 너희에게 (이렇게) 명하시노라. 남성에게는 두 여성의 몫과 같은 몫[상속분]이 있는데 …."〈코란 니싸아(4)장 11절〉

3) 망자에게 아들이 없고, 친딸에게 자매들이 있을 경우: 이 딸들은 법정 상속분으로 2/3를 받는다. 이에 대한 근거는 다음 코란 구절에 있다. "상속자가 여성[딸]만으로 둘보다 많으면 그녀들의 몫은 (사망한 사람이) 남긴 것의 삼 분의 이[2/3]이며 …."〈코란 니싸아(4)장 11절〉

위 구절에서 둘보다 많은 딸들의 몫인 2/3는 3인 이상인 딸들의 몫이지 두 딸의 몫에 관한 언급이 아니다. 두 딸의 확정된 상속분에 관한 근거는 다음 구절을 통해 유추된다. "(무함마드여!) 그들이[믿는 사람들이] 그대에게 (망자에게 부친이나 아들이 없을 때 누가 상속을 받는지에 관하여) 법률적 판단을 요청할 것이니라. "알라께서 너희에게 (상속자로서) 아들이나 부친을 남기지 않은 자에 관하여 법률적 판단을 내려주시니라"라고 말하라. 어떤 남자가 아이를 남기지 않고 여자형제 한 명만을 남기고 사망한다면, 그녀는 망자[그녀의 남자형제]가 남긴 것의 절반을 받느니라. 그녀[그의 여자형제]가 아이 없(이 사망한)다면 그[그녀의 남자형제]는 그녀한테서 (그녀가 남긴 것의 모두를) 상속받느니라. 그러나 두 명의 여자형제가 (혹은 그보다 더 많이) 있다면 그녀들은 그가 남긴 것의 2/3를 받느니라. 상속자가 형제들과 자매들로 섞여 있다면 (그들 중에서) 남성이 두 여성의 몫을 상속받느니라. 너희가 길을 잃지 않도록 알라께서 너희에게 (그 분의 법을) 분명하게 하시니라. 그리고 알라께서 모든 것을 알고 계시니라."〈코란 니싸아(4)장 176절〉

또한 사으드 븐 알라비으Sa'd bn al-Rabī'[9]의 아내가 두 딸을 데리고 사도를 찾아와 두 딸의 숙부가 아이들의 아버지 유산을 가져갔다고 말했을 때, 사도가 그 아이들의 숙부에게 보낸 편지에서 "사으드의 두 딸에게 2/3를 주고, 두 딸의 어머니에게는 1/8을 주어라. 그리고 나머지가 너의 몫이니라"라고 명령했다는 알티르미드의 전승에 나와 있다.

친딸의 상속분에 대한 이상의 내용을 요약하면 다음과 같다.

망자에게 친딸과 함께 아들이(즉, 친딸의 남자형제가) 있다면 친딸이 그 아들과 부계친 상속자가 되어 친딸의 상속은 부계친 상속 방식으로 이루어지며, 아들이 없다면 확정된 법정 상속분 방식으로 상속하는데 이때 그녀가 외동딸이라면 망자가 남긴 것의 절반을 상속하고 다른 딸과 함께라면 2/3를 공동으로 상속한다.[10]

(2) 손 녀

손녀라 함은 몇 대가 내려가든 망자와 혈연관계에 있는 모든 여식이다. 손녀는 친딸처럼 상속에 있어서 법정 상속분과 부계친 상속으로 상속을 받는다. 상속에 있어서 손녀에게는 다음의 다섯 가지 경우가 있다.[11]

1) 친딸의 경우처럼 친자녀가 없을 때 법정 상속분으로 1/2을 받는다. 이에 대한 근거는 다음의 코란 구절에 있다. "… 상속자

9_ 출생 ?~헤지라 3년 사망. 무함마드의 교우이며 조력자였다.

10_ Muḥammad Bakr 'Ismā'īl, p.151.

11_ Muḥammad Bakr 'Ismā'īl, p.151.

가 여성[딸]만으로 둘보다 많으면 그녀들의 몫은 (사망한 사람이) 남긴 것의 삼 분의 이[2/3]이며, 하나라면 그녀의 몫은 절반이니라."〈코란 니싸아(4)장 11절〉

2) 외동딸과 함께 상속할 경우에는 2/3를 채우는 것으로 1/6을 받는다.
3) 손녀가 두 명 이상이라면 두 명 이상의 친딸처럼 2/3를 법정 상속분으로 받는다.
4) 두 명 이상의 친딸이 있으면 상속할 수 없다. 그렇지 않고 같은 항렬이나 아래 항렬의 손자가 함께 있다면 손자가 손녀들과 함께 부계친으로 상속한다.
5) 아들이 있으면 상속할 수 없다.

(3) 모 친

망자의 모친에게는 다음의 세 가지 경우가 있다.[12]

1) 망자에게 아이(여기서 아이라 함은 남녀 모두를 가리키는 말임)가 있거나 (부계든 모계든 관계없이) 두 명의 형제자매가 있다면 1/6을 받는다. 이에 대한 근거는 다음의 코란 구절에 있다. "… 그[사망한 자]에게 아이가 있다면 그[사망한 자]의 부모에게는 그들 두 사람 각자에게 그가 남긴 것의 육 분의 일[1/6]의 몫이 있느니라; 그러나 그에게 아이가 없다면 그의 부모만이 그의 재산을 상속하며, 그의 어머니 몫은 삼 분의 일[1/3]이 된다. 그러나 그[사망한 자]에게 형제들(또는 여자형제들)이 있다면 그의 어머니 몫은 육 분의 일[1/6]이 된다."〈코란 니싸아(4)장 11절〉
2) 위에 언급된 인물에 해당하는 사람이 하나도 없다면 모든 유산의 1/3을 받는다. 이에 대한 근거는 다음의 코란 구절에 있

12_ Muḥammad Bakr 'Ismā'īl, pp.151-152.

다. "… 그에게 아이가 없다면 그의 부모만이 그의 재산을 상속하며, 그의 어머니 몫은 삼 분의 일[1/3]이 된다."〈코란 니싸아(4)장 11절〉

3) 부부 중 한 사람의 법정 상속분을 지불하고 난 후 언급된 자가 없을 때 나머지의 1/3을 받는다.

위에 언급된 바를 통하여 알 수 있는 것은 모친은 부계친족 상속으로가 아니라 코란에 확정되어 있는 법정 상속분으로 상속한다는 것이며, 세 가지 경우가 있는데 1/6을 받는 경우와 1/3을 받는 경우와 유산 전체의 1/3이 아니라 남은 유산의 1/3을 받는 경우가 있다는 것이다. 코란에 언급되어 있는 모친의 상속에 관한 규정은 다음과 같다. "… 그[망자]에게 아이가 있다면 그[망자]의 부모에게는 그들 두 사람 각자에게 그가 남긴 것의 육 분의 일[1/6]의 몫이 있느니라; 그러나 그에게 아이가 없다면 그의 부모만이 그의 재산을 상속하며, 그의 어머니 몫은 삼 분의 일[1/3]이 된다: 그러나 그[사망한 자]에게 형제들(또는 여자형제들)이 있다면 그의 어머니 몫은 육 분의 일[1/6]이 된다."〈코란 니싸아(4)장 11절〉

(4) 부 친

부친은 다음 세 가지 경우가 있다.[13]

1) 망자에게 아들이나 손자 같은 비속 상속자가 있으면 법정 상속분으로 1/6을 상속한다.
2) 망자에게 남성이든 여성이든 비속 상속자가 한 명도 없을 때는 부계친족 상속에 의해서만 상속하는데 이때 혼자이거나 상속이 차단된 부계친족들이 함께 있다면 유산의 전부를 상속하고, 그와 함께 상속하는 법정 상속분을 받는 사람들이 있다면

13_ Muḥammad Bakr 'Ismā'īl, p.153.

그들의 몫을 제한 후 나머지를 받는다.

3) 망자에게 비속 여성 상속자만 있을 때는 법정 상속분과 부계 친족에 의한 상속분을 함께 받는데, 우선 법정 상속분을 받는 상속자들과 함께 1/6의 법정 상속분을 상속하고, 법정 상속분을 받는 상속자들에게 각각의 몫을 배분한 후 남는 것을 부계 친족 상속에 상속한다. 법정 상속분들이 유산을 모두 잠식하면 부계친족에 의한 상속분을 받을 수 없다.

(5) 남 편

망자가 된 아내에게 아이가 없다면 남편은 법정 상속분으로 절반을 받는다. 그러나 아내에게 아이나 손주가 있다면 남편은 1/4을 받는다. 이에 대한 근거는 다음의 코란 구절에 나와 있다. "(남성들아) 아내들이 유증한 유산과 빚을 청산한 후에 너희 아내들에게 아이가 없다면 너희 몫은 그녀들이 남겨 놓은 것의 절반이지만, 그녀들에게 아이가 있다면 너희의 몫은 그녀들이 유증한 유산과 빚을 청산한 후에 그녀들이 남긴 것의 사분의 일[1/4]이니라. 너희에게 아이가 없다면 너희 아내들의 몫은 너희가 남겨 놓은 것 중의 사분의 일[1/4]이지만, 너희에게 아이가 있다면 그녀들의 몫은 너희가 남겨 놓은 것 중의 팔분의 일[1/8]이니라. (상속 재산이 논란이 되는) 남자나 여자가 (직계) 존속이나 자손을 두지는 못했는데 그에게 남자형제나 여자형제가 있다면 아무에게도 해를 끼치지 않도록 유증된 유산과 빚을 청산한 후에 그들 각자의 몫은 육분의 일[1/6]이지만, 그들이 그 이상이라면[둘보다 많다면] 그들은 삼분의 일[1/3]을 나누어 가진다. (알라께서 이렇게) 그분의 명령으로 (내리셨느니라). 알라께서는 (그분께서 제정하신 것들을) 가장 잘 알고 계시며 (그분의 명령을 위반한 자에 대한 처벌을 서두르지 않으시며) 관대한 분이시니라."〈코란 니싸아(4)장 12절〉

남편은 법정 상속분으로만 상속하지만 친숙부의 딸과 혼인한 경우 등에서는 부계친족에 의한 상속도 받을 수 있다. 아내가 사촌 형제였던 남편과 모친만을 남겨 두고 사망했을 때 남편은 법정 상속분과 부계친족 상속분을 함께 받을 수 있다.

(6) 아 내

사망한 남편에게 아이나 손주가 없다면 아내는 1/4을 받고 아이가 있다면 1/8을 받는다. 이에 대한 근거는 다음의 코란 구절에 있다. "너희에게 아이가 없다면 너희 아내들의 몫은 너희가 유증한 유산과 빚을 청산한 후에 너희가 남겨 놓은 것 중의 사분의 일[1/4]이지만, 너희에게 아이가 있다면 그녀들의 몫은 너희가 남겨 놓은 것 중의 팔분의 일[1/8]이니라."〈코란 니싸아(4)장 12절〉

인원 수에 관계 없이 아내들은 상속 재산의 1/4 또는 1/8을 균분하여 받는다.

(7) 모계 형제들

모계의 형제들은 모계친으로서 부계친에 의한 상속은 하지 못하고, 비속 상속자와 존속 상속자가 없을 때 법정 상속분으로 상속한다. 이에 대한 근거는 다음 코란 구절에 있다. "(상속 재산이 논란이 되는) 남자나 여자가 (직계) 존속이나 비속을 두지는 못했는데 그에게 남자형제나 여자형제가 있다면 아무에게도 해를 끼치지 않도록 유증된 유산과 빚을 청산한 후에 그들 각자의 몫은 육분의 일[1/6]이지만, 그들이 그 이상이라면[둘보다 많다면] 그들은 삼분의 일[1/3]을 나누어 가진다."〈코란 니싸아(4)장 12절〉

위 구절에서 남자형제와 여자형제는 모계의 형제 자매를 가리키는 것으로 이해된다. 그러나 망자의 모계 쪽 형제들은 다음 세 가지

경우에 법정 상속분으로 상속한다.[14]

1) 형제든 자매든 그들 각자는 법정 상속분으로 1/6을 받는다. 예를 들어 어떤 남성이 친형제와 모계 형제 또는 자매를 남기고 사망한다면, 그 모계 형제는(또는 그의 자매는) 법정 상속분으로 1/6을 받고 친형제는 부계친 상속으로 나머지의 것을 받는다.

2) 남성만으로 또는 여성만으로 또는 남성과 여성으로 함께 두 명 이상이라면 1/3을 균분하여 받는다.

3) 법정 상속분으로 유산을 다 채운다면 친형제들은 법정 상속분으로 상속하지 못하는 부계친이기 때문에 부계친 상속으로는 받을 수 있는 것이 남아 있지 않게 되지만, 이 경우에는 같은 어머니의 자식들이라는 점에서 모계의 형제들과 1/3을 균분하여 받을 수 있다.

모계 형제들은 망자에게 존속 상속자(부친이나 조부)이나 비속 상속자(아들이나 딸 또는 손주아들)이 있으면 아무것도 상속하지 못하지만 손녀딸은 모계친이므로 모계 형제들이 상속하는 것을 차단하지 않는다.

(8) 친자매

친자매는 어떤 때는 법정 상속분으로, 다른 때는 타인에 의하거나 타인과 함께 부계친으로 상속하며 친자매에게는 다음과 같이 다섯 가지 경우가 있다.[15]

1) 친형제 같은 타인에 의해 혈통을 잇지 못하고 혼자[외동딸이]라면, 혹은 망자의 딸이나 손녀딸 같은 타인과 함께 있다면 유산의 절반을 법정 상속분을 받는 방식으로 상속한다.

14_ Muḥammad Bakr 'Ismā'īl, p.155.

15_ Muḥammad Bakr 'Ismā'īl, pp.156-157.

2) 다른 친자매가 두 명 이상 같이 있고, 친형제에 의해 혹은 비속 여성 상속자와 함께 부계친의 혈통을 잇지 않으면 2/3를 법정 상속분으로 균분하여 상속한다.
3) 남자 친형제와 함께 타인에 의한 부계친 상속으로 법정 상속분을 받는 상속자들의 상속분을 지급한 후 남은 유산을 상속한다.
4) 상속자들의 법정 상속분이 유산의 전부를 차지하면 같은 어머니에게서 나왔다는 점에서 모계 자매나 모계 형제, 모계 형제자매들과 함께 포함된다.
5) 망자의 딸과 손녀딸과 함께 부계친을 이어갈 사람이 없을 때 친자매는 망자의 딸이나 손녀딸과 함께 상속할 수 있으며, 또한 망자의 딸이나 손녀딸 두 명 이상과 함께 상속할 수도 있다. 이에 대한 근거로 "자매들을 딸들과 함께 부계친으로 삼아라"라는 전승에 있다.

이 경우에 상속을 차단하는 상속자가 없어야 한다. 친자매의 상속을 차단하는 상속자는 아들과 손자이거나 부친인데, 그 이유는 다음과 같다.

첫째, 아들과 손자는 법정 상속자에게 지불해야 할 그들의 상속분을 전액 지불한 후 유산 중에서 남는 것을 모두 받기 때문이다.

둘째, 부친은 법정 상속분과 부계친으로 상속하는데 법정 상속분을 받아야 상속자들에게 그들의 상속분을 모두 지불한 후 남는 유산을 부계친으로 받기 때문이다

친자매와 부계 자매의 상속에 관한 규정은 코란 니싸아(4)장 176절에 나와 있다. "(무함마드여!) 그들이[믿는 사람들이] 그대에게 (망자에게 부친이나 아들이 없을 때 누가 상속을 받는지에 관하여) 법률적 판단을 요청할 것이니라. "알라께서 너희에게 (상속자로서) 아들이나 부친을 남기지 않은 자에 관하여 법률적 판단을 내려 주시니라"라고 말하라.

어떤 남자가 아이를 남기지 않고 여자형제 한 명만을 남기고 사망한다면, 그녀는 망자[그녀의 남자형제]가 남긴 것의 절반을 받느니라. 그녀[그의 여자형제]에게 아이가 없(이 사망한)다면 그[그녀의 남자형제]는 그녀한테서 (그녀가 남긴 것의 모두를) 상속받느니라. 그러나 두 명의 여자형제가 (혹은 그보다 더 많이) 있다면 그녀들은 그가 남긴 것의 삼분의 이(2/3)를 받느니라. 상속자가 형제들과 자매들로 섞여 있다면 (그들 중에서) 남성이 두 여성의 몫을 상속받느니라. 너희가 길을 잃지 않도록 알라께서 너희에게 (그분의 법을) 분명하게 하시니라. 그리고 알라께서 모든 것을 알고 계시니라."〈코란 니싸아(4)장 176절〉

위 코란 구절에 따르면 부계친 상속으로 상속할 남성이 없을 때 상속자가 여성 혼자일 때는 법정 상속분으로 1/2을 받고, 두 명 이상일 때는 2/3를 받는다. 남자형제가 함께 있다면 남성이 여성의 두 배를 받는 방식으로 상속한다. 이 경우와 관련하여 "사도가 딸과 손녀 그리고 자매(의 상속분)에 관하여 '딸의 몫은 절반이고 손녀의 몫은 2/3을 채우는 것으로 1/6이며, 자매의 몫은 타인과 함께하는 부계친 상속으로 나머지의 것이다'라고 판결했다"라고 티르미드가 전한 전승이 있다.

(9) 부계 자매

부계의 자매는 친자매가 없을 때 친자매(의 경우)와 같으며, 모친의 아이들과 1/3인 법정 상속분을 공유한다는 것을 제외하고 모든 경우가 확정되어 있다. 왜냐하면 부계의 자매는 모계의 아이들과 하나의 관계만으로 친족관계를 맺지 않기 때문이다.

부계 자매의 상속에는 다음 여섯 가지 경우가 있다.[16]

1) 자신과 함께 부계친으로 상속할 사람이 없이 혼자일 때 법정

16_ Muḥammad Bakr 'Ismā'īl, pp.157-158.

상속분으로 절반을 상속한다.

2) 부계친으로 상속할 사람이 없을 때 다른 자매 두 명 이상과 함께 2/3를 상속한다.

3) 부계 형제와 함께 있다면 —혼자든 2명 이상의 자매가 있든 남성이 여성의 두 몫을 받는 방식으로— 타인에 의해 부계친으로 상속한다.

4) 망자에게 딸이나 손녀가 있다면 타인과 함께 부계친으로 상속한다.

5) 부계의 자매는 부계친으로 함께 상속할 남성이 없다면 친자매와 함께 2/3를 채우면서 1/6을 상속한다. 그러나 친자매에게 부계친으로 상속할 남자형제가 있다면 —부계 자매는 친형제에 의해 차단되기 때문에— 상속은 부계 자매를 제쳐 놓고 그 둘(친형제 자매) 사이에서 이루어진다.

부계 자매에게 함께 부계친으로 상속할 남자형제가 있다면 부계 자매와 그 남자형제는 부계친으로 상속하는데 친자매의 상속분을 지급하고 남는 것을 상속한다. 즉 친자매에게는 절반의 몫이 있고, 남자형제와 함께 부계의 자매에게도 절반이 있는데 남자가 두 여자 몫을 받는 방식으로 상속한다.

이때 부계 자매의 상속은 부계친 상속에 의한 것이지 법정 상속분에 의한 것이 아니다. 그러므로 남자형제는 법정 상속분을 받는 상속자들이 유산을 잠식할 때 부계의 자매에게 피해를 줄 수 있다. 부계 자매와 함께 부계친으로 상속하는 남성, 즉 그녀의 남자형제가 있음으로 인해 2/3를 채우면서 1/6을 법정 상속분으로 상속할 수 없게 된다.

부계 자매들은 부계친으로 상속하는 남자형제에게서 분리된 유일한 자매와 함께 2/3를 채우면서 1/6을 공유한다.

6) 부계의 자매는 남계친으로 함께 상속하는 남자형제가 같이 있을 때를 제외하고는 친자매들과 함께 상속하지 못한다. 이때

부계의 자매는 유산 중에서 남은 1/3 중에서 자신의 상속분을 부계친 상속으로 받는다.

부계의 자매로 하여금 (부계친) 상속을 하지 못하게 차단하는 사람은 다음의 5부류 중 하나이다.

① 아들 또는 몇 대 손이 되든 손자

② 부친

③ 친형제

④ 자신의 남자형제에 의해 부계친 상속자가 된 친자매(이때 친자매가 자신의 친형제 자격에 있기 때문에 부계의 자매를 차단한다.)

⑤ 2인 이상의 친자매.(자매들의 최대 법정 상속분을 상속하기 때문에 부계의 자매가 법정 상속분으로 상속할 것이 남지 않는다.) 부계의 자매와 함께 부계친으로 상속할 부계의 형제가 있다면 남자가 여자의 두 배를 받는 방식으로 유산의 나머지를 이 두 사람이 받는다.

(10) 조 부

조부에는 친조부와 친증조부처럼 부계친의 조부[법률상의 조부]와 외조부와 부친의 외조부처럼 망자에게 이르는 혈통에 여성이 포함되어 있는 모계친의 조부[법적 효력이 없는 조부]가 있다. 이들 모계친은 확정되어 있는 법정 상속분으로 상속하지 못하고 혈통 계승으로 또한 상속하지 못한다.

부계친의 조부가 상속하려면 부친에 의해 차단되지 않아야 하며 부친과 함께 있지 않기 때문에 기본적으로 두 가지 경우가 있는데, 그 중 하나는 조부와 함께 부모계의 형제들와 자매들 중 한 명이라도 있는 경우이고 다른 하나는 조부와 함께 이들이 전혀 없는 경우이다.

조부와 함께 부모계의 형제나 자매가 한 명도 없는 경우에는 부친에 관한 법규가 적용되어 망자에게 남자 아이가 있다면 1/6인 법정 상속분을 혼자서 상속하고, 망자에게 아이가 한 명도 없다면 혼자서 부계친 상속으로 받는다. 망자의 아이가 여성이라면 법정 상속분과 부계친 상속으로 함께 상속한다.

조부는 다음 네 가지 사항에서 부친과 다르다.[17]

1) 부친은 조부와 달리 상속에서 차단되지 않지만 조부는 부친에 의해 차단되므로 부친과 함께 있을 때는 상속하지 못한다.
2) 조모는 부친과 함께 있을 때 상속하지 못하지만 조부와 함께 있을 때는 상속할 수 있다. 즉 조모는 부친을 통하여 망자에게 혈통이 이어지기 때문에 부친이 있을 때는 상속하지 못한다.
3) 망자가 배우자와 모친과 부친을 남겨 두고 사망하면 모친은 부친과 함께 남은 유산의 1/3을 받는다. 부친을 조부가 대신한다면 모친은 나머지의 1/3을 받는 것이 아니라 유산의 1/3을 받는다.
4) 부친은 형제자매들이 상속하는 것을 차단한다. 그러나 조부는 모계 형제들이 상속하는 것을 차단하지만 부모 또는 부계의 형제자매들이 상속하는 것을 차단하지 않으며 여러 가지 방식으로 유산을 나누어 받는다.

(11) 모계 혹은 부계의 조모

조모란 망자에게 이르는 혈통에 (법적 효력이 없는) 모계친의 조부가 포함되어 있지 않은 법률상의 조모를 의미하는 하는 말로서 모친의 모친(외조모), 모친의 모친의 모친(외조모의 모친), 부친의 모친(친조모), 부친의 부친의 모친(친조부의 모친)을 일컫는다.

망자에게 이르는 혈통에 (법적 효력이 없는) 모친계의 조부가 포함되어 있는 조모는 부계친이 아닌 사람에 의해 망자의 혈통에 이르게

17_ Muḥammad Bakr 'Ismā'īl, pp.160-161.

되는 법적 효력이 없는 조모로서 모친의 부친의 모친(외조부의 모친), 부친의 모친의 부친의 모친(친조모의 친조모)처럼 법정 상속분을 받을 수 있는 사람이 아니다. 이 두 사람은 모계친이며 법정 상속분으로도 상속하지 못한다.

법적 효력이 있는 조모는 혼자이든 여러 명이든, 모계만이든 부계만이든 —모친의 모친의 모친(외조모의 모친)이며 동시에 부친의 부친의 모친(친조부의 모친)인— 부계인 동시에 모계이든 1/6로 확정되어 있는 법정 상속분으로만 상속한다.

조모가 법정 상속분으로 1/6을 받는 것은 조모가 상속에서 차단당하지 않는 한 확정되어 있다. 조모의 상속을 차단하는 사람은 다음의 4부류이다.[18]

1) 모계든 부계이든 모든 조모들은 모친에 의해 차단된다.
2) 친조모처럼 부계만의 조모들은 부친을 통해서만 망자의 혈통에 이어지기 때문에 부친이 차단하고, 모계의 조모들은 몇 대로 올라가든 부친을 통해서 망자의 혈통에 이르지 않기 때문에 차단하지 않는다. 조모가 동시에 부계와 모계라면 부계 쪽에서는 차단될지라도 모계 쪽의 조모 자격으로 간주되어 1/6을 상속한다.
3) 조부는 부친의 부친의 모친(친조부의 모친)처럼 자신을 통해 망자의 혈통에 이르는 조모를 차단한다. 모친의 모친의 모친(외조모의 모친)처럼 몇 대가 위로 올라가든 친조부에 의해 망자의 혈통에 이르지 않는 조모는 친조부가 차단하지 않는다.
4) 부계든 모계든 더 가까운 촌수의 부모가 먼 촌수의 조모를 차단한다.

18_ Muḥammad Bakr 'Ismā'īl, pp.162-163.

4. 부계친에 의한 상속

부계친으로 상속하는 사람들은 망자의 자녀들, 망자의 부친들(부친에는 조부도 포함됨), 그리고 부계의 친척들로서 확정되어 있는 법정 상속분을 받는 상속자들에 그들의 상속분을 다 지불한 후에 남는 유산을 받으며, 코란에 확정되어 있는 상속분이 유산을 다 잠식하면 "법정 상속분들을 받는 상속자들에게 유산을 나누어 주고 남는 것이 가장 가까운 남성의 것이니라"라는 무함마드의 전승에 따라 부계친 상속자들은 아무것도 받을 수 없다.

부계친 상속자들은 3부류가 있다.[19]

(1) 자신에 의한 부계친

아들, (몇 대의 비속이든) 아들의 아들(손자), 친형제, 부계 형제, 그리고 친숙부와 부계[조부계] 숙부, 친숙부의 아들, 부계[조부계] 숙부의 아들, 친형제의 아들, 부계 형제의 아들처럼 망자에 이르는 혈통에 여성 매개인이 포함되어 있지 않은 남성을 일컫는다. 이들은 남성을 통해서 망자와 혈연관계에 있다.

딸의 아들과 자매의 아들처럼 여성을 매개로 망자와 혈연관계가 있는 사람들은 망자로부터 아무것도 상속하지 못한다.

상속에서 이들에게는 네 가지 계통이 있으며, 먼저 언급된 것보다 더 가까운 계통의 사람이 있을 때 그 다음에 언급된 더 먼 계통의

19_ Muḥammad Bakr 'Ismā'īl, pp.164-166.

사람이 앞서 언급된 더 가까운 사람과 함께 상속하지 못한다.

1) 아들 계통: 아들, (몇 대 손자이든) 아들의 아들[손자].
2) 부친 계통: 부친과 (몇 대의 조부든) 법률상의 조부.
3) 형제 계통: 친형제, 부계의 형제 그리고 몇 대가 내려가든 이들의 아들들.
4) 숙부 계통: 피상속자의 숙부와 부친의 숙부[종조부], 법률상의 조부의 숙부와 이들의 아들들.

(2) 타인에 의한 부계친

망자와의 혈연관계에 이르는 데에 혈통을 공유하는 타인을 필요로 하며, 법정 상속분을 받는 모든 여성을 일컫는다. 이들은 다음의 4 부류의 여성으로 구성되어 있다.

1) 친딸: 남자형제가 자매와 혈통을 공유하며, 자매를 확정된 법정 상속자에서 부계친 상속자로 바꾼다.
2) 아들의 딸[손녀]: 아들의 아들[손자; 손녀의 남자형제 또는 사촌 남자형제가] 또는 아들의 아들의 아들이 손녀를 확정된 법정 상속자에서 부계친 상속자로 바꾼다.
3) 친자매: 친형제가 친자매를 확정된 법정 상속자에서 부계친 상속자로 바꾼다.
4) 부계의 자매: 피상속자의 부계의 형제인 그녀의 형제가 부계의 자매를 확정된 법정 상속자에서 부계친 상속자로 바꾼다.

(3) 타인과 함께 있는 부계친

망자와의 혈연관계에 이르는 데에 혈통을 공유하는 타여성을 필요로 하며, 법정 상속분을 받는 모든 여성을 일컫는다. 이들은 다음의 두 부류의 여성으로만 구성되어 있다.

1) 딸이나 친손녀와 함께 있는 친자매나 친자매들

2) 딸이나 친손녀와 함께 있는 부계의 자매나 자매들: 이 여성들은 법정 상속분을 지불한 후 남는 유산을 받는다.

"딸의 몫은 1/2이고, 손녀의 몫은 1/6이며, 자매의 몫은 나머지이다"라는 알부카리가 전하는 무함마드 하디스에 그 근거가 있다. "절반은 딸의 몫이고, 1/6은 아들의 딸의 몫이며, 그리고 나머지는 자매의 몫이니라."(알부카리 전승 734)

5. 상속 차단

상속 차단이란 어떤 특정인이 받게 되어 있는 유산의 전부 또는 일부를 다른 어떤 사람이 있어서 받지 못하게 하는 것을 일컫는다. 상속의 차단에는 두 가지가 있다.[20]

(1) 배제 차단

아들의 아들[손자]이 아들에 의해서, 조부가 부친에 의해서 차단되는 것처럼 상속 자격이 있는 사람이 상속하지 못하게 망자에게 더 가까운 상속자가 차단하는 것을 말한다.

이것은 처음부터 상속을 금지하는 것과 달리 살인과 노예 신분, 종교의 상이함으로 차단되는 것이다. 따라서 차단되는 사람은 상속자였는데 상속하지 못하게 되는 것이고, 상속이 금지된 사람은 본래부터 상속자가 아니었던 것이다.

다음의 6부류는 배제 차단으로 차단되지 않는다: 친아들, 친딸, 부친, 모친, 남편, 아내.

(2) 축소 차단(일부 차단/부분 차단)

차단할 자격이 있는 사람이 있기 때문에 상속자의 일부 권리를 박탈하는 것이다. 이 경우에 해당되는 사람은 다음의 5부류이다.

1) 남편: 남자 아이든 여자 아이든, 자신의 아이든 남의 아이든,

20_ Muḥammad Bakr 'Ismā'īl, p.167.

아내에게 아이가 있을 때 절반에서 1/4로 축소된다.

2) 아내: 남편에게 아이가 있으면 1/4에서 1/8로 축소된다.

3) 모친: 비속 상속자가 있거나 형제들이 있을 때 1/3에서 1/6로 축소된다.

4) 아들의 딸[손녀]: 친딸이 절반에서 1/6로 축소한다.

5) 부계의 자매: 친형제가 절반에서 1/6로 축소한다.

6. 기타 상속

(1) (법정 상속분 보유자에게) 반제(返濟)에 의한 상속[21]

여기서 반제라 함은 법정 상속지분을 지불한 후 남는 유산을 받을 부계친이 없을 때 법정 상속분 보유자들의 지분에 따라 남은 유산을 지불하는 것을 의미한다. 예를 들어 어떤 사람이 모친과 누이를 두고 사망했다면 모친의 상속분은 유산의 1/3이고 누이의 상속분은 1/6이며 유산의 절반이 남는데 이를 받을 부계친이 없다. 이런 사례에서는 나머지 절반이 모친과 누이에게 각자의 상속분에 따라 지급되어 모친의 몫은 법정 상속분으로 1/3과 반제분으로 1/3이며, 누이의 몫은 법정 상속분 1/6과 반제분 1/6이다. 결과적으로 모친은 2/3(4/6)를 받고 누이는 1/3(2/6)을 받는다.

반제에 의한 상속은 코란과 순나에 언급되어 있지 않아 법학자들 간에 의견이 엇갈린다. 나머지 유산을 받을 부계친이 없을 경우에 법정 상속분 보유자들에게 반제하지 말고 국가에 귀속시켜야 한다고 판단하는 사람도 있고, 부부를 제외한 법정 상속분 보유자들에게 반제해야 한다고 보는 사람도 있고, 부부에게도 반제에 의한 상속을 할 수 있다고 하는 사람도 있다.

첫 번째 견해는 무슬림들의 재산을 취급하는 공공기관이 있다면 그럴듯하다. 두 번째 견해는 대부분의 학파들이 따르는 것으로서 부부가 아닌 법정 상속분 보유자들에게 반제하는 것을 지지한다. 죽음

21_ Muḥammad Bakr 'Ismā'īl, p.168.

으로 부부관계가 단절되어 남남이 되는 부부와 달리 법정 상속분 보유자들은 망자의 친척들이기 때문에 부부가 아닌 상속분 보유자들에 반제하자는 것이다. 세 번째 견해는 부부에게도 반제하는 것을 지지한다.

(2) 태아의 상속[22]

상속에서는 피상속자가 사망한 시점에 상속자가 생존해 있는 것이 상속재산을 받을 수 있는 조건이다. 이때 상속자는 실제로든 추정으로든 살아 있어야 한다. 피상속자가 사망했을 때 태아가 살아 있음을 입증할 수 있기 때문에 태아도 상속할 수 있다. 그래서 유산은 태아가 출생할 때까지 남아인 것으로 추정하여 그 몫을 유예했다가 출생 후에 분배된다. 태아가 살아서 태어나고 남아라면 자기 권리분을 받고 여아라면 나머지 유산은 모든 상속자에게 분배된다.

태아가 상속자가 아니라면 아무것도 받을 수 없으며, 태아 외에 상속자가 없거나 태아에 의해 차단되는 상속자와 같이 있다면 유산의 전부가 그 태아의 몫이다.

각 상속자의 법정 상속분은 태아 때문에 변하지 않으며, 출생하기 전에 자신의 몫을 받는다. 그런데 어떤 사람이 임신한 아내와 남자형제를 남겨 두고 사망했다면 태아가 아들일 가능성이 있고 아들이 모든 계통의 남자형제를 차단하기 때문에 그 남자형제는 당분간 아무것도 받지 못한다.

(3) 모계친의 상속[23]

모계친은 혈연관계에 있는 사람으로서 법정 상속분을 받는 사람

22_ Muḥammad Bakr 'Ismā'īl, p.169.

23_ Muḥammad Bakr 'Ismā'īl, p.170.

도 아니고 부계친도 아닌 친척이다. 이 친척의 상속 순위는 법정 상속분 보유자들에게 반제한 후, 그리고 부부 중 한 사람에게 반제하기 전으로서 4순위이다. 이는 하나피 학파와 한발리 학파 등의 견해이다.

무슬림 재산관리 기구가 있다면 모계친에게 유산을 물려 주지 않고, 무슬림 재산관리 기구가 없는 곳에서는 망자에게 법정 상속분 보유자, 부계친 상속자들이 없다면 모계친에게 상속할 수도 있다. 이는 샤피이 학파와 말리키 학파의 견해이다.

모계친의 상속에도 자신에 의한 부계친의 상속에 적용되는 규칙이 적용된다. 모계친 상속자가 단 한 명이라면 그가 유산의 전부 혹은 부부 중 한 사람의 법정 상속분을 지급한 후 나머지 유산을 받는다. 두 명 이상이라면 우선순위는 계통의 우선순위에 따른다. 계통이 같다면 우선순위는 항렬에 따르고, 항렬마저 같다면 촌수에 따른다. 그래서 부모계가 부계보다 우선하고, 부계가 모계에 우선하며, 모든 순위가 같다면 남성이 여성의 갑절을 받는 방식으로 상속이 이루어진다.

(4) 실종자의 상속[24]

실종자란 소재지가 알려지지 않고 살아 있는지 죽었는지 알 수 없는, 부재중인 사람이다. 실종자가 상속자 자격이 있다면 살아 있지 못할 것이라고 추정되는 시기까지 혹은 그의 사망에 대한 증거가 있는 때까지 유산 중에서 그의 몫이 유보된다. 그 후 판사가 사망한 것으로 판결하면 그의 권리는 잔여 상속자들에게 돌아간다.

피상속자에게 실종자 외의 상속자가 없거나, 있어도 실종자에 의해 차단된다면 모든 유산은 실종자가 돌아오거나 판사가 사망으로 판결할 때까지 실종자를 위해 유보된다. 판사가 사망 판결을 내린 후에 실종자가 살아 나타날 경우에는 상속자들에게 그의 상속분이 남아 있

24_ Muḥammad Bakr 'Ismā'īl, pp.171-172.

다면 그가 반환을 청구할 수 있다.

실종자가 재산을 보유하고 있다면 결정적인 증거에 의해 그의 사망이 분명해지거나 그의 사망을 입증하는 공문서와 같은 결정적 증거에 의거하여 일정한 날짜에 그가 사망한 것으로 판사가 판결할 때까지는 살아 있는 것으로 간주되며, 사망 판결이 나면 실종자가 사망한 것으로 간주되어 그 시점 이전에 사망한 자들을 제외하고 살아 있는 그의 상속자들이 유산을 상속한다.

또는 실종자 수색과 찾기 등을 통해 실종자 주위의 여건과 상황, 단서 등 입수 가능한 증거에 의거하여 실종자가 사망한 것으로 판사가 판결하면, 실종자는 판결일로부터 사망한 자로 간주되어 판결 이전에 사망한 자를 제외하고 판결 당시에 살아 있는 상속자들이 그의 재산을 상속한다.

실종자가 살아서 나타나면 상속한 자들로부터 자신의 상속분이 남아 있을 경우에는 받을 수 있지만, 소멸되었다면 그들이 사법적 판결에 의해 유산을 받아 마음대로 처분할 수 있었기 때문에 그들로부터 아무것도 돌려받을 수 없다.

☞ 실종자를 사망한 것으로 판결하는 시점

실종자를 사망한 것으로 판결하는 시점에 대해서는 법학자들 간에 의견이 갈려 있다. "어떤 여성의 남편이 실종되어 어디에 있는지 모른다면 그녀는 4년을 기다리고 난 후에 새로운 혼인계약을 맺기 전에 4개월 열흘을 기다리고 나서 허용되니라"라는 칼리파 우마르의 전승이 있고, 그 시점을 산정하지 않고 각 시대의 판사의 판단에 맡기자는 학파(하나피, 샤피이, 말리키 학파 등)도 있으며, 대부분이 죽었다고 보는 실종 상태에 있다면 4년간 철저히 수색한 후에 사망한 것으로 판정하고 살아 있을 수 있다는 실종 상태에서는 판사의 판단에 맡기는데 살았는지 죽었는지 사실에 도달할 수 있는 모든 방법을 동원하여 수색한 후에 판사가 생각하는 시점에서 실종자가 죽었다고 판정하자는 견해가 있다.

(5) 남녀추니[어지자지]의 상속[25]

남녀추니는 자기가 남성인지 여성인지 모르고, 남성의 성기와 여성의 성기를 모두 갖고 있거나 그 둘 모두를 갖고 있지 않아서 성별이 모호한 사람이다. 그가 남성으로 판명되면 남성의 상속분을 받고, 여성으로 판명되면 여성의 상속분을 받는다.

성년이 되기 전에 남성인지 여성인지는 의사들이 정의한 특징들로 판명된다. 그중에는 배뇨 방법이 있다. 남성의 기관으로 배뇨하면 남자로 정의하고 여성의 기관으로 배뇨하면 여성으로 판정한다. 두 기관으로 배뇨하면 먼저 나온 쪽으로 판정한다.

남녀추니는 성년이 되고 나서 여러 방법으로 남성인지 여성인지 판정되는데 그중에는 생리와 처녀티, 턱수염과 코밑 수염 등이 있다.

외형적 특징으로 남녀를 구분할 수 없는 남녀추니의 상속에 대해서 의견이 분분하다. 남성 상속분과 여성 상속분의 중간을 받는다는 견해도 있고, 두 가지 상속분 중 적은 것을 받는다는 견해도 있고, 남녀추니 문제가 드러나기를 바란다면 가장 적은 것으로 받으며 나머지는 유보되고, 그 문제가 드러나기를 바라지 않으면 남녀 상속분의 중간을 받는다는 견해가 있다.

지배적인 견해는 세 번째의 것이지만 요르단 등지에서는 하나피 학파의 견해로서 '남자인지 여자인지 판단이 어려운 남녀추니의 경우에 두 상속분 중 적은 것을 받고 나머지 유산은 다른 상속자들에게 준다'는 견해가 적용된다.

(6) 배교자의 상속

배교자란 말이나 행동으로 이슬람을 버린 자를 일컫는다. 배교자는 피상속자가 무슬림이든 불신자든 혹은 그와 같은 배교자이든 타인

25_ Muḥammad Bakr 'Ismā'īl, p.183.

으로부터 상속을 전혀 받을 수 없다.

배교자는 무슬림보다 신분이 낮고 무슬림과 배교자 간에는 아무런 관계가 없기 때문에 무슬림은 배교자를 상속하지 않는다. 이에 대한 근거는 다음의 코란 구절에 있다. "(이들은) 너희들(이 재난이 겪는 것)을 기다리(며 지켜보)는 자들이니라. 그 뒤에 너희가 알라로부터 (적들에 대한) 승리(와 전리품)를 얻는다면 그들이 "우리가 당신들과 함께 하지 않았습니까?[(불신자들로부터 얻은) 전리품을 우리에게도 주십시오]" 라고 말할 것이니라. 그러나 불신자들에게 몫이 있다면[불신자들이 승리를 거두면] 그들이 (우상숭배자 등의 비견자들에게) "우리가 너희를 능가하지 않았느냐?[우리가 너희를 물리치고 죽이거나 포획할 수 있지 않았느냐?] 그러나 우리는 너희를 믿는 자들로부터 지켜 주지 않았느냐?[우리가 너희 목숨을 살려 주고 믿는 자들의 의지를 헛되게 하지 않았느냐?]"라고 말할 것이니라. 그러나 알라께서 심판의 날에 너희[믿는 사람들과 불신자들] 중에서 심판하(시고 갈라놓으)실 것이니라. 알라께서는 불신자들에게 믿는 사람들을 이기는 길을 결코 만들어 주시지 않을 것이니라."〈코란 니싸아(4)장 141절〉

배교자는 불신자의 재산을 상속하지 못한다. 그 이유는 배교자는 불신자와 종교 통치 영역이 다르기 때문이다. 그래서 불신자는 자신의 종교를 고백하지만 배교자는 자신의 불신을 고백하지 않기 때문에 자신이 옮겨간 종교의 규칙이 그에게 적용되지 않았다. 배교자들에게는 자신들을 하나로 맺어 줄 종교 공동체가 없기 때문에 배교자의 재산을 다른 배교자가 상속하지 못한다.

배교자로부터 다른 사람이 상속하는 재산에 관하여, 배교자가 이슬람 영역에서 불신자들의 영역으로 이탈한 후에 취득한 재산은 배교자의 남계친이든 여계친이든 어느 누구도 상속하지 않으며, 그 재산이 발견된다면 이슬람 재산 관리 기관으로 귀속된다는 데에 법학자들 간에 합의가 이루어져 있다.[26]

배교 전에 취득한 재산이 그가 사망했거나 살해되었거나 배교하면서 적지로 도망간 것으로 판정하였다면 무슬림 상속자들의 몫이 된다. 왜냐하면 그의 죽음이 실제 죽음이든 판결에 의한 죽음이든 그의 배교 시점을 기준으로 하기 때문이다. 배교 시점에 상속자였던 자만이 그의 재산을 상속할 수 있다.

배교자는 회개와 죽임 중 하나를 선택할 수 있는데 회개한다면 그의 회개가 수용되고 재산도 반환되지만 회개하지 않으면 불신한 죄로 죽임을 당하며 염도 하지 않고 그를 위해 예배도 하지 않고 무슬림 묘역에 매장되지 못한다.

(7) 간음으로 낳은 아들의 상속

간음으로 낳은 아들은 모친으로부터만 상속받을 수 있고, 부친으로부터는 아무것도 상속받지 못한다. 서언으로 간음했다고 선언된 여인의 아들도 법적인 혈연관계가 없기 때문에 상속받지 못한다. 이에 대한 근거는 다음의 두 하디스에 있다. "여성 자유인이나 여성 노예와 간음한 자가 누구든지 간음으로 태어난 아이는 상속재산을 받을 수도 줄 수도 없느니라."(알티르미디 전승)[27]

26_ Muḥammad Bakr 'Ismā'īl, p.174.

27_ library.islamweb.net. Hadith Ho. 2039.

7. 상속 파트와 사례

◈ **상속 재산의 분배는 유증을 집행하거나 부채를 청산한 후에 이루어진다. 망자가 지불하지 않은 마흐르는 망자의 부채이다. 따라서 아래의 사례에서 부채 4,500 파운드를 제외한 15,000 파운드와 망자와 부부생활을 한, 망자 명의의 아파트는 상속 재산으로서 아내와 다른 상속자들에게 분배되며, 그 분배비율은 살아 있는 아내가 1/8을 받고 [망자에게 아이가 있기 때문에 1/8, 없으면 1/4], 나머지 7/8은 아들과 딸에게 2:1의 비율로 분배된다. 즉 세 아들이 각기 2/8씩 합계 6/8을 받고, 딸은 1/8을 받는다. (모 1/8 + 아들 3 × 2/8 + 딸 1/8 = 8/8)**

질 문 한 남성이 아내와 세 명의 아들, 한 명의 딸을 남긴 채 사망했습니다. 그리고 15,000 파운드와 혼수 아파트 한 채를 포함하는 부동산을 유산으로 남겼습니다. 그런데 그에게는 4,500 파운드의 채무가 있습니다. 이때 그의 유산은 어떻게 분배됩니까? 그리고 혼수 아파트는 아내의 상속 배분 몫과 달리 그녀의 소유가 되는 것입니까? 또 가구들과 후불 마흐르에 대한 규정은 무엇입니까? 주지할 만한 사실은 망자는 두 번째 혼인을 하기 전에 사망한 다른 여자와 혼인관계에 있었습니다.

파트와 상기 망자는 위에 언급된 가족들을 남기고 사망했습니다. 그리고 비속 상속자가 있기 때문에 망자의 아내에게는 법정 상속분으로 유산의 8분의 1이 지급됩니다. 그의 자녀들은 나머지 8분의 7을 상속하며 아들이 딸의 2배를 받는 방식으로 배분됩니다. 그리고 상속을 받을 다른 사람은 존재하지 않습니다. 상속분은 8개의 동일한 크기의 단위로 나누어 아내가 1등분을 취하며 딸 역시 1등분을 취합니다. 그리고 세 아들에게는 각각 2등분이 돌아갑니다. 이는 질문에서 언급된 바와 같은 상황에서 진행되며 상기 망자에게 언급된 사람 외의 다른 상속자가 존재하지 않는다는 가정

하에 이루어집니다. 그리고 위와 같은 유산 분배는 후불 마흐르와 같은 채무를 모두 지불한 후에 이루어집니다. 그리고 아내는 자신의 유산 상속분에 더하여 혼인생활을 했던 아파트를 독점하지 못하며, 상속자들과 함께 분할해야 합니다.

가구에 대해서 말씀 드립니다. 망자가 첫째 아내를 위한 결혼 패물로서 그 가구들을 준비했다면 그것은 첫째 아내의 상속자들에게 주어지는 상속 재산이 됩니다. 그리고 망자는 그들 중 한 명입니다. 그리고 상속자들이 결혼 패물에 대한 그들의 권리를 망자에게 양도했고 그것을 둘째 아내를 위한 결혼 패물로 만들었다면 그것은 아내에게 있어서 상속 재산의 범위를 벗어납니다. 만약 첫째 아내의 상속자들이 망자에게 양도하지 않았다면 둘째 아내는 첫째 아내로부터 받는 망자의 몫을 제외하고는 상속의 권리가 없습니다. 그러므로 망자가 그것을 그녀를 위한 결혼 패물로 만들었다면 그녀는 그에 대한 권리가 있습니다. 그리고 만약 이 가구가 둘째 아내와의 혼인을 위해 장만한 가구였다면 그 소유권은 그녀에게 있으며 분배되는 유산에 포함되지 않습니다.

* 출처: http://www.dar-alifta.org/ViewFatwa.aspx?ID=100&LangID=1&MuftiType=0(이집트, 2012.4.9)

◈ **유증은 이슬람 시대에 들어서면서 코란 구절[28]에 의해 의무로 규정되었지만 그 후에 나온 상속에 관한 구절들에 의해 의무 조항이 폐지되었다. 그러나 유산의 1/3 내에서 유증하는 관습은 다음과 같은 전승에 의거하여 바람직한 것으로 간주되어 아직도 남아 있다. "알라의 사도이시여! 저에게 많은 재산이 있는데 외동딸 외에는 상속자가 없습니다. 제 재산의 2/3를 주어도 되겠습니까?" 예언자가 "아니다"라고 했다. 그래서 내가 "그것의 절반은요?"라고 묻자, 예언자가 "아니다"라고 말하여, 내가 다시 "1/3은요?"라고 하자"(1/3를 가지고는 그렇게 할 수 있습니다.) 1/3도 많다. 그대의 자식들을 부유하게 만들어 주는 것이 구걸하는 가난뱅이로 남겨 두는 것보다**

28_ 너희 중 누군가에게 죽음이 다가올 때 그가 재산을 남긴다면 어버이와 친척들에게 공정하게[가난한 자들을 버려 두고 부자들에게 유증되지 않고, 1/3을 초과하지 않는 것으로] 유증하는 것이 규정되어 있느니라. (이것은) 알라를 경외하는 자들에게는 의무였느니라. 〈코란 니싸아(4)장 180절〉

낫다." 부카리 6733

질 문 한 여성이 상속자들을 남기고 사망했습니다. 그들은 망자의 친삼촌의 아들, 오빠의 외손녀입니다. 망자는 오빠의 외손녀에게 그녀의 전 재산을 증여할 것을 유언으로 남겼습니다. 망자의 유산을 어떻게 분배해야 하는지, 그리고 누가 상속을 하고 누가 상속을 할 수 없는지 등에 관한 이슬람 법의 규정을 알려 주십시오.

파트와 망자의 유언이 이슬람 법적으로 유효하고 1946-71 유증법 제2조에 명시된 조건에 부합하며, 유증자가 위의 법 조항이 발표되고 1946년 8월 1일부로 시행된 이후에 사망했으며, 위 유증을 완강히 주장하였다면 망자의 다른 유일한 상속자인 친삼촌 아들의 승인을 확인하는 절차 없이 위에 언급된 상속자인 오빠의 외손녀가 유산의 1/3을 받는 유증이 이루어집니다. 그리고 1/3을 초과하는 유증의 효력은 위에 언급된 상속자의 동의에 달려 있습니다. 또한 친삼촌의 아들이 유언자의 사망 이후에 위 사항에 동의하고 그가 승인한 것을 양보하면 유증은 1/3을 초과하여 시행되며 상속자인 망자의 오빠의 외손녀는 모든 유산을 상속할 권리를 얻습니다. 그렇게 된다면 친삼촌의 아들은 유산에 대해 아무런 권리도 없습니다. 한편 위에 언급된 친삼촌의 아들이 1/3을 초과하는 유증에 동의하지 않는다면 1/3을 초과하는 부분은 망자로부터 물려받는 유산이 됩니다. 망자는 위에 언급된 두 상속자를 유족으로 남기고 사망했으며 망자의 유산은 부계로서 친삼촌의 아들에게 1/3을 초과하는 몫이 상속됩니다. 다른 상속자나 가까운 부계 혈통의 친족은 존재하지 않습니다. 오빠의 외손녀는 유증을 통해 받을 수 있는 1/3을 제외하면 나머지 몫에 대한 권리를 갖고 있지 않습니다. 왜냐하면 상속재산 분배에서 그녀는 확정되어 있는 법정 상속분을 받는 상속자들이나 남계친들보다 후순위에 있는 여계친이기 때문입니다. 이는 망자에게 다른 상속자가 없거나 유증을 받을 수 있는 비속이 존재하지 않는 상황에서 이루어집니다.

* 출처: http://www.dar-alifta.org/ViewFatwa.aspx?ID=100&LangID=1&MuftiType=0(이집트, 2012.6.26)

◈ **유산 상속에서 우선 순위는 확정된 법정 상속분을 받는 상속자, 부계친으로서의 상속자, 모계친으로서의 상속자 순이며 부계친이 존재하면 여계친은 상속에서 차단된다.**

질 문 무함마드 아흐마드 일리야스 씨가 다음과 같이 질문했습니다. 한 남성이 이집트에서 유산과 친척을 남기고 사망했습니다. 그의 유족인 친척으로 망자보다 먼저 사망한 친형의 아들과 친삼촌의 자녀들, 그리고 친삼촌의 손자 손녀들, 고모의 손자, 외숙의 아들, 이모의 손자들이 있습니다. 이 친척들 중에서 망자의 유산을 상속하는 사람은 누구입니까?

파트와 사망한 친형의 아들이 부계친으로서 모든 유산을 상속하게 됩니다. 그리고 친삼촌의 자녀들은 유산에 대해 아무런 권리가 없습니다. 친삼촌의 손자, 손녀들도 마찬가지입니다. 친형의 아들에 의해 차단되기 때문에 친삼촌의 딸들과 친삼촌의 자녀들의 딸들, 고모의 손자, 외숙의 아들, 외숙의 손자, 손녀들도 유산을 받을 권리가 없습니다. 그들은 유산 상속에 있어 확정된 법정 상속분을 받는 사람들과 부계친들보다 후순위에 있는 모계친들이기 때문입니다. 이는 망자에게 다른 상속자가 존재하지 않고 유증을 받을 수 있는 비속이 존재하지 않다는 가정 하에 이루어집니다.

* 출처: http://www.dar-alifta.org/ViewFatwa.aspx?ID=100&LangID=1&MuftiType=0(이집트, 2012.4.18)

◈ **남편의 유산 중에서 아내의 상속분은 아이가 있다면 1/8이고 없으면 1/4이다. 그리고 자녀들의 상속분은 남성이 여성의 2배를 받는 방식으로 분배된다.[29] 실종자의 상속분은 실종자의 사망 판결이 날 때까지 유보된다.**

29_ (무함마드여!) 그들이[믿는 사람들이] 그대에게 (망자에게 부친이나 아들이 없을 때 누가 상속을 받는지에 관하여) 법률적 판단을 요청할 것이니라. "알라께서 너희에게 (상속자로서) 아들이나 부친을 남기지 않은 자에 관하여 법률적 판단을 내려 주시니라"라고 말하라. 어떤 남자가 아이를 남기지 않고 여자형제 한 명만을 남기고 사망한다면, 그녀는 망자[그녀의 남자형제]가 남긴 것의 절반을 받느니라. 그녀[그의 여자형제]에게 아이 없(이 사망한)다면 그[그녀의 남자형제]는 그녀한테서 (그녀가 남긴 것의 모두를) 상속받느니라. 그러나 두 명의 여자형제가 (혹은 그보다 더 많이) 있다면 그녀들은 그가 남긴 것의 2/3를 받느니라. 상속자가 형제들과 자매들로 섞여 있다면

질 문 라마단 알리 씨가 다음과 같이 질문했습니다. 이브라힘 하산 알 카이야트 씨가 1915년에 사망하였습니다. 그는 그의 아내와 자녀들을 유족으로 남겼습니다. 자녀들은 다음과 같습니다: 무함마드, 압바스, 하피드, 나디라, 아스마, 라마단입니다. 라마단은 아버지가 사망하기 15년 전에 실종되었고 아직까지 그의 사망에 대한 판결이나 법적으로 그에게 물려줄 아버지의 유산에 대한 판결이 이루어지지 않았습니다. 유산에 대한 상속자들 각각의 몫은 어떻게 됩니까?

파트와 망자는 아내와 자녀들을 유족으로 남기고 사망했습니다. 그의 자녀 중에 실종된 자가 있습니다. 고인의 아내에게 유산의 1/8이 상속됩니다. 나머지 몫은 비속 상속자의 존재로 인해 실종된 자를 포함한 모든 자녀들에게 부계친으로서 상속이 이루어지며, 남자형제가 여자형제 몫의 두 배를 받습니다. 그리고 실종된 자녀의 상속분은 유보됩니다. 법원규정 1929년 제25호 제21조에 의거한 실제 정황에 기초하여 실종자가 사망으로 판결난다면 그의 상속분은 위에 언급된 상속자들에게 돌아갑니다. 실종된 자녀가 존재하지 않았던 것으로 간주되어 그의 몫이 다른 나머지 자녀들 사이에서 나눠지는 것입니다. 이는 망자에게 다른 상속자가 존재하지 않다는 가정 하에 이루어집니다.

* 출처: http://www.dar-alifta.org/ViewFatwa.aspx?ID=100&LangID=1&MuftiType=0(이집트, 2012.4.18)

◈ 유산 상속에서 부계친이 있으면 모계친은 차단된다. 친누이는 부계친으로서 모계친인 친형제의 딸이 상속하는 것을 차단한다.

질 문 아부 알사우드 무함마드가 다음과 같이 질문했습니다. 한 남성이 친누이인 자이나브 아흐마드와 친형제의 딸들을 남긴 채 사망했습니다. 그 딸들은 사티타, 파히마, 파티마, 아미나입니다. 망자의 유산은 누가 상속하고 누가 상속하지 않습니까? 그리고 상속자들 각각의 몫은 어떻게 됩니까? 답변을 부탁 드립니다. 여러분들께 좋은 보상이 있으시기를.

(그들 중에서) 남성이 두 여성의 몫을 상속받느니라. 너희가 길을 잃지 않도록 알라께서 너희에게 (그분의 법을) 분명하게 하시니라. 그리고 알라께서 모든 것을 알고 계시니라. 〈코란 니싸아(4)장 176절〉

파트와 위에 언급된 망자의 모든 유산은 그의 친누이가 갖습니다. 위에 언급된 친형제의 딸들에게는 유산을 상속할 수 있는 몫이 없습니다. 왜냐하면 그녀들은 유산 상속에 있어 후순위의 친척 관계에 있기 때문입니다.

* 출처: http://www.dar-alifta.org/ViewFatwa.aspx?ID=100&LangID=1&MuftiType=0(이집트, 2012.4.18)

◈ **망자에게 형제나 자매가 있다면 망자의 어머니 상속분은 1/6이고,[30] 친여동생의 상속분은 1/2이며,[31] 이부동복 여동생의 상속분은 1/6이다.[32] 이들의 법정 상속분 합계는 5/6이다. 나머지 1/6은 반제에 의한 상속으로 상속자 각자가 상속분 비율대로 추가로 받는다. 따라서 1/30은 어머니가 추가**

30_ 알라께서 너희 아이들(의 상속 문제)에 관하여 너희에게 (이렇게) 명하시노라. 남성에게는 두 여성의 몫과 같은 몫[상속분]이 있는데: 상속자가 여성[딸]만으로 둘보다 많으면 그녀들의 몫은 (사망한 사람이) 남긴 것의 삼분의 이[2/3]이며, 하나라면 그녀의 몫은 절반이니라. 그[사망한 자]에게 아이가 있다면 그[사망한 자]의 부모에게는 그들 두 사람 각자에게 그가 남긴 것의 육분의 일[1/6]의 몫이 있느니라; 그러나 그에게 아이가 없다면 그의 부모가 그의 (유일한) 상속자가 되며, 그의 어머니 몫은 삼 분의 1[1/3]이 된다: 그러나 그[사망한 자]에게 형제들(또는 여자형제들)이 있다면 그의 어머니 몫은 육분의 일[1/6]이 된다. (모든 경우에 있어서 분배는) 그의 유증을 집행하고 채무를 청산한 후의 일이니라. 너희는 너희 어버이들과 아이들 그들 중 누가 너희에게 이득이라는 면에서 더 가까운 줄 모르느니라. 이러한 것들은 알라께서 정하신 고정된 몫이니라. 실로 알라께서 모든 것을 아시고 현명하시니라.〈코란 니싸아(4)장 11절〉.

31_ 〈코란 니싸아(4)장 176절〉

32_ (남성들아) 아내들이 유증한 유산과 빚을 청산한 후에 너희 아내들에게 아이가 없다면 너희 몫은 그녀들이 남겨 놓은 것의 절반이지만, 그녀들에게 아이가 있다면 너희의 몫은 그녀들이 유증한 유산과 빚을 청산한 후에 그녀들이 남긴 것의 사분의 일[1/4]이니라. 너희에게 아이가 없다면 너희 아내들의 몫은 너희가 유증한 유산과 빚을 청산한 후에 너희가 남겨 놓은 것 중의 사분의 일이지만, 너희에게 아이가 있다면 그녀들의 몫은 너희가 남겨 놓은 것 중의 팔분의 일[1/8]이니라. (상속 재산이 논란이 되는) 남자나 여자가 (직계) 존속이나 자손을 두지는 못했는데 그에게 남자형제나 여자형제가 있다면 아무에게도 해를 끼치지 않도록 유증된 유산과 빚을 청산한 후에 그들 각자의 몫은 육분의 일[1/6]이지만, 그들이 그 이상이라면[둘보다 많다면] 그들은 삼분의 일[1/3]을 나누어 가진다. (알라께서 이렇게) 그분의 명령으로 (내리셨느니라). 알라께서는 (그분께서 제정하신 것들을) 가장 잘 알고 계시며 (그분의 명령을 위반한 자에 대한 처벌을 서두르지 않으시며) 관대한 분이시니라.〈코란 니싸아(4)장 12절〉

로 받고, 친여동생은 3/30, 이부동복 여동생은 1/30을 추가로 받는다. 결국 어머니에게 6/30, 친 여동생에게 18/30, 이부동복 여동생에게 6/30이 상속된다.

질 문 알샤브라위 바다위 만수르 씨가 다음과 같이 질문했습니다. 故아와드 사이드 아흐마드 씨는 다음의 법적 상속자를 남기고 세상을 떠났습니다. 망자의 어머니인 아미나 아와드, 고인의 친 여동생인 아티야트 사이드 아흐마드, 망자의 동복 여동생(아버지는 다르나 동일한 어머니 태생의 동생)인 아미나 후세이니 압드 알알리입니다. 그들을 제외하고는 상속자가 없습니다. 망자에게는 유증을 받을 수 있는 비속 상속자가 없습니다. 망자는 1935년 8월 15일에 사망했습니다. 이때 각 상속자의 몫은 어떻게 됩니까?

파트와 망자의 어머니는 유산의 1/6을 상속합니다. 그리고 망자의 친여동생은 유산의 1/2을 상속합니다. 망자의 여동생은 유산의 1/6을 상속합니다. 나머지는 그녀들의 상속분 비율에 따라 각자에게 반제됩니다. 그러므로 유산은 5등분으로 나눠집니다. 망자의 어머니와 여동생은 1/5씩 법정 상속분과 반제분으로 상속합니다. 그리고 나머지 3/5은 망자의 친여동생이 법정 상속분과 반제분으로 취하게 됩니다. 이는 상기 망자에게 다른 상속자가 존재하지 않는다는 가정 하에 이루어집니다.

* 출처: http://www.dar-alifta.org/ViewFatwa.aspx?ID=100&LangID=1&MuftiType=0(이집트, 2012.5.9)

◈ 남편에게 자녀가 없는 상태에서 남편이 사망했을 때 아내들은 유산의 1/4을 균등하게 나누어 받는다.[33]

질 문 바이야 아피피 씨가 다음의 상황에 대해 문의했습니다. 저는 무함마드 아판디 파흐미 씨의 아내였습니다. 그는 저와 부부의 연을 맺었습니다. 그리고 1918년 4월 15일 그는 저와 취소 가능한 이혼으로 이혼했으며 1918년 5월 3일에 사망했습니다. 당시 저는 망자와의 잇다 기간 중이었고 그에게는 사니야 하산이라는 이름의 다른 아내가 있었습니다. 망자

33_ 〈코란 니싸아(4)장 12절〉.

는 형제와 자매를 유족으로 남겼는데 그중 몇몇은 친형제자매이고 다른 이들은 아버지가 같고 어머니는 다릅니다. 그가 사망하기 전에 숙고 이혼을 한 제가 유산을 상속할 수 있습니까? 제가 그의 상속자가 된다면 저의 몫은 얼마나 됩니까? 답변을 부탁 드리겠습니다.

파트와 당 기관에서는 위 질문에 대해 면밀히 검토하여 다음과 같이 알려 드립니다. 위 질문의 상황에서 귀하가 망자와의 이혼 잇다 기간에 있는 중에 망자가 사망했다면 귀하와 둘째 아내가 유산의 1/4을 균등하게 나누어 갖게 됩니다.

* 출처: http://www.dar-alifta.org/ViewFatwa.aspx?ID=100&LangID=1&MuftiType=0(이집트, 2012.5.9)

◈ 아흐마드의 유족은 아내(자히라)와 2남(자인훔과 무함마드) 3녀(파우지야, 자이나브, 이으티마드)이다. 먼저 이들이 사망한 아흐마드 씨로부터 받는 상속분은 각기 1/8, 2/8. 2/8, 1/8, 1/8, 1/8이다. 이후 이들의 어머니인 자히라 여사로부터 받는 상속분은 다음과 같다. 어머니보다 먼저 사망한 무함마드(아들), 자이나브(딸), 이으티마드(딸) 등의 자녀들은 의무유증으로 자히라 여사가 남편으로부터 상속했던 1/8의 1/3[4/12]을 받을 수 있고, 자인훔(아들)과 파우지야(딸)의 자녀들은 나머지 1/8의 2/3[8/12]를 남녀 2:1의 비율로 받는다.

질 문 아흐마드 압둘아지즈 무함마드 씨는 1968년에 사망했습니다. 유족으로 아내인 자히라 바이유미 아흐마드 여사와 자인훔, 무함마드, 파우지야, 자이나브, 이으티마드 등 다섯 자녀가 있습니다. 유산은 유족 전원의 합의에 따라 아내에게 남겨졌습니다. 그리고 은행에 있는 재산이 증가한 상태에서 그녀는 재산과 귀금속들을 유산으로 남기고 사망했습니다. 그녀의 유족으로는 파우지야와 자인훔, 그리고 그녀보다 먼저 사망한 무함마드와 자이나브, 이으티마드의 자녀들이 있습니다. 유산은 상속자들에게 어떻게 분배됩니까?

파트와 첫째, 아흐마드 압둘아지즈 무함마드 씨는 위에 언급된 이들을 남기고 사망했습니다. 망자의 아내에게는 유산의 1/8이 지급됩니다. 직계비속의 존재로 인해 고인의 다섯 자녀는 남자형제가 여자형제보다 두 배를 더 받는 원칙으로 나머지 8분의 7을 상속합니다. 그리고 다른 상속자는 존재하지 않습니다.

56등분의 재산 분할에서 자히라 바이유미 아흐마드 여사에게 7/56이 상속됩니다. 그리고 자인홈과 무함마드에게 각각 14/56씩 상속됩니다. 그리고 파우지야, 자이나브, 이으티마드에게는 각각 7/56이 상속됩니다. 위의 유산은 망자가 남기고 간 재산과 (은행수익) 증가로 인한 재산을 모두 합산한 것입니다. 무함마드와 자이나브, 이으티마드의 상속분은 반드시 그들에게 상속되어야 합니다.

둘째, 자히라 바이유미 아흐마드 여사의 사망 시점은 1946년 8월 1일 이후입니다. 이는 곧 1946년 유증법 제71조가 적용된다는 것을 의미하며, 망자는 위에 언급된 유족을 남겼습니다. 각각의 비속들이 원래의 자기 상속분을 받는 것을 전제로 만약 어머니의 사망 당시 생존해 있었다면 상속할 수 있었던 자녀들의 몫을, 혹은 전체의 1/3보다 적은 것을 망자보다 먼저 사망한 자녀들의 아이들에게 유증할 수 있습니다. 그 금액이 1/3을 초과할 때 그 초과된 금액은 각 상속자들에게 돌아갑니다. 이는 위에 언급된 법의 제71조에 따른 것입니다.

망자의 유산은 12등분으로 나눠집니다. 망자의 아들인 무함마드의 자녀들에게는 남자가 여자의 두 배를 받는 원칙으로 2/12가 지급됩니다. 자이나브와 이으티마드의 자녀들에게는 각각 1/12씩 남자가 여자의 두 배를 받는 원칙으로 지급됩니다. 이는 모두에게 의무유증으로서 이루어집니다. 그리고 나머지 8/12은 망자의 사망 당시 생존해 있는 상속자들에게 지급되며 망자의 두 자녀인 자인홈과 파우지야에게 남자가 여자의 두 배를 받는 원칙으로 지급됩니다. 그리고 다른 상속자는 존재하지 않습니다. 위의 유산은 망자보다 먼저 사망한 남편의 유산에 더해 망자가 남기고 간 귀금속까지 포함하는 것입니다.

이는 질문에서 제기된 것과 같은 상황이 발생할 때 그에 대한 답변이며 첫 번째 망자와 두 번째 망자에게 다른 상속자가 없거나 언급된 사람 외에 의무유증을 받는 직계비속이 존재하지 않고 두 번째 언급된 사망자가 그녀보다 먼저 사망한 자녀들의 아이들에게 아무런 유언을 남기지 않았으며 의무유언 집행에 있어서 그들의 몫을 공제하는 것을 제외한 다른 처분을 통해 보상이 아닌 무언가를 그들에게 지급하지 않았다는 전제 하에 이루어집니다.

* 출처: http://www.dar-alifta.org/ViewFatwa.aspx?ID=100&LangID=1&MuftiType=0(이집트, 2012.6.7)

◈ 부친이 먼저 사망하고 이어서 모친이 사망한 경우에 누구에게 어떻게 상속되는가?

질 문 아흐마드 이브라힘 무샤라프 씨는 1998년 아내인 자이나브 압둘카디르 만수르 여사와 무니라, 라일라, 파우지야 등 세 딸과 생전에 사망한 딸인 알리야의 딸 나슈와, 친형의 아들, 친누이의 자녀들을 남기고 사망했습니다. 그 후 망자의 아내는 자녀인 파룩과 무니라, 손녀인 나슈와, 그녀보다 먼저 사망한 딸인 라일라의 세 자녀, 그리고 남편의 딸인 파우지야를 유족으로 남기고 사망했습니다. 이때 누가 어떻게 상속합니까?

파트와 첫째, 아흐마드 이브라힘 무샤라프 씨는 1946년 8월 1일 이후에 사망했습니다. 이는 유증법 1946년 제71조가 유효한 시기이며 망자는 위에 언급된 이들을 유족으로 남겼습니다. 망자보다 먼저 사망한 알리야의 딸인 나슈와에게 의무유증으로서 유산 상속에 있어 만약 알리야가 아버지의 사망 시점에 생존해 있었다면 알리야가 상속했을 몫만큼, 또는 1/3 중 적은 것을 유증받을 수 있습니다. 이는 위에 언급된 법의 제71조에 따른 것입니다. 망자의 유산은 6등분됩니다. 나슈와에게는 의무유증으로서 1/6이 지급됩니다. 나머지 5/6는 망자 사망 당시 생존해 있던 유족들에게 나눠집니다. 망자의 아내 자이나브 여사에게 1/8이 지급됩니다. 직계비속의 존재로 인해 망자의 세 딸에게는 각자 공평하게 총 2/3가 지급됩니다. 그리고 다른 상속자나 가까운 혈족은 존재하지 않습니다. 망자의 친누이의 자녀들에게 분배되는 몫은 없습니다. 왜냐하면 그들은 확정되어 있는 법정 상속분 보유자들과 부계친들보다 후순위에 있는 모계친들이기 때문입니다.

둘째, 자이나브 압둘카디르 만수르 여사는 1946년 8월 1일 이후에 사망했습니다. 이는 유증법 1946년 제71조가 효력을 발휘하는 시기이며 망자는 위에 언급된 이들을 유족으로 남겼습니다. 망자의 유산은 의무유증으로서 생전에 사망한 딸인 알리야의 딸과, 역시 생전에 사망한 딸인 라일라의 자녀들에게 상속됩니다. 그리고 유산 상속에 있어 만약 손자 손녀들이 그들의 어머니가 할머니의 사망 당시 생존해 있었다면 상속했을 몫만큼, 혹은 최소 1/3의 유산을 상속합니다. 각각의 비속들은 원래의 몫을 취해야 합니다. 이 몫이 1/3을 초과하면 초과분은 각 상속자에게 돌아갑니다. 이는 위에 언급된 법의 제71조에 따른 것입니다. 망자의 유산은 126등분으로 나눠집니다. 나슈와에게 21/126이 상속됩니다. 라일라의 자녀들에게는 남자형제가 여자형제의 두 배를 받는 원칙으로 총 21등분이 상속됩니다. 그러므로 세 명의 손자들에게 6/126씩 지급되며 손녀에게는 3/126이 지급됩니다. 나머지 84/126는 유산으로서 망자의 사망 당시 생존해 있던 유족들에게 분배됩니다. 이때 남자가 여자의 두 배를 받는 원칙으로 상속됩니다. 다른 상속권자가 없으므로 파룩에게 56/126이 상속되며 무니라에게는 28/126이 상속됩니다. 남편의 딸인 파우지야에게는 상속되는 몫이 없습니다. 그녀는 상속자가 아니며 유산이 상속될 이유가 없습니다. 또한 의무유증으로도 없습니다. 왜냐하면 그녀는 특별한 조건으로 비 상속자 비속과 관련이 있기 때문입니다.

이는 질문에서 제기된 것과 같은 상황이 발생할 때 그에 대한 답변이며 위에 언급된 사망자들에게 다른 상속자가 없거나 언급된 사람 이외에 의무유증을 받는 직계비속이 존재하지 않고 망자(무샤라프)가 그보다 먼저 사망한 딸의 자녀에게 아무런 유언을 남기지 않았으며 의무유증에 있어서 그 몫을 공제하는 것을 제외한 다른 처분을 통해 보상이 아닌 무언가를 손녀에게 지급하지 않았다는 사실 하에 이루어집니다. 또한 망자(자이나브)가 그보다 먼저 사망한 두 딸의 자녀들에게 아무런 유언도 남기지 않았으며 의무유증에 있어서 그 몫을 공제하는 것을 제외한 다른 처분을 통해 보상이 아닌 무언가를 손자 손녀들에게 지급하지 않았다는 사실 하에 이루어집니다.

* 출처: http://www.dar-alifta.org/ViewFatwa.aspx?ID=100&LangID1&MuftiType=0(이집트, 2012.6.7)

◈ **상속의 전제 조건 중의 하나는 상속자가 피상속자 사망 시점에 살아 있어야 하며, 동일한 사고로 상속자와 피상속자 중 누가 먼저 사망하였는지 밝혀지지 않을 경우에는 이 두 사람 간에 상속이 이루어지지 않는다.**

질 문 함디 이맘 이브라힘 씨는 아내인 나이마 사비르 다이프 여사와 그들의 아들인 아흐마드와 함께 사고로 사망했습니다. 그들 중 누가 먼저 사망했는지는 알 수 없습니다. 함디 씨와 그의 아내는 두 딸인 이만과 야스민을 유족으로 남겼습니다. 또 함디 씨는 두 명의 친형제와 세 명의 친누이, 그리고 고모 한 분을 유족으로 남겼습니다. 나이마 여사는 어머니와 아버지를 유족으로 남겼습니다. 이때 누가 상속받게 되는 것입니까?

파트와 우리는 먼저 질문하신 세 사람이 동시에 사망한 사고에 대해 언급하고자 합니다. 이 사건에서 추측이나 주장 말고는 확인된 것이 없습니다. 그리고 이 사건은 법의 판결 영역이지 법적 해석의 영역이 아닙니다. 이런 문제에 대해 타당한 판단을 내려야 하기에 다음과 같이 말씀 드립니다. 이슬람 법에서 유산 상속의 권리를 증명하기 위해서는 피상속자의 사망 당시 상속자의 생존 여부에 대한 확인이 있어야 합니다. 상속자가 피상속자의 사망 이전에, 혹은 동시에, 혹은 두 사람 간의 사망 순서가 불분명하다면 두 사람 중 어느 누구도 상대방을 상속할 수 없습니다. 상속법 제3조는 다음과 같이 명시하였습니다. "만약 두 사람, 혹은 그 이상의 사람이 사망했고 누가 먼저 사망했는지 알 수 없다면 그들이 같은 사고로 사망했든 아니든 간에 그들 중 어느 누구에게도 타인의 유산에 대한 권리가 없다."

첫째, 함디 이맘 이브라힘 씨는 위에 언급된 이들을 유족으로 남기고 사망했습니다. 망자의 두 딸은 유산의 2/3를 균등하게 상속합니다. 그녀들에게는 부계친이 존재하지 않으므로 망자의 친형제들이 부계로서 나머지 1/3을 남자형제가 여자형제의 두 배를 취하는 원칙으로 상속합니다. 다른 상속자나 가까운 다른 부계 친족관계는 존재하지 않습니다. 망자의 고모에게 상속되는 몫은 없습니다. 왜냐하면 망자의 친형제들이 그녀보다 우선 순위에서 앞서 있기 때문입니다. 21등분으로 구성된 재산 상속에 대해서는 이만과 야스민이 각각 7/21씩 상속합니다. 두 사람의 친남자형제들이 각각 2/21씩 상속하고 세 명의 친누이들은 1/21씩 상속합니다.

둘째, 나이마 사비르 다이프 여사는 위에 언급된 이들을 유족으로 남기고 사망했습니다. 망자의 어머니에게는 비속 상속자가 있기 때문에 확정되어 있는 법정 상속분으로 유산의 1/6이 상속됩니다. 고인의 아버지에게도 1/6이 상속됩니다. 여성 비속 상속자로서 망자의 두 딸은 유산의 2/3를 균등하게 상속합니다. 두 딸에게는 부계 친족이 존재하지 않습니다. 12등분으로 구성된 재산 상속에서 부와 모는 각각 2/12씩, 딸인 이만과 야스민은 각각 4/12씩 상속합니다.

셋째, 아흐마드 함디 이맘 씨는 위에 언급된 이들을 유족으로 남기고 사망했습니다. 그의 두 친누이에게는 유산의 2/3가 균등하게 상속됩니다. 그들의 상속을 막는 부계혈족은 존재하지 않습니다. 망자의 외할머니에게는 유산의 1/6이 상속됩니다. 어머니가 생존하지 않기 때문에 두 명의 삼촌에게 나머지 유산이 균등하게 상속됩니다. 그리고 다른 상속자나 가까운 다른 부계 친족관계는 존재하지 않습니다. 아버지의 이복형제에게 상속되는 몫은 없습니다. 왜냐하면 상속 순위가 더 가까운 두 명의 친삼촌이 그의 상속을 차단하기 때문입니다. 그리고 외할아버지에게 상속되는 몫은 없습니다. 왜냐하면 그들 모두는 법정 상속분 보유자와 부계친들보다 후순위에 있는 모계친들이기 때문입니다. 6등분된 유산에서 이만과 야스민은 2/6를 상속합니다. 두 명의 친삼촌은 1/6씩 상속합니다.

이는 질문에서 제기된 것과 같은 상황이 발생할 때 그에 대한 답변이며 위에 언급된 사망자들에게 다른 상속자가 없거나 언급된 사람 외에 의무 유증을 받는 사람이 존재하지 않을 때 이루어집니다.

* 출처: http://www.dar-alifta.org/ViewFatwa.aspx?ID=100&LangID=1&MuftiType=0(이집트, 2012.6.24)

◈ 잇다 기간 중에 있는 아내와 남편에게는 상호 유산 상속권이 있다. 아내에게 자녀가 없을 경우 남편은 확정되어 있는 법정 상속분으로 절반을 받고, 친오빠는 부계친 상속으로 나머지 절반을 받는다.

질 문 1965년 7월 16일 한 남성이 한 여성과 마으둔에 의한 공식적인 혼인 절차에 따라 혼인하였습니다. 위에 언급된 혼인증명서에 다음과 같은 사항이 명시되었습니다. 그것은 아내 본인에 의한 보호를 규정한 것으로서 그녀는 본인이 원하고 남편이 그것에 응한다면 언제 어떻게든 남편과 이혼할 수 있습니다. 남편이 동의했고, 그에 따라 아내는 남편과의 이혼을 누군가에게 위임했습니다. 이는 첫 번째 취소 가능한 이혼으로서 자이툰 지역 공증 509호의 일반 위임에 의거한 것입니다. 그 후 1967년 7월 22일 두 사람은 마으둔에 의해 두 번째 취소 가능한 이혼을 하였으며, 아내는 1967년 7월 27일 친오빠와 다른 두 친오빠의 자녀들을 남기고 사망했습니다. 망자의 상속에 대해 판단해 주십시오.

파트와 숙고 이혼은 이슬람 법적으로 여성이 잇다 기간을 지내는 한 재산을 소멸시키거나 분산할 수 없습니다. 잇다 기간 중에 둘 중 한 사람이 사망한다면 생존해 있는 다른 한 사람이 망자를 상속하게 됩니다. 망자는 남편과 혼인증명서에 의거하여 이미 생전에 이혼했습니다. 그 증명서는 1967년 7월 22일 두 번째 숙고 이혼을 원했을 때 언제 어떻게든 본인이 남편과 이혼할 수 있도록 본인에 의한, 본인에 대한 보호를 명시한 것이었습니다. 그 후 아내는 1967년 7월 27일 사망했습니다. 아내가 남편과의 잇다 기간에 사망한 것입니다. 왜냐하면 이혼일부터 사망일까지의 기간이 아내의 잇다 기간이 완료되기에 충분하지 않았기 때문입니다. 그러므로 남편은 망자의 상속자 중의 한 사람이 되는 것입니다. 따라서 망자의 유산은 다음과 같이 분배됩니다. 숙고 이혼의 잇다 기간 도중 사망한 아내의 남편에게는 유산의 절반이 상속됩니다. 직계비속이 존재하지 않기 때문에 망자의 친오빠에게 부계로서 나머지 절반의 몫이 상속됩니다. 그리고 다른 가까운 부계혈족은 존재하지 않습니다. 망자의 친오빠의 자식들에게 상속되는 유산은 없습니다. 왜냐하면 친오빠가 그들의 상속을 차단하기 때문입니다. 또한 친오빠의 딸들 역시 상속할 수 있는 유산이 없습니다. 왜냐하면 그녀들은 코란과 실정법에 따른 가족 단위의 상속 계산방식에 있어 후순위의 외가 관계에 있기 때문입니다. 이는 망자에게 언급된 자 외에 다른 상속자가 없거나 의무 유언 집행권을 갖는 직계비속이 존재하지 않는다는 상황에서 이루어집니다. 이상은 질문에 대한 답변입니다.

* 출처: http://www.dar-alifta.org/ViewFatwa.aspx?ID=100&LangID=1&MuftiType=0(이집

트, 2012.6.26)

◈ 자녀가 있을 경우 아내들은 남편이 남긴 유산의 1/8을 균등하게 상속하고, 나머지 유산을 자녀들이 남자형제가 여자형제의 두 배를 받는 방식으로 상속한다.

질 문 하님, 파티마, 와실라, 나피사 등 네 명의 아내에 대한 질문입니다. 그리고 나지야, 아이샤, 사라, 타히파 등 네 딸과 살리흐, 아흐마드, 압둘라흐만 등 아들 셋이 있습니다. 압둘라흐만은 그의 어머니인 파티마와 이복형제들을 유족으로 남기고 사망했습니다. 하님은 망자의 어린 자녀인 살리흐, 나지야, 아이샤에게 유증했습니다. 이 경우 유산에 대한 그녀와 세 자녀의 몫은 어떻게 됩니까?

파트와 위 남성은 위에 언급된 네 명의 아내와 자녀들을 유족으로 남기고 사망했습니다. 망자의 유산은 그의 네 명의 아내에게 1/8인 3 끼라뜨(즉 3/24)[34]가 각자에게 균등하게 분배됩니다. 그리고 언급된 자녀들에게는 부계로서 21 끼라뜨(21/24)가 남자형제가 여자형제의 두 배를 취하는 원칙으로 상속됩니다. 즉 세 아들은 각각 4.2 끼라뜨를 상속합니다. 네 딸은 각각 2.1 끼라뜨를 상속합니다. 아들인 압둘라흐만은 어머니인 파티마와 위에 언급된 이복형제들을 유족으로 남기고 사망했습니다. 그들 사이에 할당된 것은 다음과 같이 분배됩니다: 어머니에게 1/6분이 상속됩니다. 그리고 7/10 끼라뜨가 분배됩니다. 망자의 배다른 형제자매들에게는 부계로서 나머지 유산이 상속됩니다. 그것은 3.5 끼라뜨이며 남자형제가 여자형제의 두 배를 취하는 원칙으로 상속됩니다. 이것이 통지되면 유산에 있어서 언급된 아내 중 한 명인 하님의 몫은 0.75 끼라뜨가 됩니다. 미성년자인 살리흐와 나지야, 아이샤는 그들의 아버지와 남동생인 압둘라흐만으로부터 받는 유산으로 10.15 끼라뜨를 남자형제가 여자형제의 두 배를 원칙으로 상속하게 됩니다.

* 출처: http://www.dar-alifta.org/ViewFatwa.aspx?ID=100&LangID=1&MuftiType=0(이집트, 2012.6.26)

34_ 끼라뜨는 1/6의 1/4, 즉 24분의 1을 뜻한다.

◈ **이복 외삼촌과 이모는 같은 항렬의 같은 촌수의 위치에 있어 남성이 여성의 두 배를 받는 방식으로 상속하며, 외사촌과 이종 사촌은 삼촌의 항렬에 있는 상속자보다 촌수가 멀어서 각각 외삼촌과 이모에 의해 차단된다.**

질 문 미카일 쿠스탄디 비샤라 씨는 마루마라는 이름의 한 여성에 대해 답변을 요청했습니다. 그녀는 어머니의 형제인 이복 외삼촌과 이모를 유족으로 남기고 사망했습니다. 그들은 다음과 같습니다: 드미트리, 미카일, 카트리나. 그리고 외삼촌과 외숙모의 자녀들도 유족으로 남겼습니다. 그들은 다음과 같습니다: 알렉산더, 한나, 유수프, 하비브, 니쿨라, 힐라나. 그들을 제외하면 다른 상속자는 없습니다. 이때 누가 상속받으며 분배는 어떻게 됩니까? 당신에게 보상이 있기를.

파트와 망자의 유산은 이복 외삼촌과 이복 이모에게 상속됩니다. 그들은 다음과 같습니다: 드미트리, 미카엘, 카트리나. 그들은 같은 촌수의 친족 관계에 있습니다. 그러므로 유산은 그들에게 남자가 여자의 두 배를 받는 방식으로 분배됩니다. 즉 드미트리는 9.6 끼라뜨를 받습니다. 미카엘 역시 9.6 끼라뜨를 받습니다. 나머지 4.8 끼라뜨는 카트리나에게 분배됩니다. 외삼촌과 이모의 자녀들에게는 배분되는 몫이 없습니다. 왜냐하면 그들은 상속 순위에 있어 두 외삼촌과 이모보다 후순위에 있기 때문입니다. 알라께서 가장 잘 알고 계십니다.

* 출처: http://www.dar-alifta.org/ViewFatwa.aspx?ID=100&LangID=1&MuftiType=0(이집트, 2012.6.26)

◈ **모계의 형제 자매는 비속 상속자와 존속 상속자가 없을 때 혼자일 경우에는 1/6을 받고 둘 이상일 때는 1/3을 공유한다. 나머지 재산은 친형제 자매에게 상속되며 남성이 여성의 두 배를 받는 방식으로 분배된다.**

질 문 양친을 모두 잃은 한 남성이 사망했습니다. 그에게 친형제와 동복형제, 이복형제들이 있습니다. 아버지의 배다른 형제는 상속이 차단되는데, 그 이유에 대해 명확하게 설명해 주실 수 있습니까?

파트와 1/3의 유산이 모계의 형제 자매들에게 남녀 똑같이 나뉘어 상속됩니다. 나머지 재산은 친형제 자매에게 상속되며 남자가 여자의 두 배를 가져가게 됩니다. 아버지의 형제와 자매에게는 하나도 가지 않습니다. 이들은 친가 쪽이므로 친가 친형제들로 차단됩니다. 엄마 쪽 형제들은 친형제들로 차단되지 않습니다. 이들은 법적 상속자들로 친족이 아닙니다. 이는 모든 법학자들과 아랍 국가의 법에서 일치하는 것입니다.

* 출처: http://www.islam.gov.kw/eftaa/fatwaa.php(쿠웨이트, 2012.6.25)

◈ 아내들은 자녀가 없을 때 1/4을 받고, 있으면 1/8을 받는다. 친자매만 두 명 이상이면 2/3을 균분하여 받고, 나머지는 이복형제 자매들이 나누어 받는다.

질 문 안녕하세요. 한 남자가 사망하였는데 자식 없이 아내 두 명과, 친자매 두 명, 아버지가 같은 남녀 형제가 있습니다. 유산을 어떻게 분배해야 합니까?

파트와 빚을 청산하고 유효하게 작성된 유언을 실행한 후, 언급된 사람 외에 상속자가 없다면 나머지 유산에 대한 상속자들의 유산 분배는 다음과 같이 합니다.

두 아내는 1/4을 1/8씩 균분하고, 두 친여형제들은 2/3을 반씩 나눠 갖고, 나머지에 대해서는 아버지가 같은 이복형제들이 갖게 되는데 이때 남자가 여자의 두 배를 받습니다.

* 출처: http://www.islam.gov.kw/eftaa/fatwaa.php(쿠웨이트, 2012.6.14)

◈ 부선망 손자와 손녀는 조부의 유산을 상속받을 수 없으나 의무 유증이란 명목으로 유증받을 수 있다.

질 문 돌아가신 할아버지께 네 명의 아들과 한 명의 딸이 있습니다. 그중 넷째 아들은 할아버지에 앞서 사망했습니다. 넷째 아들에게는 한 명의 아들과 두 명의 딸이 있습니다. 이 자녀들은 돌아가신 할아버지 유산에서 얼마나 권리가 있습니까?

파트와 돌아가신 할아버지가 사망 시 유언에 대한 언급이 없었고 빚과 유산에 대한 유효한 유언들을 계산했음에도 아무것도 발견되지 않았을 경우 남자가 여자의 2배의 몫을 가져가고, 죽은 아들의 자식은 아무것도 받지 못합니다. 그러나 몇몇 아랍국가의 법률에서는 손자에게 아버지 몫을 주거나 상속이 아닌 의무 유증이란 명목으로 얼마간의 유산을 주고 있습니다.

* 출처: http://www.islam.gov.kw/eftaa/fatwaa.php(쿠웨이트, 2012.6.14)

◈ 어머니의 상속자가 딸만 둘 이상이면 이들의 상속분은 유산의 2/3이며, 나머지는 어머니의 형제인 외삼촌 몫이다.

질 문 제 어머니께 유산이 있습니다. 현재 어머니는 살아 계시고, 저희는 남자형제 없이 네 명의 자매만 있습니다. 어머니가 돌아가시면 외삼촌이나 그의 자녀들이 상속자에 포함됩니까?

파트와 어머니가 돌아가시고 네 명의 딸과 외삼촌과 이모 혹은 부계의 외숙과 이모가 계시다면 딸들이 유산의 2/3를 나눠 갖게 됩니다. 나머지 금액에 대해서는 어머니의 남자형제가 여자형제보다 두 배의 비율로 나눠 갖게 됩니다.

* 출처: http://www.islam.gov.kw/eftaa/fatwaa.php(쿠웨이트, 2012.6.14)

◈ 유증 받는 사람은 상속자가 아니어야 하고 유증의 한도는 1/3이다.

질 문 저에게는 네 명의 딸과 아내, 그리고 돌아가신 삼촌이 있습니다. 삼촌이 돌아가시고 나서 2년 뒤 제 아버지도 세상을 떠나셨습니다. 삼촌은 돌아가시기 전에 자신의 재산 중 1/3을 조카인 저와 제 친형제에게 남기겠다고 유언하셨습니다. 이 유증에 대한 파트와를 부탁드립니다.

파트와 위에 언급된 것과 같은 상황이라면 질문자의 삼촌이 1/3의 재산을 질문자와 질문자의 친형제에게 유증한 것은 유효합니다. 왜냐하면 두 분은 삼촌의 사망 당시 비 상속자였기 때문입니다. 두 분의 삼촌이 사망한 후에도 살아 계셨던 부친이 두 분을 차단하기 때문에 두 분은 삼촌의 사망 당시 상속자가 아니었으며, 따라서 유증을 받을 수 있습니다.

* 출처:http://www.alifta.com/Fatawa/FatawaChapters.aspx?View=Page&PageID=6070&PageNo(사우디아라비아, 2012.6.20)

◈ 의무 유증으로 부선망 손자에게 유산을 물려줄 수 있으며 그 한도는 1/3이다.

질 문 세 아내와 아들 둘, 딸 여섯을 둔 남성이 있습니다. 그의 장남은 아들과 딸 여럿을 남기고 사망했습니다. 위 남성은 먼저 죽은 장남이 살아 있다면 받을 수 있었던 만큼의 재산을 그 자녀들에게 주고자 합니다. 이것이 법적으로 허용되는지요? 혹 죽은 아들의 자녀들이 아버지의 유산 상속분을 받는 것이 불가능하다면, 자녀들의 조부인 위 남성은 손자들에게 자신이 가진 재산을 생전에 증여할 수 있습니까? 장남이 살아 있었다면 위 남성에게 받았을 정도의 유산을 말입니다.

파트와 위 질문의 남성(조부)은 자신이 생존하는 동안, 장남이 죽기 전이라도 자신의 재산을 손자들 몫으로 만들 수 있습니다. 손자들이 위 남성의 상속자가 아니어서 받을 몫이 없다면 남성의 재산의 1/3을 넘지 않는 범위에서 증여할 수 있습니다.

* 출처: http://www.alifta.com/Fatawa/FatawaChapters.aspx?View=Page&PageID=6060&PageNo=1&Book ID=3(사우디아라비아, 2012.6.30)

◈ 유산 상속에서는 아들이 딸의 두 배 받는 방식으로 배분되지만 사전 증여에서는 아들 딸 구별 없이 똑같은 몫을 주어야 한다. 더 바람직한 방식은 사후 유산 상속의 절차를 따르는 것이다.

질 문 저는 제 자식들에게 저의 재산을 물려주고 싶습니다. 저는 딸 다섯과 아들 하나가 있습니다. 아들에게 주는 몫은 법으로 어떻게 규정되어 있습니까? 딸들보다 아들에게 더 많은 재산을 물려줘도 되는지요?

파트와 1) 당신이 살아있을 때 자식들에게 재산을 분배해 물려주고 싶다면 아들과 딸에게 똑같은 몫을 물려주어야 합니다. 왜냐하면 예언자가 알라께서 "자식들에게 공평해야 한다"라고 하셨다고 말했기 때문입니다. 여기서 자식은 아들과 딸 모두를 지칭합니다. 그러므로 당신의 재산은 6등분으로 균등하게 나뉘어야 합니다. 딸들이 겉으로나 마음 속으로나 진정으로 동의할 때, 혹은 가정의 이익에 도움이 될 경우를 제외하고는 당신이 살아 있는 동안에 아들에게 딸보다 더 많은 몫을 물려줘서는 안 됩니다.

2) 더 좋은 것은 당신이 사망한 이후에 이 일이 처리되게 하는 것입니다. 상속의 경우에 아들의 몫은 딸 둘의 몫과 같습니다. "알라께서 너희 아이들(의 상속 문제)에 관하여 너희에게 (이렇게) 명하시노라. 남성에게는 두 여성의 몫과 같은 몫[상속분]이 있는데 …"〈코란 니싸아(4)장 11절〉. 그리고 이 절 마지막 부분에 "… 너희 어버이들과 아이들 그들 중 누가 너희에게 이득이라는 면에서 더 가까운 줄 너희는 모르느니라. 이러한 것들은 알라께서 정하신 고정된 몫이니라. 실로 알라께서 모든 것을 아시고 현명하시니라"〈코란 니싸아(4)장 11절〉라고 말씀하셨습니다.

* 출처: http://aliftaa.jo/index.php/fatwa/show/id/421(요르단, 2012.6.30)

◈ 딸들에게 재산을 물려주지 않으려고 아들들 명의로 등기했더라도 딸들의 몫을 주어야 한다.

질 문 저희 집에는 남자형제 5명, 여자형제 5명이 있습니다. 아버지가 돌아가시기 전에 가지고 계신 토지 모두를 남자형제 소유로 등기하셨습니다. 그 이유는 딸들은 이미 혼인해서 돈이 필요하지 않는 반면에 아들은 많은 돈이 필요하다는 것이었습니다. 이러한 조치에 대해 어떻게 판단하십니까? 아버지의 행동이 허용되지 않는다면 자녀들의 입장에서 어떻게 해야 하는지요?

파트와 미래에 대한 우려에서 비롯된 위와 같은 조치는 허용되지 않습니다. 미래는 알라만이 아시기 때문입니다. 만약 미래에 가정되는 상황에 매달리다 보면 정의가 사라지게 됩니다. 그러므로 남자형제들은 유산을 아직 아버지의 소유로 간주하고 이 유산 중에서 여자형제들의 몫에 해당하는 것을 주어야 합니다. 또는 아버지 명의로 재산을 남겨놓거나, 서면으로 여자형제들에게 몫을 남겨 주겠다는 표시를 하시기 바랍니다. 말로만 하지 말고 돈과 같은 일정한 증거를 남겨 여자형제들이 우려하지 않도록 하십시오.

* 출처: http://aliftaa.jo/index.php/ar/fatwa/show/id/587(요르단, 2012.6.27)

◈ 사전 증여는 상속자의 동의가 필수적이지 않으나 유증의 집행에는 상속자의 동의가 필요하다.

질 문 한 남성이 아내과 아들, 네 명의 딸을 남기고 사망했습니다. 그들의 몫은 어떻게 됩니까? 아버지가 유언에서 말씀하시길 집의 1/4은 아내 몫이며 이에 동의하지 않는 사람은 알라께서 저주할 것이라 하셨습니다. 제 질문은 이 유언의 집행에 상속자들의 동의가 필요한가 하는 것입니까? 만약 몇몇은 동의하고 아들은 거부했을 시, 동의한 사람들의 몫만큼의 권리에서 유언이 실행되고 거부한 사람의 몫에서는 실행이 되지 않는 것입니까? 다시 말해 유언을 부분적으로 집행하는 것이 가능합니까?

파트와 빚을 청산하고, 유효한 유언에 대한 부분을 집행한 후에, 아내에게 유산의 1/8을 의무적으로 주고, 나머지 부분에 대해서 아들이 딸의 두 배를 가져갑니다. 아내에게 집의 1/4을 주라는 피상속자의 말은 증여일 가능성도, 유언일 가능성도 있습니다. 만약 피상속자가 "이제부터 이것은 아내의 것이다"라고 말했다면 이는 증여입니다. 이때 피상속자의 상태가 이성적이고, 죽을 병에 걸리지 않은 건강한 상태여야 하며, 증여된 것이 아내에게 넘어갔다면 이는 아내의 소유로서 아내 마음대로 사용할 수 있고, 유산에 포함되지 않습니다. 만약 아내에게 증여된 것이 이전되지 않고, 피상속자가 치명적인 질병으로 아팠다면 유증으로 보아야 합니다. 만약 피상속자가 자신이 죽으면 아내의 것이라고 말했다면 이는 유증입니다. 유증의 집행은 피상속자가 사망한 후에 성숙하고 선택 가능한 상속자들의 동의를 얻어야 합니다. 이들이 동의한다면 집행되고, 동의하지 않는다면 무효가 됩니다. 만약 몇몇만 동의를 했다면 자유 의사를 지닌 성인들 중 동의한 사람들의 권리에서 그들의 몫만큼 집행되어야 하며, 동의하지 않은 사람들의 몫은 해당되지 않습니다.

* 출처: http://www.islam.gov.kw/eftaa/fatwaa.php(쿠웨이트, 2012.6.25)

◈ 유증은 상속자를 위한 것이 아니며 유산의 1/3을 초과하지 않아야 한다.

질 문 유증에 관한 질문입니다. 유증에 어떤 내용을 작성해야 하나요? 유증자는 빈곤한 사람을 위해 일정 금액을 남겨 두어야 하나요?

파트와 유증은 유증을 받을 사람에게 남겨지는 것이며 원하는 대로 자유롭게 쓸 수 있습니다. 유증하는 것은 순나에 해당하므로 따르는 것이 좋으며 유증을 남기지 않는다고 해서 이를 위반하는 것은 아닙니다.

유증에는 반드시 지켜야 할 두 가지 조건이 있습니다. 유증이 유산의 3분의 1을 넘어서는 안 되며 상속자 외의 사람에게 남겨져야 합니다. 유증은 상속자를 위한 것이 아니기 때문입니다. 샤리아는 상속자 중 특정한 사람을 위한 유증을 금하고 있으며 그 이유는 가족 구성원 간에 분쟁이나 논쟁이 일어나는 것을 원치 않고 그들 모두가 애정과 화합으로 화목하기를 바라기 때문입니다. 이 두 조건이 충족된다면 원하는대로 유증해도 아무런 문제가 되지 않습니다.

* 출처: ʻAlīy al-Ṭanṭāwī, 2007.

◈ 유증은 알라가 정한 한도를 넘지 말아야 한다.

질 문 이슬람에서는 왜 상속자에게 유증하는 것을 금지합니까?

파트와 이슬람에서 상속자에게 유증을 금지하는 것은 알라가 정해 놓으신 한계를 넘기 때문입니다. 알라께서 유산 분배 원칙을 정해 놓으셨습니다. "알라와 알라의 사도에게 복종하지 않고 알라께서 정하신 한계를 위반하는 자는 누구든지 알라께서 지옥에서 영원히 기거하도록 들어가게 하실 것이며, 굴욕적인 징벌을 받게 되리라."〈코란 니싸아(4)장 14절〉

한 사람에게 딸과 친누이가 있다면 딸은 법정 상속분으로 1/2을 받고 친누이는 부계친 상속으로 나머지를 갖게 됩니다. 만약 이 상황에서 딸에게 1/3의 재산을 유증으로 남겼다면 이는 딸이 5/6를 가져가게 된다는 것을 의미합니다. 그래서 누이가 1/6밖에 못 가져가게 됩니다. 이는 알라가 정하신 한계를 넘는 것입니다.

만약 이 사람에게 아들이 둘 있다면 알다시피 재산은 둘이 절반씩 나눕니다. 만약 아들 둘 중 한 명에서 1/3에 대해 유언을 남긴다면 둘이 가질 재산은 각기 2/3와 1/3(계3/3)이 됩니다. 이것도 알라께서 정하신 한계를 넘는 것입니다. 그렇기 때문에 금지되었던 것입니다. 만약 각자가 상속분을 정할 수 있게 된다면 각자가 원하는 사람에게 유증하여 그의 몫이 늘어나고, 다른 사람에게는 금지하여 그의 몫이 줄어들게 될 것입니다.

* 출처: Nūr ‘alīy al-Darb, p.130.

◈ 유증의 한도를 1/3로 제한한 것은 상속자들의 권리를 보호하기 위한 것이다.

질 문 왜 1/3 이상 유증하는 것이 금지되었습니까?

파트와 1/3 이상 유증을 금지한 것은 상속자들의 권리가 재산과 관련되었기 때문입니다. 만약 유증자가 1/3을 초과하여 유증하면 상속자들의 권리를 침해하게 됩니다. 그렇기 때문에 사으드 븐 아비 와까스(Sa‘d bn Abī Waqqāṣ)[35]가 예언자에게 허락을 구했습니다. “제가 2/3를 유증해도 되겠습니까?”라 하자 예언자가 “아니다.” 그래서 “반은요?”라 하자 예언자가 “아니다”라고 했습니다. 그래서 내가 “1/3은요?”라 하자 예언자가 “1/3. 1/3도 많다. 그대의 상속자들이 가난하여 사람들에게 손을 내밀며 구걸하게 하는 것보다 부자로 만들어 주는 것이 낫다”고 했습니다. 예언자가 이렇게 명확하게 해 주었습니다. 이 전승은 1/3을 초과하는 유증을 금지한 지혜를 보여 주고 있습니다. 만약 1/3 이상 유증을 하려면 상속자들의 양해를 구하여야 합니다. 그리하면 괜찮습니다.

* 출처: Nūr ‘alīy al-Darb, p130.

◈ 딸은 상속자이므로 다른 상속자들의 동의가 없으면 유증을 받을 수 없다.

질 문 제 아버지에게 세 명의 아들과 다섯 명의 딸이 있습니다. 그리고 아버지는 여러 마리의 양을 가지고 있고, 저에게 증여하신 바 있으며 현재 살아 계십니다. 증여란 바로 아버지가 돌아가시면 딸들 중 두 딸에게 재산 분배 전에 양을 줄 것이며, 그리고 난 뒤 딸들 모두가 다른 상속자들과 함께 이 재산에서 자신의 몫을 얻으라는 것입니다. 이렇게 된 이유는 두 딸이 아버지와 함께 양을 길렀기 때문입니다. 또한 아버지는 “나를 대신해서 5,000 리얄을 점심, 저녁에 희사하고, 나머지는 필요한 이들에게 나누어 주라”고 하셨습니다.

35_ 헤지라 이전 23년 출생~헤지라 55년 사망. 공식이름은 사으드 븐 아비 왁까쓰 알자흐리 알꾸라시이다. 무함마드의 교우이며 아부 바크르, 알리, 압둘 라흐만 븐 아우프 다음의 첫 번째 이슬람 입교자였다.

파트와 무엇보다도 우선 고인의 부채를 상환해야 합니다. 그리고 나서 재산의 1/3 이내에서 고인의 증여를 선행에 사용할 수 있습니다. 1/3을 초과할 경우에는 상속자들의 동의가 반드시 필요합니다. 딸들에 대한 유증은 무효입니다. 왜냐하면 사도 무함마드가 "상속자에 대한 유증은 다른 상속자들이 동의한 경우가 아니면 없다"라고 말했기 때문입니다. 부채를 상환하고 유증을 집행한 후에 남는 것은 상속자들에게 법에서 정한 비율대로 분배됩니다.

* 출처: http://www.alifta.com/Fatawa/FatawaChapters.aspx?View=Page&PageID=6061&PageNo=1&Book ID=3(사우디아라비아, 2012.6.30)

◈ 모스크를 짓기 위해 돈을 받았는데 사원을 짓기 전에 사망했다면, 이 돈은 고인의 유증 1/3에 속한다.

질 문 외삼촌이 제게 모스크 건립을 위해 자금을 주셨습니다. 그리고 약 2개월쯤 시간이 지난 뒤 외삼촌이 돌아가셨습니다. 저는 건축 허가와 설계 작업을 시작했고, 알라의 도우심으로 모든 작업을 끝냈습니다. 이후에 상속자들 중 일부, 즉 외삼촌의 세 아들이 저에게 외삼촌이 모스크를 짓는 데 쓰라고 준 자금을 돌려줄 것과 모스크 공사를 중지할 것을 요구했습니다.

이에 대한 의견은 어떠하신지요? 제가 돈을 그들에게 돌려줘야 합니까, 아니면 모스크를 완공해야 합니까? 그들은 자신들의 아버지가 돌아가시기 전에, 그리고 모스크 건립을 시작하기 전부터 이미 이 자금에 대해 알고 있었습니다.

파트와 질문자의 삼촌이 질문자에게 모스크를 지으라고 돈을 주셨고, 모스크가 완공되기 전 삼촌이 돌아가신 것은 1/3 유증에 포함되는 것입니다. 그리고 성인 상속자들이 자신들의 몫을 양보한다면 문제될 것이 없습니다.

* 출처: http://www.alifta.com/Fatawa/FatawaChapters.aspx?View=Page&PageID=6072&PageNo=1&Book ID=3(사우디아라비아, 2012.6.30)

◈ **고인의 유증 의사가 분명하다면, 서면으로 명기하지 않았더라도 사후 그 의사를 존중해야 한다.**

질 문 저의 어머니는 아버지가 돌아가신 뒤 유산의 일부를 받았습니다. 그리고 어머니가 살아 계신 동안 제 형(오빠)이 사망하여 그 재산을 어머니가 받았습니다. 그러나 아직 상속이 완료되지 않은 상태입니다. 왜냐하면 어머니가 살아 계시는 동안 이 땅을 팔려고 하지 않기 때문입니다. 어머니는 항상 공공연하게 당신이 죽으면 어느 누구에게도 유산을 물려주지 않겠다며, 대신 남편과 죽은 아들로부터 받은 당신의 재산을 가난한 사람들에게 나누어 주겠다고 하셨습니다. 당시 저희는 이 말에 침묵하며 대답하지 않았습니다. 그러다가 어머니가 돌아가셨습니다.

어머니는 서면을 통한 유언을 남기지 않으셨습니다. 저희가 이 유언을 지켜야 하는지요? 물론 저희는 그동안 어머니가 무엇을 원하시는지 들어왔습니다. 이러한 상황에서 어머니의 유산을 어떻게 처리해야 하는지 알고 싶습니다.

파트와 이것은 유증입니다. 질문자의 어머니가 남긴 모든 유산을 고려할 때 유증한 땅은 전체 재산의 1/3입니다. 이것은 그녀가 남긴 전체 재산보다 적은 것이니 이 유증은 실행되어야 합니다. 그녀의 토지가 차지하는 가치가 전체 재산의 1/3을 넘을 경우에는 1/3만큼만 유증이 실현되어야 합니다. 상속자들이 원한다면 그 이상도 유증으로 집행될 수 있습니다. 하지만 이것을 원하지 않는다면 무프티를 찾아가서 이 상황을 설명하고 조언을 구하시기 바랍니다.

* 출처: http://aliftaa.jo/index.php/ar/fatwa/show/id/587(요르단, 2012.6.27)

◈ **종교가 달라도 상속이 아닌 유증은 가능하다.**

질 문 저는 기독교인 여성과 혼인하여 두 아들을 두고 있습니다. 법에 따르면 무슬림과 기독교인 사이의 상속은 금지됩니다. 그리고 상속하는 이 역시 이러한 관계 속에서 유증을 받을 수 없습니다. 아내에게 유리하게끔 유증에 대한 일반적 규정에 따라 상속 금액이 전체 금액의 3분의 1을 넘기지 않는 선에서 유증 방법을 바꿀 수 있나요? 아니면 종교가 다르기 때문에 유산을 받을 수 없는 것처럼 유증도 금지되는 것인가요? 알려 주십시오.

파트와 학자들의 일치된 의견에 따르면 무슬림은 비 무슬림에게 전체 상속액의 1/3을 넘지 않는 선에서 증여할 수 있습니다. 이븐 꾸다마에 따르면 "비 무슬림에 대한 무슬림의 증여가 가능하며, 비 무슬림 역시 무슬림에게 증여할 수 있고, 비 무슬림이 비 무슬림에게 증여할 수 있다"라고 말했습니다. 또 사이드는 "사피얀이 아이왑과 이크리마에 대해 이렇게 말했다. "한 여성이 자신의 방을 십만에 팔고, 유대인인 남자형제에게 무슬림이 된다면 이 금액을 상속할 수 있다"고 제안했지만 그가 거절했다. 그래서 그녀는 대신 자신이 가지고 있는 금액의 1/3을 그에게 주라고 유언했다. 이것은 증여로 여겨지기 때문에 그는 무슬림과 같이 유증을 받을 수 있었다"라고 전합니다. 그러므로 질문자는 기독교인 아내에게 유증할 수 있습니다. 아내는 종교가 다르기 때문에 유산 상속자가 될 수는 없지만 유증이 전체 상속 금액의 1/3을 넘지 않는다는 전제 하에 유언을 통한 증여가 가능합니다.

* 출처: http://aliftaa.jo/index.php/ar/fatwa/show/id/587(요르단, 2012.6.20)

◈ 샤리아 규정에 위배되는 유증은 집행될 수 없다.

질 문 아버지가 돌아가시기 전에 유산을 모든 상속자들에게 똑같이 분배하라는 유언을 남기셨습니다. 상속자 중에는 오래 전에 죽은 딸도 포함되어 있습니다. 죽은 딸 대신 그녀의 몫을 그녀의 아들이 21세가 될 때 그에게 주도록 아버지가 유언하셨는데, 이 유증을 집행해야 합니까?

파트와 알라께서는 코란을 통해 상속에 대한 판결을 명시해 주시며, 상속자들 개개인에 대한 유산의 몫을 정해 주셨습니다. 그 몫은 한 치의 더함과 뺌을 용인하지 않습니다. 알라께서는 코란에서 "알라께서 너희 아이들(의 상속 문제)에 관하여 너희에게 (이렇게) 명하시노라. 남성에게는 두 여성의 몫과 같은 몫[상속분]이 있는데…"〈코란 니싸아(4)장 11절〉라고 말씀하셨습니다. 무슬림이라면 이것을 위배해서는 안 됩니다. 또 남성과 여성 간의 조정 규범을 위배하는 유증을 해서도 안 됩니다.

위 유증은 옳지 않습니다. 하지만 질문자의 아버지가 돌아가신 후 상속자들이 동등하게 유산을 분배하기로 합의한다면 이 유증은 가능합니다. 왜냐하면 상속자들은 아버지의 사망 직후 그 유산을 소유하게 되고, 다른 상속자보다 자신이 더 많은 유산을 받을 경우 이것을 다른 상속자에게 제공할 수 있기 때문입니다.

죽은 딸의 아들에게 재산을 주는 유증은 가능합니다. 그러므로 질문자는 이 아들에게 유증을 통해 정해진 금액을 제공해야 합니다. 단, 유증의 조건은 전체 유산의 1/3을 넘지 않는 선에서 이루어져야 한다는 것입니다.

* 출처: http://aliftaa.jo/index.php/ar/fatwa/show/id/587(요르단, 2012.6.20)

◈ 아버지가 증여하는 경우 남녀 간에 균등한 몫을 줄 수 있다.

질 문 제가 보상금을 받게 되었습니다. 저에게 혼인한 아들과 딸이 있습니다. 그들에게 이 돈의 일부를 나눠 주고자 합니다. 아들 딸 상관없이 제가 자식들 중 일부에게 다른 자식보다 더 많은 돈을 줄 수 있는지요? 아들에게 딸의 두 배를 주어야 합니까?

파트와 질문자는 자식들에게 재산을 차등을 두어 분배할 수 있습니다. 단, 다음의 두 가지 조건을 만족해야 합니다.

첫째, 차등 분배에 합당한 이유가 있어야 합니다. 예를 들어 자식 중 한 명이 너무 가난하거나, 아프거나, 교육을 위해 돈이 필요한 경우 등입니다.

둘째, 일부 상속자들에게 재산 분배를 회피하기 위한 목적으로, 혹은 그들에게 유산을 남기지 않기 위한 목적으로 이러한 차등 분배가 이루어져서는 안 됩니다.

자식들의 재정 상태가 비슷하다면 재산을 공평하게 분배해야 합니다. 그리고 이 경우 남성이 여성의 두 배 몫을 받아서는 안 됩니다. 샤피이 학파는 아버지가 살아 있는 동안 증여할 경우 유산 분배와 달리 남자와 여자가 동등하게 대우받아야 한다고 명시했습니다

* 출처: http://aliftaa.jo/index.php/ar/fatwa/show/id/587(요르단, 2012.6.27)

◈ 부선망 손주는 숙부가 조부모에 더 가깝기 때문에 조부모의 유산을 상속하지 못하지만 조부모의 유증이 있을 경우 유산의 1/3을 초과하지 않는 범

위에서 유증받을 수 있다.

질 문 한 여성이 90세의 나이로 사망했습니다. 아직 살아 있는 자식은 아들 둘과 딸 일곱입니다. 아들로부터 얻은 손주들도 있습니다. 그 아들은 그녀가 사망하기에 앞서 사망했습니다. 현재 손주들 중 가장 젊은 이의 나이는 32세입니다. 나이가 모두 32세를 넘은 상황에서 손주들에게까지 유증이 이루어져야 합니까?

파트와 죽은 자식의 아들(손주)에게 반드시 유증해야 하는 것은 아닙니다. 단, 유증이 권장할 만한 행위일 수 있습니다. 만약 이들에게 유증을 통하여 재산이 주어지는 경우, 전체 유산의 1/3을 넘지 않는 선에서 가능합니다. 유증이 아니고서는 그들은 아무것도 받을 수 없습니다. 왜냐하면 그들에게 삼촌들이 있기 때문인데, 삼촌 즉 사망한 여성의 아들들이 손주들보다 자신의 어머니에 더 가깝고 유산을 물려받을 우선순위에 있기 때문입니다. 이것은 4대 법학파의 의견에 따른 것입니다. 그러나 개인신상에 관한 법은 이 의견과 다릅니다. 개인신상에 관한 법에 따르면 손주는 아버지나 어머니가 사망한 상황에서도 자신의 아버지가 원래 받을 만큼의 유산을 유증으로 받을 수 있습니다. 단, 조건은 전체 유산의 1/3을 넘지 않아야 한다는 것입니다. 그러므로 저희는 아버지가 사망한 아들들(즉 사망한 여성의 손자들)이 유산을 받지 않는 것이 옳다고 보지만, 삼촌들(즉 사망한 여성의 살아 있는 아들들)이 상속하는 몫에서 일부를 조카들에게 증여할 것을 권합니다.

* 출처: http://aliftaa.jo/index.php/ar/fatwa/show/id/587(요르단, 2012.6.27)

◈ 유증은 상속자들의 동의가 있어야 유효하며, 동의를 얻지 못하면 샤리아의 규정대로 유산을 분배한다.

질 문 어머니가 돌아가신 후 유서를 발견하였습니다. 유서에는 모든 형제자매가 똑같은 몫으로 유산을 나눠 가지라고 적혀 있었습니다. 아버지는 17년 전에 돌아가셨습니다. 돌아가신 어머니 재산으로 현금과 얼마의 금이 있습니다. 자매들이 자신들은 금을 가질 테니 남자형제들은 현금을 가지라고 제안했습니다. 형제들이 현금을 나눠 갖고 자매들이 금을 나눠 갖는 데에 동의가 이루어지면 상속 방법을 바꾸는 것이 가능한가요? 아니면 유서의 글자 그대로 집행해야 하나요?

파트와 상속자들이 이성이 있는 성인이고 자유 선택 의지가 있으며 일정한 형식으로 그들 간에 유산 분배에 대해 동의가 있었다면 가능합니다. 만약 상속자들이 미성년자이거나 이 분배에 대해 동의하지 않았다면 유언은 폐기되고, 빚을 청산하고 유효한 유언에 적힌 내용을 이행한 후 유산을 나누어야 합니다. 이때 남성이 여성의 두 배를 갖게 됩니다.

* 출처: http://www.islam.gov.kw/eftaa/fatwaa.php(쿠웨이트, 2012.6.25)

◈ 친자녀가 없는 여성의 유산은 부계친 상속으로 망자의 남자형제의 아들들에게 분배된다.

질 문 안녕하세요. 아버지의 고모인 고모할머니가 돌아가셨습니다. 그 분께는 조카(형제자매의 자식)뿐, 자식이나 남편, 부모님이 아무도 안 계십니다. 제 아버지는 몇 년 전 돌아가셨습니다. 저희에게도 고모할머니의 유산을 받을 권리가 있습니까?

파트와 사망하신 분께 친남자형제의 자식과 친여자형제의 자식밖에 없다면 유산은 모두 친남자형제의 아들들에게 균등하게 상속됩니다. 남자형제의 딸들이나 여자형제의 자식에게는 아무것도 돌아가지 않습니다.

* 출처: http://www.islam.gov.kw/eftaa/fatwaa.php(쿠웨이트, 2012.6.14)

◈ 법정 상속자가 없는 여성의 유산은 부계친 상속으로 형제자매에게 분배된다.

질 문 안녕하세요, 이모가 돌아가셨으나 법적 상속자가 없습니다. 이모에게는 세 명의 여자형제가 있는데 모두 다 혼인했고 각기 자식들이 있습니다. 이모에게는 혼인한 남자형제가 있고 또한 자식이 있습니다. 그리고 큰언니는 다섯 명의 자식을 남긴 후 돌아가셨고, 이들은 미성년자가 아니며, 아버지 역시 돌아가셨습니다. 만약 유산이 집이라면 돌아가신 큰언니의 자식 다섯 명은 이모의 유산에 대한 권리가 있습니까? 대답을 기다리겠습니다. 감사합니다.

파트와 고인에게 빚이 없고 유효한 유언도 없다면 모든 유산이 망자의 자매나 형제에게 부계친 상속으로 갑니다. 이때 남성이 여성의 두 몫을 받으며 자매의 자식들에게는 아무것도 돌아가지 않습니다.

* 출처: http://www.islam.gov.kw/eftaa/fatwaa.php(쿠웨이트, 2012.6.14)

◈ 모계친인 외손자보다 부계친인 사촌에게 상속 우선권이 있다.

질 문 한 남성이 외동딸을 두고 사망했습니다. 이 딸은 슬하에 아들 하나를 두고 있습니다. 사망한 남성에게 남자형제는 없습니다. 그렇다면 외손자가 있는 상황에서 사망자의 사촌들이 이 남성의 유산을 물려 받는 것입니까?

파트와 사망자의 외손자(사망자 딸의 아들)는 유산을 상속할 수 없습니다. 그는 의무적으로도 해당 사항이 없을 뿐만 아니라 친가 혈통이 아니기 때문입니다. 대신 사망자의 사촌들은 부계 혈통이기 때문에 직계 유산 상속자 다음으로 상속할 수 있습니다. 직계 유산 상속자들이 없는 경우 사촌들이 모든 유산을 받게 됩니다.

이 같은 근거로 상속은 다음과 같이 이루어집니다. 사망한 남성의 딸이 유산의 절반을 받고, 나머지는 사망자의 사촌들이 받게 됩니다. 사촌들은 공정하게 유산을 나누어야 합니다. 법적으로 유산을 분배하기를 원한다면 판사에게 조언을 구하십시오.

* 출처: http://aliftaa.jo/index.php/ar/fatwa/show/id/587(요르단, 2012.6.20)

◈ 계모가 자녀 없이 사망하면 여동생이 유산의 절반을 받고, 남은 유산을 친형제의 자식들이 부계친으로서 상속한다.

질 문 어머니가 돌아가신 뒤 아버지가 재혼하셨고, 아버지가 돌아가신 지 6개월 후에 새 어머니도 돌아가셨습니다. 새 어머니의 남자형제들은 이미 사망했고 여동생 하나만 남아 있습니다. 새 어머니의 친형제의 자식들이 상속하게 되는지요? 그리고 그 금액은 얼마입니까?

파트와 새 어머니가 사망하고 자손을 남기지 않은 채 여동생과 새 어머니의 친조카만이 남은 경우, 그녀의 여동생이 유산의 반을 물려받습니다.

그리고 남자인 친조카들이 남은 유산을 공평하게 나누어 갖습니다. 왜냐하면 그들은 부계친이기 때문입니다. 예언자는 "남은 유족이 유산을 받는데, 남성이 우선적으로 상속한다"라고 말했습니다.

새 어머니가 여동생과 남자형제들을 상속자로 두었을 경우, 그들은 남성이 여성의 두 배를 받는 방식으로 새 어머니의 재산을 상속하게 됩니다. 한편, 망자가 남긴 유산은 돈, 물품 등 망자가 노동 등을 통해 얻은 것이나 상속, 증여 등 합법적인 방법으로 소유한 모든 것을 의미합니다.

어떠한 경우든 합법적인 유산 분배를 하기 위해서는 판사와의 상담이 필요합니다.

* 출처: http://aliftaa.jo/index.php/ar/fatwa/show/id/587(요르단, 2012.6.27)

◈ 법원이 실종자에 대한 사망 판결을 내릴 때까지 실종자의 생사여부가 밝혀지지 않았다면 실종자의 유산은 판결 시점에 생존해 있는 상속자들에게 분배된다.

질 문 이브라힘 이스마일 씨가 다음과 같이 질문했습니다. 파트와를 내려주십시오.

1935년 12월 한 여성이 실종되었습니다. 실종된 지 1주일이 지나서 그녀의 가족 중 한 사람이 흉부로 간주되는 유골을 발견했다고 알렸고 이 유골이 실종자의 시신으로 추정되었습니다. 그래서 검찰에 의해 필요한 조사가 진행되었는데 유골 수습담당 검찰 검시관은 의학적 검사 후 위 유골이 실종자와 일치하지 않다는 소견을 내놓았습니다. 그리고 검찰은 이 사안을 보류하였습니다.

그녀는 실종 당시 친오빠의 아들 둘과 딸 하나, 고모, 이모를 유족으로 남겼습니다. 그리고 1년 반이 지난 후 이모가 사망했습니다. 고모 역시 위 여성이 실종된 2년 후에 사망했습니다. 현재 위에 언급된 친오빠의 자녀들과 이모의 자녀들, 고모의 자녀들만이 있습니다. 그렇다면 위에 언급된 사람들 중 누가 법적으로 실종자의 상속자가 되는 것입니까? 그리고 그들은 언제 실종자를 상속합니까?

실종자는 1935년 12월부터 여전히 행방불명인 상태입니다. 그녀가 어디로 갔는지도 알 수 없고 현재까지 생존해 있는지 혹은 사망했는지 생사

여부도 알 수 없습니다. 법적 판단을 내려 주십시오.

파트와 실종자의 생사여부가 밝혀지지 않는다면 법원이 사망 판결을 내릴 때까지 실종자의 유산은 판결 시점에 생존해 있는 상속자들에게 분배됩니다. 그리고 사망 판결 당시 실종자의 상속자가 친오빠의 자녀들 뿐이라면 모든 유산은 친오빠의 두 아들에게 부계로 각각 공평하게 분배됩니다.

친오빠의 딸과 고모의 자녀, 이모의 자녀에게는 상속되는 몫이 없습니다. 왜냐하면 그들 모두 부계친보다 후순위인 모계친들이기 때문입니다. 또한 실종자의 사망 판결 이전에 사망한 고모와 이모는 상속과 무관합니다.

* 출처: http://www.dar-alifta.org/ViewFatwa.aspx?ID=100&LangID=1&MuftiType=0(이집트, 2012.4.23)

◈ 한 여성이 친여동생과 조카(친오빠의 딸)를 남기고 사망했을 때, 부계친인 친여동생이 유산의 전부를 상속하고 모계친인 친오빠의 딸에게는 상속되는 몫이 없다.

질 문 무함마드 샤하위 씨가 다음과 같이 질문했습니다. 한 여성이 친여동생과 친오빠의 딸을 남기고 사망했습니다. 그리고 언급된 사람 외에 망자의 상속자가 없습니다. 이때 두 사람이 망자를 상속하게 됩니까, 아니면 둘 중의 한 사람만이 상속을 하게 됩니까? 두 사람 중 누가 상속자가 됩니까?

파트와 위에 언급된 망자의 모든 유산은 친여동생에게 상속됩니다. 친오빠의 딸에게 상속되는 몫은 없습니다. 왜냐하면 그녀는 (코란에) 명시된 상속의 몫에 있어서 부계친보다 후(後)순위인 모계친이기 때문입니다. 이는 망자에게 다른 상속자가 존재하지 않다는 가정 하에 이루어집니다.

* 출처: http://www.dar-alifta.org/ViewFatwa.aspx?ID=100&LangID=1&MuftiType=0(이집트, 2012.4.23)

◈ 미지급된 마흐르는 유산의 일부가 되어 다른 재산과 함께 상속자들에게 분배된다.

질 문 안녕하세요. 남편보다 아내가 먼저 사망한 경우 아내에게 제공된 마흐르의 몫은 누구에게 귀속됩니까? 남편입니까, 자식입니까, 아니면 친정식구들입니까? 아니면 나눠 가집니까?

파트와 아내가 부모님과 남편, 아들, 딸을 남기고 사망했다면 후불 마흐르와 그녀의 모든 재산은 그녀가 남긴 유산이 되어 모두 상속자들이 나눠 가지게 됩니다. 남편은 재산의 1/4, 부모는 각각 1/ 6씩, 나머지는 자녀들이 받게 되는데, 아들이 딸의 두 배를 받습니다.

* 출처: http://www.islam.gov.kw/eftaa/fatwaa.php(쿠웨이트, 2012.6.14)

◈ 세간살이는 먼저 소유권자를 정한 후 유산에 포함시키거나 제외한다.

질 문 남편이 사망한 후 집안의 세간살이에 대한 권리를 자식이 없는 아내가 취합니까? 아니면 가구를 팔아서 받는 돈을 상속자들에게 유산으로 물려줘야 하는지요?

파트와 안녕하십니까. 저희의 판단은 다음과 같습니다.

남편이 사망한 후 가구를 처리하는 자세한 방법은 다음과 같습니다. 첫째, 가구가 아내의 지참물이라는 합의가 이루어졌을 경우, 또는 아내가 자신의 돈으로 가구를 샀다고 인정되었을 경우, 또는 아내의 가족이나 친척, 남편이 그녀에게 가구를 선물로 주었을 경우에 이것은 아내의 것이 됩니다. 그리고 이것을 다른 가족과 나눌 필요가 없습니다.

둘째, 집안에 있는 가구가 남편의 소유물이고 아내의 지참물이라고 명시되어 있지 않은 경우, 또 집안에서 부부가 사용하기 위해 남편이 직접 구입한 경우(아내에게 주려는 의도가 아님을 의미함)에는 대부분 가구가 남편의 것입니다. 그러므로 남편이 사망하면 이 가구는 남편의 유산 목록에 포함됩니다. 그리고 샤리아의 체계에 따라 유산을 상속하는 이들에게 배분되어야 합니다. 유산 상속자 간에 합의가 이루어지지 않는다면 법적 판결에 따라야 합니다.

만약 부부가 집안에 있는 물건들을 두고 서로 소유권을 주장하고 다툰다면, 또는 그들의 상속자가 다르다면, 소유권을 증명하는 근거를 내는 사람이 소유자가 됩니다. 부부 중 누구도 증명할 수 없다면 그들은 균등하게 반반으로 나누어야 합니다. 이 일과 관련해서 남자와 여자, 성별에 따라 차이를 두지 않습니다. 모두에게 균등히 분배해야 합니다.

* 출처: http://aliftaa.jo/index.php/ar/fatwa/show/id/587(요르단, 2012.6.13)

◈ 법정 상속자가 없는 유산은 무슬림 공익재단으로 이양된다.

질 문 제 질문은 다음과 같습니다. 아내나 자식, 친척이 없는 한 노인이 있습니다. 이 노인이 친척이 아닌 사람에게 유산을 남기는 것이 가능합니까? 노인의 재산 전부를 증여하는 것이 가능합니까?

파트와 노인에게 상속자가 전혀 없고 노인이 현명하고 성숙하며 이성이 있는 사람이라면 원하는 사람에게 전 재산을 기부할 수 있습니다. 노인이 기부하기 전에 사망하면 모든 재산은 무슬림 재산 관리기관으로 옮겨져 무슬림의 복지를 위해 사용됩니다.

* 출처: http://www.islam.gov.kw/eftaa/fatwaa.php(쿠웨이트, 2012.6.14)

◈ 유족으로 아내와 5남 3녀가 있다. 자녀 중에서 딸 하나가 부친에 앞서 사망하였을 때 상속자 각각의 상속분을 산출하는 방법은 다음과 같다. 유산의 기부에는 강제성이 없다.

질 문 유산에 대해 문의드립니다. 저의 가족은 아버지, 어머니, 다섯 형제, 세 자매로 구성되어 있습니다. 아버지가 유산을 남기셨습니다.

질문1) 아버지의 유산을 합법적으로 분배하고 싶은데 어떻게 해야 할까요? 참고로 딸 한 명은 이미 사망하였습니다. 그녀는 혼인했다가 이혼했고, 전 남편과의 사이에 자식이 없습니다.

질문 2) 가족들은 망자가 된 딸의 몫을 자선단체에 기부하고자 합니다. 이때 그녀의 몫 가운데 일정 부분만 자선단체에 기부하고 나머지를 다른 가족들(어머니, 다섯 형제, 두 자매)이 나누어 가져도 됩니까? 나눠 가져도 된다면 가족들 간에 어떻게 분배해야 합니까? 혹은 딸이 죽었더라도 그 몫이 있으니 전부를 기부해야 합니까? 질문에 대한 설명과 관심 부탁드립니다.

파트와 사망하신 아버지의 빚을 청산하고 유언을 이행한 후 별다른 것을 발견하지 못했다면 이 유산을 8등분하여 고인의 아내에게 1/8을 주고 나머지 7/8을 자식들이 나눠 갖습니다. 이때 아들이 딸의 두 배를 가져갑니다. 위에서 언급한 사망한 딸이 아버지가 돌아가신 후 사망하였다면 아버지의 유산을 상속하는데, 이 딸 소유의 재산을 6등분하여 어머니께 1/6을 주고 나머지 5/6에 대해서는 형제자매들이 나눠 갖습니다. 이때 남자형제가 여자형제의 두 배의 몫을 가져갑니다. 상속자들이 현명한 성인이라면 사망한 딸의 유산을 그녀의 이름으로 와끄프 재단이나 자선단체에 기부할 것입니다. 그러나 이는 기부이므로 강제성이 전혀 없습니다.

만약 딸이 아버지보다 먼저 사망하였다면 딸에게 아버지의 유산이 한 푼도 가지 않습니다.

* 출처: http://www.islam.gov.kw/eftaa/fatwaa.php(쿠웨이트, 2012.6.14)

◈ 상속분 배분 사례

질 문 다음과 같은 사항을 포함하는 2006년 392호 문건에 대해 문의 드립니다.

사망한 알리 무함마드 함무다 씨의 유족은 다음과 같습니다.

1. 두 명의 아내: 움무 이브라힘(이브라힘의 어머니)과 움무 후다(후다의 어머니)
2. 한 명의 아들과 두 명의 딸: 첫 아내의 소생인 무스타파, 사우디야, 사피야. 둘째 아내 소생의 세 명의 아들과 한 명의 딸
3. 아들의 사망: 아들 무스타파가 위에 언급된 가족들을 남기고 사망
4. 딸의 사망: 딸 사우디야가 한 명의 딸과 위에 언급된 가족들을 남기고 사망
5. 아내의 사망: 1988년 움무 이브라힘(수아드 함무다 여사)은 친오빠와 위에 언급된 가족들을 남기고 사망

파트와 첫째, 알리 무함마드 함무다 씨는 위에 언급된 가족들을 남기고 사망했으며 그의 두 아내는 유산의 1/8을 균등하게 나누어 상속합니다. 직계비속의 존재로 인해 두 아내의 자녀들은 다른 유산 상속자가 존재하지 않고 남자형제가 부계로서 여자형제 상속분의 두 배를 상속하는 원칙으로 (두 아내에게 지급되는) 1/8을 제외한 나머지를 상속합니다.

총 176등분으로 구성된 유산 중에서 움무 이브라힘과 움무 후다는 각각 11/176씩 취하고, 무스타파와 둘째 아내 소생의 세 아들은 각각 28/176씩 취합니다. 그리고 사우디야와 사피야, 둘째 아내 소생의 딸은 14/176씩

취합니다. (상속도1)

둘째, 망자의 아들인 무스타파는 위에 언급된 가족들만을 남기고 사망했으며 그의 어머니는 유산의 1/6을 상속합니다. 형제 자매들이 존재하기 때문에 그의 두 친누이에게는 유산의 2/6씩 균등하게 분배됩니다. 다른 혈연이나 두 친누이의 상속을 차단하는 사람은 존재하지 않습니다. 그리고 부계의 이복형제자매들에게는 (1/6과 4/6를 지급한 후) 나머지 1/6을 남자형제가 부계로서 여자형제의 두 배를 받는 방식으로 상속합니다. 여기에는 다른 상속자나 혈연관계가 존재하지 않습니다.

즉 42등분의 유산 중에서 움무 이브라힘은 7/42을 취하고 사우디야와 사피야는 각자 14/42씩 취합니다. 아버지 소생의 세 명의 이복형제들은 2/42씩 취하며 여자형제는 1/42을 취합니다.(상속도2)

셋째, 망자의 딸 사우디야는 위에 언급된 가족들만을 남기고 사망했으며, 그녀의 어머니가 재산의 1/6을 상속합니다. 직계 비속의 존재로 인해 그녀의 딸에게는 절반의 재산이 상속되며 그녀의 다른 직계 상속자는 존재하지 않습니다. 그리고 그녀의 친동생은 다른 상속자나 가까운 인척관계가 존재하지 않기 때문에 1/6과 1/2로 분배된 뒤 그 나머지 몫을 상속하며 그녀의 다른 직계 상속자는 존재하지 않습니다. 이는 예언자가 "자매들을 딸들과 함께 상속의 혈연 관계로 규정하라"고 말한 것에 근거합니다. 망자의 세 이복 남자형제들과 이복자매가 상속하는 몫은 없습니다. 이는 친척관계에 있어 이복형제들보다 더 가까운 친남자형제의 자격으로 망자의 딸과 함께 상속자가 된 망자의 친동생이 그들의 상속을 차단하기 때문입니다. 6등분으로 구성된 유산 중에서 망자의 어머니 움무 이브라힘에게 1/6, 망자의 딸에게 3/6, 동생인 사피야에게 2/6가 상속됩니다. (상속도3)

넷째, 망자의 첫째 아내인 움무 이브라힘(수아드 함무다 여사)은 1946년 제71호 유증법이 유효한 1946년 8월 1일에 사망했으며 유족으로 위에 언급된 가족들을 남겼습니다. 그녀의 손녀이자 고 사우디야(움무 이브라힘의 딸)의 딸은 의무 유증으로 유산의 1/3 이하를 상속합니다. 이는 손녀의 어머니가 할머니가 사망한 시점에 생존해 있었다면 받을 수 있었던 상속의 몫이며 이는 동법 제76조에 따른 것입니다. 망자(움무 이브라힘)의 유산은 3등분되어 사우디야의 딸인 손녀에게 의무 유증으로서 1/3이 지급됩니다. 그리고 나머지 가족에게 2/3가 지급됩니다. 이는 고인이 사망할 당시 생존해 있던 상속자들에게 분배되는 유산이며, 딸인 사피야에게는 상속권자가 없으므로 나머지의 절반인 1/3이 지급됩니다. 그리고 고인의 친오빠에게는 나머지의 절반인 1/3이 다른 상속권자나 가까운 혈연관계가 없으므로 부계로서 상속됩니다. (상속도4)

이상이 질문에서 제기된 것과 같은 상황이 발생할 경우에 대한 답변이며, 위에 언급된 사망자들에게 다른 상속자가 없거나 언급된 사람 외에 의무 유증을 받을 수 있는 직계비속이 존재하지 않고 네 번째 언급된 사망자가 그녀보다 먼저 사망한 딸의 자식인 손녀에게 아무런 유언을 남기지 않았으며 의무 유증 집행에 있어서 그녀의 몫을 공제하는 것을 제외한 다른 처분을 통해 보상이 아닌 무언가를 지급하지 않았다는 전제 하에 이루어집니다.

* 출처: http://www.dar-alifta.org/ViewFatwa.aspx?ID=100&LangID=1&MuftiType=0(이집트, 2012 4.2)

〈상속도 1〉

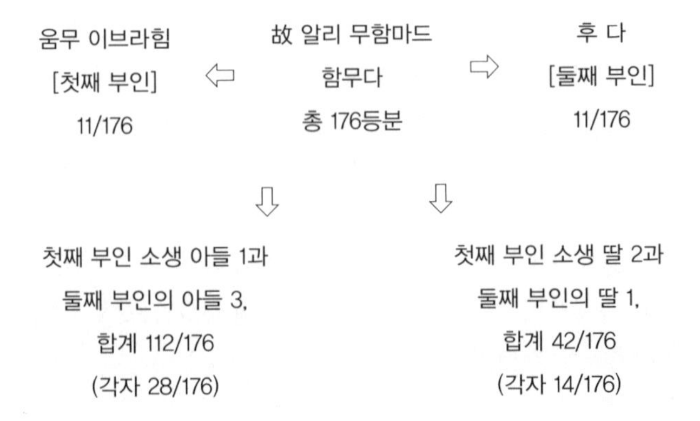

〈상속도 2〉

움무 이브라힘(母):
1/6
⇧
故 사우디야:
총 6등분
⇩
친 딸:
3/6

⇨ 사피야(여동생):
2/6

〈상속도 3〉

움무
이브라힘(母):
7/42
⇧
故 무스타파:
총 42등분

⇨ 사우디야(누이): 14/42
사피야(누이): 14/42

⇨ 이복형제 3명 합계: 6/42

⇨ 이복 자매 1명: 1/42

〈상속도 4〉

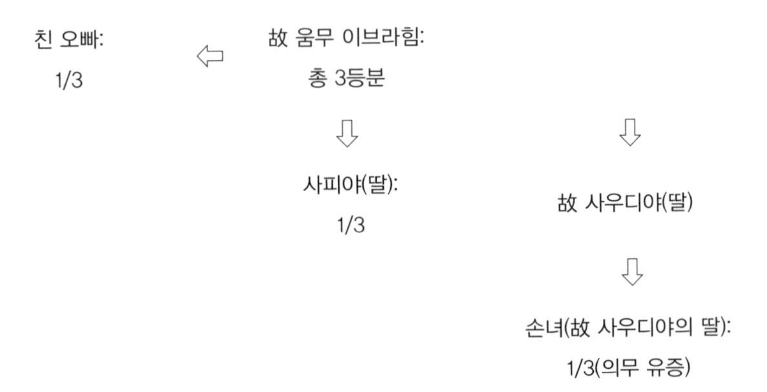

◈ 한 남성이 두 아내와 아들 하나, 딸 둘, 그리고 먼저 사망한 둘째 아들의 딸을 남기고 사망한 사례

질 문 무함마드 아흐마드 씨가 질문했습니다. 1947년 4월 15일 한 남성이 두 명의 아내와 아들 하나, 두 딸, 그리고 먼저 사망한 둘째 아들의 딸을 유족으로 남기고 사망했습니다. 그의 유산은 그의 아내와 아들, 두 딸, 그리고 먼저 사망한 둘째 아들의 딸에게 어떻게 분배됩니까?

파트와 이 남성은 1946년 8월 1일부터 효력이 발생한 1946년 제71호 유증법이 발효된 이후에 두 명의 아내와 한 명의 아들, 두 명의 딸, 그리고 고인보다 먼저 사망한 아들의 딸을 남기고 사망했습니다. 사망한 아들의 딸은 의무 유증으로서 아들이 아버지의 임종 시점에 생존했다면 분배받는 몫 만큼의 유산을 전체 유산의 1/3 한도 내에서 상속합니다. 이는 위에 언급된 유증법 제 76조에 의거한 것입니다.

망자의 유산은 46등분으로 나눠집니다. 먼저 사망한 아들의 딸에게 의무 유증으로서 14/46가 분배됩니다. 그리고 다른 상속자들에게 나머지 유산이 나누어집니다. 두 아내는 나머지 32/46의 1/8인 4/46를 절반인 2/46씩 균등하게 취합니다. 나머지 재산은 남자형제가 여자형제보다 두 배를 상속하는 원칙으로 분배됩니다. 그러므로 남자 상속자는 14/46를 취하며 여자 상속자는 각각 7/46를 취합니다. 이는 망자에게 다른 상속자가 없고, 손녀에게 유언하지 않았으며, 다른 처분을 통한 보상을 주지 않았다는 가정 하에 이루어집니다.

* 출처: http://www.dar-alifta.org/ViewFatwa.aspx?ID=113&LangID=1&MuftiType=0(이집트, 2012.3.26)

◈ 취소 가능한 이혼의 잇다 기간 중에 남편이 사망하면 아내는 남편의 유산을 상속할 수 있다.

질 문 무나 알리 비다리 여사가 다음과 같이 질문했습니다. 고(故) 하산 후세인 씨와 저는 1953년 12월 9일에 취소 가능한 이혼을 했습니다. 그리고 1953년 12월 10일에 그가 사망했습니다. 그는 아내인 부카이타 압둘알리 사이드 여사와, 그와 이혼한 저(무나 알리 비다리 알탈리바), 그리고 다음의 자녀들을 남기고 세상을 떠났습니다. 통상 후세인이라는 이름으로 불리는 하산, 실종된 하사나인, 나피사, 아이샤입니다. 위에 언급된 각자의 상속분은 어떻게 됩니까?

파트와 취소 가능한 이혼을 한 여성은 잇다 기간 중에 남편이 사망하면 남편의 유산을 상속할 수 있습니다. 알탈리바 여사가 남편이 사망했을 때 취소 가능한 이혼의 잇다 중에 있었던 것이 확실하다면 남편의 상속자가 되며, 그녀와 다른 아내는 남편의 유산 중 8분의 1을 확정되어 있는 상속분으로 받습니다. 그리고 실종된 아들을 포함한 그의 자녀들에게는 부계친 상속으로 나머지 유산이 남성이 여성의 두 배 받는 방식으로 분배됩니다.

고인의 유산은 48등분됩니다. 고인의 현 아내와 이혼한 아내(질문자)는 6/48을 균등하게 나누어 받습니다. 아들인 하산은 14/48를 받습니다. 두 딸인 나피사와 아이샤는 각각 7/48을 받습니다. 그리고 실종된 아들인 하사나인은 14/48를 받습니다. 하지만 하사나인의 몫은 그의 생사가 확인될 때까지 유보됩니다. 그가 생존해 있다면 유보된 유산을 받습니다. 그가 생존해 있지 않고 사망 판결이 나온다면, 그가 아버지가 사망한 시점에 생존해 있었다는 사실을 확인하는 증명에 근거하여 그의 상속권은 법정 상속자들에게 이양됩니다. 만일 그의 사망 판결이 1929년 법률 제25호 제

21조에 적용한 것에 근거하거나 아버지가 사망한 시점 이전에 사망했음이 확증된다면 그의 상속분은 상속권을 갖고 있던 다른 유족들에게 분배됩니다. 이는 고인에게 다른 상속자 또는 의무 유증을 받을 다른 유족이 존재하지 않다는 가정 하에 이루어집니다.

* 출처: http://www.dar-alifta.org/ViewFatwa.aspx?ID=100&LangID=1&MuftiType=0(이집트, 2012.4.18)

참고문헌

Fatwā

저 서

공일주(2013), 『아랍의 종교 — 유대교와 기독교 그리고 이슬람』, 서울, 세창출판사.

김정위(2002), 『이슬람 사전』, 서울, 학문사.

손주영(2005), 『이슬람: 교리 · 사상 · 역사』, 서울, 일조각.

야히야 에머릭(2012), 『이슬람』, 한상연 역, 서울, 삼양미디어.

앨버트 후라니(2010), 『아랍인의 역사』, 김정명, 홍미정 공역, 서울, 심산.

유스프 까르다위(2011), 『이슬람의 허용과 금기』, 최영길 역, 서울, 세창.

이븐 칼둔(2012), 『무깟디마 1』, 김정아 역, 서울, 소명.

이원삼(2001), 『이슬람법 사상』, 서울, 아카넷.

정수일(2002), 『이슬람 문명』, 서울, 창작과 비평사.

최영길(1997), 『성 꾸란 의미의 한국어 번역』, 메디나, 파하드 국왕 꾸란 출판청.

해밀턴 알렉산더 깁(1997), 『이슬람』, 이희수, 최준식 공역, 서울, 주류성.

Esposito, John L.(2009), *The Oxford Encyclopedia of the Islamic World*, 6 vols., London, Oxford University Press.

Johnson, Todd M. & Brian J. Grim(2012), *The World's Religions in Figures: An Introduction to International Religious Demography*, Leiden & Boston, Brill.

Masud, Muḥammad Khalid & Brinkley Messick & David S. Powers (1996), *Islamic Legal Interpretation*, Cambridge & London, Harvard University Press.

Smith, William Robertson(1907), *Kinship and Marriage in Early Arabia*, revised ed., Cambridge, Cambridge University Press.

Walsh, J. R.(1965), *Fatwā(ii) in The Encyclopaedia of Islam*, 2nd ed., Leiden, E.J. Brill.

'Abd al-Wahhāb, 'Alīy Jum'ah Muḥammad(2011), *Fatāwā al-Nisā'*, Cairo, Dār al-Muqaṭṭam li-l-Nashr wa-l-Tawzī'.

al-Baghdādīy, 'Abd al-Wahhāb 'Alīy(1995), *al-Ma'ūnah 'alā Madhhab 'Ālim al-Madīnah*, 3 vols., Beirut, Dār al-Kutub al-'Ilmīyah.

al-Dar'ān, 'Abd Allāh bn 'Abd al-'Azīz(2008), *al-Fatwā fī al-'Islām*, Riyadh, Maktabah al-Tawbah.

al-Ghazālīy, 'Abū Ḥāmid(1979), *al-Wajīz fī Fiqh Madhhab al-'Imām al-Shāfi'īy*, 2 vols., Beirut, Dār al-Ma'rifah li-l-Ṭibā'ah wa-l-Nashr.

al-Ḥaddād, 'Aḥmad bn 'Abd al-'Azīz(2012), *al-'Abḥāth al-Mufīdah li-l-Fatāwā al-Sadīdah*, Dubai, Islamic Affairs and Charitable Activities Department.

Ḥassanayn Mḥammad Makhlūf(1985), *Fatāwā Shar'īyah*, Cairo, Dār al-'I'tiṣām.

Ibn 'Abd al-Barr al-Namarīy, 'Abū 'Umar Yūsuf bn 'Abd Allāh bn Mḥammad(1987), *al-Kāfī fī Fiqh 'Ahl al-Madīnah al-Mālikīy*, Beirut, Dār al-Kutub al-'Ilmīyah.

Ibn 'Anas, Mālik (1983), *al-Muwaṭṭa'*, Beirut, Dār al-Āfāq al-Jadīdah.

Ibn al-Humām al-Sīwāsī al-'Iskandarīy, Kamāl al-Dīn Muḥammad bn 'Abd al-Wāḥid(1900), *Sharḥ Fatḥ al-Qadīr*, 8 vols., Būlāq, al-Maṭba'ah al-Kubrā al-'Amīrīyah.

Ibn Qudāmah, Muwaffaq al-Dīn 'Abū Muḥammad 'Abd Allāh bn 'Aḥmad bn Muḥammad(1985), *al-Kāfī*, Zuhayr al-Shāwīsh ed., 4 vols., Beirut, Damascus, al-Maktab al-'Islāmīy.

__________(1985), *al-Mughnīy fī Fiqh al-'Imām Aḥmad bn Ḥanbal al-Shaybānīy*, 12 vols., Beirut, Dār al-Fikr li-l-Ṭibā'ah wa-l-Nashr wa-l-Tawzī'.

Ibn Rushd al-Ḥafīd, 'Abū al-Walīd Muḥammad bn 'Aḥmad(1985), *Bidāyah al-Mujtahid wa-Nihāyah al-Muqtaṣid*, 2 vols., Beirut, Dār al-Ma'rifah.

Ibn Rushd al-Jadd, 'Abū al-Walīd Muḥammad bn Aḥmad(1988), *al-Bayān wa-l-Taḥṣīl wa-l-Sharḥ wa-l-Tawjīh wa-l-Ta'līl fī al-Masā'il al-Mustakhrajah*, Muḥammad al-Ḥajjī ed., 18 vols., Beirut, Dār al-Gharb al-'Islāmīy.

Ibn Rushd al-Qurṭubīy, 'Abū al-Walīd Muḥammad bn 'Aḥmad(1987), *al-Muqaddimāt al-Mumahhidāt*, 2 vols., Beirut, Dār al-Gharb al-'Islāmīy.

Ibn Taymīyah, Majd al-Dīn 'Abī al-Barakāt(1980), *al-Muḥarrar fī Fiqh 'alā Madhhab al-'Imām 'Aḥmad bn Ḥanbal*, 2 vols., Beirut, Dār al-Kitāb al-'Arabīy.

'Iftā' Department(2012), *al-Fatāwā al-Shar'īyah -17*, Dubai, Islamic Affairs and Charitable Activities Department.

'Ismā'īl, Muḥammad Bakr(1997), *al-Fiqh al-Wāḍiḥ min al-Kitāb wa-l-Sunnah 'alā al-Madhāhib al-'Arba'ah*, Cairo, Dār al-Manār.

al-Jaṣṣāṣ, 'Abū Bakr 'Aḥmad bn 'Alīy al-Rāzī(1994), *'Aḥkām al-Qur'ān*, 'Abd al-Sallām Muḥammad 'Alīy Shāhīn. ed., 3 vols., Beirut, Dār al-Kutub al-'Ilmīyah.

al-Juraysīy, Khālid bn 'Abd al-Raḥmān(1999), *Fatāwā 'Ulamā' al-Balad al-Ḥarām*, Riyadh, Mu'assasah al-Juraysīy.

al-Kāsānīy, 'Alā' al-Dīn Abū Bakr bn Mas'ūd(1982), *Badā'i' al-Ṣanā'i' fī Tartīb al-Sharā'i'*, 7 vols., Beirut, Dār al-Kitāb al-'Arabīy.

al-Khaṣṣāf, 'Abū Bakr 'Aḥmad bn 'Amr bn Muhayr al-Shaybānīy(1978), *Kitāb 'Adab al-Qāḍī*, Farḥāt Ziyādah ed., Cairo, American University in Cairo Press.

Klaws Krayzar Favnivdim(1991), *al-Madhāhib al-Fiqhiyah*, Beirut, al-Mu'assasah al-Jāmi'īyah li-l-Dirāsāt wa-l-Nashr wa-l-Tawzī'.

Maḥmūd Shaltūt(1988), *al-Fatāwā: Dirāsah li-Mushkilāt al-Muslim al-Mu'āṣir fī al-Ḥayāh al-Yawmīyah*, Cairo, Dār al-Shurūq.

al-Marghīnānī, 'Abū Ḥasan 'Alīy bn 'Abī Bakr(1997), *al-Hidāyah Sharḥ Bidāyah al-Mubtadī*, 4 vols., Beirut, Dār al-'Arqum.

Mayyāra al-Fāsi Muḥmmad b. Aḥmad(n.d.), *Sharḥ Mayyāra al-Fāsi 'ala Tuḥfat al-Ḥukkām*, 2 vols. Beirut, Dār al-Fikr.

Murād, Muṣṭafā(2010), *'Alf Fatwā min al-Fatāwā al-'Islāmīyah*, Cairo. Dār al-Fajr li-l-Nashr wa-l-Tawzī'.

al-Nafrāwīy, 'Aḥmad bn Ghunaym bn Sālim bn Muhannā(1714), *al-Fawākih al-Dawānīy*, 2 vols. Beirut, Dār al- Ma'rifah.

al-Nawawīy, 'Abū Zakarīyā Yaḥyā bn Sharīf(1988), *'Ādāb al-Fatwā wa-l-Muftī wa-l-Mustaftī,* Beirut, Dār al-Bashā'ir al-'Islāmīyah.

_________(1990), *al-Majmū' Sharḥ al-Muhadhdhab*, 20 vols., Beirut, Dār al-Fikr.

_________(1991), *Rawḍah al-Ṭālibīn wa-'Umdah al-Muftīn,* 12 vols., Beirut, al-Maktab al-'Islāmīy.

al-Qaddūrīy, 'Aḥmad bn Muḥammad bn 'Aḥmad bn Ja'far bn Ḥamdān 'Abū al-Ḥusayn(1997), *Mukhtaṣar al-Qaddūrīy,* 2 vols., Beirut, Dār al-Kutub al-'Ilmīyah.

al-Qafṣīy, 'Abū 'Abd Allāh Muḥammad bn 'Abd Allāh bn Rāshid al-Bakriȳ(1927), *Lubāb al-Lubāb*, Tunis, al-Maṭba'ah al-Tūnisīyah.

Qal'ah Jī, Muḥammad Rawās(2000), *al-Mawsū'ah al-Fiqhīyah al-Muyassarah,* Beirut, Dār al-Nafā'is.

Qānūn al-'Aḥwāl al-Shakhṣīyah al-'Urdunīyah; Jordanian Personal Status Law(요르단 개인 신상법).

al-Qāsimīy, Muḥammad Jamāl al-Dīn(1986), *al-Fatāwā fī al-'Islām,* Beirut, Dār al-Kutub al-'Ilmīyah.

Sābiq, al-Sayyid (2008), *Fiqh al-Sunnah*, 4 vols., Cairo, al-Fatḥ li-l-'I'lām al-'Arabīy.

al-Samarqandīy, 'Alā' al-Dīn Muḥammad bn 'Aḥmad(1964), *Tuḥfah al-Fuqahā',* 3 vols., Damascus, Dār al-Fikr.

al-Sarakhsīy, Shams al-Dīn(1989), *al-Mabsūṭ*, 30 vols., Beirut, Dār al-Ma'rifah.

al-Shāfi'īy, Muḥammad bn 'Idrīs(1973), *al-'Umm,* Muḥammad Zuhrīy al-Najjār ed., 8 vols., Beirut, Dār al- Ma'rifah.

al-Sha'rānīy, 'Abd al-Wahhāb(1932), *Kitāb al-Mīzān,* 2 vols., Cairo, al-Maṭba'ah al-'Azharīyah bi-Miṣr

al-Shaybānīy, 'Abū 'Abd Allāh Muḥammad bn al-Ḥasan(1986), *al-Jāmi' al-Ṣaghīr*, Beirut, 'Ālam al-Kutub.

________(1983), *Kitāb al-Ḥujjah 'alā 'Ahl al-Madīnah*, al-Sayyid Mahdīy Ḥasan al-Kīlānīy al-Qādirīy ed., 4 vols., Beirut, 'Ālam al-Kutub.

al-Shīrāzīy, 'Abū 'Isḥāq 'Ibrāhīm bn 'Alīy bn Yūsuf al-Fīrūzābādīy(1992), *al-Muhadhdhab fī Fiqh al-'Imām al-Shāfi'īy*, 2 vols., Beirut, Dār al-Kutub al-'Ilmīyah.

al-Ṭaḥāwīy, 'Abū Ja'far 'Aḥmad bn Muḥammad bn Salāmah(1986), *Mukhtaṣar al-Ṭaḥāwīy*, Beirut, Dār 'Iḥyā' al-'Ulūm.

al-Ṭanṭāwīy, 'Alīy(2007), *Fatāwā*, Jeddah, Dār al-Manārah.

al-Tanūkhīy, 'Abd al-Sallām bn Sa'īd Saḥnūn(1905), al-*Mudawwanah al-Kubrā*, 6 vols., Beirut, Dār Ṣādir.

al-'Uthaymīn, Muḥammad bn Ṣaliḥ bn Muḥammad(2007), *Fatāwā Nūr 'Alīy al-Darb*, Riyadh, Madār al-Waṭan li-l-Nashr.

Yūsuf, Ḥusayn Muḥammad(1979), *'Ādāb al-'Aqd wa-l-Zifāf fī al-'Islām*, Cairo, Dār al-I'tiṣām.

논 문

김용운(2011), "인도네시아의 이슬람법에 대한 연구," 『이화여자대학교 법학논집』, 제16권 1호, pp.357-395.

______(2012), "말레이시아 이슬람법의 파트와에 관한 고찰," 『법학연구』, 제 53권 2호, pp.371-394,

웹사이트

http://ar.wikipedia.org/wiki/%D8%A2%D9%8A%D8%A9_%D8%A7%D9%84%D9%84%D9%87.

http://ar.wikipedia.org/wiki/%D9%85%D9%84%D9%81:Islam_by_country.png.

http://ar.wikipedia.org/wiki, sv. "'ahl al-nunnah wal-jamā'ah".

http://avb.s-oman.net/showthread.php.

http://books.google.co.kr/books?id=SAzizViY30EC&pg=PT25&lpg=PT25&dq=Todd+World+religion+database&source=bl&ots=CJ-iwqeOWr&sig=bXwwNjSg-AuGI3Pv_DF8kAcBF9A&hl=ar&sa=X&ei=9JYDU47nGYfKkgXW6IGoBQ&redir_esc=y#v=onepage&q=Todd%20World%20religion%20database&f=false.

http://dxnbook.blogspot.kr/2013/10/dxn_7.html.

http://goldmineinternational-eg.blogspot.kr/p/blog-page.html.

http://fatwa.islamweb.net.

http://www.alifta.com/Fatawa/FatawaChapters.

http://www.aliftaa.jo/index.php/ar/fatwa.

http://www.alifta.net/.

http://www.blog.sami-aldeeb.com.

http://www.dar-alifta.org/ViewFatwa.

http://www.islam.gov.kw/eftaa/fatwaa.php.

http://www.qaradawi.net/fatawaahkam/.

http://www.saaid.net/fatwa/.

요르단 개인신상법

(혼인, 이혼, 상속과 관련된 조항을 중심으로)

2010년도 임시법 제36호

개인 신상에 관한 법[1]

제1조 본 법은 '2010년도 개인 신상에 관한 법'이라 칭한다.

제1장 혼인과 그 전제

제1절 혼인의 전제

제2조 약혼은 혼인을 청하거나 약속하는 것이다.

제3조 혼인은 약혼이나 코란의 개경장 낭송 또는 마흐르로 어떤 물건을 받거나 선물을 받는 것만으로는 성립하지 않는다.

제4조 가. 약혼남과 약혼녀 각자는 파혼할 수 있다.

나. 양당사자 중 한 사람이 파혼하거나 사망으로 인해 약혼이 끝났을 때 마흐르로 지불된 현금이나 현물이 있다면 그것들의 반환을 요구할 권리가 약혼남이나 그의 상속자들에게 있으며, 그 현물이나 그에 상응하는 것의 반환이 불가능하다면 그것을 받은 날의 가치로 환산하여 반환을 요구할 권리가 있다.

다. 약혼녀가 신부값으로 받은 것이나 그 중의 일부로 혼수품을 구입하였을 때 파혼이 약혼남에 의한 것이라면 받은 것을 반환하거나 구입한 혼수품의 전부 혹은 일부를 인계하는 것 중에서 선택할 수 있는 권리가 약혼녀에게 있으나, 파혼이 그녀에 의한 것이라면 선택할 수 있는 권리가 사라진다.

라. 파혼한 사람은 선물이 남아 있다면 그것을 반환하고 그렇지 않다면 그것

1_ Qānūn al-'Aḥwāl al-Shakhṣīyah; Personal Status Law(개인신상법).

과 동등한 것이나 그것을 받은 날의 가치로 환산하여 반환한다. 그러나 그 선물이 자연적으로 소모되는 것이어서 현물이 남아 있지 않다면 반환하지 않는다.

마. 약혼이 혼인계약을 체결하지 않은 상태에서 사망이나 우연한 사유로 끝난다면 양당사자 중 어느 누구에게도 돌려받을 권한이 없다. 따라서 선물 중 어떤 것도 반환되지 않는다.

제2절 혼인과 그 조건

제5조 혼인이란 가정을 형성하여 자손을 생산하기 위해 법적으로 허용된 남녀 사이의 계약이다.

제6조 혼인계약은 두 약혼 당사자 중 한 사람이나 그의 대리인의 제의와 상대방이나 그의 대리인의 수락으로 계약 현장에서 체결된다.

제7조 제의와 수락은 각각 명시적인 말로 이루어져야 하며, 제의와 수락을 말로 표현할 수 없는 사람은 동의하는 글이나 이해 가능한 신호로 해야 한다.

제8조 가. 혼인계약이 합법적이기 위해서는 (부부가 무슬림이라면) 무슬림 중에서 이성이 있고 성인이며 제의와 수락을 듣고 의미를 이해하는 두 명의 남성 증인이나, 한 명의 남성과 두 명의 여성 증인이 입회해야 한다.

나. 약혼남과 약혼녀 각각의 존속과 각각의 비속은 혼인계약의 증인이 될 수 있으며, 무슬림 남성과 키타비'[2] 여성과의 혼인계약에는 키타비도 증인이 될 수 있다.

제9조 미래를 전제로 한 혼인과 아직 실현되지 않는 조건을 전제로 한 혼인은 성립하지 않는다.

제10조 가. 혼인 자격에서는 약혼남과 약혼녀가 모두 이성이 있어야 하며, 그 두 사람 모두 태양력으로 18세 이상이어야 한다.

나. 본 조의 '가'항에 언급되어 있는 것에도 불구하고 판사는 대법원장의 동의를 얻어 본 목적을 위해 내리는 지침들에 따라 -혼인할 필요가 있고, 그에 따라 혼인과 결별 그리고 이 둘의 영향과 관련 있는 모든 것에서 혼인하는 자가 충분한 자격을 갖고 있다면특수한 경우에 태양력으로 15세를 초과한

2_ 키타비(Kitābīy)는 계전(啓典)의 백성, 즉 성서를 믿는 사람들로서 기독교, 유대교 신자를 의미한다.

자의 혼인을 허락할 수 있다.

제11조 약혼남의 나이가 약혼녀보다 스무 살 이상의 차이로 많으면 약혼녀가 동의하고 선택한 것임을 판사가 확인한 후가 아니면 혼인계약의 진행을 금한다.

제12조 공식적인 의료 진단서에 의해 미친 증세나 백치나 지적 장애가 있는 자의 혼인에 그에게 득이 되는 것이 있고 그가 갖고 있는 것이 자손에게 옮아가지 않으며 상대에게 위험을 초래하지 않는다는 것이 입증되고 자신의 상태에 대해서 상대에게 자세히 알리고 그가 동의했음이 확인된 후에 판사는 미친 증세나 백치나 지적 장애가 있는 사람의 혼인을 허락할 수 있다.

제13조 가. 판사는 기혼자의 혼인계약을 집행하기 전에 다음 사항을 확인해야 한다:

1. 마흐르에 대한 남편의 재정 능력.
2. 생활비를 제공해야 할 사람에 대한 남편의 지출 능력.
3. 약혼남이 다른 여자와 혼인한 상태임을 약혼녀에게 알려 주었는지의 여부.

나. 법원은 첫 번째 아내나, 남편에게 두 명 이상의 아내가 있다면 그 아내들에게 혼인계약을 집행한 후에 그 혼인계약 사실을 알려야 한다. 이는 샤리아에 입각한 소송절차 원칙에 따른 것이다.

제3절 혼인 후견권

제14조 혼인 후견인은 하나피 학파의 견해에 따라 규정된 순서에 따른 부계의 혈족이다.

제15조 약혼녀가 무슬림 여성이라면 후견인은 이성이 있는 성인 무슬림 남성이어야 한다.

제16조 약혼남에 대한 후견인들 중의 한 사람의 동의는 같은 촌수에 있는 후견인들의 반대를 소거(消去)하고, 더 가까운 후견인의 부재 시에 더 먼 후견인의 동의가 부재중인 후견인의 반대를 소거하며, 그 후견인의 동의는 부재중인 후견인이 분명하게 동의하는 것과 같은 의미이다.

제17조 더 가까운 후견인이 부재중이고 그를 기다리는 것에 약혼녀의 이익에 반하는 점이 있다면 후견권은 그 다음 사람에게 이전된다. 그러나 그 다음 사람의 의견을 즉시 고려하는 것이 불가능하거나 그 다음의 후견인이 없다면 후견권은 판사에게 이전된다.

제18조 본 법의 제 10조를 고려하여 후견인이 아무런 합법적 사유 없이 혼인을 방해할 경우에는 청원이 있을 때 판사는 만 15세를 초과한 처녀를 대등한 수준의 남성과 혼인시키는 것을 허락할 수 있다.

제19조 사리분별이 있으며 처녀가 아닌 만 18세를 초과한 여성의 혼인에서는 후견인의 동의가 있어야만 하는 것은 아니다.

제20조 본 법의 제 18조에 의거하여 혼인시키는 것을 판사가 허락하는 것은 그녀의 마흐르가 수준이 같은 다른 여성의 마흐르보다 적지 않아야 한다는 것을 조건으로 한다.

제4절 혼인 능력

제21조 가. 혼인의 요건에서 남성은 신앙심과 재력에 있어서 여성과 대등한 자여야 하며, 남편은 '알마흐르 알무앗잘'[3]과 아내의 생활비를 지불할 능력이 있어야 한다.

나. 능력이란 여성과 후견인이 요구할 수 있는 권리로서 혼인계약 시에 고려되지만 그 후에 사라졌다면 그것이 혼인에 영향을 주지 않는다.

제22조 가. 후견인이 처녀나 처녀가 아닌 여성을 그녀의 동의를 얻어 능력이 확인되지 않은 남성과 혼인시켰다면 그 후 그가 무능력자라는 것이 밝혀지더라도 그 두 사람 중 어느 누구에게도 항의할 권리가 없다.

나. 혼인계약 당시 혹은 그 전에 능력이 필요 조건이었고 남편이 자기가 능력이 있는 자라고 알려주었거나 꾸며댔는데 그 후에 그가 그렇지 않다는 것이 밝혀졌다면 아내와 후견인 각자에게 혼인 취소를 청구할 권리가 있는데 소송 중에 그가 능력이 있는 자가 되었다면 그 두 사람 중 어느 누구에게도 취소를 청구할 권리가 없다.

제23조 남편의 무능함을 이유로 혼인계약을 취소할 수 있는 권리는 아내가 임신하거나 동의가 있었거나 후견인이 혼인 사실을 인지한 지 3개월이 경과했다면 무효가 된다.

3_ 알마흐르 알무앗잘(al-Mahr al-Mu'ajjal)은 후불 마흐르이다.

제5절 마흐람 여성

제24조 다음 인물과의 혼인은 혈연 관계라는 사유로 영구히 금지된다.

가. 자신의 직계 존속(어머니와 할머니)

나. 자신의 직계 비속(딸과 자녀의 딸)

다. 부모 중 한 사람이나 두 사람 모두의 직계 비속(자매와 형제 자매의 딸)

라. 자신의 조부나 조모의 비속 중 1촌

(부모의 방계 혈족 중 3촌인 사람: 고모와 이모)

제25조 남성이 다음의 여성과 혼인하는 것은 인척 관계라는 사유로 영구히 금지된다.

가. 자신의 직계 존속의 아내

나. 자신의 직계 비속의 아내

다. 자신의 아내의 직계 존속

라. 잠자리를 같이 한 자기 아내의 직계 비속

(잠자리를 같이 한 아내의 딸, 즉 의붓딸과 아내의 자녀의 딸)

제26조 아내가 아닌 여성과 성관계를 갖는 것은 그 성관계의 동기에 상관없이 인척 관계의 여성과 갖는 금기로 판결한다.

제27조 가. 수유에 의해서도 혈연관계에 금지되는 것[혼인하는 것]이 영구히 금지된다.

나. (혼인을 영구히) 금지하는 수유는 유아가 만 두 살이 되기 전에 수유량이 적든 많든 유아가 젖을 빨았다 그치기를 반복하지 않고 자발적으로 젖을 빠는 것을 그만두는 것이 산발적으로 다섯 차례에 이를 때 성립한다.

제28조 다음에 오는 것은 일시적으로 금지된다. .

가. 무슬림 남성이 키타비가 아닌 여성과 혼인하는 것.

나. 무슬림 여성이 무슬림이 아닌 남성과 혼인하는 것.

다. 상대방이 비 무슬림일지라도 이슬람을 배교한 남자 또는 여자가 혼인하는 것.

라. 타인의 아내나 '잇다'[4]에 있는 타인의 여성과 혼인하는 것.

마. 두 여성 중 하나가 한 남성에게 정해지면 그 남성이 다른 한 쪽의 여성과 혼인하는 것이 금지되는 그 두 여성들과 취소할 수 있는 이혼의 잇다 중에

4_ 잇다('Iddah)는 재혼금지 기간이다.

있을 지라도 동시에 혼인 관계를 갖는 것.

바. 다섯 명 이상의 아내들이나 취소할 수 있는 이혼으로 잇다에 있는 다섯 명 이상의 여성들과 혼인 관계를 갖는 것.

사. 남성이 취소 불능의 이혼으로 완전히 결별한 여성과 다시 혼인하는 것은 그 여성이 다른 남성과 합법적으로 혼인하여 실제로 잠자리를 같이 하고 그 남성과의 잇다가 경과한 후가 아니라면 금지된다.

아. 그녀가 간통했다고 욕설을 한 남자와의 혼인은 그가 자신이 거짓말을 한 것이라고 말하고 판사가 그 말이 사실임을 확인한 경우를 제외하고는 금지된다.

제2장 혼인의 종류와 그 규정

제1절 혼인의 종류

제29조 혼인의 기본 원칙과 혼인의 올바른 조건이 충족된 경우 혼인계약은 유효하다.

제30조 가. 혼인계약은 다음의 경우에 무효이다.

1. 남자가 혈족관계와 인척관계로 인해 영구히 마흐람 관계인 사람과 혼인하는 경우
2. 남자가 다른 사람의 아내 또는 잇다 기간 중에 있는 아내와 혼인하는 경우
3. 무슬림 남성이 키타비가 아닌 여성과 혼인하는 경우
4. 무슬림 여성이 비 무슬림 남성과 혼인하는 경우

나. 본 조 ㈎항의 (1), (2), (3)의 경우 금지하는 사실과 그 이유가 증빙되어야만 한다. 그 주장이 원고에 준하는 사람으로부터 받아들여지지 않는 경우 모르고 한 행위라 하더라도 용납되지 않는다.

제31조 다음 경우에는 혼인계약이 실효성이 없다.

가. 남성이 수유 관계로 인해 혼인이 금지된 여성과 혼인하는 경우

나. 남성이 아내와 동시에 혼인이 금지된 여성과 혼인하는 경우(예, 처형, 처제)

다. 남성이 네 명을 초과한 여성과 혼인하는 경우

라. 남성이 자신과 취소불능의 이혼을 한 후 다른 남자와 혼인하지 않은 상태의 전처와 혼인하는 경우
마. 증인이 없는 혼인 또는 법적으로 필요한 요건을 갖추지 못한 증인의 배석하에 이루어진 혼인
바. 계약 혼인과 무트아 혼인
사. 혼인계약의 두 당사자 또는 그 중 어느 한 사람이 계약 시 자격 조건을 획득하지 못했거나 허위로 속인 경우 제 35조 (다)항 규정에 따른다.

제2절 혼인계약의 조건

제32조 계약이 적법하게 체결되었다면 체결이 이루어진 때부터 그 효력이 발생한다.

제33조 계약이 무효인 경우 초야를 치른 것과 상관없이 원칙적으로 법적 판결이 무효이며, 부양금 또는 혈족관계 또는 잇다 기간 또는 상속에 아무런 효력이 발생하지 않는다.

제34조 계약이 실효성이 없고 초야를 보내지 않았다면 원칙적으로 법적 판결이 무효이며 효력이 없다. 초야를 보냈다면 그로 인해 마흐르를 지불할 의무가 있으며 잇다 기간도 적용되고, 혈족 관계와 인척 관계상 혼인 금지가 명백해진다. 그러나 상속과 부양금 같은 나머지 규정에 대한 의무는 없다.

제35조 가. 실효성이 없는 혼인 상태에서 남성과 여성간의 결별은 판사의 판결에 의한다.
나. 결별 원인이 여성이 남편을 금지시킨 것이라면 결별 원인이 있었을 때부터 두 사람간에 금지가 이루어져야만 한다.
다. 아내가 출산한 경우 또는 임신한 경우, 또는 두 계약 당사자가 기소되었을 당시 자격 조건을 획득한 경우에는 어린 나이로 인한 혼인의 실효성 여부에 대한 소송은 허용되지 않는다.

제3절 혼인계약의 인증

제36조 가. 약혼자는 혼인계약을 진행하기 전에 판사 또는 부 판사에게 문의해야 한다.
나. 판사 또는 혼인계약을 허가하는 사람은 공식적인 서류로 인증한다.

다. 혼인계약이 이루어지고 공식적으로 인증되지 않으면 혼인계약 체결자, 부부, 증인들 모두에게 형법에 명시된 처벌을 내리며, 법원은 200 디나르에 해당되는 벌금을 이들 모두 각각에게 부과한다.

라. 이를 위해 준비된 공식 서류에 혼인계약을 등록하지 않은 모든 '마으둔'은 해당 직책에서 해임되며, 본 조 (다)항에 명시된 두 가지 처벌을 받는다.

마. 혼인계약을 인증하는 '마으둔'은 임명되며 이들의 업무는 대법원장이 발표하는 지침에 의하여 정한다.

바. 잇다 기간 중인 여성과의 혼인계약 절차는 잇다 기간이 시작된 지 90일이 지나기 전에 이혼 또는 혼인 취하 또는 간음을 막아준다. 90일이 경과하면 이 혼인은 그로부터 벗어나고 여성은 잇다 기간에서 벗어난다.

사. 재외 요르단 무슬림 영사는 요르단 재외국민의 혼인계약 인증, 이혼 보고 청취 업무를 담당하고, 이를 보고하고 해당 등록부에 이 서류를 등록하며 이 서류의 사본을 대법원장에게 송부한다.

아. '영사'는 위임 받은 요르단 공사, 위임 받은 업무의 대행자, 그 자문위원, 또는 이들에 준하는 사람을 포함한다.

제4절 혼인계약 상의 조건

제37조 혼인계약 시 부부 중 어느 한 사람에게 이익이 되는 조건이 붙여졌으나 계약이 혼인 목적에 위배되지 않는 경우, 또는 계약에서 법적으로 금지된 것을 따르지 않은 경우, 또는 혼인계약 등록부에 기록된 경우에는 다음에 의거하여 이를 준수해야 한다.

가. 아내가 남편에게 법적으로 금지되지 않는 이익이 아내 자신에게 이루어지며 타인의 권리를 저촉하지 않는 조건을 제시한 경우, 예를 들어 아내가 남편에게 남편이 아내를 아내의 마을 밖으로 내보내지 않는다, 또는 다른 아내를 얻지 않는다, 또는 특정 마을에서 아내와 산다, 또는 남편은 아내가 가정 밖에서 일하는 것을 금하지 않는다, 또는 이혼의 권한이 아내의 손에 있다는 등의 조건을 내건 경우, 조건이 올바른 것이라도 남편은 아내의 요청으로 인한 혼인계약 취하 시 이 조건을 지키지 않아도 되며 아내는 남편에게 부부간의 모든 권리를 요구할 수 있다.

나. 남편이 아내에게 법적으로 금지되지 않는 이익이 남편 자신에게 이루어지며 타인의 권리를 저촉하지 않는 조건을 제시한 경우, 예를 들어 남편이

아내에게 사회활동을 하지 않을 것, 또는 남편이 일하는 나라에서 남편과 함께 거주할 것 등의 조건을 내건 경우, 조건이 올바른 것이고 의무적인 것이라면 아내는 남편의 요청으로 인한 혼인계약 취하 시 조건을 지키지 않아도 되며 아내에게 줄 위자료와 생활비를 주지 않아도 된다.

다. 혼인계약이 계약의 목적에 위배되거나 법률상 금지된 일을 따르도록 하는 조건이 붙여져 있다면, 예를 들어 부부 중 일방이 상대방에게 자신과 함께 살지 않을 것을 조건으로 하거나, 또는 부부관계를 가지지 않을 것을 요구하거나, 또는 술을 마시거나 배우자의 부모 중 한 사람과 관계를 끊도록 요구할 경우 혼인계약은 유효하나 계약상의 조건들은 무효가 된다.

제38조 가. '조건'이라는 어휘는 피조건자가 지켜야 하는 행동을 포함하고 있고 명백해야 하며 이를 지키지 못할 시 그에 대한 판결이나 그 효력이 뒤따른다.

나. '이스마'[5] 조건은 조건이란 어휘가 포함하고 있는 남편이 지켜야 하는 행동에서 제외된다. 이는 이혼에 대한 위임과 같다. 이 조건의 유효 기간은 계약 위원회 이후 아내가 판사 앞에서 친필로 계약에 서명한 후부터 계속되며, 이로써 이혼은 돌이킬 수 없게 된다.

제3장 혼인계약의 효력

제1절 마흐르와 혼수품

제39조 '마흐르'에는 두 가지가 있다. 계약 쌍방간에 계약 시 적게 또는 많게 정하는 합의된 마흐르와 상응하는 마흐르[6]가 그것이다. 상응하는 마흐르는 아내나 아내의 아버지 친척 중 아내와 동년배의 마흐르에 상당하는 금액이다. 여성이 자기 아버지 측에 비슷한 또래나 동갑내기가 없다면 아내의 동네 여성들 중 비슷한 또래나 동갑내기의 마흐르에 상당하는 금액이다.

제40조 아내는 단지 올바른 혼인인 경우에만 합의된 마흐르를 받아야 한다.

제41조 합의된 마흐르 전액 또는 일부를 선지급하거나 후지급할 수 있다. 이는 친필 서류가 보강되어야 가능하다. 마흐르를 후지급하는 것이 허락되지 않으

5_ 이스마흐('Işmah)는 이혼 권한을 의미한다.

6_ 상응하는 마흐르(Mahr al-Mithl).

면 선지급하는 것으로 간주된다.

제42조 지체된 마흐르의 기간이 정해졌다면 아내는 비록 이혼이 발생하더라도 그 기간이 도래하기 전에 마흐르를 요구할 수 없다. 남편이 사망해서 기간의 효력이 상실되었거나 그 기간이 어리석게 정해져 알 수 없다면(예를 들어 능력이 될 때까지 또는 요구할 때까지 또는 결혼식을 할 때까지 등) 그 기간은 무효가 되며 마흐르는 선지급된다. 만일 그 기간이 정해져 있지 않다면 마흐르는 이혼이 발생할 때 또는 부부 중 한 사람이 사망할 때에 후지급된다.

제43조 올바른 계약에서 마흐르를 지불할 날짜가 정해지면 온전하게 이행되어야만 한다. 심지어 부부관계를 맺기 전이나 둘 만의 시간을 갖기 전 부부 중 어느 하나가 사망하거나 올바른 둘 만의 시간 이후 이혼하더라도 이행되어야 한다.

제44조 올바른 혼인계약 후 부부관계를 맺기 전, 또는 부부가 단 둘이 있기 전에 이혼이 발생하면 합의된 마흐르의 절반을 지불해야 한다.

제45조 합의된 마흐르의 절반은 부부관계에 들어가거나 둘 만의 시간 이전에 결별이 발생하더라도 지불해야 한다. 이 때 결별은 이혼이든 혼인 취소이든 상관없이 남편 측에서 비롯된 결별인 경우이다. 예를 들어 욕, 저주, 배교로 인해 결별하는 경우나 아내가 무슬림이 되었으나 남편이 이슬람을 거부하고 그로 인해 합방이 금지된 경우 등의 결별이 있다.

제46조 마흐르 기간을 올바른 계약서에 정해놓지 않았다면, 또는 남편이 아내에게 마흐르를 전혀 주지 않는 조건으로 혼인하였다면, 또는 마흐르를 정해놓았는데 마흐르의 결정이 실효성이 없거나, 또는 마흐르 결정에서 이견이 발생하여 결정이 증명되지 않은 경우는 다음과 같이 한다.

가. 초야를 가졌거나 둘 만의 시간을 가진 경우에는 아내가 주장하는 금액을 넘지 않는 선에서 남편이 주장하는 최소 금액을 넘는 상응하는 마흐르를 지불해야 한다.

나. 초야를 가지지 않았거나 둘 만의 시간을 가지지 않은 채 이혼이 이루어졌다면 이혼당한 아내는 상응하는 마흐르의 절반에 대한 권리가 있다.

제47조 성관계를 갖기 전 아내에게 결함이나 이유가 있어서 남편의 요구에 의해 혼인계약이 취소된 경우 마흐르에 대한 아내의 권리가 상실된다. 남편은 지불했던 마흐르의 반납을 아내에게 요구할 수 있다.

제48조 아내의 배교와 그로 인한 합방 금지와 같은 아내의 원인 때문에 결별이 발생하는 경우에 마흐르는 상실된다. 아내가 마흐르 중 일부를 받았다면 이

를 돌려준다.

제49조 남편에게 결함이나 이유가 있어 아내의 요구로 결별이 발생하는 경우, 또는 남편이 무능력하기 때문에 보호자가 결별을 요구하는 경우, 이것이 초야를 치르기 전이나 둘 만의 시간을 가지기 전이면 마흐르 전체가 상실된다.

제50조 아내가 초야를 치르기 전에 상속을 방지하기 위해 남편을 살해하는 경우 남편의 상속분에는 아내에게 주었던 마흐르를 돌려받는 금액이 포함되며 나머지 마흐르는 상실된다. 만일 살해가 초야를 치른 이후에 발생하였다면 아내는 받지 못한 마흐르에 대해 아무런 자격도 없다.

제51조 실효성이 없는 혼인계약에서 초야를 치른 후에 결별이 발생한 경우, 마흐르가 정해져 있으면 합의된 마흐르와 상응한 마흐르 중 더 적은 것을 지불할 의무가 있으며, 마흐르가 정해져 있지 않거나 정해진 것이 실효성이 없다면 상응한 마흐르의 최대치를 지불할 의무가 있다. 초야를 치르기 전에 결별이 발생하면 원칙적으로 마흐르를 지불할 의무가 없다.

제52조 아내가 완전히 자격을 갖추었지만 어린 나이에 혼인하는 경우 아내의 보호자가 마흐르를 갖는다. 보호자는 아버지의 아버지 또는 아버지의 할아버지가 될 수 있다. 이 때 남편은 보호자에게 지불하기를 거부하지 말아야 한다.

제53조 남편은 혼인계약 후에 마흐르를 증액할 수 있으며, 아내는 부부가 행동에 완벽한 자격이 있는 경우라면 마흐르를 감액할 수 있다. 증액 또는 감액 협의에서 상대방이 받아들여 이 사실이 판사 입회 하에 공식적으로 인증이 되어야 하며, 이 때 계약서 원본이 첨부되어야 한다.

가. 공식적으로 인증이 이루어진 경우가 아니고서는 아내가 자신의 마흐르를 받았다고 선서하는 내용이나 남편에게 마흐르를 면제한다는 내용이 담긴 서류는 작성되지 않는다.

제54조 아내의 아버지 또는 친척 중 일인은 아내를 혼인시키거나 아내의 혼인식을 성사시키는 대가로 남편으로부터 현금을 받아서는 안 된다. 남편은 자신에게서 가져간 현물이 있거나 그 금액이 엄청나다면 되돌려 받을 권리가 있다.

제55조 죽을 병에 걸린 것으로 보이는 사람이 혼인하는 경우, 합의된 마흐르가 아내의 추정 마흐르에 상응하다면 아내는 남편의 유산에서 이 금액을 받으며, 추정 마흐르보다 많을 경우 유언장에 따라 증액이 이루어진다.

제56조 혼인계약이 이루어진 마흐르에 대하여 부부간에 이견이 있을 때, 승인된 혼인계약서에 위배된다면 소송은 받아들여지지 않는다.

제57조 가. 마흐르는 아내의 재산이며, 따라서 아내는 마흐르로 혼수품을 장만하도록 강요받지 않는다.

나. 혼수품은 아내가 신혼 집에 가져가는 것을 포함한다. 이는 금전, 남편으로부터 받은 물건, 남편이 아내의 위임을 받아 마흐르나 그 외 아내의 금전으로 구입한 물건 등이다.

다. 결혼생활이 유지되는 한 남편은 아내의 동의로 아내가 가져온 혼수품을 유용하게 사용할 수 있으며 이를 파손하지 않도록 보장할 수 있다.

제58조 마흐르를 받은 후 마흐르에 대하여 부부 간에 분쟁이 발생하거나 또는 부부 중 한 사람과 상대방 상속자 간에 분쟁이 발생하면 이에 대한 청구는 마흐르 청구에서 벗어나지 않는다.

(중략)

제4장 혼인계약의 해지

제1절 이 혼

제80조 남편은 정신적으로 건전하고 의식이 있고 자발적으로 선택할 수 있는 자라면 이혼할 자격을 갖는다.

제81조 이혼은 유효한 혼인관계에 있고 잇다 중에 있지 않은 아내에게만 발생한다.

제82조 남편은 자신의 아내에 대하여 산발적인 세 차례의 이혼 권리를 갖는다.

제83조 가. 이혼은 말이나 글로 발생하며, 말이나 글로 표현할 수 없는 사람에게는 의사 소통이 가능한 신호로 발생한다.

나. 이혼은 의도 없이 글만으로는 발생하지 않는다.

제84조 이혼은 의도를 필요로 하지 않는 명시적인 말로도 발생하며, 의도와 더불어 -이혼과 그 밖의 의미를 지닌비유적 표현으로도 발생한다.

제85조 가. 공식 문서에 의한 위임이라면 남편은 타인에게 이혼을 위임할 수 있으며, 자신의 아내에게도 바로 그 아내와의 이혼을 위임할 수 있다.

나. 본 조의 규정에 따라 아내가 남편으로부터 위임 받아 자신과의 이혼을 진행했다면 그 이혼은 취소할 수 없는 이혼이 된다.

제86조 가. 취한 자와 놀란 자, 강요받은 자, 정신이상자, 의식을 잃은 자, 그리고 잠을 자고 있는 자의 이혼은 발생하지 않는다.

나. 놀란 자라 함은 분노나 그 밖의 것으로 인해 자신의 습관에서 이탈하게 할 정도로 말과 행동에 있어서 장애가 있는 사람이다.

제87조 가. 미완성의[즉시 발효되지 않는] 이혼은 이혼의 의도가 어떤 것을 하게 하거나 그만두게 만들고자 하는 것이라면 성립하지 않는다.

나. 미래를 전제로 한 이혼은 성립하지 않는다.

제88조 가. 이혼에 조건을 다는 것은 유효하며 남편이 그를 철회하는 것은 받아들여지지 않는다.

나. 이혼이 걸린 조건이 발표 당시에 이성이나 관습적으로 불가능하거나 발생이 드문 것이거나 그 조건의 실현이 의심스러운 것이라면 그 이혼은 무효이다.

제89조 말로든 (두 손가락 혹은 세 손가락 등의) 신호로든 횟수와 결부되어 연상되는 이혼과 한 장소에서 반복된 이혼은 한 번의 이혼으로 간주한다.

제90조 이혼의 형식이 이혼을 발생시키려는 의도로, 그리고 아내에게 직접 제기하거나 그녀와 관련시키는 것이 아니라면, "나는 이혼해야 해"나 "나는 금지된 것을 해야 해", 또는 이 두 가지와 유사한 말들로 서언(誓言)하는 것만으로는 이혼이 성립되지 않는다.

제91조 세 번째 이혼으로 끝나는 것이거나, 칼와 후이지만 동침하기 전의 이혼이거나, 보상이 걸린 이혼[7]이거나, 본 법에서 취소할 수 없다고 규정된 이혼 등이 아니라면 모든 이혼은 취소될 수 있다.

제92조 본 법 제 81조에 규정된 것을 고려하여 취소할 수 있는 이혼은 부부관계를 즉시 끝내지 않으며, 남편에게는 '잇다' 기간 동안에 말이나 행동으로 아내에게 돌아갈 권리가 있다.

제93조 이혼이 한 번의 이혼이나 두 번의 이혼으로 취소할 수 없는 것일지라도 잇다 중에 양 당사자의 동의가 있다면 그 둘 간의 혼인계약 집행에는 지장이 없다.

제94조 세 번째를 채운 이혼은 즉시 혼인 관계를 끝내고, 그로 인해 '바이누나 쿠브라'[8]가 발생한다.

7_ 보상이 걸린 이혼(Ṭalāq 'alā al-Māl)

8_ 바이누나 쿠브라(al-Baynūnah al-Kubrā)는 완전 결별이다.

제95조 바이누나 쿠브라로 취소 불능의 이혼을 당한 여성은 그녀의 이혼남이 아닌 다른 남성과 혼인하여 실제로 잠자리를 같이 하기 전에는 이 이혼남과 다시 혼인하는 것이 허용되지 않는다.

제96조 이혼당한 여성의 다른 남성과의 혼인은 그가 그녀와 잠자리를 같이함으로써 전 남편과의 이혼이 세 번째이든 그 이전이든 관계없이 그의 권리를 소멸시킨다.

제97조 남편은 자신의 이혼과 취소[(이혼당한 전 아내와의) 재결합]를 판사 면전에서 등기하여야 하며, 법원 밖에서 아내와 이혼하고 등기하지 않았다면 한 달 이내에 법원에 출석하여 이를 등기해야 한다. 이를 이행하지 않은 사람은 형법에 규정된 처벌을 받으며 법원은 이혼이 등기된 지 1주일 이내에 그 아내에게 궐석 이혼과 취소를 통지해야 한다.

제2절 취소[(이혼당한 전 아내와의 재결합] 규정

제98조 남편에게는 취소 가능한 것으로 이혼당한 자신의 아내를 잇다 중에 말로든 행동으로든 원상으로 되돌릴 수 있는 권리가 있으며, 이 권리는 박탈되지 않는다. 이 때의 이혼 취소는[그 아내와의 재결합은] 아내의 동의를 조건으로 하지 않으며, 재결합에는 새로이 마흐르를 지급하지 않아도 된다.

제99조 취소 가능한 이혼을 당한 여성은 이혼이 취소되지 않으면 잇다가 경과됨으로써 남편과 결별한다.

제100조 부부 간에 취소(재결합)의 합법성에 관하여 분쟁이 발생하여 생리중이면서 잇다를 기다리는 아내가 잇다가 만료될 수 있는 기간에 잇다가 만료되었음을 주장하고 남편은 잇다가 만료되지 않았다고 주장한다면, 여성이 맹세함으로써 진실을 말하고 있다고 믿어질 지라도 이혼한 지 60일이 지나기 전에는 그녀의 주장이 받아들여지지 않는다.

제101조 이혼했던 아내를 복귀시켰다고 하는 이혼남의 주장은 그 이혼한 아내와의 재결합이 등기되지 않는 한, 잇다가 만료되고 이혼한 지 90일이 경과하여 아내가 다른 남성과 혼인한 후에는 들어주지 않는다.

제3절 합의 이혼과 금품을 조건으로 한 이혼

제102조 합의 이혼이란 상호 합의한 보상을 주고받으며 이루어지는 '쿨

으'(al-Khul')와 이혼(al-Ṭalāq)[9] 또는 '무바라아'(al-Mubāra'ah)[10]같은 용어나, 이 용어들이 의미하는 것으로서 남편이 아내와 이혼하는 것이다.

제103조 가. 쿨으가 합법적이기 위해서는 본 법의 규정에 따라 남편은 이혼을 표명할 수 있어야 하고 아내는 이혼의 대상이며 보상을 이행할 수 있어야 한다.

나. 쿨으에서 보상이 무효가 되면 그 이혼이 세 번째로 이루어지는 것이 아니거나 동침하기 전이 아니라면 취소될 수 있으나 동침 전이라면 취소할 수 없다.

제104조 양 당사자 각각은 상대방의 수락이 있기 전에 자신의 쿨으 제의를 철회할 수 있다.

제105조 법적으로 지키는 것이 올바른 모든 것이 쿨으에서의 보상이 되는 것은 타당하다.

제106조 쿨으가 마흐르가 아닌 금전을 조건으로 하고 있다면 그것을 이행해야 하며, 쿨으를 행하는 두 사람의 책임은 마흐르와 혼인 생활 비용과 관련된 모든 권리로부터 자유롭게 된다.

제107조 쿨으의 두 당사자가 쿨으 때 아무 것도 지정하지 않았다면 두 당사자 각자는 마흐르와 혼인 생활 비용과 관련된 상대방의 권리로부터 자유롭게 된다.

제108조 쿨으의 두 당사자가 쿨으 때 보상 거부를 밝힌다면 이 쿨으는 단순한 이혼과 다름 없으며, 세 번째로 만료되는 것이 아니거나 동침 전이라면 취소할 수 있는 이혼으로 발생한다. 그러나 쿨으는 취소할 수 없다.

제109조 잇다의 비용은 쿨으에서 명백하게 규정하고 있지 않으면 무효가 되지 않는다.

제110조 가. 쿨으에서 어머니가 아이에게 대가나 그에 대한 지출 없이 일정 기간 동안 수유나 양육하는 것이 전제 조건이지만 그녀가 지켜야 할 것을 이행하지 못한다면 아버지는 나머지 기간 동안의 수유나 양육 비용에 해당하는 것을 배상하도록 요구할 수 있다. 아이가 사망하면 아버지는 사망한 후의 기간에 대하여 그 중에서 아무 것도 아내에게 요구할 수 없다.

나. 아이의 어머니가 쿨으 중에 경제적으로 궁핍하거나 나중에 어려워진다면 양육 비용을 아버지가 지출해야 하며 그 비용은 아버지에 대한 어머니의

9_ 이혼(al-Ṭalāq).

10_ 무바라아(al-Mubāra'ah).

채무가 된다.

제111조 쿨으에 있는 남성이 자녀를 양육 기간 동안에 자신에게 남겨둘 것을 조건으로 내세운다면 쿨으는 유효하되 조건은 무효가 된다. 그리고 이 때 자녀를 양육하는 여성에게는 그 자녀에 대한 비용만을 요구할 권리가 있다.

제112조 아버지가 받게 되어 있는 양육 비용과 자녀 양육인에 대한 아버지의 채무 간에는 상호 청산이 이루어지지 않는다.

제113조 금전을 조건으로 하는 이혼과 쿨으에 의한 이혼은 취소할 수 없다.

제4절 법적 판결에 의한 이혼
(자신을 되찾기 위해) 포기를 통한 이혼

제114조 가. 아내가 동침 전에 이혼을 요구하고 마흐르로 받은 것과 선물로 받은 것과 남편이 혼인을 위해 지불한 것을 맡겼는데 남편이 이혼을 거부한다면 법원은 두 사람 간의 화해를 위해 노력한다. 그러나 양 당사자가 적절하다고 받아들이지 않으면 30일 동안 두 당사자들 간의 화해 노력을 지속하도록 사안을 양측의 두 중재인에게 맡긴다. 만약 화해가 이루어지지 않으면;

1. 법원은 아내가 마흐르로 받은 것과 선물로 받은 것, 결혼을 위해 남편이 지출한 것을 반환한 후에 그 부부의 혼인계약 무효를 판결한다.
2. 부부가 결혼 비용과 선물의 금액에 관하여 견해가 다르면 그에 대한 평가를 양측의 두 중재인에게 맡긴다.

나. 동침이나 칼와 후에 아내가 자신과 남편 간의 이혼을 요구하는 소송을 제기하고 그녀가 그와의 생활을 싫어하며 두 사람 간의 혼인을 지속할 길이 없음을 분명하게 밝히고 이렇게 싫어하여 알라의 한계를[알라가 정해 놓은 의무사항을] 지킬 수 없을 거라고 염려하고 결혼 생활에서의 자신의 모든 권리를 포기함으로써 자신을 되찾고 자신이 받은 '사다까'[11]를 돌려준다면 법원은 부부의 화해를 시도한다. 그러나 화해시킬 수 없다면 화해 노력을 30일 이내의 기간 동안에 지속하도록 두 명의 중재인을 파견한다. 그렇게 해도 화해가 이루어지지 않으면 법원은 두 사람 간의 혼인계약을 무효로 판결한다.

11_ 사다까(Ṣadāqah)는 신부값이다.

〈지출하지 않음으로 인한 이혼〉

제115조 남편이 아내의 생활비를 지출하라는 판결이 있은 후에 남편에게 지출 판결을 이행할 수 있는 재산이 있는데도 아내를 위한 지출을 거부한다면 그 판결을 남편의 돈으로 집행해야 한다. 현재의 남편에게 지출 판결을 이행할 돈이 없거나 아내가 이혼을 요구하지만 부유한 남편이 지출하지 않겠노라고 고집하면 판사는 부부를 즉시 이혼시킨다. 남편이 경제적으로 궁핍하여 지출 불능이라고 주장하면서도 그 사실을 입증하지 못하면 즉시 이혼시키고, 입증한다면 판결이 내려진 비용을 지불하고 그녀의 향후 생활비에 대한 보장을 제공하도록 이혼 소송 제기일로부터 1개월 이상 3개월 이하의 유예기간을 준다. 그래도 그가 이행하지 않으면 이혼시킨다.

제116조 아내를 위해 지출하라는 판결이 내려진 후에 남편이 경제적으로 궁핍하여 지출할 수 없어서 받을 수 없음을 아내가 주장하며 이혼을 요구하는데 그것이 확실하거나 남편이 부유함을 주장하지만 입증하지 못하면 판결이 내려진 비용을 지불하고 그녀의 향후 생활비에 대한 보증을 제공하도록 별거 소송 제기일로부터 1개월 이상 3개월 이하의 기간을 준다. 그러나 그가 이행하지 않으면 이혼시키고, 그가 부유함을 인정한다면 그가 모아 놓은 것 중에서 6 개월 생활비를 지불하고 향후 그녀의 생활비에 대한 보증을 제공하게 한다. 그러나 그가 이행하지 않으면 판사는 즉시 이혼시킨다.

제117조 남편이 부재중인데 그에게 지출 판결을 집행할 수 있는 돈이 있다면 지출 판결은 그 돈으로 집행된다. 그에게 지출 판결을 집행할 수 있는 재산이 없는데 아내가 이혼을 청구하면:

가. 거주지가 알려져 있고 남편에게 서신이 도달할 수 있다면 판사는 그에게 변명의 기회와 기한을 준다. 그러나 지출할 금액을 보내지 않거나 지출하려고 오지 않으면 판사는 그 기한이 지난 후에 이혼시킨다.

나. 거주지 미상이거나 남편에게 서신이 도달하기가 용이하지 않고, 청구인인 아내가 자신의 주장을 입증한다면 판사는 남편에게 변명의 기회와 기한을 주지 않고 이혼시킨다.

다. 본 조항의 규정은 지출이 어려운 수감자에게도 적용된다.

제118조 가. 지출하지 않음으로 인해 판사가 이혼시키는 것은 동침한 후라면 세 번째 이혼으로 완료되는 것이거나 동침 전이 아닌 한 취소할 수 있는 것으로 발생한다. 동침 전이라면 취소할 수 없는 것으로 발생한다.

나. 이혼이 취소할 수 있는 것이라면 남편은 잇다 중에 아내를 돌이킬 권리가

있으며, 잇다 중에 그녀를 돌이키고 3개월 분의 생활비를 그녀를 위해 저축해 놓은 돈에서 지불하고 향후 생활비에 대한 보증을 제공한다면 재결합할 수 있는 것으로 판결한다. 그러나 아내의 생활비를 지불하지 않거나 보증을 제공하지 않으면 재결합은 허용되지 않는다.

다. 본 법의 321조 규정에 의거하여 아내가 비용을 받는 것이 본 법의 115, 116, 117조의 규정에 따라 아내가 이혼 청구 소송을 제기하지 못하게 하지 않는다.

〈부재와 별거로 인한 이혼〉

제119조 아내의 주거지가 잘 알려져 있는데도 남편이 1년 이상 행방을 감추었음을 아내가 입증한다면, 지출할 수 있는 재산이 남편에게 있지만 그의 부재로 인해 아내가 피해를 입었을 때는 아내는 판사에게 두 사람의 혼인계약 무효를 청구할 수 있다.

제120조 서신이 부재중인 남편에게 도달할 수 있다면 판사는 남편에게 기한을 정해 주며, 그에게 아내와 함께 거주하러 오거나 자신에게로 데려가거나 이혼하도록 기회를 준다. 정해진 기일이 경과하도록 남편이 아무 것도 하지 않고 받아들여질 만한 사과를 하지 않는다면 판사는 아내로 하여금 맹세하도록 한 후에 혼인계약을 파기하여 두 사람을 갈라 놓는다.

제121조 남편이 알려진 곳에 있지 않아 편지를 보낼 수 없거나 주거지 미상이고 아내가 이혼 의도를 갖고 자신의 주장을 입증하며 주장에 맞추어 맹세하면 판사는 혼인계약을 무효화하여 소명의 기회를 주거나 기한을 정해주지 않고 이혼시킨다. 아내가 주장을 입증하지 못하거나 맹세를 거부할 경우에는 그녀의 청구는 각하된다.

제122조 1년 이상의 기간 동안 남편이 아내를 기피하거나 혼인생활을 하는 집에서 아내와 가까이 하는 것을 금해온 사실을 아내가 입증하고 혼인계약의 해지를 요구하면 판사는 남편에게 아내를 돌이키거나 이혼하도록 그에게 1개월 이상의 기한을 준다. 그러나 남편이 아무 것도 하지 않거나 받아들일 만한 사과를 하지 않는다면 판사는 혼인계약을 파기하여 두 사람을 갈라 놓는다.

〈'일라'와 '지하르'[12]에 의한 이혼〉

제123조 가. 남편이 아내와 4개월 이상 혹은 기간을 정하지 않고 자기 아내와 성관계를 갖지 않겠다는 의미로 맹세하고 4개월이 지나도록 그 맹세를 지속한다면 아내의 청구로 판사는 취소할 수 있는 이혼으로 이혼시킨다.

나. 남편이 되돌아 올 준비가 되어 있다면 판사는 1개월 이내의 기간 동안 이혼을 보류하고, 그래도 돌아오지 않으면 세 번째 이혼으로 종결되는 것이 아닌 한 취소 가능한 이혼으로 이혼시킨다.

다. 일라에 의한 이혼에서 부부의 재결합이 합법적이기 위해서는 잇다 기간 동안에 -이유가 있어서 말만으로도 재결합이 허용되는 것을 제외하고남편이 실제로 돌아와야 한다.

제124조 남편이 아내에게 지하르 서언(誓言)을 한 후 그에 대한 속죄를 하지 않아 아내가 남편의 속죄 거부를 사유로 이혼을 청구하면 판사는 경고장이 남편에게 전달되는 날부터 4개월 이내에 속죄하도록 경고한다. 그래도 남편이 여러 가지 이유로 거부하면 판사는 세 번째 이혼으로 종결되는 것이 아닌 한 취소 가능한 이혼으로 이혼 판결을 내린다.

〈수감에 의한 이혼〉

제125조 3년 이상의 징역형으로 확정 판결을 받은 수감된 자의 아내는 그녀의 생활비로 지출할 수 있는 돈이 그에게 있을지라도 수감일로부터 1년이 경과한 후에 그와의 혼인계약 파기를 판사에게 청구할 수 있다. 파기 판결이 나오기 전에 그가 석방되면 이혼 청구는 기각된다.

〈불화와 다툼으로 인한 이혼〉

제126조 상대 배우자에 의한 피해가 행동이나 말로 피해를 주는 것처럼 감각적인 것이든 추상적인 것이든, 추한 행동이나 부도덕한 행위로 인한 관념적인 피해든 본 법 3장 3절에서 언급된 부부의 권리와 의무를 어기는 일을 되풀이하는 것이든, 혼인 생활을 지속할 수 없을 정도로 상대방에 의해 피해를 입고 있다고 부부 중 어느 한 쪽이 주장하면 부부 중 일방은 다음과 같은 방식으로 불화와 다툼으로 인한 이혼을 청구할 수 있다.

12_ 지하르(Ẓihār)는 남편이 아내에게 '당신은 나에게 어머니의 등과 같다'라고 말하며 아내를 거부하는, 이슬람 이전에 성행했던 이혼이다.

가. 이혼 청구가 아내에 의한 것이고 판사가 그녀의 주장을 확인하였다면 판사는 부부를 화해시키기 위해 노력한다. 화해가 불가능하다면 판사는 남편에게 아내에 대한 태도를 개선하도록 권고하고 법적 절차를 한 달 이상 보류한다. 그래도 양자 간에 화해가 이루어지지 않고 아내가 자신의 주장을 고수하면 판사는 사건을 두 명의 중재자에게 회부한다.

나. 원고가 남편이고 불화와 다툼이 있음이 입증되면 판사는 부부를 화해시키기 위해 노력하고, 화해가 불가능하다면 판사는 법적 절차를 한 달 이상 보류한다. 이 기간이 지나도 화해가 이루어지지 않고 남편이 자신의 주장을 고수하면 판사는 사건을 두 명의 중재자에게 회부한다.

다. 두 중재자는 화해시킬 능력이 있고 공정해야 하며, 가능하다면 둘 중 하나는 아내의 가족이어야 하고 다른 한 명은 남편의 가족이어야 한다. 그것이 불가능하다면 판사는 경험과 공정함과 화해시킬 능력을 지닌 사람들 중에서 2인을 정한다.

라. 두 중재자는 부부 간의 불화와 다툼의 원인을 부부와 함께 논의하거나 두 중재자가 의논하는 데에 도움이 된다고 생각하는 사람들과 논의를 진행하며, 두 중재자는 당사자들을 조사한 내용을 보고서에 기록하고 서명한다. 만족할 만한 화해와 조정에 이를 수 있다고 판단하면 보고서에 기록하여 재판부에 제출한다.

마. 두 중재자가 화해시키지 못하고 잘못이 모두 아내에 의한 것으로 나타나면 마흐르와 그에 속하는 다른 것들을 초과하지 않는 범위에서 보상해 주는 조건으로 부부의 이혼 결정을 내리고, 잘못이 전부 남편에 있다면 마흐르와 그에 속하는 다른 것들과 잇다 기간 중의 비용 중에서 받지 못한 것을 아내가 남편에게 청구하는 조건으로 취소 불가능한 이혼으로 이혼 결정을 내린다.

바. 두 중재자가 잘못이 부부 양쪽에 있다고 판단하면 남편과 아내가 각각 상대방에게 끼친 잘못의 비율에 따라 마흐르를 나누게 한 후 이혼시킨다. 두 중재자가 잘못의 비율을 판단할 수 없다면 마흐르와 그에 속하는 다른 것들의 금액을 초과하지 않는 범위에서 두 중재자가 제시하는 보상을 부부 중 일방이 이행하는 것으로 이혼 판결을 내린다.

사. 아내가 이혼 청구자일 때, 두 중재자가 이혼 결정을 내리기 전에 아내가 어떤 보상을 해야 하는 것으로 판단하고, 남편이 보상금 지급 유예에 동의하지 않는다면 아내는 보상금 지급을 보증해야 한다. 남편이 지불 유예에

동의할 경우에는 두 중재자는 아내가 보상금을 지불하는 조건으로 이혼을 결정하며 판사 또한 그렇게 판결한다. 남편이 이혼 청구자일 때, 두 중재자가 아내가 보상금을 지불하는 것으로 결정하면 판사는 두 중재자의 결정에 따라 이혼 판결을 내린다.

아. 두 중재자의 의견이 갈린다면 판사는 다른 사람을 중재자로 정하거나 권위 있는 제 3의 인물을 추가하고 마지막에는 다수결로 결정한다.

자. 두 중재자는 결과 보고서를 판사에게 제출해야 하며, 판사는 보고서가 본 조항의 규정과 일치한다면 그에 따라 판결한다.

제127조 가. 본 법의 126조 '가'항의 불화와 다툼의 피해는 두 명의 성인 남성이나 성인 남성 한 명과 여성 두 명의 증언에 의해 입증되며, 혼인 생활 영역에서의 평판에 의거한 증언으로도 충분하다.

나. 불화와 다툼으로 인한 이혼으로 내려지는 판결은 취소할 수 없는 이혼을 포함한다.

〈결함에 의한 이혼〉

제128조 동침을 방해하는 결함이 없는 여성은 동침을 방해하는 낭(囊)이나 발기부전, 고자와 같은 질병이 남편에게 있음을 인지할 경우 판사와 상의하여 이혼을 청구할 수 있다. 질이 막혔거나 뿔이 있는 것처럼 동침을 방해하는 결함이 있는 여성의 청구는 받아들여지지 않는다.

제129조 혼인계약 전에 남편에게 동침을 방해하는 결함이 있다는 것을 알았거나 혼인계약 후에 명시적 혹은 묵시적으로 그 결함을 받아들인 아내는 -남편이 발기부전인 경우를 제외하고이혼 시 그녀의 권리가 소멸된다. 그러나 아내가 자신을 허용하였다 하더라도 혼인계약 전에 발기부전을 알았다는 사실이 그녀의 권리를 소멸시키는 것은 아니다.

제130조 남편에게 결함이 있어서 아내가 판사에게 상담하고 이혼을 청구하면 판사는 유예기간을 부여하는데, 그 결함이 사라질 수 없는 것이라면 판사는 즉시 이혼하도록 판결을 내리며 발기부전처럼 사라질 수 있는 것이라면 아내가 남편에게 자신을 허용한 날로부터 1년간 남편에게 유예기간을 주거나, 남편이 환자라면 회복일로부터 1년의 유예기간을 준다. 부부 중 어느 한 쪽이 유예기간 중에 잠시 또는 장기간 동안 동침할 수 없을 정도의 질병에 걸리거나 아내가 종적을 감춘다면 이런 양상으로 흘러가는 기간은 유예기간에 합산되지 않지만 남편의 부재와 아내의 생리일은 합산된다. 이 기간 동안에 결함

이 사라지지 않으며 남편이 이혼에 동의하지 않고 아내가 이혼 청구를 고수한다면 판사는 이혼 판결을 내린다. 그러나 남편이 변론 초 혹은 말미에 아내와 관계를 가질 수 있다고 주장하면 유예기간을 부여하며, 아내가 처녀가 아니면 남편이 맹세로 진술한 말이 증거가 되고 아내가 처녀로 남아 있으면 그녀가 맹세를 통해 행한 진술이 증거가 된다.

제131조 동침하기 전이나 후에 남편이 나병, 백반증, 결핵, 매독, 에이즈처럼 함께 거주하면 상대에게 피해를 줄 수밖에 없는 질병을 앓고 있다는 것이 아내에게 밝혀지거나 이런 질병들이 예기치 않게 발생한다면 아내는 판사와 상담하여 이혼을 청구할 수 있다. 판사는 전문가의 도움을 받아 치유가 불가능하다고 판단하면 즉시 혼인계약 파기를 판결하고, 치유가 가능하다고 판단하면 이혼을 1년 간 보류한다. 유예기간 동안에 질병이 사라지지 않고 남편이 이혼에 동의하지 않으며 아내가 이혼 청구를 고수한다면 판사는 이혼 판결을 내린다. 남편에게 장님과 절름발이 같은 결함이 있다고 해서 이혼시켜서는 안 된다.

제132조 질이 막히거나 뿔이 난 것처럼 성관계를 방해하는 육체적 결함이나 일정한 해를 입지 않고서는 함께 거주하는 것이 불가능한 질병이 아내에게 있음을 발견했을 때, 남편이 혼인계약 전에 이를 알지 못했거나 계약 후에 명시적 또는 묵시적으로 동의하였다면 그는 혼인계약 무효를 청구할 권리가 있다.

제133조 동침한 후에 아내에게 예기치 않은 질병이 발생하는 경우에 남편에 의한 파기 청구 주장은 받으들여지지 않는다.

제134조 동침을 방해하는 결함은 전문 의사가 확인한 진단서로 입증한다.

제135조 혼인계약 후 남편이 실성하여 아내가 판사에게 이혼을 청구했을 때, 이런 광기가 사라지지 않으리라고 판정하는 진단서가 있다면 판사는 두 사람을 즉시 이혼시키고, 광기가 사라질 수 있다면 1년 동안 이혼을 유예한다. 유예기간 중에 광기가 사라지지 않고 아내가 이혼 청구를 고수한다면 판사는 이혼 판결을 내린다.

제136조 아이를 낳을 수 있는 아내에게 아이가 없고 50세가 넘지 않았을 때, 전문의가 서명한 진단서로 남편의 불임과 아내의 출산 능력이 입증되면 아내는 남편과 동침한 날로부터 5년이 경과한 후에 혼인계약 파기를 청구할 수 있다.

제137조 양 당사자가 결함이나 질병을 사유로 이혼한 후에 혼인계약을 다시 하였다면 어느 쪽도 같은 사유로 이혼을 청구할 수 없다.

제138조 결함을 이유로 한 이혼은 무효이다.

〈마흐르 지불 불능에 의한 이혼〉

제139조 동침하기 전에 남편이 선불 마흐르의 전부 혹은 일부를 지불할 수 없음이 입증된다면 아내는 판사에게 혼인의 파기를 청구할 수 있고, 판사는 남편에게 한 달의 유예기간을 준다. 유예기간이 끝나도록 남편이 마흐르를 지불하지 않으면 혼인을 무효로 한다. 남편이 부재 중이고 그의 거주지를 모르고 마흐르를 지불할만한 재산이 없다면 혼인계약은 유예기간을 주지 않고 무효가 된다.

〈이슬람 거부와 배교에 의한 이혼〉

제140조 가. 부부가 무슬림들이 아닌데 함께 이슬람에 귀의한다면 둘의 혼인은 계속된다.

나. 남편만 이슬람에 귀의하고 아내가 키타비 여성이라면 혼인관계는 계속되며, 아내가 키타비 여성이 아니라면 이슬람에 귀의할 것을 제의한다. 그리하여 그녀가 이슬람에 귀의하거나 키타비 여성이 되면 혼인관계는 계속되고, 거부하면 무효가 된다.

다. 아내만 이슬람에 귀의한다면 남편에게 이슬람에 귀의할 것을 제의한다. 그리하여 그가 귀의하면 혼인관계는 계속되고, 거부하면 무효가 된다.

라. 거부한 자가 성인이며 이성이 있다면 그에게 이슬람에 귀의할 것을 제의한 날로부터 90일의 유예기간을 주고, 기간 중에 귀의하지 않으면 혼인계약은 즉시 무효가 된다.

제141조 본 법의 제 140조에 언급된 상황에서 혼인이 계속되기 위해서는 본 법이 명시한 금지 사유가 부부 간에 없어야 한다.

제142조 부부 중에서 한 사람의 배교가 입증되면 다음과 같이 판결한다.

가. 동침하기 전에 배교가 있었다면 판사는 배교 일시부터 혼인계약이 파기된 것으로 판결한다.

나. 배교가 동침 후에 있었으며 배교자가 배교를 고수하며 종교로 돌아오기를 거부하면 판사는 혼인계약이 파기된 것으로 판결한다.

〈실종에 의한 이별〉

제143조 생사를 모르는 실종자의 아내는 남편이 그녀에게 지출할 수 있는 재산

을 남겼다 하더라도 남편이 멀리 떨어져 있어 피해를 입었다는 사유로 판사에게 혼인계약 파기를 청구할 수 있다. 그러나 수색과 조사 후에도 그의 생사를 모르지만 재난 상황이 아닌 경우에는 사건을 실종일로부터 4년간 유예한다. 그래도 실종된 남편 소식을 들을 수 없고 아내가 이혼 청구를 고집한다면 혼인계약은 무효가 된다. 전투나 공습, 지진 또는 이와 유사한 상황처럼 사망 가능성이 있는 상태로 실종되었다면 판사는 실종자에 대한 수색과 조사를 거쳐 실종일로부터 1년이 경과한 후에 두 사람의 혼인계약을 파기한다.

제144조 아내에게 제소를 늦출 것인지 포기할 것인지 선택권이 주어진 상황에서는 소송을 제기한 후에도 아내에게 일정 기간이 주어진다.

제5장 혼인계약 해소의 영향

제1절 잇 다

제145조 가. 잇다는 (혼인계약) 파기나 이혼 또는 사망 또는 '와뜨 비슈브하'(Wat' bi-Shubhah)[13]로 별거하게 된 직후에 아내에게 부과된 재혼 유예 기간이다.

나. 잇다는 별거 발생으로부터 시작된다.

다. 합법적인 계약 후에 이혼이나 혼인 파기가 발생하면 잇다는 동침이나 정상적인 칼와에서만 부과되지만 잘못된 계약 후에 파기가 발생하면 동침에서만 부과된다.

제146조 합법적인 혼인에서 남편이 사망한 아내의 잇다는 임신한 아내를 제외하고 동침했든 동침하지 않았든 관계없이 4개월 10일이다.

제147조 사망이 아닌 어떤 이유로 인한 임신하지 않은 아내의 잇다는:

가. 생리하는 아내의 경우 3주기의 생리 기간이다.

나. 원래 생리를 보지 않거나 폐경의 나이에 달한 아내의 경우는 3개월이다. 그러나 그 기간이 경과하기 전에 생리가 오면 3주기의 생리 기간으로 잇다를 다시 시작한다.

13_ 와뜨으 비슈브하(Wat' bi-Shubhah) 또는 와뜨으 알슈브하(Wat' al-Shubhah)는 남성이 여성을 자신에게 허락된 여성이라고 착각하여 맺는 성관계이다.

다. 한 두 차례 생리가 있다가 중단된 아내의 경우는 1년을 채우는 것으로서 9개월을 더 기다린다.

제148조 별거 중이며 임신한 아내의 잇다는 출산이나 태아의 형태를 전부 혹은 일부 알 수 있는 상태로 유산함으로써 만료된다. 태아의 형태가 분명하지 않으면 본 법의 146조와 147조 규정에 따라 다룬다.

제149조 취소 가능한 이혼으로 이혼당한 아내는 잇다 중에 남편이 사망하면 그녀의 잇다는 이혼에 의한 잇다에서 사망에 의한 잇다로 전환된다.

제150조 취소 가능한 이혼이나 사망으로 인해 잇다 중인 아내는 별거 전에 부부가 거주하던 집에서 잇다 기간을 지낸다. 그녀가 거주지가 아닌 곳에 있을 때 이혼당했거나 남편이 사망했으면 즉시 귀가해야 하며, 꼭 필요한 경우를 제외하고는 집에서 나가지 않는다. 부부가 집에서 나갈 수 밖에 없다면 이혼에 의해 잇다 중인 아내는 남편이 자신의 거주지나 직장에 마련하는 거주 장소로 옮겨간다. 남편의 사망에 의해 잇다 중인 아내는 편의에 따라 외출할 수 있으나 외박할 수는 없다. 거주지를 떠날 수 밖에 없다면 그 곳에서 가장 가까운 장소로 옮겨간다.

제2절 잇다의 비용

제151조 본 법 제 2장 제 2절의 규정에 의거하여 이혼이나 혼인 파기에 의해 잇다 중인 아내의 생활비는 남편이 부담한다.

제152조 가. 혼인생활 비용처럼 잇다 비용은, 이혼당한 아내에게 주어진 생활비가 없다면, 잇다를 지켜야 하는 날로부터 지불해야 한다. 비용이 있다면 잇다 기간은 잇다가 만료될 때까지 연장될 수 있으며 잇다 기간이 1년을 초과할 수 없다.

나. 아내에게 이혼을 알린 지 1년이 경과한 후에는 잇다 비용 제소가 받아들여지지 않는다.

제153조 본 법 제 152조의 규정에 따라 남편이 아내와의 이혼을 이전의 시점으로 돌리고, 그리하여 아내가 남편의 말을 인정하거나 아내가 그 사실을 알고 있음이 밝혀진다면 잇다 비용 청구는 이혼이 언급된 날로부터 시작된다. 그러나 아내가 남편의 말을 믿지 않고 알고 있음이 밝혀지지 않는다면 잇다 비용 청구는 이혼을 인정한 날부터 시작된다.

제154조 가. 남편이 사망한 아내에게는 임산부이든 아니든 공히 잇다 비용이

없다.

나. 본 조의 '가'항에서 언급된 바에도 불구하고 동침하고 나서 남편이 사망한 아내는 망자의 거처가 소유이든 일시적으로 제공된 거처이든 간에 남편이 죽기 전에 임차료를 지불했다면 잇다 동안에 혼인생활을 하던 집에서 체류한다.

제3절 독단적인 이혼에 대한 보상

제155조 합리적 이유 없이 이혼한 것처럼 남편이 독단적으로 아내와 이혼하여 아내가 판사에게 보상을 청구하면 판사는 그녀와 이혼한 남편에게 1년 이상 3년 이하의 생활비를 지불하라고 판결한다. 남편의 사정을 고려하여 남편이 부유하면 일시불로, 가난하면 분할하여 지불하도록 하며, 이것이 아내의 다른 권리에 영향을 주지 않는다.

(중략)

제9장 상 속

제1절 일반 규정

제280조 상속 재산을 청구하는 데는 실제로든 법률적으로든 유산 양여자의 사망과 그의 사망 시 상속자가 살아 있는 것을 전제로 한다

제281조 가. 유산 양여자를 고의나 적대적인 행위로 살해한 자는 정범이든 공범이든 혹은 원인 제공자이든 불문하고 범행을 저지를 때 판단력이 있는 성인이었다면 상속권이 박탈된다.

나. 종교가 다르면 상속이 없다. 따라서 비 무슬림은 무슬림의 유산을 상속할 수 없다.

다. 무슬림은 배교한 자의 유산을 상속할 수 있다.

제282조 2인 이상이 사망하고 그들 간에 상속할 것이 있는데 누가 먼저 죽었는지 알 수 없다면 다른 사람의 유산에 관하여 그들 중 어느 누구에게도 청구권이 없다.

제283조 상속은 법에 규정된 상속분으로, 혹은 부계 친족관계로 혹은 그 둘 다로, 혹은 모계 친족관계로 이루어진다.

제284조 망자에게 상속자가 없다면 망자 소유의 동산과 부동산 등 유산은 모두 종교성에 귀속된다.

제2절 법에 규정된 상속분 보유자

제285조 코란에 규정된 상속분 보유자는 12부류로서, 4부류의 남성과 8부류의 여성이다. 그들은 아버지와 부계의 직계조부[친할아버지]와 남편 그리고 모계 형제 등 4부류와 어머니와 아내와 딸과 직계 손녀, 친누이, 부계의 누이, 모계의 누이, 조모 등 8부류이다.

제286조 부친에게는 다음 세 가지 비율이 있다.

가. 1/6: 이것은 코란에 규정된 절대적인 상속분으로서 망자에게 아들이 하나 이상 있거나 직계 손자가 하나 이상 있을 때이다.

나. 1/6과 나머지: 이것은 코란에 규정된 상속분과 부계 친족관계에 의한 지분으로서 망자에게 딸이나 직계 손녀가 하나 이상 있을 때이다.

다. 배타적 부계 친족관계의 상속분이란 망자에게 자녀들이나 직계손자 손녀들이 없을 때이다.

제287조 모친에게는 다음 세 가지 비율이 있다.

가. 1/6: 망자에게 아이 하나나 아들의 아이 하나 혹은 부모 중에서 어느 쪽으로든 형제 자매가 둘 이상 있을 때

나. 전체의 1/3: 언급된 사람이 없고 부부 중 한 사람이 부모님과 만나지 않을 때

다. 부부 중 한 사람이 부친과 함께 코란에 정해진 지분을 받은 후 나머지의 1/3: 이는 유산이 부모와 부부 중 한 사람에게만 한정된 때이다.

제288조 남편에게는 두 가지 비율이 있다.

가. 1/2: 사망한 아내에게 상속하는 비속이 없을 때

나. 1/4: 사망한 아내에게 상속하는 비속이 있을 때

제289조 아내들에게는 두 가지 경우가 있다.

가. 1/4: 남편에게 상속하는 비속이 없을 때

나. 1/8: 남편에게 상속하는 비속이 있을 때

제290조 가. 조부는 부친이 있어서 차단될 때를 제외하고는 부친과 마찬가지로

세 가지 경우가 있다. 그러나 친형제들과 친자매들 또는 부계의 이복형제들과 자매들과 함께 만난다면 다음 두 가지 경우가 있다.

1. 그들이 남자들 뿐이거나, 남자들과 여자들이거나, 여성 비속 상속자와 같은 혈통의 여자들이라면 조부는 형제처럼 그들과 함께 나눈다.
2. 조부가 남자들이 있어서 친족 혈통의 상속분을 받을 수 없는 자매들과 함께 있거나 여성 비속 상속자와 함께 있다면 법으로 정해진 상속분을 분배한 후 친족 혈통에 의해 나머지를 받는다.

나. 앞에서 언급한 방식으로 친족 혈통에 의해 분배나 상속하는 것이 조부로 하여금 상속하지 못 하게 하거나 1/6에서 줄어들게 한다면 조부는 1/6의 법정 상속분을 지닌 것으로 간주된다.

다. 가려지는 부계의 이복형제들이나 자매들은 분배에서 고려되지 않는다.

제291조 조모에게는 두 가지 경우가 있다.

가. 1/6: 외조모나 친조모가 하나 이상 있을 때

나. 조모는 어머니에 의해 가려지고 아버지 쪽 직계 조모는 아버지와 친조부에 의해서 차단되며 먼 조모는 가까운 조모에 의해 차단된다.

제292조 친딸에게는 세 가지 경우가 있다.

가. 1/2: 혼자일 때

나. 2/3: 둘 이상의 딸에게

다. 하나 이상의 아들과 함께라면 남성에게 여성 두 명의 몫을 받는 차등을 두는 부계 혈통 계승

제293조 아들의 딸(손녀)에게는 여섯 가지 경우가 있다.

가. 1/2: 혼자일 때

나. 2/3: 둘 이상의 손녀에게

다. 1/6에서 2/3까지: 망자에게 친딸이 하나 있거나 그녀보다 촌수가 더 먼 아들의 딸이 있을 때

라. 부계 혈통 계승에 의한 상속은 본 법 제 297조 '나'항의 '2'의 규정에 따른다.

마. 망자에게 2인 이상의 딸이나 촌수가 더 가까운 아들의 두 딸이 있다면 손녀들은 한 사람이든 그 이상이든 차단된다.

바. 손녀들은 한 명이든 그 이상이든 아들과 직계 손자(아들의 아들)에 의해 차단된다.

제294조 친자매에게는 다섯 가지 경우가 있다.

가. 1/2: 혼자일 때

나. 2/3: 둘 이상의 친 자매에게

다. 본 법 제 297조의 '다'항에 따른 나머지: 다른 사람과 함께 친족혈통 계승에 의한 분배가 이루어질 때

라. 친남자형제들과 함께 남성에게 여성 두 명의 몫을 주는 친족혈통 계승에 의해 분배할 때

마. 친자매들은 망자에게 아버지나 아들 또는 직계 아들의 아들이 있다면 차단된다.

제295조 부계의 자매들(이복 자매들)에게는 일곱 가지 경우가 있다.

가. 1/2: 혼자일 때

나. 2/3: 둘 이상일 때

다. 1/6: 한 명의 친자매와 함께 1인 이상일 때

라. 부계의 이복형제와 함께 남성에게 여성 두 명의 몫을 주는 친족혈통에 의한 분배

마. 본 법 제 297조 '다'항의 규정에 따른 나머지: 타인과 함께 친족혈통에 의해 분배할 때

바. 아버지와 아들과 직계 아들의 아들과 친형제와 자매에 의해 차단된다.

사. 부계의 자매들과의 혈족 연대가 없다면 두 명의 친자매에 의해 차단된다.

제296조 모계의 형제들과 자매들에게는 네 가지 경우가 있다.

가. 1/6: 남성 한 명이거나 여성 한 명일 때

나. 1/3: 둘 이상일 경우에는 남녀의 몫이 같다.

다. 어떤 상황에서도 비속 상속자와 존속 남성 상속자가 있으면 차단된다.

라. 친형제들은 혼자서든 둘 이상의 친자매와 함께든 모계의 형제 자매들이 둘 이상이라면 그들과 1/3을 공유한다. 이것은 법적 상속분이 유산을 다 채울 때이며 남자와 여자는 분배에서 동일하다.

제3절 부계 혈족

제297조 부계 혈족 관계에는 세 종류가 있다.

가. 자신에 의한 부계 혈족 관계에는 다음의 순서에 따라 우선권이 있는 계통이 있다:

1. 자식계통: 아들들과 직계 손자들을 포함한다.

2. 부계통: 아버지와 부계의 직계 조부를 포함한다.
3. 형제계통: 동부모계의 형제들이나 부계의 형제들을 포함한다.
4. 백[숙]부계통, 고인의 부계 백[숙]부들과 부친의 백[숙]부 그리고 직계조부의 형제 그리고 백[숙]부의 아들을 포함한다.

나. 타인에 의한 부계 혈족 관계:
1. 1인 이상의 아들과 함께 있는 1인 이상의 딸
2. 1인 이상의 직계 손자와 함께 있는 1인 이상의 손녀
3. 1인 이상의 친형제와 1인 이상의 친자매
4. 1인 이상의 부계 형제와 1인 이상의 부계 자매

이런 경우들에서 그들 간의 상속은 남성에게 두 사람의 여성 몫을 주는 방식으로 이루어진다.

다. 타인과 함께하는 부계 혈족 관계
친자매나 부계 자매, 그리고 손녀가 1인 이상 있는 경우 친자매는 형제처럼 나머지를 청구할 수 있으며 나머지 혈족들을 차단한다.

제298조 친족관계에 있는 자는 법에서 정한 몫을 받는 자가 한 사람도 없을 때 유산이 남아 있다면 청구할 수 있다. 유산 전부가 법적으로 정해진 몫에 포함되면 아무 것도 받지 못한다.

제299조 가. 본 법 제 297조 '가'항에 언급된 순서에 따라 부계 친척 관계에서 가장 앞선 순위가 앞에 오고 이어서 망자에게 가장 가까운 촌수가 오며, 촌수가 같을 때는 가장 가까운 혈족이 온다.

나. 부계 친척 관계에서 등급과 촌수 등이 같을 때는 부계 친척 관계의 인물들이 상속 재산 청구에 같이 참여한다.

제4절 법적으로 정해진 몫과 부계 혈족 관계에 의한 몫을 받는 상속자들

제300조 법적으로 정해진 몫과 부계 친척 관계에 의한 상속자들은 다음과 같다.

가. 외동딸과 함께 아버지 또는 직계 조부이거나 직계 손녀 등이다.

나. 남편이 망자의 숙부 아들이라면 코란에 정해진 몫으로 자신의 몫을 받으며, 친척 관계에서 백[숙]부의 아들로 받을 수 있다.

다. 모계 형제가 1인 이상인데 망자의 숙부의 아들이라면 코란과 혈족에 의한 자신의 몫을 받는다.

제5절 모계의 친척 관계인 사람들

제301조 모계의 친척들은 법적으로 규정된 지분을 받는 사람들과 부계의 친척들이 없을 때만 상속하며 그들은 다음 순서에 따라 상속을 받는 4부류의 사람들이다.

가. 제 1부류: 직계 딸들의 아이들과 직계 아들들의 딸들

나. 제 2부류: 모계의 직계 할아버지들과 할머니들

다. 제 3부류:

1. 어머니 쪽 남자형제들의 아이들과 그들의 직계 아이들
2. 여자형제들의 직계 아이들
3. 남자형제들의 딸들
4. 남자형제들의 직계 아들들의 딸들과 그녀들의 아이들

라. 제 4부류: 다음 순서에 따라 상속을 받는 여섯 집단이 있다.

1. 망자의 외숙들과 이모들
2. 본 항의 '1'에서 언급된 자들의 아이들과 사망한 자의 백[숙]부의 딸들과 그들의 아들들의 딸들
3. 망자의 아버지의 백[숙]부들과 아버지의 고모들과 외숙들과 이모들(아버지의 친척)과 어머니의 백[숙]부들과 고모들과 외숙들과 이모들(어머니의 친척)
4. 본 항의 '3'에서 언급된 자들의 아이들과 망자의 아버지의 백[숙]부들의 딸들과 그들의 아들들의 딸들과 언급된 자들의 아들들
5. 망자의 아버지의 아버지의 백[숙]부들과 망자의 어머니의 백[숙]부들과 망자의 아버지의 고모들과 그 두 사람의 외숙들과 이모들(아버지의 친척): 망자의 어머니의 부모의 백[숙]부들과 그 두 사람의 고모들과 외숙들과 이모들(어머니의 친척)
6. 본 항의 '5'에서 언급되어 있는 자들의 아이들과 망자의 아버지의 아버지의 백[숙]부들의 딸들과 그들의 딸들

제302조 가. 모계의 친척들의 제 1부류에서 유산을 최우선으로 받는 사람은 망자에게 촌수가 가장 가까운 사람이다.

나. 촌수가 같다면 법적으로 이미 정해진 몫을 받는 사람의 아이가 모계 친척의 아이에 우선한다.

다. 상속자들이 모두 법적으로 정해진 몫을 받는 사람들의 아이들이거나 그

들 중에 정해진 몫을 받는 사람의 아이가 없다면 그들은 유산을 공유한다.

제303조 가. 모계 친척들의 제 2부류에서 유산을 최우선으로 받는 사람은 망자에게 촌수가 가장 가까운 사람이다.

나. 촌수가 같다면 법적으로 이미 정해진 몫을 받는 사람으로 인용되어 온 사람이 우선한다.

다. 법적으로 이미 정해진 몫을 받는 사람으로 인용되어 온 사람이 없거나 그들 모두가 법적으로 이미 정해진 몫을 받는 사람으로 인용되어 왔는데 아버지 쪽 계통이든 어머니 쪽 계통이든 모두가 같은 계통이라면 유산을 공유하고 그들의 계통이 다르다면 아버지 친척에게 2/3, 어머니 친척에게 1/3이 상속된다.

제304조 가. 모계 친척들의 제 3부류에서 유산을 최우선으로 받는 사람은 망자에게 촌수가 가장 가까운 사람이다.

나. 촌수가 같고 그들 중 일부는 상속자의 아이이고 다른 사람은 어머니 친척의 아이라면 망자에게 친척 관계가 가까운 사람이 우선한다. 그리고 부모 모두에게 직계인 사람이 부모 중 한 쪽에 직계인 사람에 우선하고, 아버지 쪽 직계인 사람이 어머니 쪽 직계인 사람에 우선한다. 촌수와 친척 관계에서 일치한다면 유산을 공유한다.

제305조 본 법에서 설명되어 있는 모계 친척들의 제 4부류의 첫 번째 집단에만 있다면 아버지 친척들은 망자의 백[숙]부들과 고모들이거나 어머니 친척들은 망자의 외숙들과 이모들인데 그들 중 친척 관계가 가까운 사람이 우선하고, 그들 중에서 친척 관계가 가까운 자가 우선하고, 양부모 모두로부터 이어진 혈통이 부 또는 모로부터 이어지는 혈통에 우선하고, 아버지 계통에 있는 자가 어머니 계통의 자에 우선한다. 친척 촌수에서 같다면 유산을 공유한다. 두 집단이 만나게 되면 2/3는 아버지 친척들 몫이고 1/3은 어머니 친척들 몫이다. 각 집단의 몫은 앞의 방식으로 분배된다.

제306조 제 305조의 규정은 제 3, 제 5의 집단에도 적용된다.

제307조 제 2의 집단에서는 촌수가 더 가까운 자가 먼 사람에 우선한다. 그의 친척 계통이 아닐 지라도 친척 관계의 계통이 같다면 가까운 사람이 우선한다. 그리고 그들이 모두 부계 친척의 아이들이거나 모계 친척의 아이들이라면 친척 계통이 다를 지라도 2/3는 아버지 친척들에게, 1/3은 어머니 친척들에게 돌아간다. 그러나 각 집단이 받는 것은 앞선 방식에 의해 그들 간에 분배된다.

제308조 본 법 제 307조의 규정은 제 4집단과 제 6집단에도 적용된다.

제309조 모계 친척 중의 상속자의 친척 관계 촌수는 계통이 다를 때만 고려한다.

제310조 모계 친척의 유산 상속에서 남성 한 명의 몫은 두 명의 여성 몫과 같다.

제6절 차단과 반환과 삭감

제311조 가. 차단이란 상속 재산의 전부 혹은 일부를 받지 못하게 상속권을 가리는 것이다.

나. 재산 상속을 차단당한 자는 타인의 상속을 막지 않는 상속이 금지된 자와 달리 타인의 상속을 막을 수 있다.

제312조 법으로 정해진 몫이 유산을 다 채우지 못하고 부계 친척이 없다면 유산의 나머지는 부부를 제외하고 법정 지분을 받는 사람들에게 그들이 받는 비율로 돌아간다. 법정 지분을 받는 친척이 한 사람도 없을 때만 부부 중 한 사람에게 돌아간다.

제313조 삭감이란 지분이 사안의 전 자산을 초과한다면 법정 지분을 받는 사람들의 몫에서 그들의 지분 비율로 차감하는 것이다.

제7절 상호 포기

제314조 상호 포기란 상속자들이 서로 상속 재산을 내놓도록 설득하는 것이다.

제315조 상속자들 중 한 사람이 그들 중 다른 사람과 합의한다면 그를 대신하여 그의 몫을 주장할 수 있다.

제316조 할당 금액 계약이 계약 후에 망자에게 나타나는 모든 재산을 포함하지 않으며 계약 당시에 포기자가 그것을 알고 있었다고 할 수 없다.

제317조 포기는 상호 동의에 의해 취소될 수 있다.

제318조 타인으로부터 상속된 부동산에 대한 포기는 포기 서류에 대하여 명백히 규정하고 있지 않다면 포기 서류를 등기하기 전에 유산 양여자의 명의로 이전 조치가 완료되지 않으면 효력이 없다.

제319조 유산 양여자의 사망과 유산에 대한 특별 또는 일반 포기 조치 간에 경과되어야 할 의무 기간을 포함하는 포기 서류 정리와 기록 지침을 대법관이 발표한다.

제8절 마무리 규정

제320조 부부 각자는 상대방으로부터 독립적인 재정적 권리가 있다.

제321조 가. 비용 선지급 기금이라 불리며 판결 받은 비용 선지급과 판결 받은 비용을 확보할 수 없는 사람에게 대출해 주는 것이 목적인 재정적, 행정적 독립성을 갖는 기금을 설립한다.

나. 기금은 대출해 준 금액과 비용을 징수하기 위해 선고 받은 자들의 재산권 행사에서 그들을 대신하며, 상황에 따라 선고 받은 자로부터 대출금을 회수하기 위해 관할 법원에 제소할 수 있다.

다. 기금 운영 방법과 업무 절차, 그리고 대출과 상환 방법, 수수료와 기여금, 지원금 기타에 관 것은 본 목적을 위해 발표되는 제도에 의하여 결정된다.

라. 기금의 거래와 제소 재산 취득 등은 세금과 중앙정부와 지방정부의 수수료와 각종 인지세 등이 면제된다.

제322조 본 법에서 언급된 1년의 의미는 달리 규정하지 않는다면 태음력 1년이다.

제323조 본 법의 조항의 내용 이해와 해설, 설명, 의미 이해 등을 위해서는 이슬람 법의 원리를 참고한다.

제324조 본 법의 규정은 명시적이든 묵시적이든 다른 모든 문제에 적용되며 규정의 해석과 보완은 유래된 각각의 학파의 의견을 참고한다.

제325조 본 법에 언급이 없는 것은 하나피 학파에서 나온 것을 참고하며, 없다면 본 법의 규정에 가장 일치하는 이슬람 법 규정으로 판결한다.

제326조 가. 본 법의 규정은 초급심 법원에서 다루는 모든 소송에 적용된다.

나. 본 법의 효력이 발생하기 전에 발생하여 법원에 그 판결이 등록된 이혼 사건은 본 법의 규정이 적용되지 않는다.

제327조 본 법 제 326조에 언급이 되었지만 사망 시에 유효한 법이 효력을 미치거나 판결이 관련되어 있지 않다면 본 법의 발효일에 앞서 일어난 사망 사건에는 본 법이 적용되지 않는다.

제328조 1976년도 개인 신상에 관한 법 제 61호와 그 개정안들은 이에 의거하여 나온 지침들이 본 법의 규정에 따라 개정, 폐지, 교체 등이 이루어질 때까지 효력이 남아 있으며 그 후에는 폐지된다.

찾아보기

F a t w ā